DIREITO PROCESSUAL PENAL

para Carreiras Policiais

Autores

Araceli Martins Beliato
Denize dos Santos Ortiz
Elisangela Ferreira Cristaldo
Érica Marcelina Cruz
Fábio Marques Barbosa
Joaquim Leitão Júnior
Kleber Leandro Toledo Rodrigues
Lucas Albé Veppo
Maria Luísa Dalla Bernardina
Matheus Arnaldo Pereira da Silva
Pedro Henrique Gomes Alonso
Rodrigo Lustosa Victor

Coordenador
Higor Vinicius Nogueira Jorge

DIREITO PROCESSUAL PENAL

para Carreiras Policiais

2025

EDITORA JusPODIVM
www.editorajuspodivm.com.br

EDITORA *Jus*PODIVM
www.editorajuspodivm.com.br

Rua Canuto Saraiva, 131 – Mooca – CEP: 03113-010 – São Paulo – São Paulo
Tel: (11) 3582.5757
• Contato: https://www.editorajuspodivm.com.br/central-de-relacionamento

Copyright: Edições *Jus*PODIVM

Diagramação: Equipe *Jus*PODIVM

Capa: Ana Caquetti

D598 Direito Processual Penal para as Carreiras Policiais / coordenação de Higor Vinicius Nogueira Jorge – São Paulo: Editora Juspodivm, 2025.

464 p.

Vários autores
ISBN: 978-85-442-5344-1.

1. Direito Processual Penal. 2. Carreiras Policiais. I. Jorge, Higor Vinicius Nogueira. II. Título.

CDD 341.43

Bibliotecária responsável:
Ana Carolina Ribeiro Mois – CRB7 – RJ 007348/0

1.ª ed., *2.ª tir.:* mai./2025.

Autores

COORDENADOR

Higor Vinicius Nogueira Jorge

Coordenador da Coleção Linhas Policiais, Delegado de Polícia, mestre em Educação na Universidade Estadual do Mato Grosso do Sul – UEMS, graduado em Direito na UniToledo de Araçatuba – SP, professor concursado da Academia de Polícia na Polícia Civil do Estado de São Paulo, titular da cadeira 30 da Academia de Ciências, Artes e Letras dos Delegados de Polícia do Estado de São Paulo e diretor de relações institucionais da Associação dos Delegados de Polícia do Estado de São Paulo (2024/2026).

Também é membro da Associação Internacional de Informática Forense (ASIIF), da Associação Internacional de Investigação de Crimes de Alta Tecnologia (HTCIA) e da Associação Internacional da Polícia (IPA – Brasil), além de professor de inteligência cibernética do Ministério da Justiça e Segurança Pública. Apresentou aulas nas pós-graduações das seguintes instituições: MeuCurso, Complexo de Ensino Renato Saraiva (CERS), Escola Brasileira de Direito (EBRADI), Escola Superior de Advocacia da OAB-SP (ESA-OAB/SP – Campinas), WB Educação, Verbo Jurídico, Escola da Magistratura do Estado do Rio de Janeiro (EMERJ), Associação dos Diplomados da Escola Superior de Guerra – Campinas e Damásio Educacional.

Foi escolhido na categoria "Jurídica" entre os melhores Delegados do Brasil pelo Portal Nacional dos Delegados & Revista da Defesa Social nos anos de 2017, 2018, 2019, 2020, 2021, 2022 e 2023.

Criador da disciplina "Investigação Criminal Tecnológica" em 2015, tem se dedicado a ensinar e expandir este campo desde então, por meio de aulas e da autoria e coordenação de dezenas de livros sobre a disciplina.

Possui o site www.higorjorge.com.br, o canal no YouTube www.youtube.com/direitoetecnologia e o perfil no Instagram www.instagram.com/higorjorge.

Autores

Araceli Martins Beliato

Mestre e Bacharel em Direito pela Universidade Presbiteriana Mackenzie. Especialista em Direito e Processo Penal pelas Faculdades Metropolitanas Unidas (FMU). Especialista em Inteligência Policial pela UNIBF-PR. Policial Civil no Estado de São Paulo. Integrante do Grupo de Estudos Avançados do IBCCRIM "Direito Penal e Novas Tecnologias". Aluna Especial na disciplina Processo Penal e Tecnologia da pós-graduação *stricto sensu* da Faculdade de Direito do Largo São Francisco (USP). Coordenadora Pedagógica da pós-graduação em Inteligência Policial e Segurança Pública da ESDP/FIP.

Denize dos Santos Ortiz

Advogada criminalista formada pela UNISINOS (2000). Pós-graduada em Direito Penal, Processo Penal, Direito Penal Econômico e Processo Penal Econômico, pela Academia Brasileira de Direito Constitucional (ABDConst). Professora da Escola Superior da Advocacia do Estado de Goiás (ESA-GO). Professora da Faculdade Latu Sensu. Professora e mentora da KDJ Mentoria. Mentora para prova da OAB 1ª e 2ª fase e carreiras jurídicas com mais de 250 alunos aprovados, coautora de obras jurídicas, autora e coautora de artigos científicos. Palestrante. E-mail: ortiz.denize@gmail.com, Instagram @denize_ortiz, http://lattes.cnpq.br/8131244917784508.

Elisangela Ferreira Cristaldo

Delegada de Polícia do Estado de Mato Grosso do Sul. Graduada em Direito pela UNIDERP – Universidade para o Desenvolvimento do Estado e da Região do Pantanal (2004). Pós-graduada em Direito Penal e Processo Penal pela UCDB (2005). Pós-Graduada em Gestão e Segurança Pública pela UNILINS (2014). Pós-graduada em Gestão Pública pela UFMS (2017). E-mail: ecristaldo@gmail.com.

Érica Marcelina Cruz

Juíza de Direito do Tribunal de Justiça do Estado de São Paulo – Titular da 1ª Vara Criminal e do Júri da Comarca de Bauru-SP (entrância final). Ex-Procuradora do Estado de São Paulo. Ex-Delegada de Polícia do Estado de São

Paulo. Doutora em Processo Penal pela Pontifícia Universidade Católica de São Paulo. Mestre em Direito Constitucional pela Instituição Toledo de Ensino. Graduada pela Universidade Presbiteriana Mackenzie. Professora de Direito Processual Penal da Instituição Toledo de Ensino – ITE/Bauru. Professora de Direitos Humanos da Academia de Polícia Civil do Estado de São Paulo – ACADEPOL/SP. Membro do Fórum Nacional de Juízes Criminal – FONAJUC. Palestrante, Autora de obras jurídicas e Membro de Bancas de Graduação e Pós-graduação (Mestrado e Doutorado). E-mail: ericamcruz@hotmail.com.

Fábio Marques Barbosa

Delegado de Polícia Civil do Estado de Goiás, foi policial militar do Estado de Mato Grosso do Sul, analista da Secretaria de Fazenda do Estado de Mato Grosso, advogado da área instrumental do Poder Executivo do Estado de Mato Grosso e procurador jurídico efetivo do Município de Rondonópolis-MT. Bacharel em Direito pela Universidade Federal de Mato Grosso do Sul-UFMS, Especialista em Direito Criminal pela Universidade Católica Dom Bosco (Campo Grande-MS), Especialista em Direito de Polícia Judiciária pela Academia Nacional de Polícia – ANP e Mestre em Estudos Fronteiriços pela Universidade Federal de Mato Grosso do Sul – UFMS. É professor da Escola Superior da Polícia Civil do Estado de Goiás (Formação de Policiais Civis 2023) e de cursos preparatórios para concursos públicos. Foi professor das graduações e pós-graduações dos Cursos de Direito da Unic-Rondonópolis-MT, Uniasselv-Rondonópolis-MT e Univag-Várzea Grande-MT. É autor e coautor de obras jurídicas.

Joaquim Leitão Júnior

Delegado de Polícia no Estado de Mato Grosso e lotado no GAECO da unidade desconcentrada de Barra do Garças-MT, pós-graduado em Ciências Penais pela rede de ensino Luiz Flávio Gomes (LFG) em parceria com Universidade de Santa Catarina (UNISUL). Pós-graduado em Gestão Municipal pela Universidade do Estado de Mato Grosso – UNEMAT e pela Universidade Aberta do Brasil. Curso de Extensão pela Universidade de São Paulo (USP) de Integração de Competências no Desempenho da Atividade Judiciária com Usuários e Dependentes de Drogas. Colunista do site Justiça e Polícia, coautor de obras jurídicas e autor de artigos jurídicos. Ex-Diretor Adjunto da Academia da Polícia Judiciária Civil do Estado de Mato Grosso. Ex-Assessor Institucional da Polícia Civil de Mato Grosso. Ex-assessor do Tribunal de Justiça de Mato Grosso. Palestrante. Professor de cursos preparatórios para concursos públicos e integrante da KDJ Mentoria. E-mail: juniorleitaoadv@hotmail.com.

Kleber Leandro Toledo Rodrigues

Delegado de Polícia em Goiás desde 2004, já atuou em delegacias de polícia do interior e da capital, inclusive em especializadas. Coordenou o Núcleo de Análise Criminal e Estatística da Polícia Civil e foi Assessor na Superintendência de Polícia Judiciária. Atuou na Gerência de Inteligência Estratégica da Superintendência de Inteligência Integrada da SSP-GO. Atualmente, é Delegado Titular da 4ª Delegacia Regional de Polícia sediada em Goiás-GO. É professor da Escola Superior da Polícia Civil do Estado de Goiás, mentor da KDJ Mentoria, palestrante, professor de Direito em curso de graduação, professor de investigação criminal em cursos de pós-graduação, professor em cursos preparatórios para concursos públicos e coautor de obras jurídicas. Instagram @prof.klebertoledo. E-mail: kleberdelpol@gmail.com.

Lucas Albé Veppo

Possui dez anos de experiência na carreira policial; atualmente, é Delegado de Polícia Titular da 2ª Delegacia de Polícia Civil de Dourados/MS. É formado em Direito e em Administração de Empresas, com especialização em Inteligência Estratégica (foco em Inteligência Policial), Ciências Criminais e Direito Penal e Processual Penal.

Maria Luísa Dalla Bernardina

Delegada de Polícia (PCSP); Delegada Titular da Delegacia de Polícia do Município de Capivari; Delegada Titular da Delegacia de Defesa da Mulher de Capivari; Professora de Criminologia pela Academia de Polícia "Dr. Coriolano Nogueira Cobra" – São Paulo. E-mail: maria.luisa@policiacivil.sp.gov.br.

Matheus Arnaldo Pereira da Silva

Bacharel em Direito pela UNIFUNEC Santa Fé do Sul-SP em dezembro de 2017. Advogado no período de janeiro de 2018 a dezembro de 2023. Atualmente, é Delegado de Polícia Civil do Estado de São Paulo. Autor de obras pela Editora Juspodivm. Pós-graduando em Direito Penal e Processo Penal pela Faculdade Legale. Pós-graduando em Direitos Humanos pela Academia de Polícia Dr. Coriolano Nogueira Cobra.

Pedro Henrique Gomes Alonso

Graduado em Direito pela Universidade Católica de Santos (2016). Pós-Graduado em Direito Penal, Processo Penal e Legislação Penal Especial pela Escola Paulista de Direito (2017). Atuou como Advogado na área do Direito Penal (desde 2016). Assessor da Comissão de Ética e Disciplina da Ordem dos Advogados do Brasil, Subseção de Santos, Seccional de São Paulo. Aprovado no concurso de Delegado de Polícia do Estado de São Paulo (2023). Instagram @pedroalonsoprof. E-mail: pedrohalonso@gmail.com.

Rodrigo Lustosa Victor

Advogado criminalista, Mestre em Direitos Humanos pela UFG, especialista em Direito Penal e Processo Penal pela PUC-GO, Diretor-Presidente e professor da Escola Superior da Advocacia do Estado de Goiás – ESA-GO, Conselheiro da Seccional da OAB-GO e palestrante. Instagram: @rodrigo.lustosa.victor.

Apresentação da Coleção Linhas Policiais

Bem-vindo a mais uma obra da Linha Policial, um projeto desenvolvido para orientar e preparar candidatos para os concursos de Delegado de Polícia e outras carreiras policiais.

Com imensa satisfação, apresento esta linha que combina a doutrina rigorosa com questões estratégicas, elaboradas a partir de provas anteriores e da inteligência artificial. Nosso objetivo é oferecer uma base sólida de conhecimento, abordando os principais temas dos editais dos concursos policiais.

Cada livro foi escrito por especialistas renomados, entendendo as nuances e exigências dessas provas, proporcionando um material didático atualizado para iniciantes e experientes.

A carreira policial é um compromisso com a justiça, segurança e bem-estar da sociedade. A dedicação aos estudos, a persistência e a paixão pela profissão são essenciais para o sucesso nesta jornada.

A coleção inclui livros sobre:

- Direito Penal
- Direito Processual Penal
- Direito Constitucional
- Direito Administrativo
- Direito Civil
- Direitos Humanos
- Medicina Legal
- Legislação Especial
- Língua Portuguesa
- Noções de Informática

Cada volume é uma ferramenta indispensável, com abordagem teórica robusta e questões que simulam as provas reais, permitindo testar conhecimentos e identificar áreas que precisam de maior atenção.

Preparar-se para concursos exige mais do que estudar o conteúdo. É necessário desenvolver uma estratégia eficaz, manter-se motivado e superar adversidades. Cada capítulo deste livro é uma fonte de conhecimento e inspiração para continuar avançando com determinação.

Ser policial é um chamado para proteger e servir. Esperamos que os títulos desta linha promovam a inspiração em sua jornada rumo à aprovação. Cada página estudada é um passo em direção ao seu objetivo.

Desejamos a você, futuro Delegado de Polícia ou integrante de outras carreiras da segurança pública, uma jornada de estudos produtiva e motivadora. Que sua determinação e esforço sejam recompensados com a realização do seu sonho de enfrentar o crime e proteger a sociedade.

Boa sorte e bons estudos!

Higor Vinicius Nogueira Jorge

www.higorjorge.com.br

Eixos e Seus Respectivos Temas:

EIXO 1

2.1 Conceito e características do Direito Processual Penal.

2.2 Princípios do Direito Processual Penal.

2.3 Fontes do Direito Processual Penal.

2.4 Sistemas Processuais Penais.

2.5 História do Direito Processual Penal.

2.6 Interpretação e Aplicação da Lei Processual Penal.

EIXO 2

2.7 Devido Processo Penal.

2.8 Devida Investigação Criminal.

2.9 Automação do processo.

EIXO 3

2.10 Audiências virtuais.

2.11 Persecução Penal e novas tecnologias.

2.12 Provas digitais.

EIXO 4

2.13 Jurisdição na internet.

2.14 Código de Processo Penal (Decreto-Lei nº 3.689/1941 com suas alterações).

2.14.1 Disposições preliminares.

EIXO 5

2.14.2 Do inquérito policial.

2.14.3 Da ação penal.

2.14.4 Da ação civil.

EIXO 6

2.14.5 Da competência.

2.14.6 Das questões e processos incidentes.

2.14.7 Da prova.

EIXO 7

2.14.8 Do Juiz, do Ministério Público, do Acusado e Defensor, dos Assistentes e Auxiliares da Justiça.

2.14.9 Da prisão, das medidas cautelares e da liberdade provisória.

EIXO 8

2.14.10 Das citações e intimações.

2.14.11 Da sentença.

2.14.12 Dos processos em espécie.

EIXO 9

2.14.13 Das nulidades e dos recursos em geral.

2.14.14 Disposições gerais.

Sumário

EIXO 4

EIXO 5

EIXO 6

EIXO 7

EIXO 8

EIXO 9

Introdução

A obra "Código de Processo Penal para Carreiras Policiais" é uma contribuição essencial para o estudo aprofundado e sistemático do Direito Processual Penal, especialmente direcionada a candidatos que se preparam para ingressar nas carreiras policiais, seja no concurso de Delegado de Polícia ou em outras funções policiais. Estruturada em eixos temáticos, cada seção aborda aspectos cruciais do Direito Processual Penal, com o objetivo de proporcionar uma compreensão abrangente e atualizada, fundamental para o sucesso nas seleções e na prática profissional.

No Eixo 1, os autores exploram o conceito e as características do Direito Processual Penal, incluindo seus princípios fundamentais, fontes, sistemas processuais penais e uma visão histórica que contextualiza seu desenvolvimento. Também é abordada a interpretação e aplicação da lei processual penal, elementos essenciais para a prática jurídica e para a formação dos futuros profissionais.

O Eixo 2 aprofunda-se no devido processo penal e na devida investigação criminal, destacando a importância de procedimentos justos e eficazes, essenciais para o exercício das funções policiais. Além disso, os autores discutem a automação do processo, refletindo as inovações tecnológicas no âmbito jurídico, um conhecimento cada vez mais relevante para os candidatos.

No Eixo 3, o foco recai sobre a integração das novas tecnologias no processo penal, incluindo audiências virtuais, persecução penal e provas digitais. Esses temas são vitais para compreender as transformações atuais no sistema de justiça e são de grande importância para aqueles que se preparam para as carreiras policiais.

O Eixo 4 trata da jurisdição na internet e analisa o Código de Processo Penal (Decreto-Lei nº 3.689/1941 e suas alterações), começando pelas disposições preliminares. Este eixo é fundamental para entender como a legislação processual se adapta ao contexto digital.

No Eixo 5, os autores examinam o inquérito policial, a ação penal e a ação civil, aspectos que formam a espinha dorsal do processo penal e são de extrema relevância para a atuação policial e para os candidatos que buscam um entendimento aprofundado dessas etapas.

O Eixo 6 discute a competência, as questões e processos incidentes, além da prova, elementos que são fundamentais para a correta aplicação da justiça e para a formação dos candidatos.

No Eixo 7, é abordado o papel do Juiz, do Ministério Público, do acusado e defensor, além dos assistentes e auxiliares da justiça. Também são discutidos a prisão, as medidas cautelares e a liberdade provisória, temas centrais para a prática processual penal.

O Eixo 8 enfoca as citações e intimações, a sentença e os processos em espécie, oferecendo uma visão detalhada dos procedimentos judiciais.

Por fim, o Eixo 9 trata das nulidades e dos recursos em geral, além de disposições gerais, completando a análise do Código de Processo Penal com uma visão crítica e atualizada dos mecanismos de revisão e controle processual.

Esta obra é uma ferramenta indispensável para aqueles que buscam não apenas compreender, mas também aplicar o Direito Processual Penal de maneira eficaz e atualizada, com um olhar atento às inovações e desafios do mundo contemporâneo, preparando-se assim para enfrentar os desafios das carreiras policiais.

Higor Vinicius Nogueira Jorge

Coordenador da Obra

EIXO 1

Maria Luísa Dalla Bernardina

1. CONCEITO DO DIREITO PROCESSUAL PENAL

O processo penal surgiu como instrumento apto a materializar *o jus puniendi*, ou seja, o poder punitivo do Estado.

Segundo José Frederico Marques, o Processo Penal tem como definição:

> "(...) o conjunto de princípios e normas que regulam a aplicação jurisdicional do Direito Penal, bem como as atividades persecutórias da Polícia Judiciária, e a estruturação dos órgãos da função jurisdicional e respectivos auxiliares."[1]

2. CARACTERÍSTICAS DO DIREITO PROCESSUAL PENAL

O Direito Processual Penal tem como características principais:

1. Autonomia: não está subordinada ao Direito Material (Direito Penal);
2. Instrumentalidade: serve para instrumentalizar o Direito Penal;
3. Normatividade: codificação própria (Código de Processo Penal – CPP).

2.1. Juiz de Garantias

Figura inserida no Código de Processo Penal através dos artigos 3º-A e 3º-F, pelo Pacote Anticrime da Lei 13.964/19.

---

1. MARQUES, José Frederico. *Elementos de direito processual penal*, 2ª ed., Forense, v. 1, p. 20. 2011.

> Art. 3º-A. O processo penal terá estrutura acusatória, vedadas a iniciativa do juiz na fase de investigação e a substituição da atuação probatória do órgão de acusação.
> Art. 3º-F. O juiz das garantias deverá assegurar o cumprimento das regras para o tratamento dos presos, impedindo o acordo ou ajuste de qualquer autoridade com órgãos da imprensa para explorar a imagem da pessoa submetida à prisão, sob pena de responsabilidade civil, administrativa e penal.

Decisão do Supremo Tribunal Federal (STF) nas ADIs 6.298, 6.299, 6.300 e 6.305 tratam do juiz das garantias, um instituto introduzido pela Lei nº 13.964/2019, conhecida como Pacote Anticrime, que separa as funções de investigação e julgamento no processo penal brasileiro.

Importante esclarecer que o STF atribuiu interpretação conforme ao art. 3º-A do CPP, permitindo que o juiz, dentro dos limites legais, realize diligências suplementares para esclarecer dúvidas relevantes ao julgamento. Este papel do juiz das garantias está relacionado à legalidade e aos direitos fundamentais durante a fase investigativa.

A decisão estabeleceu um prazo de 12 meses para a implementação do juiz das garantias, com possibilidade de prorrogação por mais 12 meses, sendo que a decisão destacou a necessidade de controle judicial sobre as investigações conduzidas pelo Ministério Público. Os Procedimentos de Investigação Criminal devem ser submetidos ao juiz natural, visando transparência e respeito aos direitos dos investigados.

O STF esclareceu que o juiz das garantias não se aplica a situações como processos de competência originária dos tribunais, tribunal do júri, casos de violência doméstica e infrações de menor potencial ofensivo, visando a eficiência processual em casos específicos.

A decisão do STF sobre o juiz das garantias estabeleceu diretrizes para a implementação deste instituto no sistema de justiça e destacou a necessidade de adaptação estrutural e normativa.

3. PRINCÍPIOS DO DIREITO PROCESSUAL PENAL

Os princípios são considerados normas jurídicas, este é o posicionamento moderno. Podem ser divididos entre princípios implícitos e explícitos.

3.1. Princípio da Presunção de Inocência

Princípio da presunção de inocência ou estado de inocência ou não culpabilidade. Ninguém poderá ser culpado sem o trânsito em julgado da sentença condenatória (art. 5º, LVII, CF/88).

> Art. 5º. Todos são iguais perante a lei, sem distinção de qualquer natureza, garantindo-se aos brasileiros e aos estrangeiros residentes no País a inviolabilidade do direito à vida, à liberdade, à igualdade, à segurança e à propriedade, nos termos seguintes:
>
> LVII – ninguém será considerado culpado até o trânsito em julgado de sentença penal condenatória.

IMPORTANTE!!! Execução provisória da pena: Cumprimento da pena imposta na decisão condenatória mesmo sendo ainda uma decisão provisória, mesmo que a decisão condenatória ainda não tenha transitado em julgado. *(ainda sujeita a recursos).*

Argumento contrário à execução provisória da pena: Viola o princípio da presunção de inocência, previsto no art. 5º, LVII, da CF/88.

3.2. Princípio do Contraditório ou da Bilateralidade da Audiência

As partes tem que tomar ciência dos atos processuais e poder participar deles.

3.3. Princípio da Ampla Defesa

Divide-se em defesa técnica (indispensável) e autodefesa (que pode ser dispensada se o réu não participar dos atos processuais).

Súmula 523 do STF – No processo penal, a falta da defesa constitui nulidade absoluta, mas a sua deficiência só o anulará se houver prova de prejuízo para o réu.

3.4. Princípio da Igualdade Processual ou da Paridade de Armas

As partes devem ter igualdade na medida delas.

3.5. Princípio da Imparcialidade do Juiz

Ser imparcial não é ser neutro, isso não se pode conceber, uma vez que todos têm seus valores, históricos de vida. Contudo, deve haver um distanciamento por parte do juiz.

3.6. Princípio da Publicidade

No inquérito policial a publicidade deverá ser tratada como tratada como regra. Restringível com o sigilo admitido, sendo garantida a preservação de direitos individuais.

A publicidade tem duas facetas: interna e externa.

a) **interna:** maior publicidade para as partes, protegendo-as de juízos secretos;

b) **externa:** permite o controle do exercício da atividade jurisdicional também para terceiros.

Deve-se compatibilizar a publicidade com o sigilo, que pode dividir-se em sigilo **externo** no que toca a pessoas alheias aos fatos apurados, a exemplo a imprensa.

De outra banda, o sigilo **interno** em que só poderão ter acesso as partes do processo.

Nesse sentido, no entendimento de Maurício Zanóide de Moraes, a publicidade na fase preliminar investigativa da persecução penal:

> Não poderá mais prevalecer a crença de que essa fase persecutória é em regra sigilosa, sendo a publicidade sua exceção. Isso porque, por força do já citado caput do art. 37 da Constituição, estar-se-ia descumprindo o que ela impõe quanto a que todo ato da Administração Pública (direta ou indireta) é, em regra, público[2].

De maneira similar, Marcelo de Lima Lessa ensina que a literalidade do aludido artigo 20 do CPP, reforça que o sigilo deve ser interpretado como exceção:

> Com efeito, preceitua o art. 20 do Código de Processo Penal que "a autoridade assegurará no inquérito o sigilo necessário à elucidação do fato ou exigido pela sociedade". Note-se, o sigilo conforme se depreende da própria essência do dispositivo, não se configura em regra, mas sim, em exceção, sendo tão somente admitido enquanto demonstrada a sua extrema e comprovada necessidade, ou ainda, no mesmo sentindo, quando o interesse público vier a conclamá-

2. MORAES, Maurício Zanóide de. Publicidade e proporcionalidade na persecução penal brasileiro. In: ALMEIDA, José Raul Gavião de; FERNANDES, Antônio Scarance; MORAES; Maurício Zanóide de (coordenadores). *Sigilo no processo penal: eficiência e garantismo*. São Paulo: Editora Revista dos Tribunais, 2008, p. 44.

> -lo. Diante disso, num primeiro momento, figura-se necessária a medida – sempre precedida de motivado despacho da autoridade policial – quando a deliberada difusão das providências a serem adotadas, vierem de qualquer forma baldar a persecução desenvolvida pela polícia judiciária, dando ensejo a uma contra-atividade tendente a prejudicá-la através das fraudes, peitas ou coações, incluindo-se aí a própria evasão do investigado, no mais das vezes, inspirado em subtrair-se da ação da justiça ou da responsabilidade de reparar o dano por ele causado. Em segundo plano, ainda o sigilo evitar com que a repercussão causada por certas infrações penais, notadamente as de conotação excessivamente torpe (v.g. crimes contra a liberdade sexual), choquem a serenidade pública.[3]

Assim sendo, embora a regra seja a publicidade, ela pode ser aplicada em investigações criminal. O desafio reside justamente em estabelecer parâmetros legítimos para a decretação do sigilo externo (ou publicidade restrita) ou mesmo do sigilo interno excepcional.

De maneira similar, Marcelo de Lima Lessa ensina que a literalidade do aludido artigo 20 do CPP, reforça que o sigilo deve ser interpretado como exceção.

3.7. Princípio da Verdade Real

Por parte do juiz, deve-se buscar a verdade real. Não pode apenas se conformar com a verdade apresentada pelas partes quando houver interesse público na ação.

Verifica-se no que tange a investigação criminal que devemos falar a respeito de verdade possível, a exemplo, um homicídio em que a ocultação de cadáver e o corpo é localizado uma semana após em estado avança putrefação, embora houvesse sinais claros de violência sexual não será possível mais configurá-la, logo o que buscamos é a verdade possível e não a verdade real.

3.8. Princípio do Juiz Natural

Haverá dois vertentes, o primeiro é que todos têm o direito a ser julgados por uma autoridade competente e o segundo a vedação de tribunais de exceção como Tribunal de Ruanda e Nuremberg (art. 5º, XXXVII e LIII, CF/88).

---

3. LESSA, Marcelo de Lima. *O sigilo na fase inquisitiva*. São Paulo: Informativo Adpesp-Associação dos Delegados de Polícia do Estado de São Paulo, 2004.

> Art. 5º Todos são iguais perante a lei, sem distinção de qualquer natureza, garantindo-se aos brasileiros e aos estrangeiros residentes no País a inviolabilidade do direito à vida, à liberdade, à igualdade, à segurança e à propriedade, nos termos seguintes:
> XXXVII – não haverá juízo ou tribunal de exceção;
> LIII – ninguém será processado nem sentenciado

3.9. Princípio do Promotor Natural

Há divergência se de fato existiria tal princípio. Refere-se ao princípio para vedar a nomeação arbitraria de membro do MP.

3.10. Princípio do Favor Rei ou do Favor Réu

Trata-se de fundamento *in dubio pro reo.*

3.11. Princípio do Devido Processo Legal

Trata-se do preceito do art. 5º, LIV, da Constituição Federal:

> Art. 5º (...)
> LIV – ninguém será privado da liberdade ou de seus bens sem o devido processo legal;

3.12. Princípio da Economia Processual

Princípio baseado na Emenda Constitucional nº 45/2004.

> Art. 5º (...)
> LVII – ninguém será considerado culpado até o trânsito em julgado de sentença penal condenatória;

Vários preceitos estão na Lei nº 9.099/95, a celeridade e informalidade, visando a economia processual.

3.13. Princípio da não Autoincriminação *(Nemo Tenetur se Detegere)*

> Art. 5º (...)
> LXXVIII – a todos, no âmbito judicial e administrativo, são assegurados a razoável duração do processo e os meios que garantam a celeridade de sua tramitação.

Informativo STF/923 – A regra que prevê o crime do art. 305 do Código de Trânsito Brasileiro (CTN) (1) é constitucional, posto não infirmar o princípio da não incriminação, garantido o direito ao silêncio e ressalvadas as hipóteses de exclusão da tipicidade e da antijuridicidade. STF. Plenário. RE 971.959/RS, Rel. Min. Luiz Fux, julgado em 14/11/2018 (repercussão geral) (Info. 923).

3.14. Princípio da Vedação às Provas Ilícitas

Prova ilícita: obtidas com violação a regras de direito material ou normas constitucionais.

Ex: por meio de violação de algum domicílio, tortura, violência, escuta ilegal de comunicações, etc.

Disciplina da prova ilícita: art. 5º, inciso LVI, CF/88 e art. 157 do CPP.

> **Art. 5º, CF/88.**
>
> LVI – são inadmissíveis, no processo, as provas obtidas por meios ilícitos;
>
> **Art. 157, CPP.**
>
> São inadmissíveis, devendo ser desentranhadas do processo, as provas ilícitas, assim entendidas as obtidas em violação a normas constitucionais ou legais.
>
> § 1º São também inadmissíveis as provas derivadas das ilícitas, salvo quando não evidenciado o nexo de causalidade entre umas e outras, ou quando as derivadas puderem ser obtidas por uma fonte independente das primeiras.
>
> § 2º Considera-se fonte independente aquela que por si só, seguindo os trâmites típicos e de praxe, próprios da investigação ou instrução criminal, seria capaz de conduzir ao fato objeto da prova. (Incluído pela Lei nº 11.690, de 2008)
>
> § 3º Preclusa a decisão de desentranhamento da prova declarada inadmissível, esta será inutilizada por decisão judicial, facultado às partes acompanhar o incidente.
>
> § 4º (VETADO)
>
> §5º O juiz que conhecer do conteúdo da prova declarada inadmissível não poderá proferir a sentença ou acórdão.

O Supremo Tribunal Federal (STF), ao julgar as ADIs 6.298, 6.299, 6.300 e 6.305, declarou inconstitucional o § 5º do art. 157 do CPP, incluído pela Lei nº 13.964/2019 (Pacote Anticrime). O dispositivo estabelecia que o juiz que conhecesse do conteúdo da prova declarada inadmissível não poderia proferir a sentença ou acórdão.

Esta decisão mantém intacto o princípio da vedação às provas ilícitas, conforme previsto no art. 5º, LVI, da Constituição Federal e no *caput* do art. 157 do CPP. Ao mesmo tempo, ela evita possíveis entraves processuais que poderiam surgir, especialmente em comarcas menores, onde a substituição de magistrados poderia causar atrasos significativos.

A declaração de inconstitucionalidade reafirma o princípio do juiz natural, evitando alterações de competência baseadas meramente no conhecimento de provas posteriormente consideradas inadmissíveis. Implicitamente, o STF demonstra confiança na capacidade dos magistrados de desconsiderar provas inadmissíveis ao proferir suas decisões, favorecendo assim a celeridade processual.

Esta mudança impõe aos juízes uma responsabilidade ainda maior na condução imparcial dos processos. Eles devem estar atentos para garantir que o conhecimento de provas inadmissíveis não influencie suas decisões. É importante ressaltar que as demais disposições do art. 157 do CPP, que tratam das provas derivadas das ilícitas e do procedimento de desentranhamento, permanecem válidas.

A decisão do STF busca um equilíbrio entre as garantias processuais e a efetividade da justiça criminal. Ela reafirma a confiança no sistema judicial e na capacidade dos magistrados de conduzirem julgamentos imparciais, mesmo quando expostos a provas posteriormente declaradas inadmissíveis.

Cabe mencionar que, no mesmo julgamento, o STF permitiu a realização de audiências de custódia por videoconferência em casos de urgência, desde que o meio se revele idôneo. Essa decisão demonstra a adaptabilidade do sistema processual penal às novas tecnologias, mantendo o respeito às garantias fundamentais do custodiado.

O tipo penal do artigo 25 da Lei 13.869/19 (Lei de Abuso de Autoridade) incrimina a produção de prova ilícita.

> Art. 25. Proceder à obtenção de prova, em procedimento de investigação ou fiscalização, por meio manifestamente ilícito:
> Pena – detenção, de 1 (um) a 4 (quatro) anos, e multa.
>
> Parágrafo único. Incorre na mesma pena quem faz uso de prova, em desfavor do investigado ou fiscalizado, com prévio conhecimento de sua ilicitude.

Teoria dos frutos da árvore envenenada ***("The fruits of the poisonous tree")*** **ou prova ilícita por derivação:** termo originário da jurisprudência norte-americana, resumindo-se à aplicação do princípio da inadmissibilidade das provas ilícitas. A teoria encontrava assento apenas na jurisprudência, no entanto, passou a ter respaldo legal.

Provas **ilícitas** que decorre de outra **prova ilícita**, vez que acabam causando uma contaminação em cadeia.

As provas **ilícitas** se diferenciam das provas **ilegítimas**, que tem como definição as **provas obtidas com violação de regras de ordem processual**.

Exemplo: utilização de prova nova no plenário do júri, sem ter sido juntada aos autos com antecedência mínima de três dias, violando a regra contida no art. **479 do CPP.**

> Art. 479. Durante o julgamento não será permitida a leitura de documento ou a exibição de objeto que não tiver sido juntado aos autos com a antecedência mínima de 3 (três) dias úteis, dando-se ciência à outra parte. (Redação dada pela Lei nº 11.689, de 2008)

3.15. Princípio do Delegado de Polícia Natural

O princípio de delegado de polícia natural tem por alusão ***o "princípio de juiz natural"*** qual é previsto nos incisos XXXVVII e LIII do art. 5º da CF/88.

Em nosso ordenamento jurídico, expõe o princípio do delegado natural, diante do art. 2º, § 4º, da Lei 12.830/13.

> § 4º O inquérito policial ou outro procedimento previsto em lei em curso somente poderá ser avocado ou redistribuído por superior hierárquico, mediante despacho fundamentado, por motivo de interesse público ou nas hipóteses de inobservância dos procedimentos previstos em regulamento da corporação que prejudique a eficácia da investigação.

Deste modo, o desenvolvimento de principio de delegado de policia natural, tutela na medida em que se observa a regra de que o inquérito policial ou termo circunstanciado deverão ser presididos por um Delegado de Polícia.

É imperativo destacar a recente decisão do Supremo Tribunal Federal (STF) no julgamento das Ações Diretas de Inconstitucionalidade (ADIs) 6.245 e 6.264, que traz importantes reflexões sobre a lavratura do Termo Circunstanciado de Ocorrência (TCO). O Tribunal julgou improcedentes os pedidos formulados nestas ADIs e fixou a tese de que "O Termo Circunstanciado de

Ocorrência (TCO) não possui natureza investigativa, podendo ser lavrado por integrantes da polícia judiciária ou da polícia administrativa".

Esta decisão estabelece uma distinção entre o TCO e o inquérito policial tradicional. Enquanto o inquérito policial permanece como atribuição exclusiva do delegado de polícia, em consonância com o princípio do delegado natural, o TCO pode ser elaborado por outros agentes policiais, sejam da polícia judiciária ou administrativa.

4. FONTES DO DIREITO PROCESSUAL PENAL

Da onde provêm Espécies (origem do direito).

4.1. Espécies

I. **Material ou de produção:** o Estado. Artigo 22 da Constituição Federal de 1988.

> Art. 22 – Compete privativamente à União legislar sobre:
>
> Parágrafo único. Lei complementar poderá autorizar os Estados a legislar sobre questões específicas das matérias relacionadas neste artigo. Art.3º A lei processual penal admitirá interpretação extensiva e aplicação analógica, bem como o suplemento dos princípios gerais de direito.

II. **Formal ou de cognição:** subdivide-se em:

a) Imediato ou direta: leis e os tratados.

b) Mediata ou indireta: costumes e princípios gerais do direito. Os costumes dividem-se:

» ***Secundum legem*** *(segundo a lei);*

» ***Contra legem*** (contra lei – são vedadas);

» ***Prater legem*** (cobrir as lacunas);

» **Princípios gerais**: disposto no art. 3º do CPP.

> Art. 3º - A lei processual penal admitirá interpretação extensiva e aplicação analógica, bem como o suplemento dos princípios gerais de direito.

5. SISTEMAS PROCESSUAIS PENAIS

Trata-se de um conjunto de normas que regem o Direito Processual Penal.

5.1. Sistema Inquisitivo

Este ganhou notoriedade no início do século XII, decorrente de falhas inseridas no sistema acusatório, visto que na época na tinha um órgão estatal para acusações, sendo que tais atos eram praticados por particulares que dispunha de boa oratória apenas, gerando falhas no sistema, acabando por influenciar no combate aos crimes. Devido a isso, os juízes passaram a ter uma nova postura, de modo ativo junto ao processo. Com isso, esses juízes ganharam mais poderes, assumindo então funções ao acusador privado, momento pelo qual nasce um órgão Estatal para as funções de julgamento, criando-se o Juiz-inquisidor.

O sistema inquisitivo fora utilizado por outras legislações durante o XVIII, com término devido a Revolução Francesa, que acabou por extingui-lo.

Segundo Aury Lopes Jr., definia as características do sistema:

> "Frente a um fato típico o julgador atua de ofício, sem necessidade de prévia invocação, e recolhe (também de ofício) o material que vai constituir seu convencimento. O processado é a melhor fonte de conhecimento e, como se fosse uma testemunha, é chamado a declarar a verdade sob pena de coação. O juiz é livre para intervir, recolher e selecionar o material necessário para julgar, de modo que não existem mais defeitos pela inatividade das partes e tampouco existe uma vinculação legal do juiz".[4]

5.2. Sistema Acusatório

Ligado ao Direito Grego. Participação direta do povo durante a acusação. Devido a Revolução Francesa e com a exclusão do sistema inquisitivo, o sistema acusatório ganhou força, destacando a priorização que o acusado teria suas garantias concedidas, além primar pelo devido processo legal.

Nesta nova fase (Revolução Francês), o direito de acusação não poderia mais ser decidido pelo povo (particulares), necessitou-se de divisão da persecução penal em duas fases. Assim, a responsabilidade da acusação ficaria a

4. Lopes Jr., Aury, *Direito Processual Penal*. Op. cit., p. 112.

cargo do órgão Estatal, entretanto, seria através de um órgão distinto do juiz, nascendo então o Ministério Público.

Deste modo, o Ministério Público faria a parte da divisão estatal em duas partes (investigação e processo). Seria ele o responsável por exercer uma pretensão acusatória.

Para Guilherme Nucci, as características do sistema acusatório:

> "Possui nítida separação entre o órgão acusador e o julgador; há liberdade de acusação, reconhecido o direito ao ofendido e a qualquer cidadão; predomina a liberdade de defesa e a isonomia entre as partes no processo; vigora a publicidade do procedimento; o contraditório está presente; existe a possibilidade de recusa do julgador; há livre sistema de produção de provas; predomina maior participação popular na justiça penal e a liberdade do réu é a regra."[5]

5.3. Sistema Misto

A combinação do *Sistema Inquisitivo e do Acusatório*. Duas fases:

a) **Instrução preliminar:** essencialmente inquisitiva, vez que a responsabilidade pela concepção das provas fica à dever do juiz (de instrução), não existindo o contraditório ou ampla defesa, e mantendo o sigilo.

b) **Judicial:** acusação propriamente dita (natureza acusatória). Admite o exercício do contraditório e da ampla defesa. Debates (orais e públicos); Divisões de funções.

5.4. Sistema Adotado pelo Ordenamento Jurídico Brasileiro

Entende-se que o sistema processual penal adotado pelo ordenamento jurídico brasileiro trata-se do **sistema acusatório**, uma vez que as suas características se amoldam com as normas previstas com base no art. 129, inciso I, da CF/88, o Ministério Público propõe a atribuição da ação penal pública.

> Art. 129. São funções institucionais do Ministério Público:
>
> I – promover, privativamente, a ação penal pública, na forma da lei.

5. NUCCI, Guilherme de Souza. *Manual de Processo Penal e Execução Penal*, 8ª ed., São Paulo: RT, 2011, p. 121.

No entanto, há controvérsias referente à este entendimento junto à doutrina, já que alguns doutrinadores destacam outros modelos. Aury Lopes Junior defende que o ordenamento o sistema adotado jurídico brasileiro, trata-se do sistema (neo) inquisitório. Já Guilherme Nucci defende ser o sistema misto.

6. HISTÓRIA DO PROCESSO PENAL

A partir do momento em que há o transgressor, a pena em última análise a pratica de um fato definido pela norma como criminoso, necessário se faz regulamentos para executar esta pena.

No início dos tempos não havia regramentos, o que predominava era a força. A partir do momento em que os seres humanos uniram-se, houve um líder e posteriormente, por volta do século XVIII a.C, foi criada a base para Lei de Talião e a proporcionalidade com as dividas aspas.

De outro lanço, na Grécia Antiga, baseava-se nos costumes, chama-se de *Nómos*. Haviam magistrados, mais próximos à administradores da justiça e árbitros. Neste período, foram criados as chamadas Leis de *Drácon*, conjunto de leis, eram muito excessivas, o que gerou a expressão "*Draconiana*". Nesta época houve a diferenciação entre crimes públicos e privados. Além disso, o início do Tribunal do Júri e as primeiras jurisdições especializadas.

De outro bando, em Roma havia uma figura muito importante, o chamado "*Pater famílias*". O primeiro código da lei em Roma foi a Lei das Doze Tábuas.

Destaca-se a perseguição como mecanismo falho e severo contra "criminosos".

Segundo o doutrinador Fernando da Costa Tourinho Filho:

> Esses crimes descritos acima, incitavam o Estado, sendo esse responsável por investigar e punir quem praticou ou teve participação no evento criminoso. O Processo Penal Público atravessou, em Roma, fases interessantes. O começo da Monarquia não havia nenhuma limitação ao poder de julgar.
>
> Bastava a *notitia criminis* para que o próprio magistrado se pusesse em campo, a fim de proceder as necessárias investigações. Essa fase preliminar chamava-se inquisitivo. Após as investigações, o Magistrado impunha a pena. Prescindia-se da acusação. Nenhuma garantia era dada ao acusado. Não havia limites ao arbítrio dos Juízes. Era o processo denominado de cognitivo.

> Para moderar o arbítrio do Juiz, surgiu *a provocatio ad populum*, com intenso colorido de apelação, concedida pela célebre "Lex Valeria de Provocadone" O condenado tinha a faculdade de recorrer da decisão para o povo reunido em comício. (Filho, 2010 p. 109).

Tempos depois veio a **Leis Valérias**, que trouxe a definição entre dolo e culpa, bem como algumas de suas excludentes de ilicitudes, preceitos que influenciam nosso ordenamento jurídico até hoje.

Outrossim, no Direito Penal Germânico, temos os chamados "Juízo de Deus", em que o rei dava ao acusado a oportunidade de provar sua inocência.

> Quanto ao Juízo de Deus, que, segundo Manzini, não era propriamente uma prova, mas uma devolução a Deus da decisão sobre a controvérsia, sua prática foi demais generalizada. Conforme as pessoas, realizava-se, como Juízo de Deus, o duelo judicial: se o acusado vencesse, seria absolvido, pois era inocente. Havia outros Juízos de Deus, chamados, posteriormente, *purgationes* vulgares, como o da "água fria" e o da "água fervente" (Filho, 2010 p. 112).[6]

Eram métodos sem qualquer fundamento científico, baseada num período conhecido como Vingança Privada, atiravam a pessoa num rio caso não afundasse seria inocente.

No Direito Canônico, o que vigoravam eram as torturas e procedimentos sigilosos.

> Quanto ao Juízo de Deus, que, segundo Manzini, não era propriamente uma prova, mas uma devolução a Deus da decisão sobre a controvérsia, sua prática foi demais generalizada. Conforme as pessoas, realizava-se, como Juízo de Deus, o duelo judicial: se o acusado vencesse, seria absolvido, pois era inocente, Havia outros Juízos de Deus, chamados, posteriormente, purgationes vulgares, como o da "água fria" e o da "água fervente" (...) "A acusação fora abolida nos crimes de ação pública abolida, também, fora a publicidade do processo. O Juiz procedia ex officio e em segredo. Os depoimentos das testemunhas eram tomados secretamente. O interrogatório do imputado era precedido ou seguido de torturas. Regulamentou-se a tortura: "deve cessar quando o imputado expresse a vontade de

6. TOURINHO FILHO, Fernando da Costa. *Manual do Processo penal*. v. 1. 13. ed. São Paulo: Saraiva, 2010.

confessar. Se confessa durante os tormentos e, para que a confissão seja válida, deve ser confirmada no dia seguinte".[7]

6.1. História do Código de Processo Penal no Brasil

A primeira legislação codificada na esfera do processo penal no Brasil foi promulgada em 1832, tratando-se do Código de Processo Criminal de Primeira Instância.

Apenas em meados do século XX que o Processo Penal Brasileiro começou experienciar sua fase de maior importância.

O Código foi promulgado em 1941, e continua em vigência até os dias atuais. Teve como referência a codificação italiana dos anos 30, época em que a Itália estava sob o regime fascista, deste modo, nossa legislação tem como influência esse regime. Tinha como qualidades a presunção de culpabilidade e uma autoridade excessiva.

As alterações importantes no respectivo código aconteceram na década de 70, sendo a Lei nº 5.349, de 3 de novembro de 1967, um grande destaque, visto que mencionava sobre as flexibilização das inúmeras regras restritivas do direito a liberdade.

Ainda nas inovações em destaque, importante mencionar as Leis nº 11.689, 11.690 e 11.719, todas do ano 2008, que devido as enormes alterações, acabou por gerar ajustes processuais.

Dessa forma, podemos concluir que o processo penal não se fundamenta no princípio da presunção de culpabilidade e sim no princípio da presunção de inocência.

7. INTERPRETAÇÃO E APLICAÇÃO DA LEI PROCESSUAL PENAL

Em processo penal vale-se do *"tempus reget actum"*, ou seja, valerá a lei da época dos fatos.

Pelo art. 2º do Código de Processo Penal:

> Art. 2º - A lei processual penal aplicar-se-á desde logo, sem prejuízo da validade dos atos realizados sob a vigência da lei anterior.

---

7. TOURINHO FILHO, Fernando da Costa. *Manual do Processo penal*. v. 1. 13. ed. São Paulo: Saraiva, 2010.

A lei irá retroagir se for benigna. Contudo, se for uma lei híbrida:

Norma penal benéfica	Norma penal maléfica
Leva junto a normal processual	**Não retroage. A norma processual também não.**

Ou seja, a norma híbrida segue a lei penal.

7.1. Lei Processual Penal no Espaço

Vigora o princípio da princípio da Territorialidade Absoluta.

> Art. 1º – O processo penal reger-se-á, em todo o território brasileiro, por este Código, ressalvados:
> I – os tratados, as convenções e regras de direito internacional.

7.2. Interpretação do Direito Processual Penal

1) **Interpretação autêntica:** trazido pela lei, a exemplo o art. 327 do CP que traz o conceito de funcionário público.

> Art. 327 – Considera-se funcionário público, para os efeitos penais, quem, embora transitoriamente ou sem remuneração, exerce cargo, emprego ou função pública.

2) **Interpretação doutrinal:** doutrina.
3) **Interpretação judicial:** adequação da norma ao caso concreto.

   Obs.: É errado dizer que seria igual jurisprudência

4) **Interpretação gramatical ou liberal:** o que está escrito na norma.
5) **Interpretação lógica:** Art.155, CP.

> Art. 155 – Subtrair, para si ou para outrem, coisa alheia móvel:
> Pena – reclusão, de um a quatro anos, e multa.
> § 1º – A pena aumenta-se de um terço, se o crime é praticado durante o repouso noturno.
> § 2º – Se o criminoso é primário, e é de pequeno valor a coisa furtada, o juiz pode substituir a pena de reclusão pela de detenção, diminuí-la de um a dois terços, ou aplicar somente a pena de multa.
> § 3º – Equipara-se à coisa móvel a energia elétrica ou qualquer outra que tenha valor econômico.

O parágrafo segundo diz que não se pode aplicar o privilegio as figuras qualificada. Embora seja a interpretação lógica, os tribunais admitem.

6) **Interpretação sistemática.**

7) **Interpretação histórica ou método interpretativo histórico:** analisa o contexto em que a lei foi editada.

8) **Interpretação restritiva:** quando a lei diz mais do que deveria.

   Exemplo: Assistente do Ministério público (Art. 268, CPP).

   > Art. 268. Em todos os termos da ação pública, poderá intervir, como assistente do Ministério Público, o ofendido ou seu representante legal, ou, na falta, qualquer das pessoas mencionadas no **Art. 31.**
   >
   > Art. 31. No caso de morte do ofendido ou quando declarado ausente por decisão judicial, o direito de oferecer queixa ou prosseguir na ação passará ao cônjuge, ascendente, descendente ou irmão.

9) **Interpretação extensiva:** quando a lei diz menos do que deveria.

   Exemplo: (Art. 34, CPP).

   > Art. 34. Se o ofendido for menor de 21 e maior de 18 anos, o direito de queixa poderá ser exercido por ele ou por seu representante legal.

10) **Analogia:** É uma forma de **Integração** e não interpretação. Somente é possível analogia *"in bonam partem"*.

    > *A lei não diz.*
    >
    > Requisitos: 1 – Inexistência de disposição legal específica para a hipótese em exame 2 – Semelhança de essência entre a hipótese em exame e a hipótese para a qual exista previsão legal.

11) **Autointegração:** O próprio código traz uma norma para suprimir sua omissão.

12) **Hetero integração:** O código é omisso, contudo para solução precisa de em outro diploma legal.

REFERÊNCIAS

ARAÚJO, Fábio Roque. **Código de Processo Penal para concursos.** 12ª edição. Editora Juspodivm, 2021.

AZIZ, Tamini. **Interpretação da Lei Processual Penal** <https://cadernodatata.com.br/interpretacao-da-lei-processual-penal/>. Acesso em: 25 mar. 2024.

BRASIL. Decreto-Lei 2.848, de 07 de dezembro de 1940. **Código Penal**. Disponível em: <https://www.planalto.gov.br/ccivil_03/constituicao/constituicaocompilado.htm>. Acesso em: 25 mar. 2024.

BRASIL. Decreto-Lei 3.689, de 03 de outubro de 1941. **Código de Processo Penal**. Disponível em: <https://www.planalto.gov.br/ccivil_03/decreto-lei/del3689.htm>. Acesso em: 25 mar. 2024.

BRASIL. [Constituição (1988)]. **Constituição da República Federativa do Brasil de 1988. Brasília,** DF: Presidência da República. Disponível em: <https://www.planalto.gov.br/ccivil_03/constituicao/constituicaocompilado.htm>. Acesso em: 25 mar. 2024.

CAPEZ, Fernando. **Curso de Processo Penal.** 28ª Ed. São Paulo: Saraiva, 2021.

LESSA, Marcelo de Lima. **O sigilo na fase inquisitiva.** São Paulo: Informativo Adpesp-Associação dos Delegados de Polícia do Estado de São Paulo, 2004.

MARQUES, José Frederico. **Elementos de direito processual penal**, 2ª Edição, Forense, v. 1, p. 20. 2011.

MORAES, Maurício Zanóide de. Publicidade e proporcionalidade na persecução penal brasileiro. In: ALMEIDA, José Raul Gavião de; FERNANDES, Antônio Scarance; MORAES; Maurício Zanóide de (coordenadores). **Sigilo no processo penal:** eficiência e garantismo. São Paulo: Editora Revista dos Tribunais, 2008, p.44.

MORAES, Rafael Marcondes de. **Polícia Judiciária e a Atuação da Defesa na Investigação Criminal**. Editora Juspodivm, 2018.

NETO, Francisco Sanini. **Inquérito Policial e prisões provisórias**. Editora Ideias e Letras, 2014.

NUCCI, Guilherme de Souza. **Manual de Processo Penal e Execução Penal**, 8ª Edição, São Paulo: RT, 2011, página 121.

PIMENTEL JUNIOR, Jaime. **Polícia Judiciária e a Atuação da Defesa na Investigação Criminal**. Editora Juspodivm, 2018.

TÁVORA, Nestor. **Código de Processo Penal para concursos.** 12ª edição. Editora Juspodivm, 2021.

TOURINHO FILHO, Fernando da Costa. **Manual do Processo penal**. v. 1. 13. ed. São Paulo: Saraiva, 2010.

EIXO 2

Matheus Arnaldo Pereira da Silva

8. DEVIDO PROCESSO LEGAL

8.1. Introdução

O devido processo legal é uma garantia que atende os ditames constitucionais, deixando claro a toda e qualquer pessoa quais os passos e procedimentos dentro de um processo que possa levar a uma condenação ou absolvição.

Esse princípio não só protege os indivíduos contra possíveis abusos do Estado, mas também promove justiça e equidade no sistema de justiça.

No decorrer da história, esse princípio tem mostrado-se como imprescindível para a manutenção do Estado Democrático de Direito, servindo como fundamento contra as arbitrariedades que eventualmente possa ser cometida pelo Poder Público na atuação frente a justiça criminal.

Este princípio transcende a esfera jurídica, refletindo o núcleo da democracia e civilização. A busca por um processo justo e equitativo é um reflexo da evolução da sociedade em direção à proteção dos direitos individuais, assegurando que cada indivíduo tenha a oportunidade de defender-se de maneira adequada e suficiente diante de um processo judicial.

8.2. Aspecto Histórico

Historicamente o devido processo legal tem como seus primórdios na Carta Magna de 1.215, conhecida como "Carta do João Sem Terra", este documento trouxe previsões de direitos que a doutrina chama de "Direitos Humanos de Primeira Dimensão", que são as liberdades negativas, pondo limites a atuação estatal dentro da esfera de liberdade do indivíduo, dando origem ao famoso remédio contra a liberdade de locomoção Habeas Corpus.

Importante destacar que nesse tempo o Habeas Corpus era remédio utilizado para sanar qualquer restrição de direito feita ao cidadão por parte do Estado, e com o passar dos tempos, com a evolução dos textos foram criados outros remédios, que hoje inclusive se encontram em nossa carta magna, tais como Mandado de Segurança, Mandado de Injunção, Habeas Data dentre outros.

A evolução do devido processo, foi gradual e influenciada por marcos históricos, tais como Revolução Americana e Revolução Francesa, que expandiram e incorporaram tal princípio em suas respectivas Declarações de Direitos.

No Brasil, a Constituição de 1824 trouxe traços do devido processo legal, no artigo 179, VIII, IX, X, se não vejamos:

> Art. 179. A inviolabilidade dos Direitos Civis, e Politicos dos Cidadãos Brazileiros, que tem por base a liberdade, a segurança individual, e a propriedade, é garantida pela Constituição do Imperio, pela maneira seguinte.
>
> VIII. Ninguem poderá ser preso sem culpa formada, excepto nos casos declarados na Lei; e nestes dentro de vinte e quatro horas contadas da entrada na prisão, sendo em Cidades, Villas, ou outras Povoações proximas aos logares da residencia do Juiz; e nos logares remotos dentro de um prazo razoavel, que a Lei marcará, attenta a extensão do territorio, o Juiz por uma Nota, por elle assignada, fará constar ao Réo o motivo da prisão, os nomes do seu accusador, e os das testermunhas, havendo-as.
>
> **IX. Ainda com culpa formada, ninguem será conduzido á prisão, ou nella conservado estando já preso, se prestar fiança idonea, nos casos, que a Lei a admitte: e em geral nos crimes, que não tiverem maior pena, do que a de seis mezes de prisão, ou desterro para fóra da Comarca, poderá o Réo livrar-se solto.**
>
> **X. A' excepção de flagrante delicto, a prisão não póde ser executada, senão por ordem escripta da Autoridade legitima. Se esta fôr arbitraria, o Juiz, que a deu, e quem a tiver requerido serão punidos com as penas, que a Lei determinar.**

A evolução histórica do devido processo legal pode ser dividida nas seguintes fases:

Período Medieval: Início com a Carta Magna, que estabeleceu a base para limitações ao poder estatal e garantias processuais mínimas.

Renascimento e Iluminismo: Desenvolvimento das ideias de direitos naturais e contratos sociais, influenciando a elaboração de novas constituições que reforçavam o devido processo.

Subdivisões.

O devido processo legal pode ser subdividido em material ou substancial e processual ou procedimental.

Devido Processo Material ou Substancial: Relaciona-se às garantias penais propriamente ditas, como a presunção de inocência, o direito ao silêncio, e a proibição de provas ilícitas. Este aspecto foca na proteção dos direitos fundamentais do indivíduo contra abusos durante a investigação e o julgamento. O devido processo material garante que as leis e sanções impostas sejam justas e razoáveis, evitando arbitrariedades. A aplicação desse princípio implica uma análise crítica das leis penais para assegurar que não sejam excessivamente severas ou discriminatórias.

Devido Processo Processual ou Procedimental: Trata-se das regras processuais que garantem a justiça procedimental, como o direito de produzir provas, o contraditório e a ampla defesa, e a imparcialidade do julgador. Dessa forma assegura que os procedimentos judiciais sejam conduzidos de maneira efetiva e justa, proporcionando um meio adequado para a resolução de conflitos e a proteção dos direitos relacionado as partes envolvidas garantindo que todas as partes tenham a oportunidade de serem ouvidas e de apresentar provas, argumentos e teses.

Em poucas palavras no devido processo material, as garantias protegem os direitos individuais de forma substantiva, assegurando que qualquer ação estatal seja justificada e proporcional. Já no devido processo processual, as regras processuais garantem a equidade e a justiça no andamento dos procedimentos legais.

Desdobramentos.

O artigo 5º, LIV, da Constituição Federal, traz expressamente a obrigatoriedade de se observar o devido processo legal quando da imposição de privação da liberdade ou de seus bens.

> Art. 5º Todos são iguais perante a lei, sem distinção de qualquer natureza, garantindo-se aos brasileiros e aos estrangeiros residentes no País a inviolabilidade do direito à vida, à liberdade, à igualdade, à segurança e à propriedade, nos termos seguintes:
>
> **LIV – ninguém será privado da liberdade ou de seus bens sem o devido processo legal;**

Este princípio emerge não só pelo texto da Constituição Federal, mas por todo ordenamento jurídico, ainda que implicitamente, como é o caso da observância de contraditório e ampla defesa, princípio do juiz natural, promotor natural e até mesmo, delegado natural.

> *"Nos termos do are. 5°, LIV, Cf, "ninguém será privado da liberdade ou de seus bens sem o devido processo legal". O processo é expressão de garantia contra eventuais arbítrios perpetrados pelo Estado. Como corolário do devido processo, teremos o contraditório, a – ampla defesa, a paridade de armas, e toda a carga protetiva constitucionalmente assegurada."* Tavora, pg. 16, Código de Processo Penal Para Concursos, 7º Ed. Editora, Juspodivm.

Destaca-se ainda que o Brasil é signatário do Tratado Internacional denominado de Pacto de São José da Costa Rica onde de seu texto é possível inferir que o Estado e atores do sistema de justiça criminal devem observar o devido processo legal, vejamos:

> ARTIGO 8
>
> Garantias Judiciais
>
> 1. Toda pessoa tem direito a ser ouvida, com as devidas garantias e dentro de um prazo razoável, por um juiz ou tribunal competente, independente e imparcial, estabelecido anteriormente por lei, na apuração de qualquer acusação penal formulada contra ela, ou para que se determinem seus direitos ou obrigações de natureza civil, trabalhista, fiscal ou de qualquer outra natureza.
>
> 2. Toda pessoa acusada de delito tem direito a que se presuma sua inocência enquanto não se comprove legalmente sua culpa. Durante o processo, toda pessoa tem direito, em plena igualdade, às seguintes garantias mínimas:
>
> a) direito do acusado de ser assistido gratuitamente por tradutor ou intérprete, se não compreender ou não falar o idioma do juízo ou tribunal;
>
> b) comunicação prévia e pormenorizada ao acusado da acusação formulada;
>
> c) concessão ao acusado do tempo e dos meios adequados para a preparação de sua defesa;
>
> d) direito do acusado de defender-se pessoalmente ou de ser assistido por um defensor de sua escolha e de comunicar-se, livremente e em particular, com seu defensor;
>
> e) direito irrenunciável de ser assistido por um defensor proporcionado pelo Estado, remunerado ou não, segundo a legislação interna, se o acusado não se defender ele próprio nem nomear defensor dentro do prazo estabelecido pela lei;
>
> f) direito da defesa de inquirir as testemunhas presentes no tribunal e de obter o comparecimento, como testemunhas ou peritos, de outras pessoas que possam lançar luz sobre os fatos;

g) direito de não ser obrigado a depor contra si mesma, nem a declarar-se culpada; e

h) direito de recorrer da sentença para juiz ou tribunal superior.

3. A confissão do acusado só é válida se feita sem coação de nenhuma natureza.

4. O acusado absolvido por sentença passada em julgado não poderá se submetido a novo processo pelos mesmos fatos.

5. O processo penal deve ser público, salvo no que for necessário para preservar os interesses da justiça.

Não só, vejamos também textos da Declaração Universal de Direitos Humanos de 1948 que tratam do Devido Processo Legal:

> **Artigo 8**
> Todo ser humano tem direito a receber dos tribunais nacionais competentes remédio efetivo para os atos que violem os direitos fundamentais que lhe sejam reconhecidos pela constituição ou pela lei.
>
> **Artigo 9**
> Ninguém será arbitrariamente preso, detido ou exilado.
>
> **Artigo 10**
> Todo ser humano tem direito, em plena igualdade, a uma justa e pública audiência por parte de um tribunal independente e imparcial, para decidir seus direitos e deveres ou fundamento de qualquer acusação criminal contra ele.
>
> **Artigo 11**
> 1. Todo ser humano acusado de um ato delituoso tem o direito de ser presumido inocente até que a sua culpabilidade tenha sido provada de acordo com a lei, em julgamento público no qual lhe tenham sido asseguradas todas as garantias necessárias à sua defesa.
> 2. Ninguém poderá ser culpado por qualquer ação ou omissão que, no momento, não constituíam delito perante o direito nacional ou internacional. Também não será imposta pena mais forte de que aquela que, no momento da prática, era aplicável ao ato delituoso.

De maneira a ilustrar, vejamos alguns julgados do Supremo Tribunal relacionadas com o devido processo legal:

> *Ementa: REFERENDO DE MEDIDA CAUTELAR EM HABEAS CORPUS. AUSÊNCIA DE CUMPRIMENTO DE MANDADO DE PRISÃO. AUDIÊNCIA POR VIRTUAL. DIREITO DE AUTODEFESA. INTERROGATÓRIO. AUSÊNCIA DE RENÚNCIA. ART. 185 DO CPP.* ***DEVIDO PROCESSO LEGAL.*** *PLAUSIBILIDADE JURÍDICA DO PEDIDO. PERICULUM IN MORA. CONCESSÃO DA LIMINAR. 1. O fato de o paciente não se apresentar à*

Justiça para cumprimento de mandado de prisão não implica renúncia ao direito de participar de audiência virtual, nem ao direito de autodefesa. Relação de causa e efeito que não possui previsão legal. 2. O réu que comparece à audiência de instrução e julgamento realizada por meio de videoconferência será qualificado e interrogado na presença de seu defensor, constituído ou nomeado. 3. Potencial descompasso com a legislação de regência (arts. 185 e 564, III, "e", segunda parte, ambos do CPP) e o devido processo legal substantivo (art. 5º, LIV, CF). 4. Plausibilidade jurídica do pedido e perigo da demora configurados. Medida cautelar deferida. HC 233191 MC-Ref/ SP – SÃO PAULO. REFERENDO NA MEDIDA CAUTELAR NO HABEAS CORPUS Relator(a): Min. EDSON FACHIN Julgamento: 30/10/2023 Publicação: 08/01/2024

Ementa: AGRAVO REGIMENTAL EM HABEAS CORPUS. PROCESSO PENAL. TRÁFICO DE ENTORPECENTES. PRISÃO PREVENTIVA. CONSTRANGIMENTO ILEGAL EVIDENCIADO. ORDEM CONCEDIDA DE OFÍCIO PARA DETERMINAR A SOLTURA DO PACIENTE. MANUTENÇÃO DA DECISÃO. AGRAVO REGIMENTAL DESPROVIDO. 1. A inexistência de argumentação apta a infirmar o julgamento monocrático conduz à manutenção da decisão agravada. 2. A cláusula do ***devido processo legal substantivo*** *(art. 5º, LIV, CF) orienta que as restrições às liberdades individuais pelo poder punitivo do Estado devem ocorrer somente na medida do necessário para o atingimento da finalidade almejada. Nesse sentido, a prisão preventiva é medida de ultima ratio, a ser aplicada somente quando as medidas cautelares dela diversas revelarem-se concretamente inadequadas (art. 282, § 6º, CPP). 3. A mera alusão à quantidade da droga em poder do acusado e à forma de seu acondicionamento não é suficiente para demonstrar a periculosidade do agente, especialmente quando há indicativos de se tratar de mero transportador. Consequentemente, tais circunstâncias não importam em risco à ordem pública que justifique a segregação cautelar. 4. Agravo regimental desprovido. HC 225367 AgR/RS – RIO GRANDE DO SUL. AG.REG. NO HABEAS CORPUS Relator(a): Min. EDSON FACHIN Julgamento: 25/04/2023 Publicação: 22/06/2023*

Ementa: AGRAVO REGIMENTAL EM HABEAS CORPUS. PROCESSO PENAL. TRÁFICO DE ENTORPECENTES. PRISÃO PREVENTIVA. CONSTRANGIMENTO ILEGAL EVIDENCIADO. ORDEM CONCEDIDA DE OFÍCIO PARA DETERMINAR A SOLTURA DO PACIENTE. MANUTENÇÃO DA DECISÃO MONOCRÁTICA. AGRAVO REGIMENTAL DESPROVIDO. 1. A inexistência de argumentação apta a infirmar o julgamento monocrático conduz à manutenção da decisão agravada. 2. A ***cláusula do devido processo legal substantivo (art. 5º, LIV, CF)*** *orienta que as restrições às liberdades individuais pelo poder punitivo do Estado devem ocorrer somente na medida do necessário para o atingimento da finalidade almejada. Nesse sentido, a prisão preventiva é medida de* *ultima ratio, a ser aplicada somente quando as medidas cautelares dela diversas revelarem-se concretamente inadequadas (art. 282, § 6º, CPP). 3. A natureza hedionda do tráfico não permite concluir, automaticamente, sobre a gravidade concreta do delito, mormente porque, na espécie, o flagrante (precedido apenas por denúncias anônimas, sem qualquer investigação prévia) resultou na apreensão de 1g de crack. 4. A tentativa de fuga no momento da abordagem policial e a existência de registro criminal por crime cometido há 17 anos, cuja punibilidade fora extinta há mais de 11 anos, não são elementos suficientes para demonstrar o risco de reiteração delitiva. 5. Agravo regimental desprovido. HC 228798 AgR/PR – PARANÁ*

AG.REG. NO HABEAS CORPUS Relator(a): Min. EDSON FACHIN Julgamento: 22/08/2023 Publicação: 04/09/2023

Ementa: AGRAVO REGIMENTAL NA AÇÃO CÍVEL ORIGINÁRIA. DIREITO ADMINISTRATIVO E FINANCEIRO. INSCRIÇÃO DO ESTADO DO MARANHÃO NO SIAFI/CAUC. NECESSIDADE DE PRÉVIA NOTIFICAÇÃO. **VIOLAÇÃO DOS PRINCÍPIOS DO DEVIDO PROCESSO LEGAL**, AMPLA DEFESA E CONTRADITÓRIO. AGRAVO REGIMENTAL DESPROVIDO. 1. Esta Corte possui entendimento no sentido de que viola as garantias do devido processo legal, do contraditório e da ampla defesa a inscrição do Estado em cadastro de inadimplência federal enquanto não ultimado o processo Tomada de Contas Especial. 2. Inocorrência de violação ao princípio da colegialidade. Tema 327 da Repercussão Geral. RE 607.420, Rel. Min. Rosa Weber. Existência de inúmeros precedentes do Plenário do STF no mesmo sentido da decisão agravada (art. 21, § 1º, do RISTF). 3. Agravo a que se nega provimento. ACO 1470 AgR-Segundo relator(a): Min. EDSON FACHIN Julgamento: 12/05/2017 Publicação: 23/05/2017

8.3. Contraditório e Ampla Defesa

São elementos essenciais do devido processo legal, que garante as partes apresentar suas versões dos fatos, produzir provas e contradizer as alegações e elementos apresentados pela parte contrária. Dessa maneira assegura que o processo seja desenrolado de maneira equilibrada, evitando que uma das partes seja tolhida do seu direito de defesa.

8.4. Princípio do Juiz Natural

Estabelece que ninguém pode ser julgado ou processado senão pela autoridade competente previamente designada por lei. Este princípio visa garantir a imparcialidade do julgamento e evitar a criação de tribunais de exceção, assegurando que o juiz responsável pelo julgamento seja imparcial e tenha sido designado de acordo com critérios legais.

8.5. Promotor Natural e Delegado Natural

Garantem que a acusação e a investigação sejam conduzidas por autoridades competentes previamente designadas por lei, assegurando a imparcialidade e a legalidade do processo, evitando assim a designação arbitrária de promotores e delegados de polícia, de maneira a assegurar uma investigação e uma acusação justa e imparcial.

Explanado tais princípios, é certo inferir que esses mandamentos apesar de terem característica implícita, deve ser observado por todos os atores do sistema de justiça criminal.

8.6. Papel da Sociedade Civil no Devido Processo Legal

A sociedade civil desempenha um papel crucial na fiscalização do devido processo legal. As organizações não governamentais, movimentos sociais e a mídia têm a responsabilidade de monitorar e denunciar abusos, promovendo a transparência e a *accountability* no sistema de justiça criminal.

Também é possível efetivar esse papel a partir do processo de educação na formação dos juristas, onde a formação contínua dos operadores do direito é necessária para a fundamental compreensão do devido processo legal para que possa ser aplicado na prática. Programas de capacitação e cursos de atualização são alguns dos exemplos para garantir que juízes, promotores, defensores públicos, delegados de polícia e advogados, estejam sempre atualizados com as interpretações e desafios que surgem no decorrer de um processo judicial.

8.7. Devido Processo Legal e a Tecnologia

As novas tecnologias impactam diretamente na aplicação do devido processo legal, principalmente no tocante a questões de privacidade digital, coleta de provas eletrônicas e crimes cibernéticos. A digitalização dos processos judiciais e a utilização de inteligência artificial na investigação criminal e processos criminais são temas contemporâneos que demandam uma análise crítica sobre a adequação das garantias processuais.

No Brasil existe á Lei do Marco Civil da Internet (Lei 12.965/14) que disciplina algumas questões relacionadas a formação de conjunto probatório relacionados a rede mundial de computadores, vejamos por exemplo o que diz artigo 22 e seus incisos bem como artigo 23 da citada Lei:

> Art. 22. A parte interessada poderá, com o propósito de formar conjunto probatório em processo judicial cível ou penal, em caráter incidental ou autônomo, requerer ao juiz que ordene ao responsável pela guarda o fornecimento de registros de conexão ou de registros de acesso a aplicações de internet.
>
> Parágrafo único. Sem prejuízo dos demais requisitos legais, o requerimento deverá conter, sob pena de inadmissibilidade:
>
> I - fundados indícios da ocorrência do ilícito;
>
> II - justificativa motivada da utilidade dos registros solicitados para fins de investigação ou instrução probatória; e
>
> III - período ao qual se referem os registros.
>
> Art. 23. Cabe ao juiz tomar as providências necessárias à garantia do sigilo das informações recebidas e à preservação da intimidade, da vida privada, da honra e da imagem do usuário, podendo determinar segredo de justiça, inclusive quanto aos pedidos de guarda de registro.

Não bastasse isso, o Superior Tribunal de Justiça já demonstrou preocupação e fixou entendimento relacionado a cadeia de custódia e provas produzidas em ambiente digital, vejamos:

> PROCESSUAL PENAL. AGRAVO REGIMENTAL NO HABEAS CORPUS. TRÁFICO DE DROGAS. APREENSÃO DE CELULAR. EXTRAÇÃO DE DADOS. CAPTURA DE TELAS. QUEBRA DA CADEIA DE CUSTÓDIA. INADMISSIBILIDADE DA PROVA DIGITAL. AGRAVO REGIMENTAL PROVIDO. 1. O instituto da cadeia de custódia visa a garantir que o tratamento dos elementos probatórios, desde sua arrecadação até a análise pela autoridade judicial, seja idôneo e livre de qualquer interferência que possa macular a confiabilidade da prova. 2. **Diante da volatilidade dos dados telemáticos e da maior suscetibilidade a alterações, imprescindível se faz a adoção de mecanismos que assegurem a preservação integral dos vestígios probatórios, de forma que seja possível a constatação de eventuais alterações, intencionais ou não, dos elementos inicialmente coletados, demonstrando-se a higidez do caminho percorrido pelo material**. 3. A **auditabilidade**, a **repetibilidade**, a reprodutibilidade e a **justificabilidade** são quatro **aspectos essenciais das evidências digitais**, os quais buscam ser garantidos pela utilização de metodologias e procedimentos certificados, como, e.g., os recomendados pela ABNT. 4. A observação do princípio da mesmidade visa a assegurar a confiabilidade da prova, a fim de que seja possível se verificar a correspondência entre aquilo que foi colhido e o que resultou de todo o processo de extração da prova de seu substrato digital. **Uma forma de se garantir a mesmidade dos elementos digitais é a utilização da técnica de algoritmo hash, a qual deve vir acompanhada da utilização de um software confiável, au-**

> **ditável e amplamente certificado, que possibilite o acesso, a interpretação e a extração dos dados do arquivo digital**. 5. De relevo trazer à baila o entendimento majoritário desta Quinta Turma no sentido de que "é ônus do Estado comprovar a integridade e confiabilidade das fontes de prova por ele apresentadas. É incabível, aqui, simplesmente presumir a veracidade das alegações estatais, quando descumpridos os procedimentos referentes à cadeia de custódia" (AgRg no RHC n. 143.169/RJ, relator Ministro Messod Azulay Neto, relator para acórdão Ministro Ribeiro Dantas, Quinta Turma, DJe de 2/3/2023). 6. Neste caso, não houve a adoção de procedimentos que assegurassem a idoneidade e a integridade dos elementos obtidos pela extração dos dados do celular apreendido. Logo, evidentes o prejuízo causado pela quebra da cadeia de custódia e a imprestabilidade da prova digital. 7. Agravo regimental provido a fim de conceder a ordem de ofício para que sejam declaradas inadmissíveis as provas decorrentes da extração de dados do celular do corréu, bem como as delas decorrentes, devendo o Juízo singular avaliar a existência de demais elementos probatórios que sustentem a manutenção da condenação. AgRg no HABEAS CORPUS Nº 828054 – RN (2023/0189615-0) MINISTRO JOEL ILAN PACIORNIK.

8.8. Conclusão

O devido processo legal é uma pedra angular da justiça, garantindo que todos os procedimentos legais sejam conduzidos de maneira justa e equitativa. Seu respeito é essencial para a manutenção do Estado de Direito e a proteção das liberdades individuais. Para os candidatos a concursos, o domínio deste tema é crucial, não apenas para a aprovação nas provas, mas também para o exercício competente e ético da função pública.

9. DEVIDA INVESTIGAÇÃO CRIMINAL

9.1. Introdução

A devida investigação criminal é um conceito moderno, estampado por diversos autores que doutrinam sobre temas relacionados a polícia judiciária.

Fazendo um paralelo com o devido processo legal, a investigação criminal consiste em o Estado-Investigação observar as regras pré estabelecidas na Constituição Federal e no ordenamento jurídico como um todo.

A investigação criminal, em nosso ordenamento jurídico é realizada esmagadoramente através do inquérito policial o qual é presidido pela Autoridade Policial, na figura do Delegado de Polícia.

Esta autoridade policial, deve necessariamente ser o delegado de polícia de carreira, nos termos do artigo 144, § 4º, da Constituição Federal.

> Art. 144. A segurança pública, dever do Estado, direito e responsabilidade de todos, é exercida para a preservação da ordem pública e da incolumidade das pessoas e do patrimônio, através dos seguintes órgãos:
>
> § 4º Às polícias civis, dirigidas por **delegados de polícia de carreira**, incumbem, ressalvada a competência da União, as funções de **polícia judiciária e a apuração de infrações penais**, exceto as militares.

Nota-se aqui, que a nossa Carta Magna se posicionou quanto ao Estado Investigação, ser realizado por uma pessoa previamente investida, através de concurso público para exercer com imparcialidade as funções relacionadas com investigação criminal.

E com razão, o procedimento de investigação criminal, em especial o inquérito policial, não serve apenas a acusação, serve também como filtro processual onde deve-se apurar os fatos e permitindo que um provável autor de crime seja levado a julgamento e um inocente não seja processado.

Tanto é verdade que na visão moderna do inquérito policial, o professor e doutrinador Henrique Hoffman, descreve o inquérito policial não mais apenas como um procedimento administrativo, mas sim um processo administrativo:

> *"Processo administrativo e não i, procedimento: apesar da resistência em utilizar o termo processo na seara não judicial, nada impede o etiquetamento do inquérito policial como processo administrativo sui generis, no contexto da chamada processualização do procedimento. Apesar de não existirem partes, vislumbram-se imputados em sentido amplo. E nada obstante não haver na fase policial um litígio com acusação formal,* ***existem, sim, controvérsias a serem dirimidas por decisões do delegado de polícia*** *que podem resultar na restrição de direitos fundamentais do suspeito (tais como prisão em flagrante, liberdade provisória com fiança, indiciamento, apreensão de bens). Os atos sucessivos afetam inegavelmente exercício de direitos fundamentais, evidenciando uma atuação de caráter coercitivo que representa certa agressão ao estado de inocência e de liberdade, ainda que não se possam catalogar ais restrições de direito como sanções."* Henrique Hoffman, pg. 28, Temas Avançados de Polícia Judiciária, 3º Ed., 2019.

Observemos alguns pontos do Código de Processo Penal:

> Art. 6º Logo que tiver conhecimento da prática da infração penal, a **autoridade policial deverá**:

> I – dirigir-se ao local, providenciando para que não se alterem o estado e conservação das coisas, até a chegada dos peritos criminais;
>
> II – **apreender os objetos que tiverem relação com o fato**, após liberados pelos peritos criminais;
>
> Art. 13-A. Nos crimes previstos nos arts. 148, 149 e 149-A, no § 3º do art. 158 e no art. 159 do Decreto-Lei nº 2.848, de 7 de dezembro de 1940 (Código Penal), e no art. 239 da Lei nº 8.069, de 13 de julho de 1990 (Estatuto da Criança e do Adolescente), o membro do Ministério Público ou o **delegado de polícia poderá requisitar**, de quaisquer órgãos do poder público ou de empresas da iniciativa privada, dados e informações cadastrais da vítima ou de suspeitos.
>
> Art. 120. A restituição, quando cabível, poderá ser **ordenada pela autoridade policial** ou juiz, mediante termo nos autos, desde que não exista dúvida quanto ao direito do reclamante.
>
> Art. 304. Apresentado o preso à autoridade competente, ouvirá esta o condutor e colherá, desde logo, sua assinatura, entregando a este cópia do termo e recibo de entrega do preso. Em seguida, procederá à oitiva das testemunhas que o acompanharem e ao interrogatório do acusado sobre a imputação que lhe é feita, colhendo, após cada oitiva suas respectivas assinaturas, lavrando, a autoridade, afinal, o auto.
>
> Art. 322. A **autoridade policial somente poderá conceder fiança** nos casos de infração cuja pena privativa de liberdade máxima não seja superior a 4 (quatro) anos.

Esses dispositivos legais citados, denotam como o delegado de polícia exerce poder decisório.

Importante ressaltar que inquérito policial ter um caráter discricionário na realização de diligências, isso não significa que o delegado de polícia pode fazer o que bem entender, existem regras a serem seguidas, como observância de remeter matérias relacionadas a reserva de jurisdição ao crivo do judiciário, de se analisar a prisão em flagrante e impor medidas que sejam adequadas ao caso concreto, como é o caso de que se não estão presentes os requisitos da prisão preventiva e o crime tem pena máxima igual ou até quatro anos, impor liberdade provisória mediante fiança, realizar a analise fático probatória diante dos elementos coligidos no inquérito antes de indiciar e quando o fizer, fundamentar o ato de indiciamento, etc.

Em junho de 2024, o Supremo Tribunal Federal (STF) proferiu decisão na ADI 5793[1], estabelecendo parâmetros para investigações criminais pelo Mi-

1. Decisão: O Tribunal, por unanimidade, conheceu parcialmente da ação direta e julgou-a parcialmente procedente para, na parte conhecida: a) declarar a inconstitucionalidade das expressões "sumário" e "desburocratizado" constantes do art. 1º,caput, da Resolução n. 181/2017 do Conselho Nacional do Ministério Público; b) declarar a constitucionalidade do art. 2º, V, do mesmo ato normativo, desde que interpretado conforme a Constituição e nos termos deste voto, vedando-se ao Ministério Público assumir a presidência do inquérito, que representa atribuição privativa da autoridade policial. Em seguida, reportando-se ao que ficou decidido nas ADIs 2.943, 3.309 e 3.318, endossou as seguintes teses de julgamento: "1. O Ministério Público dispõe de atribuição concorrente para promover, por autoridade própria, e por prazo razoável, investigações de natureza penal, desde que respeitados os direitos e garantias que assistem a qualquer indiciado ou a qualquer pessoa sob investigação do Estado. Devem ser observadas sempre, por seus agentes, as hipóteses de reserva constitucional de jurisdição e, também, as prerrogativas profissionais da advocacia, sem prejuízo da possibilidade do permanente controle jurisdicional dos atos, necessariamente documentados (Súmula Vinculante 14), praticados pelos membros dessa Instituição (tema 184); 2. A realização de investigações criminais pelo Ministério Público tem por exigência: (i) comunicação imediata ao juiz competente sobre a instauração e o encerramento de procedimento investigatório, com o devido registro e distribuição; (ii) observância dos mesmos prazos e regramentos previstos para conclusão de inquéritos policiais; (iii) necessidade de autorização judicial para eventuais prorrogações de prazo, sendo vedadas renovações desproporcionais ou imotivadas; iv) distribuição por dependência ao Juízo que primeiro conhecer de PIC ou inquérito policial a fim de buscar evitar, tanto quanto possível, a duplicidade de investigações; v) aplicação do artigo 18 do Código de Processo Penal ao PIC (Procedimento Investigatório Criminal) instaurado pelo Ministério Público; 3. Deve ser assegurado o cumprimento da determinação contida nos itens 18 e 189 da Sentença no Caso Honorato e Outros versus Brasil, de 27 de novembro de 2023, da Corte Interamericana de Direitos Humanos – CIDH, no sentido de reconhecer que o Estado deve garantir ao Ministério Público, para o fim de exercer a função de controle externo da polícia, recursos econômicos e humanos necessários para investigar as mortes de civis cometidas por policiais civis ou militares; 4. A instauração de procedimento investigatório pelo Ministério Público deverá ser motivada sempre que houver suspeita de envolvimento de agentes dos órgãos de segurança pública na prática de infrações penais ou sempre que mortes ou ferimentos graves ocorram em virtude da utilização de armas de fogo por esses mesmos agentes. Havendo representação ao Ministério Público, a não instauração do procedimento investigatório deverá ser sempre motivada; 5. Nas investigações de natureza penal, o Ministério Público pode requisitar a realização de perícias técnicas, cujos peritos deverão gozar de plena autonomia funcional, técnica e científica na realização dos laudos". Por fim, na mesma linha do voto conjunto já referido, a fim de preservar os atos que porventura tenham sido praticados, determinou a modulação dos efeitos da presente decisão, "dispensando o registro para as ações penais já iniciadas e para aquelas que se encontrem encerradas. Nas investigações em curso que ainda não tenham sido objeto de denúncia, o registro deverá ser realizado no prazo de 60 (sessenta) dias, contados da publicação da ata de julgamento. Efetuado o registro, impende a observância dos prazos para a conclusão dos procedimentos investigatórios, assim como a exigência de autorização judicial para os pedidos de prorrogação, nos termos já delineados". Tudo nos termos do voto do Relator.

nistério Público. A Corte reafirmou a atribuição concorrente do órgão para conduzir investigações, respeitando direitos e garantias dos investigados, mas vedou sua presidência em inquéritos policiais, mantendo-a como atribuição privativa da autoridade policial.

O STF definiu requisitos para investigações ministeriais, como comunicação imediata ao juiz competente, observância de prazos e autorização judicial para prorrogações. Determinou ainda a instauração motivada de procedimento investigatório pelo Ministério Público em casos envolvendo agentes de segurança pública em infrações penais ou uso de armas de fogo resultando em mortes ou ferimentos graves.

Esta decisão equilibra as atribuições do Ministério Público e da polícia judiciária, reafirmando o papel do delegado de polícia nas investigações criminais. Ressalta-se a necessidade de cooperação entre as instituições para uma persecução penal efetiva.

9.2. Princípio do Delegado de Polícia Natural

Em paralelo com o principio do juiz natural, que é estampado no artigo 5º, LIV, onde estampa que *"ninguém será processado nem sentenciado senão pela autoridade competente"*, o delegado de polícia deve ser a autoridade que presidirá a investigação, e deve estar previamente estabelecido na circunscrição de que irá se apurar aquele crime, sob pena de se termos arbitrariedades por parte do Estado, como por exemplo nomear autoridade de sua escolha para investigar determinado fato.

> *"O inquérito policial só é presidido por delegado de polícia (mediante juízo de prognose e diagnose), e nenhuma outra autoridade. E não por qualquer autoridade de polícia judiciária. Por exigência do princípio do delegado de polícia natural, o delegado a coordenar os atos de determinado inquérito policial só pode ser aquele definido conforme regras pré-estabelecidas, vedando-se indicação ad hoc tendenciosa, sob pena de o Estado-Investigação falhar no dever de investigar de forma imparcial e célere. Consequentemente veda-se a avocação e redistribuição arbitrárias do inquérito policial, bem como a remoção despótica do delegado de polícia".* Henrique Hoffman, pg. 28 e 29, Temas Avançados de Polícia Judiciária, 3º Ed., 2019.

Falaram: pelo requerente, a Dra. Manuela Elias Batista; e, peloamicus curiaeAssociação Nacional dos Defensores Públicos – ANADEP, o Dr. Ilton Norberto Robl Filho. Plenário, Sessão Virtual de 21.6.2024 a 28.6.2024.

A Lei 12.830/13 estabeleceu algumas regras que podemos afirmar serem regras que reconhecem o princípio do Delegado de Polícia Natural, tais como:

> Art. 2º **As funções de polícia judiciária e a apuração de infrações penais exercidas pelo delegado de polícia** são de natureza jurídica, essenciais e exclusivas de Estado.
>
> § 1º Ao delegado de polícia, **na qualidade de autoridade policial**, cabe a **condução da investigação criminal** por meio de inquérito policial ou outro procedimento previsto em lei, que tem como objetivo a apuração das circunstâncias, da materialidade e da autoria das infrações penais.
>
> § 2º Durante a investigação criminal, **cabe ao delegado de polícia** a requisição de perícia, informações, documentos e dados que interessem à apuração dos fatos.
>
> § 4º O inquérito policial ou outro procedimento previsto em lei em curso **somente poderá ser avocado ou redistribuído por superior hierárquico, mediante despacho fundamentado, por motivo de interesse público ou nas hipóteses de inobservância dos procedimentos previstos em regulamento da corporação que prejudique a eficácia da investigação.**
>
> § 5º A **remoção do delegado de polícia dar-se-á somente por ato fundamentado.**
>
> § 6º O indiciamento, privativo do delegado de polícia, dar-se-á por ato fundamentado, mediante análise técnico-jurídica do fato, que deverá indicar a autoria, materialidade e suas circunstâncias.

Não se pode perder de vista que o delegado de polícia deve ter sua independência funcional assegurada.

> *A independência funcional do delegado de polícia mais do que uma prerrogativa do cargo, traduz uma segurança do cidadão, no sentido de que não será investigado por influência política, social econômica ou de qualquer natureza, sendo tratado sem discriminações ou benéficas detrimentosas.* Hoffman, Missão, da Polícia Judiciária, é buscar a verdade e garantir direitos fundamentais. https://www.conjur.com.br/2015-jul-14/academia-policia-missao-policia-judiciaria-buscar-verdade-garantir-direitos-fundamentais/. Acesso em 14 de mar. 2024.

Contudo vale ressaltar que o Supremo Tribunal Federal já decidiu em sede de controle concentrado de constitucionalidade que é inconstitucional a independência funcional do delegado de polícia previsto em Norma Estadual:

> É inconstitucional norma estadual que assegure a independência funcional a delegados de polícia, bem como que atribua à polícia civil o caráter de função essencial ao exercício da jurisdição e à defesa da ordem jurídica.

> STF. Plenário. ADI 5522/SP, Rel. Min. Gilmar Mendes, julgado em 18/2/2022 (Info 1044).

Importante destacar que o principal argumento seria a falta de previsão constitucional, contudo isso poderia ser resolvido através de uma Emenda Constitucional.

9.3. O Papel da Polícia Judiciária na Proteção dos Direitos Humanos

A polícia judiciária tem uma missão dupla, a de investigar crimes e proteger os direitos fundamentais dos cidadãos. Como disse Celso de Melo quando do julgamento do Habeas Corpus 84.548/SP "*O Delegado de Polícia é o primeiro garantidor da legalidade e da justiça*", isso exige um equilíbrio entre a necessidade de se obter provas e a obrigação de respeitar os direitos dos suspeitos e das vítimas.

Nessa linha o delegado de polícia, deve estar bem informado e ciente sobre as normas de direitos humanos e treinado para aplicar esses princípios na prática, devendo portanto, assim como todos os profissionais do direito atuante no ramo da justiça criminal se pautar sempre na observância dos direitos e garantias fundamentais.

9.4. A Processualização da Investigação Criminal

A transformação do inquérito policial em um processo administrativo é necessário para reconhecer a natureza complexa e rigorosa da investigação criminal, haja vista que existem atos decisórios tomados dentro de uma investigação criminal, e uma vez que existe decisão, tratar o inquérito policial como procedimento fugiria inclusive a própria tecnicidade jurídica.

Aqui, podemos citar como exemplos de decisões tomadas pelo delegado de polícia em sede de inquérito policial o próprio despacho em auto de prisão em flagrante que acarreta a restrição da liberdade do individuo, o indiciamento que causa um estigma e a restituição ou apreensão de coisas no decorrer da investigação.

Por conta disso, este reconhecimento exige que os delegados de polícia sejam capacitados não apenas em técnicas investigativas, mas também em procedimentos administrativos e jurídicos, assegurando que suas decisões sejam fundamentadas e transparentes afim de que possam ser sindicabilizadas pelo poder judiciário.

9.5. Conclusão

A devida investigação criminal é um pilar fundamental do sistema de justiça criminal, assegurando que a busca pela verdade e a aplicação da lei sejam conduzidas de maneira justa, imparcial e respeitosa aos direitos humanos. O fortalecimento da independência funcional dos delegados de polícia, e a modernização dos procedimentos investigativos e a formação contínua desses profissionais são passos essenciais para garantir que a investigação criminal no Brasil esteja alinhada com os mais elevados padrões de justiça e legalidade, e assegurar o devido processo legal bem como a devida investigação criminal.

10. AUTOMAÇÃO DO PROCESSO PENAL

10.1. Conceito

A automação do processo consiste em um conjunto de interações entre o homem e a tecnologia, voltado para a automatização de determinados atos na esfera processual.

10.2. Finalidade

A idéia central da automação é a busca da eficiência e celeridade nos procedimentos a que ela são submetidos, como por exemplo a utilização de inteligência artificial na prática de atos que são mecanizados, como o simples movimentação processual, cito fazer conclusos a autoridade para emanar a decisão, ou até mesmo emissão de notificações, intimações e citações.

Como é sabido, a maioria esmagadora dos processos judiciais, inquéritos policiais, são feitos em meio digital/eletrônico, e com a inteligência artificial trabalhando em favor da celeridade é de bom tom que se utilize cada vez mais nos processos judiciais a sua automatização, fazendo assim com que se tenha uma justiça mais rápida e eficaz.

Já há implementação de processos automatizados por meio da utilização de robôs:

> *"Outra forma de automação dos processos está no uso de robôs para a realização de atividades que antes eram feitas de forma manual pelos servidores e magistrados. "Essas soluções tecnológicas dão mais eficiência à tramitação do processo, retirando a necessidade de atos triviais. Dessa forma, o servidor e o magistrado podem se dedicar a*

> *questões mais intelectuais, aproveitando melhor o tempo"*, afirmou o juiz auxiliar da Presidência do CNJ Adriano da Silva Araújo. https://www.cnj.jus.br/automacao-traz-celeridade-para-a-tramitacao-de--processos-judiciais/, acessado em 14 de mar. de 2024.

Já existe implementação de automação via robôs em alguns Tribunais do nosso país, como por exemplo o TJMG, TJPE dentre outros.

> *Programas de Inteligência Artificial já estão sendo utilizados pelo judiciário pátrio para dar maior celeridade e automatizar uma parte do fluxo processual. São exemplos os robôs nomeados por Poti, Clara e Jerimum do TJRN, Radar do TJMG, Sinapses do TJRO, Elis do TJPE, Victor do STF, e Hércules do TJAL.* ***A robô Elis faz uma análise das petições iniciais para fazer uma triagem inicial, e prepara uma decisão modelo para dar encaminhamento ao pleito. O robô Victor converte imagens em texto, localiza documentos no acervo, separar e classifica peças processuais e identifica temas de repercussão geral****. O robô Sinapse otimiza as tarefas repetitiva. O robô Hércules, ainda não está implantado em todo TJAL, mas brevemente irá automatizar algumas etapas da tramitação processual.* Mendonça, Camila, https://www.jusbrasil.com.br/artigos/automatizacao-no-judiciario-brasileiro/867175403, acesso em 14 de março de 2024.

Com isso, a utilização dos servidores passa a ser mais bem direcionada, retirando destes profissionais o trabalho essencialmente mecânico e burocrático.

10.3. Desafios e Considerações Éticas

Embora a automação traga inúmeros benefícios, ela também apresenta desafios significativos e considerações éticas, tais como:

1. Precisão e Confiabilidade: A precisão dos algoritmos de IA deve ser constantemente monitorada para evitar erros que possam comprometer a justiça dos processos.
2. Proteção de Dados: A segurança e a privacidade dos dados processuais são fundamentais. Medidas rigorosas devem ser implementadas para proteger informações sensíveis.
3. Imparcialidade e Transparência: Os algoritmos devem ser transparentes e justos, evitando vieses que possam prejudicar uma das partes.
4. Treinamento e Capacitação: É essencial que os operadores do direito sejam adequadamente treinados para utilizar as novas tecnologias de maneira eficaz e ética.

Por isso, a implementação de sistemas de inteligência artificial como meio de suporte aos processos judiciais devem demandar estudos e aprofundamento das técnicas afim de que possam ser utilizados de maneira a otimizar e auxiliar os aplicadores do direito e não trazer prejuízos ao cidadãos que utilizam do serviço da justiça.

10.4. Conclusão

O tema de automação do processo não é comumente cobrado em provas, porém seu conhecimento é imprescindível, afinal a tecnologia esta sempre se inovando e os futuros servidores precisam conhecer ao menos parte deste tema, pois a automatização estará cada vez mais presente nos sistemas de justiça.

REFERÊNCIAS

BRASIL. Constituição (1988). Constituição da República Federativa do Brasil. Brasília, DF: Senado Federal, 1988.

BRASIL. Lei nº 12.830, de 20 de junho de 2013. Dispõe sobre a investigação criminal conduzida pelo delegado de polícia. Diário Oficial da União, Brasília, DF, 21 jun. 2013.

BRASIL. Supremo Tribunal Federal. ADI 5522/SP. Relator: Min. Gilmar Mendes. Julgado em 18/02/2022.

BRASIL. Supremo Tribunal Federal. HC 84.548/SP. Relator: Min. Celso de Mello.

CONSELHO NACIONAL DE JUSTIÇA. Automação traz celeridade para a tramitação de processos judiciais. Disponível em: https://www.cnj.jus.br/automacao-traz-celeridade-para-a-tramitacao-de-processos-judiciais/. Acesso em: 14 mar. 2024.

HOFFMANN, Henrique. Temas Avançados de Polícia Judiciária. 3. ed. Salvador: Juspodivm, 2019.

HOFFMANN, Henrique. Missão da Polícia Judiciária é buscar a verdade e garantir direitos fundamentais. Consultor Jurídico, 14 jul. 2015. Disponível em: https://www.conjur.com.br/2015-jul-14/academia-policia-missao-policia-judiciaria-buscar-verdade-garantir-direitos-fundamentais. Acesso em: 14 mar. 2024.

MENDONÇA, Camila. Automatização no Judiciário Brasileiro. Jusbrasil, 2024. Disponível em: https://www.jusbrasil.com.br/artigos/automatizacao-no-judiciario-brasileiro/867175403. Acesso em: 14 mar. 2024.

ORGANIZAÇÃO DOS ESTADOS AMERICANOS. Convenção Americana sobre Direitos Humanos. San José, Costa Rica, 22 nov. 1969.

ORGANIZAÇÃO DAS NAÇÕES UNIDAS. Declaração Universal dos Direitos Humanos. Paris, 10 dez. 1948.

TÁVORA, Nestor. Código de Processo Penal Para Concursos. 7. ed. Salvador: Juspodivm, [s.d.].

EIXO 3

Araceli Martins Beliato

11. PERSECUÇÃO PENAL E NOVAS TECNOLOGIAS

Conceito: A persecução penal diz respeito ao conjunto de atividades desenvolvidas pelo Estado com o objetivo de investigar, processar e julgar infrações penais, aplicando as sanções legalmente previstas aos responsáveis.

Fases: Doutrinariamente, a persecução penal é dividida em duas fases[1], sendo a **primeira** desenvolvida precipuamente pela Polícia Judiciária e, em menor escala, pelo Ministério Público[2], e é chamada de fase investigativa ou pré-processual, representada, na prática, quase em sua totalidade pelo Inquérito Policial[3]; e a **segunda** é a que corresponde à fase processual, na qual se desenvolve a ação penal.

***Standard* probatório:** O *standard* probatório (ou estândar probatório) consiste no grau mínimo de suficiência de prova exigido pelo direito para que uma hipótese fática seja considerada comprovada. Suas funções incluem orientar os sujeitos processuais, servir como guia para a avaliação das provas

---

1. PACELLI, Eugênio. *Curso de Processo Penal*. 25. ed. São Paulo: Atlas, 2021, p. 351.
2. "Ao Ministério Público não é vedado proceder a diligências investigatórias, consoante interpretação sistêmica da Constituição Federal (art. 129), do Código de Processo Penal (art. 5º) e da Lei Complementar 75/1993 (art. 8º)". (STF. RHC 97.926. Rel. Min. Gilmar Mendes. 2ª Turma. DJE de 29-9-2014. Informativo STF 757).
3. ZANON, Raphael. A fase extraprocessual da persecução criminal: o inquérito policial e sua indispensabilidade para a propositura da ação penal. *In:* LEITÃO JÚNIOR, Joaquim (org.). *Tratado Contemporâneo de Polícia Judiciária*. v. 2. Cuiabá: Umanos, 2020, p. 147.
   No mesmo sentido: MORAES, Rafael Francisco Marcondes de; ORTIZ, Luiz Fernando Zambrana. Inquérito Policial Eletrônico: tecnologia, garantismo e eficiência na investigação criminal. *In*: GIORDANI, Manoel Francisco de Barros da Motta Peixoto; MORAES, Rafael Francisco Marcondes de (coord.). *Estudos contemporâneos de polícia judiciária*. São Paulo: Editora LTr, 2018, p. 83-96.

pelo juiz e distribuir os riscos de erros nas decisões sobre os fatos. Para cumprir as duas primeiras funções, o *standard* deve ser definido objetivamente, permitindo controle intersubjetivo. No que tange à distribuição dos riscos, cabe ao legislador definir os diferentes standards, pois trata-se de uma questão política que envolve decidir quais situações jurídicas merecem maior proteção contra erros. O Poder Judiciário deve intervir apenas em caso de omissão legislativa, baseando-se em uma análise das normas jurídicas para verificar se há proteção especial para determinadas situações de direito material, as consequências jurídicas das decisões e o potencial de estabilização[4]. O *standard* probatório é um elemento central no processo penal, determinando o grau de certeza necessário para várias etapas decisórias, em ambas as fases da persecução penal. É evidente que, para a decisão de instauração do inquérito policial, por exemplo, o nível de evidência ou informação necessária para que a autoridade policial comece formalmente uma investigação sobre um possível crime é mais baixo do que os *standards* exigidos em fases posteriores do processo penal, como a condenação.

Racionalização da persecução penal: Os fundamentos da persecução penal racional residem na necessidade de uma abordagem sistêmica e lógica na investigação criminal, que busque a verdade material, possível, de forma imparcial e objetiva, com observância rigorosa dos princípios constitucionais, processuais e convencionais, bem como a utilização de métodos investigativos cada vez mais escorados científica e tecnicamente, ou seja, que possam ser testados e verificados, o que aumenta a precisão, a confiabilidade e a validade do conjunto probatório angariado.

Novas tecnologias e Processo Penal: É sabido que a expansão da internet e das redes sociais tem facilitado o aumento de crimes cibernéticos, como fraudes online, roubo de identidade, *hacking* e violação de dados pessoais. Para combater esses crimes de forma eficaz, é essencial que as forças de segurança possuam, de forma quase paradoxal, ferramentas tecnológicas compatíveis. É a tecnologia usada para combater crimes decorrentes do mal uso da própria tecnologia[5]. As novas tecnologias pode agilizar investigações, reduzir custos

4. PEIXOTO, Ravi de Medeiros. *Standards probatórios no direito processual brasileiro.* Tese (Doutorado em Direito Processual) – Faculdade de Direito, Universidade do Estado do Rio de Janeiro, Rio de Janeiro, 2020, p. 43.
5. *"A tecnologia é uma faca de dois gumes: se pode ser manipulada no âmbito de atividades ilícitas, também pode ser utilizada para combater estas últimas"*. (CARRAPIÇO, Helena. *O Crime Organizado e as Novas Tecnologias:* Uma faca de dois gumes. Disponível em: http://www.

e melhorar a precisão na coleta de provas, impactando diretamente a eficiência do sistema de justiça penal. Contudo, seu uso também vem suscitando intensos debates e preocupações, especialmente no que tange às tecnologias de vigilância em massa, potencialização do abuso de poder (uma vez que há uma concentração de informações sem precedentes sobre a população e persiste a máxima de que "informação é poder"), seletividade penal algorítmica, automatização da suspeita penal, automatização da prova, mitigação da presunção de inocência entre outros. Note-se que a concentração de poder se dá em multiníveis, posto que o Estado detém maior poder instrumental frente ao indivíduo processado Diante das vantagens comprovadas do uso da tecnologia para reprimir as novas formas de criminalidade ou novas formas de se praticar certos crimes, é necessário encontrar maneiras de utilizá-la sem comprometer a proteção dos direitos fundamentais, em particular o direito à privacidade, à autodeterminação informativa e à presunção de inocência, bem como assegurar a integridade da prova digital produzida.

Proteção de dados: A legislação brasileira que regula as atividades de tratamento de dados pessoais é a Lei nº 13.709/2018 – **Lei Geral de Proteção de Dados Pessoais** (LGPD ou LGPDP), inspirada em regulamentos internacionais, como o GDPR europeu, contudo, inaplicável às questões de "segurança pública" e de "investigações e repressão de infrações penais", por força de seu artigo 4º, inciso III, e alíneas "a" e "d"[6], e ainda, do §1º do referido artigo que prevê expressamente a necessidade de lei específica para reger a matéria tratada no inciso III, estando pendente a criação da **LGPD Penal**. Cumpre salientar, que desde 2014, com o **Marco Civil da Internet** (Lei nº 12.965/2014), já se previa a proteção de dados e a privacidade como direitos fundamentais, reforçando a necessidade de tratamento adequado das informações dos usuários da internet no Brasil. Outro avanço importante foi a ratificação pelo Brasil da **Convenção de Budapeste** (Decreto nº 11.491/2023), um tratado internacional que visa combater o cibercrime e harmonizar as legislações dos países

idn.gov.pt/publicacoes/nacaodefesa/textointegral/NeD111.pdf . Acesso em: 15 maio 2024.

6. "Lei nº 13.709/2018 – Art. 4º Esta Lei não se aplica ao tratamento de dados pessoais: [...]
III – realizado para fins exclusivos de:
a) segurança pública;
b) defesa nacional;
c) segurança do Estado; ou
d) atividades de investigação e repressão de infrações penais; [...]".

signatários sobre o assunto. O tratado estabelece a criminalização de diversas condutas ilícitas, define normas para a investigação e produção de provas e fortalece a cooperação jurídica internacional no combate a esses crimes, incluindo procedimentos de extradição e assistência jurídica mútua. Recentemente, a **Emenda Constitucional nº 115/2022** elevou a proteção de dados pessoais ao *status* de direito fundamental, garantindo explicitamente essa proteção na Constituição Federal no artigo 5º, inciso LXXIX, fortalecendo o arcabouço jurídico existente e consolidando a importância da privacidade e da proteção de dados na legislação brasileira[7].

Dados: Segundo a LGPD, art. 5º, considera-se **dado pessoal** toda "informação relacionada a pessoa natural identificada ou identificável" (inciso I); **dado pessoal sensível**, por sua vez, é todo "dado pessoal sobre origem racial ou étnica, convicção religiosa, opinião política, filiação a sindicato ou a organização de caráter religioso, filosófico ou político, dado referente à saúde ou à vida sexual, dado genético ou biométrico, quando vinculado a uma pessoa natural" (inciso II); e **dado anonimizado** é aquele "relativo a titular que não possa ser identificado, considerando a utilização de meios técnicos razoáveis e disponíveis na ocasião de seu tratamento" (inciso III).

Doutrinariamente, dado pode ser definido como a informação não processada; o elemento bruto da informação. Setzer define dado como *"uma sequência de símbolos quantificados ou quantificáveis. Quantificável significa que algo pode ser quantificado e depois reproduzido sem que se perceba a diferença para com o original. Portanto, um texto é um dado. [...]. Também são dados fotos, figuras, sons gravados e animação, pois todos podem ser quantificados ao serem introduzidos em um computador, a ponto de se ter eventualmente dificuldade de distinguir a sua reprodução com o original"*[8].

---

7. Aguarda julgamento no STF controvérsia em que se discute, à luz da Constituição Federal, artigos 5º, X e XII, e 93, IX, a constitucionalidade de decreto judicial genérico de quebra de sigilo de dados telemáticos, para efeito de divulgação de informações pessoais de usuários indeterminados, considerada a proteção constitucional da intimidade e da vida privada. Houve reconhecimento da índole constitucional e repercussão geral do tema no RE 1301250 RG (Tema STF 1148). Também foi reconhecida a repercussão geral na matéria discutida no ARE 1042075 RG, cujo Tema 977 aborda a "aferição da licitude da prova obtida durante o inquérito policial por meio do acesso, sem autorização judicial, a registros e informações contidas em aparelho de telefone celular, relacionados à conduta delitiva e capazes de identificar o agente do crime".

8. SETZER, Valdemar W. *Dado, Informação, Conhecimento e Competência*. Depto. de Ciência da Computação, Universidade de São Paulo. 25 maio 2015. Disponível em: www.ime.usp.br/~vwsetzer. Acesso em: 5 maio 2024.

Zuboff, por sua vez, define "dados" como os traços digitais gerados pelas atividades humanas online e offline que são capturados, analisados e utilizados para prever e influenciar comportamentos. Esses dados são extraídos das interações dos indivíduos com a tecnologia, incluindo pesquisas na internet, interações em redes sociais, utilização de aplicativos, e até mesmo movimentações físicas captadas por dispositivos como smartphones, relógios e carros inteligentes. Para a autora, os dados vão além das informações básicas, como nome e endereço, englobando um vasto espectro de comportamentos, preferências, sentimentos e até mesmo estados de espírito. Ela argumenta que esses dados, uma vez capturados, são transformados em produtos preditivos que permitem às empresas de tecnologia antever e moldar o comportamento dos usuários para fins comerciais, o que não apenas invade a privacidade dos indivíduos, mas também altera fundamentalmente a relação entre empresas e consumidores, colocando o poder nas mãos de quem controla e analisa os dados. Assim, **os dados são a matéria-prima do capitalismo de vigilância,** cujo valor está na sua capacidade de prever e influenciar o futuro comportamento das pessoas[9].

Autodeterminação informacional: A autodeterminação informacional é um conceito jus filosófico que se refere ao controle que um indivíduo tem sobre suas próprias informações pessoais. Esse direito envolve a capacidade de cada pessoa decidir como seus dados pessoais são coletados, armazenados, utilizados e compartilhados por terceiros, incluindo governos, empresas e outras organizações. Em essência, trata-se da autonomia do indivíduo em relação ao gerenciamento e proteção de suas informações privadas, o que exige:

a) **Consentimento informado:** Os indivíduos devem dar consentimento explícito para a coleta e uso de seus dados pessoais. Esse consentimento deve ser baseado em informações claras e compreensíveis sobre como os dados serão utilizados.
b) **Acesso e transparência**: As pessoas têm o direito de saber quais informações estão sendo coletadas sobre elas, como essas informações estão sendo usadas e por quem.

---

9. ZUBOFF, Shoshana. *A era do capitalismo de vigilância*: a luta por um futuro humano na nova fronteira do poder. Trad. de George Schlesinger. Rio de Janeiro, RJ: Intrínseca, 2021. *E-book*.

c) **Correção e exclusão de dados**: Os indivíduos têm o direito de corrigir informações incorretas e de solicitar a exclusão de dados que não são mais necessários para os propósitos para os quais foram coletados.

d) **Segurança dos dados:** As organizações que coletam e processam dados pessoais devem garantir a segurança e a proteção desses dados contra acessos não autorizados, perda ou vazamento.

e) **Portabilidade dos dados**: Os indivíduos devem ter a capacidade de transferir seus dados pessoais de um serviço ou provedor para outro de forma simples e segura.

Conflitos entre segurança e privacidade: As tecnologias, nas quais a sociedade confia para melhorar a comunicação, serviços, transporte e entretenimento, criam registros detalhados sobre as vidas privadas de seus usuários, revelando não apenas os locais visitados, mas também os pontos de vista políticos, preferências de consumo, interações pessoais e muito mais. Esse vasto conjunto de informações é extremamente valioso para a aplicação da lei em investigações e processos, e grande parte dele está atualmente acessível sem a necessidade de um mandado judicial, o que desperta discussões sobre segurança x privacidade.

Opacidade: A opacidade, no contexto da tecnologia e da proteção de dados, refere-se à falta de transparência em como os dados pessoais são coletados, processados, armazenados e utilizados. Os sistemas operados por inteligência artificial são de difícil acesso (ou de acesso impossível) para os indivíduos entenderem e controlarem como suas informações estão sendo usadas ou como algumas decisões foram tomadas, não sendo possível, portanto, determinar ou explicar o processo que leva a máquina a alcançar determinado resultado (*output*)[10]. Segundo Moraes[11], a opacidade no uso da inteligência artificial é um impeditivo para a transparência e o controle democrático da investigação criminal. Nesse sentido, tem-se falado em três tipos de opacidade: **a) opacidade corporativa,** ligada ao segredo industrial das empresas que desenvolvem os algoritmos; **b) opacidade cognitiva ou epistêmica**, ligada às disparidades no

---

10. SOUSA, Susana Aires de. "Não fui eu, foi a máquina": teoria do crime, responsabilidade e inteligência artificial. *In:* RODRIGUES, Anabela Miranda (coord.). *A inteligência artificial no direito penal*. Coimbra, Portugal: Almedina, 2020, p. 71.

11. MORAES, Maurício Zanoide de. Opacidade da IA como impeditivo de transparência e controle democrático da investigação criminal. *Colóquio Luso-Brasileiro Direito Penal, Tecnologia e IA*. Colégio da Trindade – Faculdade de Direito da Universidade de Coimbra, dias 26 e 27 de outubro de 2023.

acesso, compreensão e controle sobre os dados entre diferentes grupos sociais (desigualdade epistêmica). As decisões baseadas em dados podem influenciar políticas públicas, ofertas de serviços e outras áreas críticas da vida cotidiana, inclusive o processo penal; e a **c) opacidade técnica,** ligada a falta de transparência de alguns modelos mais complexos de inteligência artificial, na forma como processam os dados (*input*) e alcançam o resultado (*output*). Os inputs e outputs são elementos observáveis, contudo a forma como essa transformação é realizada não é verificável[12].

Ética digital: A ética digital orienta o uso e desenvolvimento das tecnologias digitais de forma justa e responsável e envolve toda a sociedade, governos e empresas, com o objetivo de compreender as tendências tecnológicas atuais e antecipar os impactos futuros. Esses impactos abarcam áreas como o meio ambiente, as decisões políticas e a democracia, as práticas sociais, a segurança da informação, vigilância, governança de dados, a dependência química de entretenimento digital (infotenimento), poluição ambiental entre outras. Em verdade, está cada vez mais difícil apontar qual aspecto da vida no mundo "físico" não foi afetado pelo "digital", de modo que a aplicação dos princípios éticos digitais são tão variados quanto as próprias atividades humanas.

A Ação Declaratória de Constitucionalidade 51 (ADC 51), julgada pelo Supremo Tribunal Federal em 23 de fevereiro de 2023, representa um marco significativo na regulamentação do acesso a dados eletrônicos para fins de investigação criminal no Brasil. O STF declarou constitucional a possibilidade de autoridades nacionais solicitarem diretamente dados e comunicações eletrônicas a empresas de tecnologia, nas hipóteses específicas previstas no Marco Civil da Internet e na Convenção de Budapeste. Esta decisão busca equilibrar as necessidades de investigação criminal com a proteção de dados pessoais, reafirmando a jurisdição brasileira sobre dados relacionados a atividades realizadas no país ou por empresas com representação local. Além disso, o Tribunal enfatizou a importância da aprovação da Lei Geral de Proteção de Dados para Fins Penais (LGPD Penal) e incentivou a celebração de novos acordos internacionais para a obtenção de dados eletrônicos.

11.1. Audiências Virtuais

As audiências virtuais (teleaudiências ou audiências por videoconferência) dizem respeito à realização de atos processuais por meio de tecnologias de

12. SOUSA, 2020, p. 74.

"comunicação bidirecional e simultânea de imagem e som e a interação visual, auditiva e verbal entre duas pessoas ou grupo de pessoas geograficamente distantes"[13].

Este recurso permite a participação dos atores processuais (magistrado, defesa, órgão acusador, vítima, réu, testemunhas, peritos etc.), de forma remota, independentemente da localização geográfica das partes, o que é especialmente relevante em um país de proporções continentais como o Brasil, bem como que esses atos sejam realizados diretamente perante o juiz da causa. Com a videoconferência, essas pessoas, que atualmente são ouvidas por outras autoridades judiciárias, passam a ser ouvidas diretamente pelo próprio julgador[14].

A Resolução 354 do Conselho Nacional de Justiça, editada em 19 de novembro de 2020, diferenciou videoconferência de audiências telepresenciais, conforme artigo 2º, que dispõe, *in verbis*: "Art. 2º Para fins desta Resolução, entende se por: I videoconferência: comunicação a distância realizada em ambientes de unidades judiciárias; e II telepresenciais: a s audiências e sessões realizadas a partir de ambiente físico externo às unidades judiciárias".

A distinção essencial entre ambas reside no local de acesso. Na videoconferência, as pessoas envolvidas se conectam em tempo real a partir de um aparelho de videoconferência localizado nas sedes das instituições judiciárias, como os fóruns. Já nas audiências telepresenciais, a conexão é feita via aplicativo virtual, acessível de qualquer dispositivo eletrônico, permitindo que as pessoas participem de qualquer lugar, sem a necessidade de deslocamento até a sede da instituição

O artigo 185, do Código de Processo Penal, alterado pela Lei nº 11.900/2009, em seu §8º, autorizou a videoconferência para atos processuais relevantes, no contexto da produção de provas, como a acareação, o reconhecimento de pessoas e coisas, a inquirição de testemunha ou a tomada de declarações do ofendido.

Os fundamentos para a utilização da audiência nessa modalidade incluem a celeridade processual, a eficiência na gestão de recursos, a redução de custos

13. MOLINA, Pablo García. Las comunicaciones por videoconferência de los internos con el abogado defensor o con el abogado expresamente llamado en relación con asuntos penales. *Rev. Bras. de Direito Processual Penal*, Porto Alegre, vol. 5, n. 3, p. 1219-1254, set.-dez. 2019.

14. PRADO, 2015, p. 17.

e a facilitação do acesso à justiça, atendendo aos princípios da economia processual, da razoável duração do processo e da igualdade de condições entre as partes. Além disso, com dito, as audiências virtuais proporcionam maior flexibilidade e comodidade para as partes envolvidas, permitindo a participação de pessoas que estejam distantes geograficamente, evitando deslocamentos e gastos desnecessários. Basta imaginar a possibilidade de ouvir uma testemunha residente em outro país, em vez de se aguardar por anos o retorno de uma carta rogatória, por exemplo, ou do pedido de cooperação internacional. Tradicionalmente, os instrumentos mais utilizados para obter um meio de prova no estrangeiro ou realizar alguma diligência são a **carta rogatória** e os acordos bilaterais de cooperação judiciária em matéria penal, comumente conhecidos como ***Mutual Legal Assistance Treaties*** **(MLATs)**.

No caso de **interrogatório do réu**, há argumentos contra e a favor da teleaudiência. Basicamente, os argumentos a favor consideram a mitigação de custos[15] e dos riscos de fuga do réu durante o deslocamento, bastando pensar que a mesma pessoa pode responder simultaneamente a mais de um processo em Comarcas e até estados diferentes. A esse respeito, Prado[16] relembra alguns casos emblemáticos, como o *habeas corpus* concedido pelo Supremo Tribunal Federal a Luiz Fernando da Costa, (Fernandinho Beira-Mar), em 2006, que estava preso na Penitenciária Federal de Catanduvas (PR) por questões de segurança, cumprindo condenação imposta pela Justiça do Rio de Janeiro. O STF determinou que Beira-Mar deveria comparecer à audiência de inquirição das testemunhas em outro processo na Justiça Federal da 2ª Região (Rio de Janeiro), sob pena de nulidade dos atos processuais praticados na sua ausência. Devido à periculosidade do acusado e à possibilidade de tentativa de resgate, a Polícia Federal organizou uma grande operação para transportá-lo à audiência, que envolveu uma vasta escolta, transporte aéreo interestadual, muitos policiais, veículos, incluindo um pequeno avião, e uma enorme soma de recursos para conduzir um único acusado a uma única audiência de um único processo.

---

15. De acordo com o Deputado Olavo Leite (PSDB-RJ), somente o Estado de São Paulo gasta anualmente R$ 840 milhões com deslocamento de presos para audiências em tribunais. (PIOVESAN, Eduardo. Deputados aprovam interrogatório de preso por videoconferência. Agência Câmara de Notícias, Brasília, DF, 9 dez. 2008. Disponível em: http://www2.camara.gov.br/agencia/noticias/NAO--INFORMADO/129683-DEPUTADOS-APROVAM-INTERROGATORIO-DE-PRESO-POR-VIDEOCONFERENCIA.html. Acesso em: 17 maio 2024.

16. PRADO, Wagner Junqueira. *Videoconferência no processo penal*: aspectos jurídicos, políticos e econômicos [recurso eletrônico]. Brasília: TJDFT, 2015.

Relembra, ainda, quando o STF concedeu *habeas corpus* a dez acusados de integrarem o Primeiro Comando da Capital (PCC) e planejarem uma fuga em massa na Penitenciária 2 de Franco da Rocha (SP) em julho de 2004, onde 1.279 presos cumpriam pena. Os acusados foram surpreendidos por policiais fortemente armados em uma casa na cidade vizinha de Francisco Morato (SP). Houve um tiroteio, resultando em dois policiais feridos e a morte de um membro do PCC. Eles foram presos sob as acusações de formação de quadrilha, tentativa de homicídio, receptação, porte ilegal de arma e falsificação de documento e o STF justificou a soltura dado ao fato de eles estarem presos há mais de quatro anos sem que a instrução criminal tivesse sido concluída. O atraso deveu-se à falta de efetivo estatal para conduzir os presos da penitenciária ao fórum para as audiências, devido ao grande número de acusados e à alta periculosidade, o que impediu a realização de mais de uma dezena de audiências.

Há expressa previsão legal para realização do interrogatório do réu por videoconferência, porém, em caráter de excepcionalidade, conforme preceituam os parágrafos 1º e 2º do artigo 185 do CPP, os quais preveem, respectivamente:

> *"§ 1º O interrogatório do réu preso será realizado, em sala própria, no estabelecimento em que estiver recolhido, desde que estejam garantidas a segurança do juiz, do membro do Ministério Público e dos auxiliares bem como a presença do defensor e a publicidade do ato.*
>
> *§ 2º Excepcionalmente, o juiz, por decisão fundamentada, de ofício ou a requerimento das partes, poderá realizar o interrogatório do réu preso por sistema de videoconferência ou outro recurso tecnológico de transmissão de sons e imagens em tempo real, desde que a medida seja necessária para atender a uma das seguintes finalidades.*
>
> *I – prevenir risco à segurança pública, quando exista fundada suspeita de que o preso integre organização criminosa ou de que, por outra razão, possa fugir durante o deslocamento;*
>
> *II – viabilizar a participação do réu no referido ato processual, quando haja relevante dificuldade para seu comparecimento em juízo, por enfermidade ou outra circunstância pessoal;*
>
> *III – impedir a influência do réu no ânimo de testemunha ou da vítima, desde que não seja possível colher o depoimento destas por videoconferência, nos termos do art. 217 deste Código;*
>
> *IV – responder à gravíssima questão de ordem pública".*

Apesar dos argumentos favoráveis, há quem defenda que a realização do interrogatório do réu por videoconferência ofende diversos direitos e garantias do acusado. Nesse sentido, asseverava Nucci[17] que de modo algum o interrogatório do réu poderia ser realizado por videoconferência: "*Uma tela de aparelho de TV ou de computador jamais irá suprir, satisfatoriamente, o contato direto que o magistrado deve ter com o réu, até mesmo para constatar se ele se encontra em perfeitas condições físicas e mentais. Qual réu, detido numa penitenciária a quilômetros de distância, sentir-se-á à vontade para denunciar os maus-tratos que vem sofrendo a um juiz encontrado atrás da lente de uma câmara? Qual acusado terá oportunidade de se soltar diante do magistrado, confessando detalhes de um crime complexo, voltado a um aparelho e não a um ser humano? Por outro lado, qual julgador terá oportunidade de sentir as menores reações daquele que mente ou ter a percepção de que o réu conta a verdade visualizando-o por uma tela? Enfim, o ato processual do interrogatório é importante demais para ser banalizado e relegado, sempre, ao singelo contato dos maquinários da tecnologia*". Referido autor, após a promulgação da Lei nº 11.900/2009 reviu seu posicionamento para admitir a videoconferência somente quando "sumamente necessário".

Requisitos para realização do interrogatório por videoconferência: Da leitura do supracitado artigo 185, mais especificamente o §2º, incisos I a IV,, denotam-se os requisitos legais que autorizam a realizam do interrogatório do réu por videoconferência, a saber: **a) Prevenir risco à segurança pública**, quando houver **fundada suspeita** de o réu integrar organização criminosa, não bastando presunção apenas, mas sendo necessária uma justa causa para a medida; ou **risco de fuga** durante o deslocamento, com base em fatos concretos que indiquem a possibilidade de fuga ou resgate do preso; **b) Viabilizar a participação do réu em ato processual,** quando o réu enfrenta dificuldades significativas para comparecer ao tribunal devido a enfermidade ou outras circunstâncias pessoais (como deficiência física), a videoconferência pode ser utilizada para garantir sua participação nos atos processuais; **c) Impedir Influência do réu sobre testemunhas ou vítimas,** a teor do que dispõe o artigo 217 do CPP, "se o juiz verificar que a presença do réu poderá causar humilhação, temor, ou sério constrangimento à testemunha ou ao ofendido, de modo que prejudique a verdade do depoimento, fará a inquirição por videoconferência". A presença do réu pode intimidar as testemunhas, mesmo se ele estiver em uma sala ao lado, ouvindo e vendo tudo. A fórmula do art. 217 do CPP,

17. NUCCI, Guilherme de Souza. *Curso de Direito Processual Penal*. 17. ed. Rio de Janeiro: Forense, 2020, p. 742.

que permite a videoconferência, pode não ser adequada em alguns casos, pois a testemunha ainda sabe que o réu está presente, afetando psicologicamente seu depoimento, razão pela qual no próprio artigo 217, *in fine*, há a possibilidade de o juiz determinar a "retirada do réu, prosseguindo na inquirição, com a presença do seu defensor"; **d) Responder à gravíssima questão de ordem pública**, que trata de uma justificativa mais ampla e indeterminada para o uso da videoconferência. Relaciona-se à manutenção da ordem pública, conforme o art. 312 do CPP, nos casos que abalam a rotina da sociedade devido à gravidade ou comoção decorrente do crime cometido, e que podem ensejar a decretação da prisão preventiva. Em tais casos, a videoconferência pode ser usada para interrogatórios e outros atos processuais, especialmente para garantir a segurança do réu.

Em 22 de novembro de 2022, sobreveio a Resolução CNJ nº 481, que revogou as anteriores, vigentes à época da pandemia Covid-19, que, sabidamente, em decorrência do isolamento social imposto para evitar a propagação do vírus, compeliu o Poder Judiciário a adotar a videoconferência como regra, e alterou as Resoluções CNJ nºs. 227/2016, 343/2020, 345/2020, 354/2020 e 465/2022, para dispor que as audiências só poderão ser realizadas na forma telepresencial **a pedido da parte**, com ressalvas ao disposto no § 1º, bem como nos incisos I a IV do § 2º do art. 185 do CPP, cabendo ao magistrado decidir pela conveniência de sua realização no modo presencial. Em qualquer das hipóteses, exige-se que o magistrado esteja presente na unidade judiciária. O §1º do artigo 3º prevê as hipóteses em que o juiz poderá, **de ofício**, determinar a realização das audiência de forma telepresencial, *in verbis:*

> § 1º O juiz poderá determinar excepcionalmente, de ofício, a realização de audiências telepresenciais, nas seguintes hipóteses:
>
> I – urgência;
>
> II – substituição ou designação de magistrado com sede funcional diversa;
>
> III – mutirão ou projeto específico;
>
> IV – conciliação ou mediação no âmbito dos Centros Judiciários de Solução de Conflito e Cidadania (Cejusc);
>
> V – indisponibilidade temporária do foro, calamidade pública ou força maior.
>
> § 2º A oposição à realização de audiência telepresencial deve ser fundamentada, submetendo-se ao controle judicial.

Nesse sentido, quando a natureza do caso requerer uma resolução urgente, o juiz poderá designar de ofício audiência por videoconferência. Também nas hipóteses em que houver substituição ou designação de magistrado com sede funcional diversa. É possível, ainda, para as iniciativas visando acelerar o andamento de processos ou resolver lides em massa (mutirão) ou nas audiências conciliatórias promovidas pelos Cejusc. Por fim, é possível, tal qual ocorreu durante a pandemia por Covid-19, que o juiz determine a realização de teleaudiência quando fatores externos impedirem a realização de audiências presenciais, como desastres naturais ou outras emergências.

Audiência de custódia virtual: A audiência de custódia foi implantada no Brasil em 2015, por meio da Resolução 213/15 do Conselho Nacional de Justiça, em resposta a recomendações de organismos internacionais de direitos humanos para alinhar o país aos compromissos assumidos no âmbito da Convenção Americana sobre Direitos Humanos (Pacto de San José da Costa Rica)[18], que prevê a obrigação de apresentar qualquer pessoa "detida ou retida" "à presença de um juiz ou outra autoridade autorizada pela lei a exercer funções judiciais", dentro de "um prazo razoável" (art. 7.5)[19], bem como no Pacto Internacional sobre Direitos Civis e Políticos[20], no artigo 9.3[21], com previsão similar.

Grande embate jurídico se formou no tocante a definição de que outras "autoridades", além do juiz, estavam autorizadas a realizar a audiência de custódia. A melhor doutrina defende que o Delegado de Polícia, primeiro garantidor da legalidade e da justiça, primeiro juiz do caso concreto, membro de

18. Promulgado pelo Decreto nº 678, de 6 de novembro de 1992.

19. "5. Toda pessoa detida ou retida deve ser conduzida, sem demora, à presença de um juiz ou outra autoridade autorizada pela lei a exercer funções judiciais e tem direito a ser julgada dentro de um prazo razoável ou a ser posta em liberdade, sem prejuízo de que prossiga o processo. Sua liberdade pode ser condicionada a garantias que assegurem o seu comparecimento em juízo". CONVENÇÃO AMERICANA SOBRE DIREITOS HUMANOS. Decreto nº 678, de 6 de novembro de 1992. *In*: BELIATO, Araceli Martins; CHALFUN, Patrícia; SANTOS, Vívian Cristina Maria. *Vade Mecum de Direitos Humanos*. Londrina: Thoth, 2024.

20. Promulgado pelo Decreto nº 592, de 6 de julho de 1992.

21. "9.3. Qualquer pessoa presa ou encarcerada em virtude de infração penal deverá ser conduzida, sem demora, à presença do juiz ou de outra autoridade habilitada por lei a exercer funções judiciais e terá o direito de ser julgada em prazo razoável ou de ser posta em liberdade. A prisão preventiva de pessoas que aguardam julgamento não deverá constituir a regra geral, mas a soltura poderá estar condicionada a garantias que assegurem o comparecimento da pessoa em questão à audiência, a todos os atos do processo e, se necessário for, para a execução da sentença". PACTO INTERNACIONAL SOBRE DIREITOS CIVIS E POLÍTICOS. Decreto nº 592, de 6 de julho de 1992. *In*: BELIATO, Araceli Martins; CHALFUN, Patrícia; SANTOS, Vívian Cristina Maria. *Vade Mecum de Direitos Humanos*. Londrina: Thoth, 2024.

carreira jurídica do Estado, atenderia a todos os requisitos legais e convencionais para realizar tal audiência de custódia[22].

Todavia, a Lei nº 13.964/2019, conhecida como "Pacote Anticrime", ao alterar o Código de Processo Penal e incorporar formalmente a audiência de custódia ao ordenamento jurídico brasileiro, previu que o preso deverá, no prazo de 24h, ser apresentado ao "juiz", ignorando, assim, a possibilidade alternativa prevista nos citados diplomas internacionais, de modo que, no Brasil, atualmente, somente a autoridade judicial pode realizar a audiência de custódia. O artigo 310 passou a vigorar com a seguinte redação:

> Art. 310. Após receber o auto de prisão em flagrante, no prazo máximo de até 24 (vinte e quatro) horas após a realização da prisão, **o juiz deverá promover audiência de custódia** com a presença do acusado, seu advogado constituído ou membro da Defensoria Pública e o membro do Ministério Público, e, nessa audiência, o juiz deverá, fundamentadamente
>
> I – relaxar a prisão ilegal; ou
>
> II – converter a prisão em flagrante em preventiva, quando presentes os requisitos constantes do art. 312 deste Código, e se revelarem inadequadas ou insuficientes as medidas cautelares diversas da prisão; ou
>
> III – conceder liberdade provisória, com ou sem fiança.

Outro celeuma instaurada era se a audiência de custódia poderia ou não ser realizada de forma virtual. Os julgados até 2019 predominavam no sentido de não ser possível a audiência de custódia por videoconferência. Cita-se como exemplo a:

> [...] **AUDIÊNCIA DE CUSTÓDIA.** REALIZAÇÃO. COMPETÊNCIA. JUÍZO DA LOCALIDADE EM QUE EFETIVADA A PRISÃO. **REALIZAÇÃO POR MEIO DE VIDEOCONFERÊNCIA PELO JUÍZO ORDENADOR DA PRISÃO**. DESCABIMENTO. PREVISÃO LEGAL. INEXISTÊNCIA. CONFLITO CONHECIDO PARA DECLARAR COMPETENTE O JUÍZO SUSCITANTE.

22. Nesse sentido: BARBOSA, Ruchester Marreiros. Audiência de Custódia (Garantia) e o Sistema da Dupla Cautelaridade Como Direito Humano Fundamental. *In:* As Novas Fronteiras do Direito. Estudos Interdisciplinares em Homenagem ao Professor Francisco de Assis Maciel Tavares. DELGADO, Ana Paula Teixeira; MELLO, Cleyson de Moraes; PACHECO, Nívea Maria Dutra (Org.). Editar: Juiz de Fora, 2015; SANNINI, Francisco; HOFFMANN, Henrique. *Audiência de custódia deve ser feita por delegado de polícia*. Consultor jurídico, 20 dez. 2016. Disponível em: https://www.conjur.com.br/2016-dez-20/audiencia-custodia-feita-delegado-policia/#sdfootnote9sym. Acesso em: 10 maio 2024.

> 1. A audiência de custódia, no caso de mandado de prisão preventiva cumprido fora do âmbito territorial da jurisdição do Juízo que a determinou, deve ser efetivada por meio da condução do preso à autoridade judicial competente na localidade em que ocorreu a prisão. **Não se admite, por ausência de previsão legal, a sua realização por meio de videoconferência, ainda que pelo Juízo que decretou a custódia cautelar.**
> 2. Conflito conhecido para declarar competente o Juízo Federal da Vara da Seção Judiciária do Paraná, o Suscitante.
> (STJ. CC 168.522/PR, Rel. Ministra LAURITA VAZ, TERCEIRA SEÇÃO, julgado em 11/12/2019, DJe 17/12/2019) (grifo nosso).

Contudo, durante a pandemia de Covid-19, a realização das audiências de custódia enfrentou desafios significativos, pois as restrições de contato social e a necessidade de prevenir a disseminação do vírus levaram à suspensão temporária das audiências presenciais. Em resposta, o CNJ regulamentou a realização das audiências de custódia por videoconferência. Com o fim da pandemia, instaurou-se a discussão sobre a possibilidade de continuidade da realização de audiência de custódia de forma virtual. Críticos da medida questionavam a eficácia na identificação de possíveis abusos e a garantia plena dos direitos dos presos, dado que a presença física do detido perante o juiz é um elemento entendido como fundamental para a detecção de sinais de maus-tratos.

Encontra-se em trâmite o PL 321/2023 que visa, justamente, a alteração do CPP para admitir a possibilidade de realização da audiência de custódia por videoconferência, o qual, no momento, aguarda a aprovação da Constituição e Justiça e de Cidadania (CCJC).

O Supremo Tribunal Federal recentemente julgou as Ações Diretas de Inconstitucionalidade (ADIs) 6298, 6299, 6300 e 6305, que questionavam alterações no Código de Processo Penal (CPP) pelo Pacote Anticrime (Lei nº 13.964/2019), definindo a Suprema Corte, entre outras medidas, que "deve-se atribuir interpretação conforme ao caput do art. 310 do CPP, alterado pela Lei nº 13.964/2019, para assentar que o juiz, **em caso de urgência e se o meio se revelar idôneo, poderá realizar a audiência de custódia por videoconferência [...]**"[23] (grifo nosso).

23. STF. *ADI 6298*. Relator(a): Luiz Fux, Tribunal Pleno, julgado em 24-08-2023, Processo Eletrônico DJe-s/n Divulg. 18-12-2023 public. 19-12-2023. Disponível em: https://portal.stf.jus.br/processos/downloadPeca.asp?id=15363755297&ext=.pdf. Acesso em: 15 maio 2024.

Em março de 2023, o Supremo Tribunal Federal (STF) proferiu uma decisão unânime na Reclamação 29303, que impactou as audiências de custódia no país. Nesta decisão, o STF determinou que todos os tribunais do Brasil e os juízos a eles vinculados devem realizar audiências de custódia no prazo de 24 horas, abrangendo todas as modalidades de prisão. Esta decisão reforça a importância e a obrigatoriedade da audiência de custódia como instrumento de garantia dos direitos fundamentais dos presos, alinhando-se aos compromissos internacionais assumidos pelo Brasil. Além disso, a decisão do STF uniformiza a prática em todo o território nacional, superando eventuais disparidades na aplicação deste instituto entre diferentes jurisdições. Tal determinação ressalta o papel essencial da audiência de custódia no sistema de justiça criminal brasileiro, não apenas como uma formalidade processual, mas como um mecanismo efetivo de controle da legalidade das prisões e de prevenção contra violações de direitos humanos.

11.2. Provas Digitais

O uso continuado e generalizado de tecnologia cada vez mais sofisticada vem provocando mudanças no sistema de administração da justiça penal. Tecnologias emergentes, como inteligência artificial, *blockchain* e *big data*, estão sendo rapidamente desenvolvidas e implementadas, transformando a forma como as investigações criminais são conduzidas, em especial no que se refere aos meios de prova e aos meios de obtenção da prova.

Em razão das notórias diferenças entre as provas digitais em relação às provas tradicionais, tanto do ponto de vista ontológico quanto da metodologia de coleta, análise e armazenamento, há quem defenda a necessidade de uma atualização legislativa para tratar das provas digitais, criando-se regras próprias para sua produção, admissão e valoração no processo, em especial no processo penal[24]. A prova digital, portanto, é até o momento prova atípica no processo penal[25].

24. BADARÓ, Gustavo. A cadeia de custódia da prova digital. *Congresso Internacional de Direito Probatório,* realizado nos dias 18 e 19 de novembro de 2021a, em Porto Alegre-RS, pela Pontifícia Universidade Católica do Rio Grande do Sul e pela Universidade Alberto Hurtado.

25. Encontra-se em trâmite o PL 4939/2020, que dispõe sobre as diretrizes do direito da Tecnologia da Informação e as normas de obtenção e admissibilidade de provas digitais na investigação e no processo criminal. Atualmente, aguarda parecer da Comissão de Comunicação (CCOM).

Conceito: A prova digital (*digital evidence*) diz respeito aos vestígios digitais com relevância probatória para o processo. Rodrigues[26] a conceitua como *"qualquer tipo de informação, com valor probatório, armazenada em repositório eletrônico-digital de armazenamento, ou transmitida em sistemas e redes informáticas ou redes de comunicações eletrônicas, privadas ou publicamente acessíveis, sob a forma binaria ou digital"*.

Consoante Albeche[27], *"prova digital é todo dado ou informação obtido(a) em meio digital, cibernético ou eletrônico, capaz de comprovar a existência ou inexistência de um fato ou circunstância. Assim, nesse contexto, são provas digitais aquelas obtidas de um computador, tablet, pen drive, telefone celular, aplicativos de mensageria, redes sociais, sites, aplicações de armazenamento remoto ('nuvem'), dentre outros"*.

Para Ramalho[28], há uma distinção entre **prova eletrônica** e **prova digital.** Prova eletrônica se refere a qualquer tipo de evidência gerada ou transmitida através de dispositivos eletrônicos, abrangendo e-mails, registros telefônicos e documentos eletrônicos. Já a prova digital diz respeito a um subconjunto da prova eletrônica, que se refere especificamente a dados armazenados, processados ou transmitidos em formato digital, como arquivos de computador, metadados e logs de sistema. Assim, enquanto **toda prova digital é uma prova eletrônica, nem toda prova eletrônica é necessariamente uma prova digital.**

Características: As provas digitais possuem várias características específicas que as diferenciam das provas tradicionais, entre as quais é possível citar: a imaterialidade, volatilidade, suscetibilidade a clonagem e intermediação por equipamento: **a) Imaterialidade**: as provas digitais são formadas por "bits e impulsos elétricos", sendo de natureza incorpórea. Elas não estão vinculadas a um suporte físico específico e podem ser transferidas para outros dispositivos eletrônicos, havendo uma separação entre o suporte físico e os dados em si; **b) Volatilidade:** os dados digitais são voláteis, ou seja, podem ser facilmente

26. RODRIGUES, Benjamim Silva. *Direito Penal Parte Especial*, Tomo I, Direito Penal Informático-Digital, Coimbra Editora, 2009, p. 39.
27. ALBECHE, Thiago Solon Gonçalves. *Prova digital, investigação cinética e o princípio da parametrização do novo meio de obtenção de prova.* MSJ, Salvador, 2023. Disponível em: https://meusitejuridico.editorajuspodivm.com.br/2023/10/10/prova-digital-investigacao-cinetica-e-o-principio-da-parametrizacao-do-novo-meio-de-obtencao-de-prova/. Acesso em: 25 maio 2024.
28. RAMALHO, David Silva. *Métodos Ocultos de Investigação em Ambiente Digital.* Coimbra: Almedina, 2017, p. 98 e ss.

alterados, perdidos ou corrompidos ("modificabilidade congênita")[29]. Essas alterações podem ocorrer de forma intencional ou acidental, como na fragilidade de dispositivos de armazenamento como HDs externos; **c) Suscetibilidade de clonagem**: As provas digitais podem ser facilmente copiadas e transferidas integralmente para outros dispositivos, o que significa que múltiplas cópias idênticas podem existir, não sendo mais possível identificar a versão original; **d) Necessidade de intermediação de equipamento**: Para acessar e interpretar as provas digitais, é necessário o uso de dispositivos e programas específicos. Esses dispositivos, como computadores e smartphones, utilizam processadores e software especializados para transformar o código digital em uma forma inteligível, como imagens, sons ou documentos[30].

Metodologia: Sobre a metodologia de produção da prova digital, o *National Institute of Standards and Technology* (NIST) adota modelo de quatro fases: a coleta, o exame, a análise e o relatório[31]: *"Durante a **coleta**, os dados relacionados a um evento específico são identificados, rotulados, registrados e coletados, e sua integridade é preservada. Na segunda fase, de **exame**, ferramentas e técnicas forenses adequadas aos tipos de dados que foram coletados são executados para identificar e extrair as informações relevantes dos dados coletados, protegendo sua integridade. O exame pode usar uma combinação de ferramentas automatizadas e processos manuais. A próxima fase, a **análise**, envolve a análise dos resultados do exame para obter informações úteis que abordem as questões que foram o ímpeto para a realização da coleta e do exame. A fase final envolve **relatar** os resultados da análise, que podem incluir a descrição das ações executadas e recomendar melhorias para políticas, diretrizes, procedimentos, ferramentas e outros aspectos do processo forense".*

Preservação expedita de dados informáticos: A preservação expedita de dados informáticos diz respeito a medida preventiva utilizada em investigações digitais, em que dados relevantes são rapidamente conservados para evitar sua alteração ou destruição antes de uma análise completa. Possui previsão expressa no Título 2 da Convenção de Budapeste, mencionada alhures, mais especificamente nos artigos 16 e seguintes. Esta ação é essencial em contextos de crimes cibernéticos, fraudes, e outras investigações que envolvem dados

29. DANIELE, Marcello. La prova digitale nel processo penale. *Rivista di Diritto Processuale*, ano LXVI (Segunda Série) – n. 2, março-abril de 2011, p. 292.
30. ALBECHE, 2023.
31. Cf. RAMALHO, 2017, p. 130.

eletrônicos, garantindo que as evidências permaneçam íntegras até que possam ser examinadas detalhadamente.

A teor do que dispõe o artigo 158-B, inciso III do CPP, ao tratar da fase de isolamento da cadeia de custódia, visando evitar que se altere o estado das coisas, preservando-as em sua originalidade, também é necessária a preservação dos vestígios digitais que possam elucidar o fato e a sua autoria, e, portanto, deve-se fazer o devido isolamento.

O artigo 13, *caput*, do Marco Civil da Internet prevê que "Na provisão de conexão à internet, cabe ao administrador de sistema autônomo respectivo o dever de manter os registros de conexão, sob sigilo, em ambiente controlado e de segurança, pelo **prazo de 1 (um) ano**, nos termos do regulamento". Já no § 2º do mesmo dispositivo legal, prevê que: "A autoridade policial ou administrativa ou o Ministério Público poderá requerer cautelarmente que os **registros de conexão** sejam guardados por prazo superior ao previsto no caput".

No julgamento do HC 222141 AgR, que abordava o congelamento do conteúdo de comunicações privadas e de dados pessoais por determinação do Ministério Público, sem prévia autorização judicial, e por prazo superior ao estabelecido na lei (no caso, por período que retroage a 5 anos), o STJ entendeu que houve violação aos direitos à proteção de dados e autodeterminação informativa, negando provimento aos agravos regimentais. Extraem-se os seguintes excertos da ementa do referido julgamento paradigmático:

> [...]. **4. Congelamento do conteúdo de comunicações privadas e de dados pessoais da paciente, com base no art. 13, § 2º, do Marco Civil da Internet, por determinação do Ministério Público, sem prévia autorização judicial. Ilegitimidade**. 5. A disponibilização de dados pessoais, comunicações privadas ou informações relativas a registros de conexão/acesso está condicionada à determinação do juiz. A exceção fica por conta dos dados cadastrais, que podem ser alcançados por autoridades administrativas devidamente autorizadas por lei. Inteligência do art. 10, caput, e §§ 1º, 2º e 3º, da Lei 12.965/2014. 6. **No caso concreto, o pedido de congelamento efetuado pelo GAECO não se limitou aos elementos permitidos pela lei: registros de conexão e de acesso a aplicações de Internet**. 7. Em hipótese alguma o "histórico de pesquisa, todo conteúdo de e-mail e iMessages, fotos, contatos e históricos de localização" podem ser considerados registros de acesso a aplicação de Internet. E mais, o próprio formato da requisição formulada pelo Ministério Público, buscando dados relativos a **período que retroage mais de 5 anos,** evidencia a desproporcionalidade do pedido e o descompasso entre a diligência efetuada e o permissivo

> legal. [...] 11. **Uma vez inserida na equação a autodeterminação informacional, o mero congelamento de dados sem autorização judicial e fora das hipóteses legais afronta a tutela da privacidade. É inconstitucional, portanto, a subtração do controle do cidadão sobre suas informações (congelamento) sem observância das regras de organização e procedimento, ainda que a quebra do sigilo em si tenha ocorrido, posteriormente, mediante ordem judicial**. 12. [...]. 13. Ao requerer o congelamento fora das hipóteses legais, o Ministério Público pretendeu retirar dados pessoais e comunicações privadas do âmbito de disponibilidade dos investigados. E como tal, a medida afronta não apenas a legislação, como também o direito à autodeterminação informativa. 14. Agravos regimentais não providos. 15. Acórdão redigido nos termos do art. 38, inciso IV, alínea "b", do RI/STF[32].

No artigo 14 do Marco Civil da Internet consta vedação expressa ao armazenamento dos registros de acesso a aplicações de internet na provisão de conexão, onerosa ou gratuita. Já quando se tratar da guarda de registros de acesso a aplicações de internet na provisão de aplicações, o "provedor de aplicações de internet constituído na forma de pessoa jurídica e que exerça essa atividade de forma organizada, profissionalmente e com fins econômicos deverá manter os respectivos registros de acesso a aplicações de internet, sob sigilo, em ambiente controlado e de segurança, pelo prazo de **6 (seis) meses**, nos termos do regulamento" (Cf. art. 15). O §1º do artigo 15 prevê a possibilidade de se representar ao juiz solicitando que os provedores de aplicações de internet (sites, redes sociais, por exemplo) guardem registros de acesso a aplicações de internet relativos a dados específicos e por período determinado, os quais poderão ser requeridos cautelarmente tanto pela autoridade policial ou administrativa ou, ainda, pelo Ministério Público, os quais também poderão requerer cautelarmente o congelamento por prazo superior ao previsto no caput, observado o disposto nos §§ 3º e 4º do art. 13 da lei em comento.

Cadeia de custódia da prova digital: A cadeia de custódia da prova digital é o processo de documentação e controle rigoroso de todas as etapas pelas quais uma evidência digital passa, desde a sua coleta até a sua apresentação em juízo, o que inclui sua identificação, preservação, coleta, análise e armazenamento, assegurando que não haja alterações, contaminações ou perda de

32. STF. *HC 222141 AgR,* Relator(a): Ricardo Lewandowski, Relator(a) p/ Acórdão: Gilmar Mendes, Segunda Turma, Julgado em 06-02-2024, processo eletrônico dje-s/n divulg 02-04-2024 public, 03-04-2024. Disponível em: https://redir.stf.jus.br/paginadorpub /paginador.jsp?docTP=TP&docID=775652964. Acesso em: 25 maio 2024.

integridade dos dados. Consoante Prado[33], a cadeia de custódia da prova tem por escopo assegurar a fiabilidade do elemento probatório, ao colocá-lo sob proteção de interferências capazes de falsificar o resultado da atividade probatória. Independentemente do procedimento técnico utilizado, além de ser adequado conforme as melhores práticas, ele deve ser documentado e registrado em todas as suas etapas, garantindo o correto uso das *operating procedures*, especialmente por envolver um dado probatório volátil e facilmente sujeito a alterações. Além disso, devido à diferença ontológica entre a prova digital e a prova tradicional – uma vez que a prova digital não utiliza uma linguagem natural, mas sim digital – uma cadeia de custódia detalhada torna-se ainda mais necessária[34].

A cadeia de custódia da prova penal passou a ter disciplina legal no Brasil com a Lei nº 13.964/2019, que introduziu os artigos 158-A a 158-F no Código de Processo Penal. O artigo 158-A define cadeia de custódia como *"o conjunto de todos os procedimentos utilizados para manter e documentar a história cronológica do vestígio coletado em locais ou em vítimas de crimes, para rastrear sua posse e manuseio desde o reconhecimento até o descarte"*. Esta definição foca na documentação da cadeia de custódia, ressaltando a importância de registrar de forma cronológica e detalhada todos os procedimentos relacionados ao vestígio, garantindo sua integridade e rastreabilidade ao longo de todo o processo.

Violação da cadeia de custódia digital: De acordo com Badaró[35], tecnicamente não é possível violar a cadeia de custódia, pois esta diz respeito à documentação de todas as fases "do *reconhecimento até o descarte*" da fonte de prova custodiada, incumbência que cabe aos funcionários públicos que tiverem contato com os elementos materiais que servem de prova, de tal sorte que não é possível violar a sucessão de pessoas que teve contato com a coisa, mas a documentação que atesta essa realidade. Para o autor, "uma pessoa ou tem ou não tem contato com a fonte de prova. Por sua vez, essa fonte de prova – ou vestígio, como se refere o § 3º do art. 158-A do CPP – pode se manter integra ou ser adulterada. Falsificar a fonte de prova real não é violar a cadeia de custódia (isto é, a documentação da cadeia de custódia), é fraudar ou adulterar

33. PRADO, Geraldo. *A cadeia de custódia da prova no processo penal*. 2. ed. Rio de Janeiro: Marcial Pons, 2021, p. 204.

34. BADARÓ, 2021a, p. 7.

35. BADARÓ, Gustavo. *Processo Penal*. 9 ed. São Paulo: RT, 2021b, p. 511.

a própria fonte de prova". Para Prado[36], a constatação da quebra da cadeia de custódia das provas impõe a exclusão destas evidências dos procedimentos penais.

Perícia forense digital: A perícia forense digital é o "processo de reconstrução da sequência relevante de eventos que levaram ao estado atualmente observável de um sistema de tecnologia da informação ou artefatos (digitais) em específico"[37].

Policiamento preditivo: Diz respeito ao conjunto de tecnologias baseadas em algoritmos computacionais que utiliza bancos de dados e análises estatísticas para prever e prevenir a ocorrência de crimes e futuros. Ferramentas de inteligência artificial podem prever onde crimes são mais propensos a ocorrer, permitindo uma alocação mais eficaz dos recursos policiais e prevenindo crimes antes que eles aconteçam.

Código *hash*: Trata-se de um valor numérico gerado por uma função *hash* que transforma um conjunto de dados (como um arquivo ou uma mensagem) em uma sequência fixa e única de caracteres, funcionando como uma impressão digital. Durante uma investigação, os dados coletados de dispositivos eletrônicos, como computadores e smartphones, são convertidos em um código *hash* servindo como uma referência que pode ser usada para verificar se os dados foram alterados em qualquer ponto da cadeia de custódia. Convém colacionar as ponderações de Albeche[38] sobre o fato de o código *hash*, por si só, não ser capaz de garantir a autenticidade dos dados, restringindo-se à certeza de que houve ou não alteração no elemento digital a partir da formação do código *hash*, mas não é capaz de assegurar "que um arquivo de imagem ou vídeo criado por inteligência artificial, que falsamente atribui uma conduta a uma pessoa específica, seja de fato verdadeiro. O código *hash* relaciona-se mais à integridade futura, nada garantindo sobre o que ocorreu com o arquivo ou dado anteriormente à sua coleta".

Métodos Ocultos de Obtenção de Provas Digitais: Referem-se a técnicas utilizadas para coletar evidências digitais de maneira secreta ou dissimulada,

36. PRADO, 2021, p. 204.
37. AHMED, Irfan; ROUSSEV, Vassil. Analysis of Cloud Digital Evidence. *In*: CHEN, Lei; TAKABI, Hassan; LE-KHAC, Nhien-An (ed.). *Security, Privacy, and Digital Forensics in the Cloud*. Hoboken, Singapura: John Wiley & Sons, 2019. p. 30.
38. ALBECHE, 2023.

sem o conhecimento da pessoa ou entidade alvo. O PL 4939/20 estabelece como meios de obtenção da prova digital alguns métodos ocultos, como a "coleta remota oculta" de dados em repouso acessados à distância; a interceptação telemática de dados em transmissão; a coleta por acesso forçado de sistema informático ou de redes de dados; e o tratamento de dados disponibilizados em fontes abertas, independentemente de autorização judicial.

Os métodos ocultos de obtenção de provas digitais mais populares, entre outros, são:

a) ***Spyware***: Software malicioso instalado no dispositivo da vítima para monitorar suas atividades sem o seu conhecimento.

b) ***Keyloggers***: Programas que registram todas as teclas digitadas pela vítima, capturando informações sensíveis como senhas e mensagens.

c) **Intercepção de e-mails e mensagens:** Captura de comunicações eletrônicas através de técnicas como *man-in-the-middle* (MitM) ou acesso direto a servidores de e-mail. No ataque MitM, o invasor intercepta e possivelmente altera a comunicação entre duas partes que acreditam estar se comunicando diretamente uma com a outra, o que permite que o invasor capture dados confidenciais, injete informações maliciosas ou manipule a comunicação de várias outras formas. O ataque pode ser feito de várias maneiras, como redirecionamento de tráfego em redes Wi-Fi públicas não seguras, comprometimento de roteadores, ou por meio de *malware* instalado em dispositivos[39].

d) ***Backdoors:*** Inserção de *backdoors* em sistemas de TI para permitir o acesso remoto contínuo e dissimulado aos dados e comunicações.

e) **Exploração de vulnerabilidades:** Uso de *exploits* para tirar proveito de falhas de segurança em *software* ou *hardware*, ganhando acesso não autorizado a sistemas e dados.

f) ***Zero-day Exploits***: Ataques que exploram vulnerabilidades desconhecidas publicamente, tornando-os particularmente eficazes e difíceis de detectar.

---

39. Claranet. *Ataque man-in-the-middle (MitM). [S.l.]*, c2024. Disponível em: https://www.claranet. com/br/blog/man-in-the-middle-o-que-e. Acesso em: 18 maio 2024.

g) ***Remote Access Trojans (RATs):*** Programas que permitem o controle remoto de um computador infectado, proporcionando acesso aos arquivos e atividades do usuário.

REFERÊNCIAS

ALBECHE, T. S. Prova digital no processo penal. Porto Alegre: Livraria do Advogado, 2022.

BADARÓ, G. H. A cadeia de custódia e sua relevância para a prova penal. In: SIDI, R.; LOPES, A. B. (Org.). Temas atuais da investigação preliminar no processo penal. Belo Horizonte: D'Plácido, 2017.

BRASIL. Lei nº 12.965, de 23 de abril de 2014. Estabelece princípios, garantias, direitos e deveres para o uso da Internet no Brasil. Diário Oficial da União, Brasília, DF, 24 abr. 2014.

BRASIL. Lei nº 13.709, de 14 de agosto de 2018. Lei Geral de Proteção de Dados Pessoais (LGPD). Diário Oficial da União, Brasília, DF, 15 ago. 2018.

BRASIL. Lei nº 13.964, de 24 de dezembro de 2019. Aperfeiçoa a legislação penal e processual penal. Diário Oficial da União, Brasília, DF, 24 dez. 2019.

BRASIL. Supremo Tribunal Federal. Habeas Corpus 222141 AgR. Relator: Min. Gilmar Mendes. Brasília, DF, 13 de dezembro de 2022. Diário da Justiça Eletrônico, Brasília, DF, 17 fev. 2023.

CONSELHO NACIONAL DE JUSTIÇA. Resolução nº 213, de 15 de dezembro de 2015. Dispõe sobre a apresentação de toda pessoa presa à autoridade judicial no prazo de 24 horas. Diário da Justiça Eletrônico, Brasília, DF, 8 jan. 2016.

CONSELHO NACIONAL DE JUSTIÇA. Resolução nº 481, de 22 de novembro de 2022. Dispõe sobre a realização de audiências e sessões por videoconferência e telepresenciais no âmbito do Poder Judiciário. Diário da Justiça Eletrônico, Brasília, DF, 23 nov. 2022.

MORAES, A. C. Inteligência artificial no direito penal: a responsabilidade penal dos sistemas autônomos. São Paulo: Almedina, 2021.

NATIONAL INSTITUTE OF STANDARDS AND TECHNOLOGY. Guide to Integrating Forensic Techniques into Incident Response. Gaithersburg: NIST, 2006.

NUCCI, G. S. Código de Processo Penal comentado. 19. ed. Rio de Janeiro: Forense, 2020.

PRADO, G. Prova penal e sistema de controles epistêmicos: a quebra da cadeia de custódia das provas obtidas por métodos ocultos. São Paulo: Marcial Pons, 2014.

RAMALHO, D. S. Métodos ocultos de investigação criminal em ambiente digital. Coimbra: Almedina, 2017.

RODRIGUES, B. S. Da prova penal: novos métodos "científicos" de investigação e os direitos fundamentais. Coimbra: Rei dos Livros, 2011.

SETZER, V. W. Dado, informação, conhecimento e competência. DataGramaZero – Revista de Ciência da Informação, n. 0, dez. 1999.

SUPERIOR TRIBUNAL DE JUSTIÇA. Conflito de Competência nº 168.522/PR. Relatora: Min. Laurita Vaz. Brasília, DF, 11 de dezembro de 2019. Diário da Justiça Eletrônico, Brasília, DF, 17 dez. 2019.

ZUBOFF, S. The age of surveillance capitalism: the fight for a human future at the new frontier of power. New York: Public Affairs, 2019.

EIXO 4

Joaquim Leitão Júnior
Lucas Albé Veppo

12. JURISDIÇÃO NA INTERNET - A TRANSFORMAÇÃO DIGITAL NO PODER JUDICIÁRIO

É inegável que o exercício do poder estatal encontra desafios enormes em um mundo digital, onde as pessoas e as coisas se conectam por meio da internet e confrontam um sistema baseado tradicionalmente na territorialidade.

Nosso sistema jurídico levava em consideração de forma bastante relevante os conceitos de "local", "lugar", "residência", "localização", os quais se tornaram fluídos com a expansão das fronteiras e dos espaços trazida pela integração digital.

É nesse contexto que a forma de exercício da jurisdição, suas dimensões, sua prática e até seus conceitos mais tradicionais devem ser analisados e reconstruídos, já que as próprias características não só do meio onde ela está inserida, como de seus elementos e atores está sendo reconfigurada.

Repensar a jurisdição, o papel do Estado, o âmbito de proteção dos direitos fundamentais, as técnicas de cooperação no ambiente da internet e as medidas de proteção aos usuários e à privacidade das pessoas são temas de extrema relevância e que necessitam de debate e reflexão diárias[1].

De acordo com Magro e Andrade[2], "são óbvios os ganhos de produtividade de que decorrem da informatização do processo judicial e da prática remota de atos processuais outrora limitados ao meio convencional e físico". Destacam os autores a redução de custos, a melhor alocação de pessoal e servidores, o

1. https://www.isoc.org.br/noticia/internet-e-jurisdicao-estado-poder-e-internet.
2. Américo Ribeiro Magro e Landolfo Andrade.

aproveitamento do tempo funcional dos magistrados e o incremento na publicidade do processo.

13. 4ª REVOLUÇÃO INDUSTRIAL (REVOLUÇÃO 4.0)

O termo "4ª Revolução Industrial" ou "Indústria 4.0" foi popularizado pelo cientista alemão Klaus Schwab, fundados do Fórum Econômico Mundial e faz alusão a um 4º momento na evolução das tecnologias e ferramentas utilizadas na indústria.

Conforme Magro e Andrade[3], a principal característica dessa revolução é a eliminação das barreiras entre as realidades física, digital e biológica, especialmente pelo uso da robótica, inteligência artificial, nanotecnologia, computação quântica, computação em nuvem etc.

Não há foco específico em uma tecnologia específica, mas o surgimento de bases e conceitos capazes de englobarem diversas mudanças nas mais diversificadas áreas de atuação por meio da tecnologia de ponta[4].

Ela está diretamente associada à descentralização de tomadas de decisões, atuação de maneira remota, interoperabilidade (capacidade de se comunicar de forma transparente), integração e tempo real (imediatidade nas ações).

Como visto, todas essas características são essenciais ao exercício da jurisdição no meio virtual, pois haverá grande necessidade de permitir que os agentes estejam nos mais diversos locais, que possam ser realizadas auditorias e conferências a respeito da transparência nos procedimentos e que todos os atores estejam integrados.

Magro e Andrade trazem 4 palavras-chave como foco na compreensão do dinamismo da 4ª Revolução[5]:

a) Interconectividade: capacidade de intercomunicação entre atores;

b) Transparência: permite o tratamento de grandes volumes de dados e incremento da eficiência de todo o complexo produtivo;

c) Assistência: auxílio na tomada de decisão de seus operadores, facilitando resolução de problemas e de tarefas complexas;

3. p. 576.
4. https://stefanini.com/pt-br/insights/artigos/quarta-revolucao-industrial.
5. p. 578 e 579.

d) Descentralização de decisões: habilidade dos sistemas informativos de tomarem decisões sem necessidade de intervenção humana permanente.

14. CIÊNCIA DE DADOS E JURIMETRIA

Além das tecnologias implementadas pela revolução industrial 4.0, o exercício jurisdicional é incrementado pela prática da jurimetria, ou seja, "da utilização de métodos estatísticos para aplicação no Direito"[6].

Segundo a ABJ (Associação Brasileira de Jurimetria), jurimetria é a "disciplina resultante da aplicação de modelos estatísticos na compreensão dos processos e fatos jurídicos"[7]. Ou, como outras definições encontradas, "uma aplicação de técnicas de análise quantitativa ao campo do Direito"[8] ou ainda "a disciplina que estuda a utilização de métodos informáticos nos processos de decisão típico do direito"[9].

Apesar de algumas divergências conceituais, o que se destaca do conceito é a multidisciplinariedade na aplicação de diversas técnicas de diversas áreas do conhecimento na análise e no estudo do Direito.

E essa diversidade de conhecimento aplicado de forma conjunta tem, como possibilidade, a análise por meio de softwares, aplicativos, programas computacionais ou inteligência artificial de tendências jurídicas de tribunais, magistrados, cortes, permitindo, pelo menos em tese, certa previsão de cenários e resultados e uma adequação do trabalho do operador do direito para se alcançar um objetivo determinado.

E não só isso, alterações legais, de entendimentos jurisprudenciais consolidados, de portarias e outras normas infralegais também poderão ter seus impactos estudados e analisados mesmo antes de acontecerem, já que o mapeamento dos cenários pelas bases de dados existentes poderá apresentar quais as perspectivas possíveis e plausíveis.

---

6. p. 579.
7. https://www.projuris.com.br/blog/jurimetria/#:~:text=Segundo%20a%20ABJ%20(Associa%C3%A7%C3%A3o%20Brasileira,fazer%20parte%20do%20mundo%20jur%C3%ADdico.
8. https://turivius.com/portal/jurimetria-o-que-e-e-como-usa-la/.
9. p. 579.

Apesar de parecer algo muito inovador, o Poder Judiciário brasileiro já utiliza de algumas técnicas semelhantes, mas não tão sofisticadas, na análise de desempenho de seus tribunais e de seus servidores, realizando levantamentos anuais (Justiça em Números), comparações e propondo melhorias e avanços para cada setor analisado.

É claro que esses avanços tecnológicos devem ser feitos de forma gradual e segura, a fim de não comprometer uma série imensa de processos em andamento nos mais diversos tribunais. Para isso, o CNJ tem editado diversas resoluções que regem as inovações tecnológicas pelas quais o Poder Judiciário está passando.

15. A INFORMATIZAÇÃO DO PROCESSO JUDICIAL

A realidade atual é a quase que completa informatização do processo judicial em nosso País, no entanto, esse foi um processo lento e que necessitou ser amparado por diversas legislações, normativas, resoluções e portarias.

Uma das primeiras medidas e, certamente, das mais importantes, foi a promulgação da Lei nº 11.419/06, que dispunha sobre a informatização do processo judicial e realizava algumas alterações nesse sentido no antigo Código de Processo Civil.

Esse dispositivo legal é dividido em quatro capítulos, sendo o primeiro referente à informatização do processo judicial, o segundo referente à comunicação eletrônica dos atos processuais, o terceiro referente ao processo eletrônico e o quarto com disposições gerais.

O Capítulo I trata, basicamente, da admissão do uso eletrônico na tramitação de processos judiciais, comunicação de atos e transmissão de peças processuais, seja nos processos civis, penais, trabalhistas, bem como nos juizados especiais, em qualquer grau de jurisdição.

Já o Capítulo II dispõe, em linhas gerais, sobre a comunicação eletrônica dos atos processuais, determinando que essa substituirá qualquer outro meio convencional e publicações oficiais para quaisquer efeitos legais, com algumas exceções. Os tribunais poderão criar Diários de Justiça eletrônicos para publicação de atos judiciais e administrativos próprios e comunicações em geral.

Por sua vez, o Capítulo III discorre sobre o processo eletrônico, permitindo aos órgãos do Poder Judiciário o desenvolvimento de sistemas eletrônicos de processamento de ações judiciais, com bancos de dados aptos para a conservação dos autos do processo.

16. PRINCIPAIS RESOLUÇÕES DO CNJ SOBRE INOVAÇÕES TECNOLÓGICAS NO PODER JUDICIÁRIO

Faremos uma breve análise das principais Resoluções publicadas pelo Conselho Nacional de Justiça que versem sobre inovações tecnológicas ocorridas no Poder Judiciário e que impactam no exercício da jurisdição no mundo virtual.

16.1. Resolução CNJ Nº 332/2020[10]: Inteligência Artificial e Direito

Essa resolução dispõe sobre a ética, a transparência e a governança no uso de inteligências artificiais (IA) no Poder Judiciário e determina a criação da Plataforma Sinapses.

É um documento inspirado fortemente na "Carta Ética Europeia sobre a utilização da IA nos sistemas judiciais e no respectivo ambiente" de 2018, uma das primeiras do mundo sobre o tema[11].

De acordo com o Art. 1º, o conhecimento associado à IA e sua implementação deverão ser realizados no sentido de promover e aprofundar a compreensão entre a lei e o agir humano, entre a liberdade e as instituições judiciais.

Já o Art. 2º estabelece uma espécie de lista de objetivos para a implementação da IA: promoção do bem-estar dos jurisdicionados, prestação equitativa da jurisdição e a descoberta de métodos e práticas que possibilitem a consecução desses objetivos.

O Art. 3º desenvolve alguns conceitos emitidos pela Resolução para que sejam considerados na análise e interpretação do dispositivo.

Deve ser aberto um parêntese neste momento para o inciso III, que determina o conceito de "Sinapses", como sendo "solução computacional, mantida pelo Conselho Nacional de Justiça, com o objetivo de armazenar, testar, treinar, distribuir e auditar modelos de Inteligência Artificial".

O Sinapses, em resumo, é uma plataforma nacional de armazenamento, treinamento supervisionado, controle de versionamento, distribuição e

10. https://atos.cnj.jus.br/atos/detalhar/3429.
11. p. 582.

auditoria dos modelos de Inteligência Artificial criados para aplicação no Poder Judiciário[12].

Já o Capítulo II, que se inicia no Art. 4º, traz a preocupação com o respeito aos direitos fundamentais, devendo-se buscar garantir a segurança jurídica e respeitar a igualdade de tratamento aos casos absolutamente iguais.

Em seguida, o Capítulo III apresenta [13]a necessidade de se preservar a não discriminação nas decisões judiciais, garantido que a IA utilizada e aplicada esteja livre de preconceitos ou generalizações que possam acarretar tendências discriminatórias no seu funcionamento, casos em que deverá haver intervenção para correções[14].

O Capítulo IV, que versa sobre publicidade e transparência, determina o que deve ser compreendido como transparência e quais as formas de garanti-la mesmo com o uso de inteligência artificial.

A governança e a qualidade são o tema do Capítulo V, que preveem que:

> "qualquer modelo de IA que venha a ser adotado pelo Poder Judiciário deverá observar as regras de governança de dados aplicáveis aos seus próprios sistemas computacionais, as Resoluções e as Recomendações do Conselho Nacional de Justiça, a Lei nº 13.709/2018, e o segredo de justiça"[15].

Ademais, apresenta uma lista de boas práticas que possam garantir governança ao Poder Judiciário sobre o uso da Inteligência Artificial.

A Resolução ainda obriga os órgãos do Poder Judiciário que desenvolvam IA a informar o CNJ sobre o estado da pesquisa, objetivos e resultados, para que essas possam ser usadas de forma comunitária[16].

O Capítulo VI talvez seja o mais importante e relevante, já que discorre sobre a segurança.

Determina, em suma, que os dados utilizados no processo de treinamento de modelos de IA deverão ser provenientes de fontes seguras (Art. 13); que o sistema deverá impedir alteração de dados e informações (Art. 14); que os

12. https://www.cnj.jus.br/sistemas/plataforma-sinapses/.
13. Art. 3º, inciso II.
14. p. 583.
15. atos.cnj.jus.br/atos/detalhar/3429, Art. 9º.
16. p. 583.

dados devem ser protegidos de forma eficaz (Art. 15); e que se armazenamento deve se dar em ambientes aderentes a padrões consolidados de segurança da informação (Art. 16).

A seguir, a resolução versa sobre o controle que o usuário terá na utilização dessas tecnologias **(Capítulo VII)** cuja autonomia deverá ser resguardada de diversas formas, com informações claras, critérios determinados e transparência.

No que tange a pesquisa e desenvolvimento **(Capítulo VIII),** as equipes encarregadas devem apresentar composição diversificada e caráter interdisciplinar, a fim de que sejam orientados a um princípio de não discriminação[17].

Interessante o disposto no Art. 23, que dispões sobre a **não estimulação** ao desenvolvimento de modelos de Inteligência Artificial em matéria penal. Destaca-se a importância em não robotizar o sistema jurídico, em especial nos casos em que deve haver uma análise mais subjetiva e detalhada dos casos, como o direito penal e processual penal.

Por fim, as disposições finais determinam a aplicação da resolução a todos os projetos e modelos de IA, inclusive em desenvolvimento, tendo como foco a cooperação técnica entre instituições e o desenvolvimento colaborativo.

16.2. Resolução CNJ Nº 325/2020[18]: Estratégia Nacional do Poder Judiciário e ENTIC-JUD

Essa resolução instituiu a Estratégia Nacional do Poder Judiciário para o sexênio 2021-2026, incluindo metas, planos e diretrizes de atuação.

Dentre os "Macrodesafios do Poder Judiciário e respectivas descrições" descritos está, no ramo "Perspectiva aprendizado e crescimento" o item "Fortalecimento da estratégia nacional de TIC e de proteção de dados".

De acordo com Magro e Andrade[19], esse fortalecimento ocorrerá com o incremento na governança, na gestão e na infraestrutura tecnológica, que deverá ocorrer ao longo dos anos.

Não se deve, da mesma forma, ignorar a necessidade de garantir segurança, transparência, integridade de dados, confiabilidade, confidencialidade,

17. p. 584.
18. https://atos.cnj.jus.br/atos/detalhar/3429.
19. p. 585.

integração, disponibilidade de informações e o constante aprimoramento dos serviços à disposição dos usuários.

E para o alcance desse objetivo institucional, a Resolução CNJ nº370/2021 estabeleceu a ENTIC-JUD (Estratégia Nacional de Tecnologia da Informação e Comunicação do Poder Judiciário.

Ela tem como objetivo, conforme disposto em seu Art. 1º, parágrafo único, "constituir o principal instrumento de promoção da governança ágil e da transformação digital do Poder Judiciário por meio de serviços e soluções digitais inovadoras que impulsionem a evolução tecnológica do Poder Judiciário".

E como meta, conforme redação do art. 3º:

> promover a melhoria da governança, da gestão e da colaboração tecnológica no âmbito do Poder Judiciário, visando direcionar e propiciar a eficiência, eficácia, efetividade e economicidade dos órgãos, com o objetivo de maximizar os resultados com otimização de recursos.

Ademais, como não é possível estabelecer movimentos de melhorias sem descuidar da segurança da informação e da proteção dos dados, os arts. 36 e seguintes da Resolução CNJ 370/21 tratam acerca da elaboração do Plano de Gestão de Riscos de TIC, que deve ter como objetivo mitigar as ameaças à segurança digital, com aprimoramento de práticas e processos de segurança da informação e proteção de dados.

16.3. Resolução CNJ Nº 335/2020[20]: PDPJ-BR

A Resolução CNJ 335/2020 visa mitigar um problema antigo e conhecido de integração processual eletrônica entre os diversos tribunais brasileiros, visando sua integração e a criação da "Plataforma Digital do Poder Judiciário Brasileiro – PDPJ-BR"[21].

Essa plataforma visa integrar todos os tribunais brasileiros sob uma mesma plataforma, o que não ocorria, modernizando e unificando os trâmites processuais no País e tem como objetivos, conforme Art. 2º:[22]

20. https://atos.cnj.jus.br/atos/detalhar/3429.
21. p. 586-587.
22. Resolução 335/20.

I – integrar e consolidar todos os sistemas eletrônicos do Judiciário brasileiro em um ambiente unificado;
II – implantar o conceito de desenvolvimento comunitário, no qual todos os tribunais contribuem com as melhores soluções tecnológicas para aproveitamento comum;
III – estabelecer padrões de desenvolvimento, arquitetura, experiência do usuário (User Experience – UX) e operação de software, obedecendo as melhores práticas de mercado e disciplinado em Portaria da Presidência do CNJ; e
IV – instituir plataforma única para publicação e disponibilização de aplicações, microsserviços e modelos de inteligência artificial (I.A.), por meio de computação em nuvem.

Ademais, a plataforma obrigatoriamente adotará, dentre outros conceitos, o processo eletrônico em plataforma pública, a computação em nuvem, a interoperabilidade, a segurança da informação a adaptabilidade ao uso de ferramentas de aprendizado de máquina e de IA, a automação de atividades rotineiras ou sequenciais que possam ser substituídas por ações de sistema e o incremento da robotização.

Logo, denota-se a grande preocupação em adaptar o processo eletrônico o mais rápido possível às novas tecnologias de inteligências artificiais que surgem.

Outro ponto importante e polêmico dessa Resolução é que ela reconhece a autonomia dos tribunais locais e regionais para desenvolvimento de sistemas próprios, no entanto proíbe (Art. 5º) que esses não tenham para si a propriedade do que for desenvolvido nem acesso aos códigos fontes.

Essa é uma medida bastante louvável e que merece saudações, a fim de impedir que empresas privadas obtenham o controle das informações e dos dados armazenados em bancos, subjugando os tribunais a acordos ou contratos que vão de encontro aos seus interesses simplesmente pela impossibilidade de romper essas parcerias para que não ocorra suas perdas.

16.4. Resolução CNJ Nº 337/2020: Videoconferência

Dispõe sobre a utilização de sistemas de videoconferência no Poder Judiciário, o que já era admitido pelos Códigos de Processo Civil e Penal, mas sem uma regulamentação mais apropriada.

Devemos lembrar que sua promulgação se deu em meio à Pandemia da Covid-19, o que acelerou a necessidade de que as partes pudessem promover autos processuais a distância, a fim de preservarem sua integridade física e evitarem a propagação da doença.

Tratando da legislação processual penal, as Leis 11.690/08 e 11.900/09 já haviam inserido no CPP a possibilidade de uso de videoconferência em algumas situações, vejamos:

(I) Art. 185, §2º[23], para o interrogatório do réu preso, de forma excepcional, desde que a medida seja necessária para atingir a uma das seguintes finalidade: I – prevenir risco à segurança pública, quando exista fundada suspeita de que o preso integre organização criminosa ou de que, por outra razão, possa fugir durante o deslocamento; II – viabilizar a participação do réu no referido ato processual, quando haja relevante dificuldade para seu comparecimento em juízo, por enfermidade ou outra circunstância pessoal; III – impedir a influência do réu no ânimo de testemunha ou da vítima, desde que não seja possível colher o depoimento destas por videoconferência, nos termos do art. 217 deste Código; IV – responder à gravíssima questão de ordem pública.

Destaca-se que, neste caso, a videoconferência ainda era tida como uma medida excepcional e deveria ser justificada para se atingir a alguma das finalidades previstas em lei.

(II) Art. 217, *caput*, do CPP[24]: Se o juiz verificar que a presença do réu poderá causar humilhação, temor, ou sério constrangimento à testemunha ou ao ofendido, de modo que prejudique a verdade do depoimento, fará a inquirição por videoconferência e, somente na impossibilidade dessa forma, determinará a retirada do réu, prosseguindo na inquirição, com a presença do seu defensor.

Destaca-se, novamente, que deveria haver uma situação excepcional e justificável para que fosse realizada a oitiva por videoconferência.

---

23. § 2º Excepcionalmente, o juiz, por decisão fundamentada, de ofício ou a requerimento das partes, poderá realizar o interrogatório do réu preso por sistema de videoconferência ou outro recurso tecnológico de transmissão de sons e imagens em tempo real, desde que a medida seja necessária para atender a uma das seguintes finalidades.

24. Art. 217. Se o juiz verificar que a presença do réu poderá causar humilhação, temor, ou sério constrangimento à testemunha ou ao ofendido, de modo que prejudique a verdade do depoimento, fará a inquirição por videoconferência e, somente na impossibilidade dessa forma, determinará a retirada do réu, prosseguindo na inquirição, com a presença do seu defensor.

(III) Art. 222, §3º, do CPP[25]: Na hipótese prevista no **caput** deste artigo (testemunha que morar fora da jurisdição do juiz), a oitiva de testemunha poderá ser realizada por meio de videoconferência ou outro recurso tecnológico de transmissão de sons e imagens em tempo real, permitida a presença do defensor e podendo ser realizada, inclusive, durante a realização da audiência de instrução e julgamento.

Outro tema que trouxe bastante polêmica foi a realização de audiências de custódia por meio de videoconferência. Lembremos que quando ocorreu a promulgação do Pacote Anticrime (Lei nº 13.964/19) foi inserida no Código de Processo Penal a figura do juiz de garantias, posteriormente suspensa por uma decisão do STF.

Ocorre que, no Art. 3º-B, §1º[26], que tratava justamente desse assunto, havia uma vedação expressa ao emprego de videoconferência para a realização de audiências de custódia.

Essa previsão, apesar de parecer interessante na promoção da proteção aos direitos fundamentais da pessoa presa em razão de prisão em flagrante delito ou cumprimento de mandado de prisão, acabou vedando um avanço tecnológico que poderia ser interessante para a celeridade e a rapidez na realização de audiências de custódia.

Não obstante a vedação legal, o STF, por meio de uma liminar exarada no âmbito da ADI nº 6841 pelo Min. Nunes Marques, em que é julgada a constitucionalidade do Art. 3º-B, autorizou a realização de audiências de custódia por videoconferência durante a pandemia da Covid-19.

O CNJ chegou a editar uma resolução para regulamentar o tema, Resolução CNJ nº 357/2020, posteriormente revogada pela Resolução CNJ nº 481/2022.

É óbvio que as circunstâncias que surgiram com a pandemia criaram um cenário favorável para o uso e a ampliação da aplicação de videoconferências

---

25. § 3º Na hipótese prevista no **caput** deste artigo, a oitiva de testemunha poderá ser realizada por meio de videoconferência ou outro recurso tecnológico de transmissão de sons e imagens em tempo real, permitida a presença do defensor e podendo ser realizada, inclusive, durante a realização da audiência de instrução e julgamento.

26. Art. 3º-B, § 1º O preso em flagrante ou por força de mandado de prisão provisória será encaminhado à presença do juiz de garantias no prazo de 24 (vinte e quatro) horas, momento em que se realizará audiência com a presença do Ministério Público e da Defensoria Pública ou de advogado constituído, vedado o emprego de videoconferência.

para audiências de custódia, no entanto, ao final desse período, a situação teve de ser reavaliada.

Dessa forma, em agosto de 2023, o plenário do STF atribuiu interpretação conforme ao caput do Art. 310 do CPP e ao §1º do Art. 3º-B para determinar que "em caso de urgência e se o meio se revelar idôneo, o juiz poderá realizar a audiência de custódia por videoconferência" e sem que seja preciso a presença do juiz de garantias. STF. Plenário. ADI 6.298/DF, ADI 6.299/DF, ADI 6.300/DF e ADI 6.305/DF, Rel. Min. Luiz Fux, julgados em 24/08/2023 (Info 1106)[27].

Em relação aos meios a serem empregados, a Resolução previu uma certa autonomia aos tribunais para o desenvolvimento de sistemas próprios de realização de videoconferências. Ou, caso fosse mais interessante, a adoção de alguma solução disponível no mercado.

Em todos os casos, deve haver compatibilidade com o sistema processual eletrônico, possibilidade de gravação e registro das audiências, mecanismos de segurança, de privacidade e de confiabilidade.

Atualmente, a realidade que encontramos na prática forense é que basicamente todos os atos realizados no âmbito judicial são feitos de forma virtual e a esmagadora maioria das audiências é feita por meio de aplicativos que permitem a colheita de depoimentos, a realização de interrogatórios e, inclusive, manifestações orais de forma virtual.

Fazendo um paralelo com a realidade das Delegacias de Polícia, essas também têm utilizado videoconferências em algumas situações, como a colheita de depoimentos de testemunhas que morem em regiões afastadas do local de atuação do Delegado de Polícia presidente de uma investigação, de pessoas presas, de pessoas doentes que estejam em um hospital ou instituição congênere, de testemunhas que tenham se mudado das proximidades do local do fato, ou seja, há uma grande evolução, em especial quando falamos da necessidade de expedição de cartas precatórias que eram morosas e, em sua grande maioria, improdutivas.

27. CAVALCANTE, Márcio André Lopes. Possibilidade excepcional de realização de audiência de custódia por videoconferência. Buscador Dizer o Direito, Manaus. Disponível em: <https://www.buscadordizerodireito.com.br/jurisprudencia/detalhes/46f6341ce05f71416cddc3e42a76102c>. Acesso em: 11/03/2024.

16.5. Resolução CNJ Nº 345/2020: Juízo 100% Digital

Dispõe sobre o chamado "Juízo 100% Digital", que, basicamente, "autoriza os tribunais a adorarem medidas para que todos os atos processuais sejam exclusivamente praticados por meio eletrônico e remoto por intermédio da rede mundial de computadores"[28].

Vale dizer, é a cadeia completa de processos judiciais transformada em atos eletrônicos, sendo não só as audiências, depoimentos, videoconferências, mas também o atendimento ao público, as diligências possíveis, a inserção de documentos, o atendimento às partes e a seus representantes, entre outras situações possíveis.

É por óbvio que alguns atos ainda necessitarão ser realizados de forma convencional, como alguns cumprimentos de mandados, ciência de alguns alvarás, o que não impedirá a adoção da tecnologia para que a grande maioria dos atos possa ser realizada de forma virtual.

Ademais, de acordo com o art. 3º da Resolução, a escolha pelo juízo exercido de forma digital é facultativa e poderá ser exercida pela parte demandante, podendo a demandada opor-se a essa opção até a contestação.

Fica evidente que o CNJ tenta estimular a adoção de tecnologias pelos tribunais para que os processos judiciais passem a ser totalmente eletrônicos, ou, melhor dizendo, o máximo possível realizado por meios eletrônicos.

Pensamos ser essa uma iniciativa que deve ser saudada e ampliada para todos os tribunais brasileiros, servindo não só com marco de uma mudança estrutural, mas também cultural.

16.6. Resolução CNJ Nº 354/2020: Cumprimento Digital de Ato Processual

Dispõe sobre a regulamentação de audiências e sessões virtuais, além da comunicação de atos processuais por meios eletrônicos. Traz como principal diferença uma distinção conceitual entre sessões por videoconferência e sessões telepresenciais.

A primeira, de acordo com o art. 2º, inciso I, seria aquela comunicação a distância realizada em ambientes de unidades judiciárias, já a segunda,

---

28. p. 589.

conforme o inciso II, seria aquela realizada a partir de ambiente físico externo às unidades judiciárias.

De qualquer forma, as duas são equiparadas às audiências presenciais para qualquer fim legal e probatório, devendo-se garantir todos os princípios e direitos aplicáveis aos processos da mesma forma. Ainda, o respeito às liturgias deve ser o mesmo e seguir os protocolos estabelecidos por cada tribunal e cada ocasião.

O Enunciado nº 219 do FONAJEF[29] faz uma ressalva importante e determina que "O Juiz pode adotar as audiências telepresenciais de ofício ou a requerimento das partes, devendo ser franqueado, caso comprovadamente necessário, o acesso aos meios existentes na sede do juízo.". Ou seja, mesmo que a audiência seja telepresencial, os meios para acesso devem estar à disposição dos usuários na sede do juízo para quem não possa acessá-los em outro local.

Quanto à comunicação dos atos processuais, o art. 8º prevê que esses poderão ser realizados das formas tradicionais mas também por meios eletrônicos que assegurem ter o destinatário tomado conhecimento desse.

Inclusive, uma alteração legislativa promovida pela Lei nº 14.195/21 alterou o Código de Processo Civil e pareceu lançar um novo paradigma sobre o tema, alterando o Art. 246 e passando a determinar que:

> Art. 246. A citação **será feita preferencialmente por meio eletrônico**, no prazo de até 2 (dois) dias úteis, contado da decisão que a determinar, por meio dos endereços eletrônicos indicados pelo citando no banco de dados do Poder Judiciário, conforme regulamento do Conselho Nacional de Justiça.

Ora, atualmente, pela legislação processual civil, a citação deverá ser feita preferencialmente por meio eletrônico e não mais convencional. Inverteu-se, dessa forma, a regra geral, devendo as comunicações serem feitas de forma convencional somente em casos excepcionais.

O processo penal, obviamente, deve acompanhar as tendências do processo civil, mesmo que sua legislação não tenha sido alterada.

Pergunta-se, no entanto: deve a parte aquiescer previamente com a possibilidade de comunicações processuais de forma virtual? Pensamos que não.

29. https://www.ajufe.org.br/fonajef/enunciados-fonajef.

Esse entendimento, inclusive, já foi exarado de um enunciado aprovado no XIV FONAJEF, vejamos:

> Para a validade das intimações por Whatsapp ou congêneres, caso não haja prévia anuência da parte ou advogado, faz-se necessário certificar nos autos a visualização da mensagem pelo destinatário, sendo suficiente o recibo de leitura, ou recebimento de resposta à mensagem enviada (Aprovado no XIV FONAJEF)[30].

Assim, de acordo com o enunciado fica óbvio que não é necessário que haja anuência das partes para a realização de intimações por meio de aplicativos de mensageria, bastante que seja certificado nos autos a visualização da mensagem.

Lado outro, caso haja anuência, a certificação não será necessária e o prazo processual começará a contar da data do envio da mensagem e não da comprovação de recebimento.

16.7. Resolução CNJ Nº 358/2020: ODRS e SIREC

Dispõe, de forma bastante resumida, sobre a implementação de formas virtuais para a realização de conciliações e mediações, mediante a implementação de meios eletrônicos para a utilização de métodos alternativos de solução de conflitos nos tribunais.

É claro que se os demais procedimentos realizados pelo Poder Judiciário acompanharão as inovações tecnológicas, os meios alternativos de resoluções de conflitos também deverão estar aptos a se modernizarem, permitindo que essas ferramentas possam ser integradas ao processo eletrônico de forma efetiva.

Alguns poderão dizer que a conciliação e a mediação perderão sua essência por serem realizadas de forma virtual. Até poderá ser verdade, no entanto essa medida permitirá uma economia enorme às partes e a todos envolvidos, não só financeira, mas também de tempo e de espaço.

16.8. Resolução CNJ Nº 372/2021: Balcão Virtual

Dispõe sobre a regulamentação do Balcão Virtual, que nada mais é do que uma plataforma que permite a realização de atendimentos virtuais ao público por casa unidade judiciária.

---

30. https://www.ajufe.org.br/fonajef/enunciados-fonajef.

Essa é mais uma medida que visa aproximar o Poder Judiciário dos cidadãos e facilitar o acesso das pessoas que necessitam utilizar dos diversos serviços prestados pelos tribunais brasileiros.

Destaca-se que no art. 1º da Resolução o termo utilizado é "deverão disponibilizar" e não "poderão disponibilizar", logo fica claro que essa medida é imperativa aos tribunais e não uma faculdade que o CNJ está atribuindo.

Conforme art. 4º, o balcão virtual não substituirá o sistema peticionamento e não poderá ser utilizado para protocolo de petições, devendo ser um local para atendimento preferencial de advogados e partes.

Não necessariamente o balcão virtual deverá ser prestado por meio de uma ferramenta de comunicação síncrona, já que nem sempre a velocidade de conexão permitirá isso, conforme art. 2º, §1º.

Os meios para acesso devem ser disponibilizados para o máximo de usuários possível, a fim de facilitar o acesso. Não obstante essa nova tecnologia, os tribunais deverão sempre manter em seus espaços físicos servidores aptos para realizarem atendimentos presenciais, a fim de não prejudicar aqueles que não possuam familiaridade com os meios virtuais e prefiram ir presencialmente.

16.9. Resolução CNJ Nº 396/2021: Estratégia Nacional de Segurança da Informação e Cibernética

Dispõe sobre um tema de muita importância e relevância quando tratamos de meios digitais e tecnológicos: a segurança de informação e cibernética.

Sabe-se que diversos tribunais em nosso País já sofreram ataques cibernéticos, sequestro de dados, que atentam não só contra as partes envolvidas em um processo, mas contra todo o sistema jurídico brasileiro, pois coloca em xeque sua confiabilidade e garantia de um processo justo a todos.

Dessa forma, há uma preocupação muito grande do CNJ, que culminou com esta Resolução, na implementação de uma mudança cultural a respeito da segurança cibernética, não se tratando somente das estruturas, mas também das pessoas que acessarão os mais diversos sistemas.

O art. 9º elenca 4 ações que serão ou deverão ser o foco da Estratégia Nacional de Segurança da Informação e Cibernética, vejamos: fortalecer as ações de governança cibernética; elevar o nível de segurança das infraestruturas críticas; estabelecer rede de cooperação do Judiciário para a segurança cibernética; estabelecer modelo centralizado de governança cibernética nacional. Os artigos seguintes tratarão, basicamente, das formas previstas para o implemento dessas ações.

Destaca-se, ainda, a criação de um Comitê Gestor de Segurança da Informação do Poder Judiciário, bem como descreve os princípios básicos, objetivos e instrumentos da Política de Segurança Cibernética do Poder Judiciário.

Importante trazer à tona uma notícia que circulou recentemente acerca de um golpe aplicado por meio da inteligência artificial, em que criminosos simularam uma reunião empresarial (videoconferência) por meio de inteligência artificial e conseguiram convencer o funcionário de uma empresa a realizar várias transações financeiras, que totalizaram aproximadamente 125 milhões de reais[31].

Sabendo que a inteligência artificial já está avançada a esse ponto, que permite confundir pessoas se estão realmente ou não conversando com uma pessoa real, imagine o prejuízo que ocorreria se criminosos passassem a realizar audiências judiciais também de forma simulada com emprego de inteligências artificiais.

Sem mencionar os possíveis e prováveis prejuízos financeiros que isso acarretaria, a imagem do Poder Judiciário e a confiabilidade no sistema jurídico como um todo ficaria bastante abalada. Passaríamos a nos questionar quais processos, audiências e sentenças foram, de fato, reais e quais foram simuladas fraudulentamente.

Esse é apenas um dos motivos que transfere uma enorme responsabilidade às estratégias e medidas de proteção cibernéticas que deverão ser adotadas para proteger o maior bem que o sistema judicial de um país poderá ter: a confiabilidade dos cidadãos.

17. INQUÉRITO POLICIAL ELETRÔNICO

Um dos principais desafios das Polícia Judiciárias atualmente é a implementação e a operacionalização do Inquérito Policial Eletrônico e sua integração com os sistemas informatizados do Poder Judiciário e do Ministério Público, a fim de garantir um fluxo mais célere e confiável de informações entre os órgãos.

---

31. https://www.tecmundo.com.br/seguranca/279649-golpistas-roubam-r-125-milhoes-empresa-reuniao-falsa-gerada-ia.htm.

De acordo com Leitão Junior[32], suas principais vantagens são "celeridade na sua conclusão, a racionalização dos recursos humanos atualmente empregados no formato de papel com economia e utilização das demais ferramentas tecnológicas".

Esse avanço possibilitará, ainda, um aumento na mobilidade laboral dos servidores dos órgãos envolvidos, uma troca de informações com maior rapidez e confiabilidade, uma agilidade na inserção de peças, representações, relatórios e uma maior eficiência na comunicação entre as partes relacionadas.

Por óbvio, deve-se ter em atenção as questões ligadas à segurança das informações inseridas, já que, em muitos dos casos, as peças produzidas pelo Delegado de Polícia têm caráter sigiloso e assim devem ser mantidas, a fim de preservar as investigações e possibilitar o alcance de seus objetivos.

Deve haver uma alta confiabilidade de que seu conteúdo esteja íntegro, acessível a quem dê direito e resguarde os direitos fundamentais dos investigados, vítimas e demais pessoas envolvidas.

Algumas experiências colocadas em marcha pelo Brasil já apresentam resultados bastante satisfatórios, com uma integração praticamente completa, já outras unidades da federação ainda caminham a passos mais lentos, promovendo somente uma assimilação gradativa, em que as peças e documentos ainda são produzidas fora de um sistema eletrônico, sendo digitalizadas e anexadas de forma manual pelos operadores.

Esperamos que, em breve, o Inquérito Policial Eletrônico se torne uma realidade presente em todas as polícias do País, já que a integração entre os órgãos é uma necessidade cada vez maior e, obviamente, as instituições policiais não podem ficar alheias a este processo, como finalidade de efetivamente cumprir seu papel de atuar em conjunto dom os demais integrantes do sistema de justiça criminal.

REFERÊNCIAS BIBLIOGRÁFICAS

BRASIL. **Decreto-Lei nº 3.689, de 3 de outubro de 1941.** Institui o Código de Processo Penal Brasileiro. Disponível em: <http://www.planalto.gov.br/ccivil_03/Decreto-lei/Del3689.htm>. Acesso em: 25 fev. 2024.

32.. LEITÃO JUNIOR, Joaquim. O inquérito policial eletrônico dentre os desafios da polícia judiciária do futuro. Disponível em: <https://jus.com.br/amp/artigos/61980/o-inquerito-policial-eletronico-dentre-os-desafios-da-policia-judiciaria-do-futuro>. Acesso em: 14 mar 2024.

CAPEZ, Fernando. **Curso de processo penal.** 30. ed. São Paulo: Saraivajur, 2023.

CAVALCANTE, Márcio André Lopes. Possibilidade excepcional de realização de audiência de custódia por videoconferência. **Buscador Dizer o Direito**, Manaus. Disponível:em: <https://www.buscadordizerodireito.com.br/jurisprudencia/detalhes/46f6341ce05f71416cddc3e42a76102c>. Acesso em: 11/03/2024.

https://www.isoc.org.br/noticia/internet-e-jurisdicao-estado-poder-e-internet.

https://stefanini.com/pt-br/insights/artigos/quarta-revolucao-industrial.

LEITÃO JUNIOR, Joaquim. O inquérito policial eletrônico dentre os desafios da polícia judiciária do futuro. Disponível em: <https://jus.com.br/amp/artigos/61980/o-inquerito-policial-eletronico-dentre-os-desafios-da-policia-judiciaria-do-futuro>. Acesso em: 14 mar 2024.

EIXO 5

Kleber Leandro Toledo Rodrigues
Pedro Henrique Gomes Alonso

18. INQUÉRITO POLICIAL

18.1. Conceito de Inquérito Policial

Ao contrário do que previam a Lei n.º 2.033/1871 e o Decreto n.º 4.824/1871, que singelamente definiam o inquérito policial como "todas as diligências necessárias para o descobrimento dos fatos criminosos, de suas circunstâncias e de seus autores e cúmplices", o atual CPP não traz um conceito do que vem a ser esse importante instrumento, tarefa que coube, portanto, à doutrina.

O inquérito policial pode ser conceituado como sendo um procedimento administrativo, instrumental e apuratório, composto de um conjunto de diligências realizadas pela polícia judiciária, coordenado pela autoridade policial, cuja finalidade principal é, mediante a preservação de direitos, a identificação das fontes de prova e a coleta de elementos informativos acerca da materialidade das infrações penais e os indícios de autoria, de modo a justificar o processo ou o não processo.

Por meio da investigação criminal realizada através do inquérito policial busca-se a reconstrução do fato criminoso de maneira isenta, imparcial, servindo de filtro contra imputações sem fundamento, de modo a favorecer tanto a acusação quanto a defesa.

Henrique Hoffmann defende ser um "processo administrativo sui generis, no contexto da chamada processualização do procedimento" e explica que no inquérito policial[1]:

---

1. HOFFMAN, Henrique. *Moderno conceito do inquérito* policial. In: HOFFMAN, Henrique; FONTES, Eduardo (org.). *Temas avançados de polícia judiciária*. 2. ed. rev. atual. e ampl. Salvador: Ed. Juspodivm, 2018, p. 26.

> Apesar de não existirem partes, vislumbram-se imputados em sentido amplo. E nada obstante não haver na fase policial um litígio com acusação formal, existem, sim, controvérsias a serem dirimidas por decisões do delegado de polícia que põem resultar na restrição de direitos fundamentais do suspeito (tais como prisão em flagrante, liberdade provisória com fiança, indiciamento e apreensão de bens). Os atos sucessivos afetam inegavelmente exercício de direitos fundamentais, evidenciando uma atuação de caráter coercitivo que representa certa agressão ao estado de inocência e de liberdade, ainda que não se possa catalogar tais restrições de direitos como sanções.

18.2. Natureza Jurídica do Inquérito Policial

Defende-se ser um *procedimento administrativo inquisitivo*. É um procedimento, porque, ao final do inquérito policial, não há imposição de sanção. Ademais, na fase investigativa ainda não há uma acusação, ou seja, não há uma pretensão acusatória. É administrativo porque realizado no âmbito do Poder Executivo. Por fim, defende-se ser um procedimento inquisitivo sob a justificativa de que nele não há incidência do contraditório e da ampla defesa em uma estrutura processual dialética (acusação e defesa), não há partes em sentido estrito.

Entendemos ser um procedimento administrativo apuratório (ou investigatório), conforme se verá abaixo ao tratarmos das características do inquérito policial.

18.3. Vícios nos Atos do Inquérito Policial

Costuma a doutrina afirmar que os vícios/irregularidade verificadas no curso do inquérito policial não têm o condão de contaminar a futura ação penal que originar[2]. Tais vícios/irregularidade verificados no inquérito policial não anulam o processo penal dele decorrente. Fundamenta-se tal assertiva no fato de ser o inquérito policial *mera peça de informação*.

Todavia, no caso de uma prova ser produzida com violação de normas de direito material, deve ser ela declarada ilícita e, consequentemente, desentranhada dos autos, assim como as demais provas dela decorrentes (teoria dos

2. LIMA, Renato Brasileiro de. *Manual de processo penal*. 7. ed., rev., atual. e ampl. Salvador: Ed. Juspodivm, 2019, p. 109.

frutos da árvore envenenada), mas isso não implica na anulação de todo o inquérito policial, visto que poderá nele conter outras provas ou elementos informativos não contaminados pela ilicitude, de modo que devem ser aproveitados (teoria da fonte independente). Em havendo violações de normas de natureza processual, incidirão as consequências atinentes ao regime das nulidades, ou seja, meras irregularidades, nulidades relativas e nulidades absolutas, conforme o grau de violação da norma[3].

Como exemplos, citamos uma confissão obtida mediante tortura acarreta a ilicitude da prova (violação de norma de ordem material); a lavratura de auto de prisão em flagrante, não no local da prisão, mas no local onde se deu a prática do crime (quando o crime se dá num município e a prisão ocorre em outro) não gera consequência, pois é mera irregularidade; a suspeição da autoridade policial não poderá ser alegada, mas se o acusado, no curso do processo, demonstrar que, em razão da suspeição, houve prejuízo, haverá nulidade (relativa); interrogatório do indiciado sem a presença do advogado quando ele manifestar interesse em estar acompanhado do defensor acarreta nulidade absoluta.

18.4. Finalidades do Inquérito Policial

Atualmente a doutrina identifica cinco finalidades, objetivos ou funções do inquérito policial. São elas:

a) *Função ou finalidade preservadora* – O inquérito policial inibe uma ação penal temerária e infundada[4], de modo a resguardar a liberdade de inocentes e evitar custos desnecessários ao Estado. O procedimento investigatório serve de filtro contra imputações sem fundamento. Nele podem restar demonstrados privilégios, atenuantes genéricas, excludentes de ilicitude ou de culpabilidade, extinção da punibilidade e até mesmo elementos que justifique a absolvição sumária.

---

3. RODRIGUES, Kleber Leandro Toledo. *Os vícios na investigação criminal e as inquestionáveis consequências para a persecução penal a partir da releitura do inquérito policial à luz dos direitos e garantias fundamentais*. In: IBRAHIN, Francini Imene Dias; LEITÃO JÚNIOR, Joaquim; CARVALHO, Tristão Antônio Borborema de. *Prova e polícia judiciária*. Leme-SP: Mizuno, 2022, p. 304-306.

4. LOPES JR., Aury. *Direito processual penal*. 18. ed. São Paulo: Saraiva Educação, 2021, p. 136.

b) *Função ou finalidade preparatória* – Segundo José Frederico Marques, "a polícia judiciária prepara a ação penal, não apenas praticando os atos essenciais de investigação, mas também organizando uma instrução provisória"[5]. Através do inquérito policial são colhidos os elementos informativos e de prova acerca da autoria, materialidade e circunstâncias da infração penal, impedindo que desapareçam no decurso do tempo e aptos, não apenas a justificar a atuação em juízo por parte do titular da ação penal (*fumus comissi delicti*), mas também a decretação de medidas cautelares de ordem pessoal, patrimonial ou probatória ainda na fase investigativa.

c) *Função ou finalidade de buscar o fato oculto* – O crime geralmente é praticado às escondidas para assegurar o objetivo buscado pelo criminoso e também para evitar a descoberta acerca da autoria e, consequentemente, a responsabilização criminal. Ademais, por vezes as vítimas sequer levam a ocorrência de crimes ao conhecimento das autoridades, seja por receio de sofrerem com a revitimização, seja por desacreditarem no sistema de justiça criminal. Busca-se, por meio do inquérito policial, a redução das "cifras negras"[6].

d) *Função ou finalidade simbólica* – O inquérito policial é instrumento oficial de prevenção à criminalidade, pois através dele há um desestímulo às práticas criminosas. Quando ocorre uma infração penal a sensação de segurança da coletividade é abalada e com a apuração célere e eficaz há uma mitigação do sentimento de insegurança[7].

e) *Função ou finalidade restaurativa* – Por meio do inquérito policial a autoridade policial deve buscar reestabelecer as condições existentes envolvendo autor e vítima antes da prática da infração penal[8]. O inquérito policial não deve se voltar apenas à identificação de autoria das infrações penais. Assim, em um crime de furto, deve-se buscar recuperar a *res furtiva* e restituí-la à vítima, no crime de organização criminosa, deve-se buscar não apenas identificar seus integrantes,

---

5. MARQUES, José Frederico. *Elementos de direito processual penal*. 2. Ed. Campinas: Millennium, 2000, 162.
6. SANNINI, Francisco. *Delegado de polícia e o direito criminal*. Leme-SP: Mizuno, 2021, p. 37-40.
7. LOPES JR., Aury. *Direito processual penal*. 18. ed. São Paulo: Saraiva Educação, 2021, p. 136.
8. SANNINI, Francisco. *Delegado de polícia e o direito criminal*. Leme-SP: Mizuno, 2021, p. 43.

mas desarticular sua estrutura e arrecadar os bens e valores oriundos das práticas criminosas.

18.5. Valor Probatório do Inquérito Policial

Costuma-se afirmar que o inquérito policial possui valor probatório relativo, visto que nele são colhidos elementos de informação acerca da autoria e materialidade da infração penal sem a participação dialética das partes, ou seja, sem a observância do contraditório e da ampla defesa[9].

Se mostra necessário estabelecer a diferença entre *elementos de informação* e *provas*, a qual é estabelecida pelo art. 155 do CPP que assim dispõe:

> O juiz formará sua convicção pela livre apreciação da **prova produzida em contraditório judicial**, não podendo fundamentar sua decisão **exclusivamente nos elementos informativos colhidos na investigação**, ressalvadas as provas cautelares, não repetíveis e antecipadas (grifo nosso).

Provas são os elementos de convicção produzidos, via de regra, em fase judicial e sob o crivo do contraditório e da ampla defesa. Excepcionalmente provas podem ser produzidas durante a investigação, cujo contraditório e a ampla defesa são diferidos ou postergados, a exemplo do que ocorre com uma interceptação telefônica.

Elementos informativos são os produzido na fase investigativa, sem o crivo do contraditório e ampla defesa, a exemplo de uma inquirição de uma testemunha. Tais elementos, embora carentes do contraditório e da ampla defesa, além de embasarem a futura ação penal, servem de base para o decreto de medidas cautelares e ainda para uma eventual absolvição sumária.

Questão que se coloca é a possibilidade do julgador formar sua convicção com base nos elementos colhidos na fase investigativa. O entendimento que prevalece é aquele no sentido de que o magistrado não pode formar sua convicção exclusivamente com base no que fora produzido durante o inquérito policial sob pena de violação ao art. 5º, LV, da CF que garante o contraditório e ampla defesa. Porém, podem os elementos produzidos no inquérito policial serem utilizados de forma complementar e subsidiária, somando força ao que

9. LIMA, Renato Brasileiro de. *Manual de processo penal*. 7. ed., rev., atual. e ampl. Salvador: Ed. Juspodivm, 2019, p. 111.

fora produzido em juízo, para a formação da convicção do julgador. Esse é o entendimento, inclusive do STF[10].

Entendemos, contudo, não ser essa a interpretação acertada. De fato, o juiz não pode julgar exclusivamente com base nos elementos informativos produzido no inquérito policial, embora estes possam somar forças ao que foi produzido em juízo. Todavia, é perfeitamente possível ao magistrado formar sua convicção exclusivamente nas provas (cautelares, não repetíveis e antecipadas) produzidas durante a investigação[11].

18.6. Atribuição para a Presidência do Inquérito Policial

18.6.1. Polícia administrativa e polícia judiciária

Ao tratar do tema *segurança pública*, a Carta Magna elencou, em seu art. 144, as instituições responsáveis pelo seu exercício e definiu a atribuição de cada uma. Distinguem-se tais instituições em dois grupos, quais sejam, os que integram a *polícia administrativa* (responsáveis pela atuação ostensiva e preventiva, a exemplo das polícias militares e da polícia rodoviária federal) e aqueles que compõem a *polícia judiciária* (responsáveis pela apuração das infrações penais, exceto as militares, sendo elas a Polícia Federal e as Polícias Civis).

Excepcionalmente, em se tratando de crime militar, que será investigado através de Inquérito Policial Militar a ser conduzido pela Polícia Judiciária Militar (Forças Armadas em nível federal e Polícias Militares no âmbito dos Estados e do Distrito Federal).

Assim, com a ocorrência de uma infração penal entra em atuação a *polícia judiciária*.

18.6.2. Responsável pela condução da investigação criminal

Em relação às polícias civis, prevê o art. 144, § 4º, da CF, que são elas dirigidas por *delegados de polícia* de carreira. Já o art. 4º do CPP dispõe que

10. HC 83.348/SP, Rel. Min. Joaquim Barbosa, DJ 28/11/2003.

11. RODRIGUES, Kleber Leandro Toledo. *Os vícios na investigação criminal e as inquestionáveis consequências para a persecução penal a partir da releitura do inquérito policial à luz dos direitos e garantias fundamentais*. In: IBRAHIN, Francini Imene Dias; LEITÃO JÚNIOR, Joaquim; CARVALHO, Tristão Antônio Borborema de. *Prova e polícia judiciária*. Leme-SP: Mizuno, 2022, p. 304.

a *polícia judiciária* será exercida pelas *autoridades policiais*. Por fim, a Lei n.º 12.830/2013 trata da investigação criminal conduzida por *delegado de polícia* e estabelece que a ele, "(...) na condição de autoridade policial, cabe a condução da investigação criminal (...)".

Não há dúvidas, portanto, de que a única *autoridade policial* definida no ordenamento jurídico pátrio é o *delegado de polícia*, civil ou federal. Todos os demais integrantes dos órgãos de segurança pública não são autoridade policiais, mas sim agentes da autoridade policial.

18.6.3. Atribuição em face da natureza da infração

Crimes militares

Como já citado, em se tratando de crime militar este será investigado pela polícia militar, que assume função de polícia judiciária militar no âmbito estadual, ou pelas Forças Armadas quando as infrações forem praticadas por integrantes do Exército, Marinha ou Aeronáutica.

Crimes de competência da Justiça Federal

As infrações penais de competência da Justiça Federal serão investigadas pela Polícia Federal. Nos termos do art. 144, § 1º, da CF, é atribuição da Polícia Federal a apuração das infrações penais que atentem contra a ordem política e social, contra bens serviços e interesses da administração direta e de parcela da administração indireta da União (enquadram-se apenas as autarquias e empresas públicas federais), infrações que tenham repercussão interestadual ou internacional e exijam repressão uniforme, o tráfico de drogas, o contrabando e o descaminho.

Quanto às infrações penais de repercussão interestadual ou internacional que exijam repressão uniforme, estão elas elencados no art. 1º da Lei n.º 10.446/2002. São elas: (I) sequestro, cárcere privado e extorsão mediante sequestro, se o agente foi impelido por motivação política ou quando praticado em razão da função pública exercida pela vítima; (II) formação de cartel; (III) relativas à violação a direitos humanos, que a República Federativa do Brasil se comprometeu a reprimir em decorrência de tratados internacionais de que seja parte; (IV) furto, roubo ou receptação de cargas, inclusive bens e valores, transportadas em operação interestadual ou internacional, quando houver indícios da atuação de quadrilha ou bando em mais de um Estado da

Federação; (V) falsificação, corrupção, adulteração ou alteração de produto destinado a fins terapêuticos ou medicinais e venda, inclusive pela internet, depósito ou distribuição do produto falsificado, corrompido, adulterado ou alterado; (VI) furto, roubo ou dano contra instituições financeiras, incluindo agências bancárias ou caixas eletrônicos, quando houver indícios da atuação de associação criminosa em mais de um Estado da Federação; (VII) quaisquer crimes praticados por meio da rede mundial de computadores que difundam conteúdo misógino, definidos como aqueles que propagam o ódio ou a aversão às mulheres.

Trata-se de um rol exemplificativo e, além disso, a citada lei não exclui a atribuição das polícias civis e militares, no âmbito de suas atribuições.

Também é atribuição da Polícia Federal a apuração dos crimes previsto da Lei Antiterrorismo (Lei n.º 13.260/2016).

Crimes eleitorais

Os crimes eleitorais são processados e julgados pela Justiça Eleitoral e, conforme já se pronunciou o TSE[12], a atribuição para a apuração dos crimes eleitorais é da Polícia Federal. Porém, nos municípios onde não haja órgão da Polícia Federal, poderá haver atuação supletiva da Polícia Civil.

Demais infrações penais

Residualmente, todas as demais infrações penais são da competência da justiça estadual e a atribuição para investigação é das polícias civis, exceto quando haja repercussão interestadual ou internacional e exija repressão uniforme, infrações tais que, como visto, poderão ser investigadas pela Polícia Federal.

Atribuições de unidades especializadas em decorrência da natureza da infração

Muito comum na polícia judiciária a definição de atribuições para a apuração de infrações penais em razão da sua natureza a delegacias especializadas (exemplos são as delegacias especializadas em investigações de homicídios, de narcóticos, de furtos e roubos de veículos, de defesa da mulher, dentre outras).

12. HC 439, Rel. Min. Marcos Velloso, DJ 27/06/2003.

Tal medida se justifica na necessária observância, pela administração pública, ao princípio da eficiência, insculpido no art. 37, *caput*, da CF, uma vez que os responsáveis pelo trabalho investigativo se aperfeiçoam em determinada modalidade delituosa, contribuindo consideravelmente para o célere e eficaz resultado investigativo.

18.6.4. Atribuição em face do local da infração penal

A fixação da unidade policial com atribuição para investigar determinada infração penal se dá da mesma forma como é definida a competência territorial do juízo para o processo e julgamento, vale dizer, utiliza-se o critério do *lugar da infração*, assim considerado aquele no qual a infração se consumou ou, no caso da tentativa, no lugar onde foi perpetrado o último ato de execução, nos termos do art. 70 do CPP.

Reza o art. 22 do CPP que nas comarcas onde houver mais de uma circunscrição policial, a autoridade policial de uma delas poderá realizar diligências na área circunscricional de outra unidade. Mas isso é possível na mesma comarca. Em se tratando de comarcas diversas é necessária a expedição de carta precatória.

18.7. Características do Inquérito Policial

18.7.1. Procedimento escrito

O art. 9º do CPP prevê que "Todas as peças do inquérito serão, num só processado, reduzidas a escrito ou datilografadas e, neste caso, rubricadas pela autoridade".

Questiona-se, acerca da possibilidade de serem utilizados recursos de gravação audiovisual no inquérito policial. Em que pese ausência de dispositivo legal disciplinando a utilização desses recursos em sede investigativa, não há qualquer óbice para tanto, aplicando-se, por analogia (que é autorizada pelo art. 3º do CPP), o art. 405, § 1º, do CPP, que determina preferência na utilização dos "meios ou recursos de gravação magnética, estenotipia, digital ou técnica similar, inclusive audiovisual" quando das inquirições de réus, vítimas e testemunhas com o escopo de "obter maior fidelidade das informações".

18.7.2. Procedimento sigiloso ou de publicidade mitigada?

Segundo o art. 20 do CPP, "a autoridade policial assegurará no inquérito o sigilo necessário à elucidação do fato ou exigido pelo interesse da sociedade". A partir desse dispositivo, defende-se a sigilosidade do inquérito policial. Contudo, mostra-se necessário compatibilizar referido disposto, da década de 1940, com o art. 37, *caput*, da CF, que elenca a publicidade como um dos princípios basilares da administração pública.[13]

Quando ocorre a prática de uma infração penal, evidentemente que o Estado, titular do *jus puniendi*, encontra-se em posição de desvantagem em relação ao agente infrator que, certamente buscou condições mais favoráveis à prática delituosa, tais como ausência de testemunhas, pouca luminosidade, por exemplo, bem como buscou esconder os vestígios do delito. Assim, deve a autoridade policial, no curso do inquérito policial, preservar ao máximo o sigilo das investigações, especialmente para que o Estado atinja posição de equilíbrio em relação ao autor da infração penal. O elemento surpresa é essencial para a efetividade do trabalho investigativo. Assim, um dos fundamentos do sigilo no inquérito policial é a necessidade de se garantir que as investigações ocorram a contendo, ou seja, de modo a elucidar o fato investigado quanto à materialidade e autoria.

Pode-se dizer, portanto, que o sigilo da investigação tem por escopo homenagear o princípio da eficiência, também previsto no art. 37 da CF.

Mas o sigilo na investigação possui outro fundamento. Temos que ter em mente que o *investigado* ou *indiciado* não pode ser visto como objeto de investigação como era tratado antigamente. Não restam dúvidas de que é sujeito de direitos e garantias. Dentre esses direitos e garantias encontra-se a garantia da *presunção de inocência* ou *de não culpabilidade* (art. 5º, LVII, da CF), bem como o *direito à inviolabilidade de sua intimidade, vida privada, honra e imagem* (art. 5º, X, da CF). Além do mais, é assegurado ao preso (leia-se investigado ou indiciado, preso ou solto) o respeito à *integridade* física e *moral* (art. 5º, XLIX, da CF). É evidente que a publicidade acerca da investigação pode trazer consequências desastrosas à pessoa que está sendo investigada, especialmente no que tange à sua moral e imagem. Conclui-se, portanto, que o sigilo

---

13. SAYEG, Ronaldo. *O inquérito policial democrático: uma visão moderna e contemporânea.* Rio de Janeiro: Lumen Juris, 2019, p. 71.

no inquérito policial funciona também como garantia à imagem e à moral do sujeito que está sob investigação.

Não é à toa que a nova Lei de Abuso de Autoridade (Lei n.º 13.869/2019), definiu serem crimes as seguintes condutas: "Constranger o preso ou o detento, mediante violência, grave ameaça ou redução de sua capacidade de resistência, a: I – exibir-se ou ter seu corpo ou parte dele exibido à curiosidade pública" (art. 13), "Divulgar gravação ou trecho de gravação sem relação com a prova que se pretenda produzir, expondo a intimidade ou a vida privada ou ferindo a honra ou a imagem do investigado ou acusado" (art. 28) e "Antecipar o responsável pelas investigações, por meio de comunicação, inclusive rede social, atribuição de culpa, antes de concluídas as apurações e formalizada a acusação" (art. 38).

Questão que se coloca diz respeito ao alcance do sigilo no inquérito policial. Evidentemente que o sigilo decretado no inquérito pela autoridade policial não atinge o Ministério Público nem a autoridade judiciária. Mas e ao advogado? Incide o sigilo?

Reza o Estatuto da OAB (Lei n.º 8.906/1994) em seu art. 7º, XIV, ser direito do advogado "examinar, em qualquer instituição responsável por conduzir investigação, mesmo sem procuração, autos de flagrante e de investigações de qualquer natureza, findos ou em andamento, ainda que conclusos à autoridade, podendo copiar peças e tomar apontamentos, em meio físico ou digital.". Assim, o sigilo do inquérito policial não atinge o advogado. Qualquer advogado pode acessar os autos de inquérito policial. Somente haverá *restrição de acesso* ao advogado do investigado ou indiciado nos casos de que houver informações sigilosas no inquérito policial, caso em que ser-lhe-á exigido instrumento procuratório (art. 7º, § 10, do EOAB).

Além do mais, o preso tem direito a advogado (art. 5º, LXIII, da CF) não sendo lógico impedir o acesso do seu defensor ao inquérito. Impedir o acesso o advogado ao inquérito é tornar ineficaz a garantia constitucional referida.

Não é demasiado lembrar que, segundo a Súmula Vinculante n.º 14 do STF, "é direito do defensor, no interesse do representado, ter acesso amplo aos elementos de prova que, já documentados em procedimento investigatório realizado por órgão com competência de polícia judiciária, digam respeito ao exercício do direito de defesa".

O advogado, contudo, somente pode ter acesso aos elementos informativos e de prova já documentados, assim considerados aqueles cujas diligências já foram concluídas, direito que não se estende às diligências não realizadas e às ainda em andamento. Ademais, nos casos em que há mais de um investigado, o acesso do advogado restará restringido aos elementos informativo e probatórios já documentados e que digam respeito ao seu cliente.

Além disso, "Negar ao interessado, seu defensor ou advogado acesso aos autos de investigação preliminar, ao termo circunstanciado, ao inquérito ou a qualquer outro procedimento investigatório de infração penal, civil ou administrativa, assim como impedir a obtenção de cópias, ressalvado o acesso a peças relativas a diligências em curso, ou que indiquem a realização de diligências futuras, cujo sigilo seja imprescindível" caracteriza crime de abuso de autoridade punido com pena de detenção de 6 meses a 2 anos e multa (art. 32 da Lei n.º 13.869/2019).

Regra especial atinente ao acesso ao advogado aos autos de inquérito policial encontra-se prevista no art. 23, *caput* e parágrafo único, da Lei n.º 12.850/2013. Vejamos:

> Art. 23. O sigilo da investigação poderá ser decretado pela autoridade judicial competente, para garantia da celeridade e da eficácia das diligências investigatórias, assegurando-se ao defensor, no interesse do representado, amplo acesso aos elementos de prova que digam respeito ao exercício do direito de defesa, devidamente precedido de autorização judicial, ressalvados os referentes às diligências em andamento.
> Parágrafo único. Determinado o depoimento do investigado, seu defensor terá assegurada a prévia vista dos autos, ainda que classificados como sigilosos, no prazo mínimo de 3 (três) dias que antecedem ao ato, podendo ser ampliado, a critério da autoridade responsável pela investigação.

Perfazendo uma releitura da investigação criminal à luz da atual ordem constitucional, preferível caracterizar o inquérito policial não como procedimento sigiloso, mas sim de publicidade restringida ou mitigada[14].

18.7.3. Procedimento (in)dispensável

Tradicionalmente defende-se que o inquérito policial é dispensável por não ser imprescindível ao oferecimento da inicial acusatória[15]. Alega-se que os

---

14. SAYEG, Ronaldo. *O inquérito policial democrático: uma visão moderna e contemporânea.* Rio de Janeiro: Lumen Juris, 2019, p. 76.
15. MARCÃO, Renato. *Curso de processo penal.* 5. Ed. São Paulo: Saraiva Educação, 2019, p. 136.

arts. 12, 27, 28, 39, § 5º, 40 e 46, §1º, todos do CPP, indicam para a dispensa do inquérito policial. Rafael Zanon salienta que esse pensamento reducionista em relação ao inquérito policial o relega a *mero* procedimento voltado precipuamente à coleta de provas para que o órgão acusador forme sua *opinio delicti*[16].

Em primeiro lugar, cumpre-nos esclarecer ser o inquérito policial o principal instrumento de que dispõe o Estado para a apuração das infrações penais. E tal mecanismo remonta ao século XIX, quando a Lei n.º 2.033/1871 e o Decreto n.º 4.824/1871 o definiam como "todas as diligências necessárias para o descobrimento dos fatos criminosos, de suas circunstâncias e de seus autores e cúmplices".

A leitura atenda aos dispositivos acima referidos conduz ao entendimento de que apenas *excepcionalmente* a ação penal será intentada sem que tenha o inquérito policial como seu fundamento.

Ademais, é sabido que na prática a maciça maioria das ações penais são formuladas a partir das investigações preliminares levadas a cabo pela Polícia Judiciária através do inquérito policial. Até mesmo quando o Ministério Público já dispõe de elementos suficientes para o oferecimento de denúncia é corriqueiro o envio dos documentos à delegacia de polícia para a instauração do inquérito policial.

É imperioso ter em mente, ainda, que o inquérito policial se apresenta não apenas como meio de apuração de infrações penais (função ou finalidade *preparatória*). Ao nosso sentir, a principal função ou finalidade do inquérito policial é a *preservadora*, ou seja, apresenta-se como garantia ao cidadão de que não sofrerá acusações sem fundamento. Por meio do inquérito policial garantem-se direitos fundamentais do investigado e ainda, das vítimas e testemunhas. Ademais, possui ele as funções restaurativa, simbólica e reveladora do fato oculto.

Em suma, não se pode tornar regra a exceção. A *regra é ser o inquérito policial indispensável*, sendo exceção sua dispensabilidade, o que ocorrerá somente se o titular da ação penal contar com elementos aptos a intentá-la.

16. SILVA, Raphael Zanon da. *A fase extraprocessual da persecução penal: o inquérito policial e sua indispensabilidade para a propositura da ação penal.* In: LEITÃO JÚNIOR, Joaquim (Org.). *Tratado contemporâneo de polícia judiciária, volume 2.* Cuiabá: Umanos Editora, 2020, p.144.

18.7.4. Procedimento inquisitivo ou apuratório (ou investigatório)?

Tradicionalmente se defende que o inquérito policial, por não se tratar de um processo cuja finalidade é a solução de um litígio que culmine com a imposição de uma sanção e por não existirem partes antagônicas (acusação e defesa) que atuarão sob o crivo do contraditório e da ampla defesa, é um *procedimento inquisitivo.*

Fundamentam o caráter inquisitorial do inquérito policial também na atuação discricionária da autoridade policial e na impossibilidade de ser arguida sua suspeição (art. 107 do CPP).

Há doutrinadores, ainda, a exemplo de Tourinho Filho, que chegaram a afirmar que no inquérito policial o investigado ou indiciado não é sujeito de direitos, mas sim objeto de investigação[17]. Tal afirmativa cai por terra quando lembramos nossa Carta Magna, em seu art. 5º, elenca diversos direitos e garantias àqueles que figuram como investigados ou indiciados na fase preliminar da persecução penal, estejam eles soltos ou presos. Vejamos: a) o respeito à integridade física e moral (inciso XLIX); b) inadmissibilidade das provas ilícitas (inciso LVI); c) presunção de inocência (inciso LVII); d) não ser identificado criminalmente, exceto nas hipóteses legais (inciso LVIII); e) comunicação da prisão ao juiz e sua família (inciso LXII); f) direito de permanecer em silêncio e de ser assegurada a assistência familiar e de advogado (inciso LXIII); g) identificação dos responsáveis pela prisão (inciso LXIV); h) não ser preso ou permanecer preso se possível a liberdade provisória (inciso LXVI).

Além do mais, ao inquérito policial incidem o *contraditório diferido* e a *ampla defesa*, não na forma como se aplica na fase processual, mas com alguma limitação. Ora, a própria Constituição Federal afirma que o contraditório e a ampla defesa são assegurados aos litigantes em processo judicial e administrativo e aos acusados em geral (art. 5º, LV), assim como a assistência de advogado (art. 5º, LXIII).

Não é demasiado lembrar que, segundo José Joaquim Gomes Canotilho, ao se interpretar uma norma constitucional se deve dar a ela o sentido que lhe confira maior abrangência e eficácia em observância ao princípio da máxima

17. TOURINHO FILHO, Fernando da Costa. *Prática de processo penal.* 30. ed. São Paulo: Saraiva, 2009, p. 3-4.

efetividade das normas constitucionais[18]. Se a persecução penal é uma, porém dividida em duas etapas (investigativa e judicial), não faz sentido limitar o contraditório e a ampla defesa apenas na fase judicial. É preciso conferir a máxima efetividade ao contraditório e a ampla defesa.

Restringir o alcance do contraditório e da ampla defesa colide com o conteúdo garantista e democrático da Carta Magna de 1988. Assim, é evidente que ao se referir aos *acusados em geral* pretendeu-se atingir não apenas os acusados, que na concepção técnica da palavra são aqueles que respondem a ação judicial, mas a todos aqueles que sofrem uma *imputação em sentido amplo*[19]. É clarividente que quando uma pessoa é investigada ou indiciada em uma investigação criminal está a ela sendo imputada a prática de uma infração penal, sujeitando-a a medidas constritivas já na fase inquisitiva tais como ser alvo de diligências, de restrição patrimonial (ex: apreensão de valores e bloqueio de bens) e pessoal (ex: prisões temporária e preventiva).

Segundo LOPES JR e GLOECKNER[20]:

> (...) qualquer notícia-crime que impute um fato aparentemente delitivo a uma pessoa constitui uma imputação, no sentido jurídico de agressão, capaz de gerar no plano processual uma resistência. Da mesma forma, quando da investigação ex officio realizada pela polícia surgem suficientes indícios contra uma pessoa, a tal ponto de tornar-se alvo principal da investigação – imputado de fato – devem ser feitos, a comunicação e o chamamento para ser interrogado pela autoridade policial. Em ambos os casos, inegavelmente, existe uma atuação de caráter coercitivo contra pessoa determinada, configurando agressão ao seu estado de inocência e de liberdade, capaz de autorizar uma resistência em sentido jurídico-processual.

Temos que ter em mente que quando da ocorrência de uma infração penal o Estado fica em posição de desvantagem em relação ao criminoso. Assim, é preciso que as diligências investigativas sejam realizadas de forma sigilosa, pois se públicas fossem não teriam sequer um mínimo de eficácia. É necessário se restabelecer o equilíbrio entre o Estado e o sujeito ativo da infração penal.

---

18. CANOTILHO, J. J. Gomes. *Direito constitucional e teoria da constituição*. 7. ed., 21. reimp. Coimbra: Edições Almeida, 2003, p. 1224.
19. LOPES JR., Aury; GLOECKNER, Ricardo Jacobsen. *Investigação preliminar no processo penal*. 6. ed. rev., atual. e ampl. São Paulo: Saraiva, 2014, p. 468.
20. LOPES JR., Aury; GLOECKNER, Ricardo Jacobsen. *Investigação preliminar no processo penal*. 6. ed. rev., atual. e ampl. São Paulo: Saraiva, 2014, p. 470.

A partir momento que tal equilíbrio é atingido, com a instrução do inquérito policial com elementos informativos e probatórios que materializam a infração e apontam sua autoria, deve-se abrir, então, a possibilidade para que o investigado exerça seu direito de defesa, cientificando-o do teor da imputação e dos elementos já colhidos.

O respeito ao direito à informação que tem o investigado já implica na observância do contraditório em fase investigativa. Então poderá o investigado exercer sua defesa, por meio da defesa técnica (que poderá requerer diligências, requerer exames periciais etc.) e/ou através da autodefesa (interrogatório). Em sua defesa o investigado poderá *oferecer resistência à pretensão investigatória* visando identificar fontes de prova que conduzam a uma absolvição ou ao abrandamento da futura pena a ser imposta na fase judicial.

Lembre-se que o art. 5º, LXIII, da CF, garante ao investigado, preso ou solto, o direito de permanecer em silêncio. Ora, o indivíduo somente poderá permanecer calado se lhe for oportunizado o direito de se manifestar perante a autoridade policial. Extrai-se daí a proibição de a autoridade policial concluir o inquérito policial sem conferir ao investigado ou indiciado a oportunidade de se defender. O direito de defesa não pode ser restringido à fase judicial da persecução penal. Evidentemente que se o indivíduo está foragido não há como se conferir a ele o direito de se defender, devendo a fuga ser entendida como uma renúncia ao direito de defesa.

Importante afirmar que a defesa somente terá acesso às diligências findadas constantes do inquérito policial. O sigilo permanece com relação às diligências em andamento e às por serem realizadas. Aliás, não é demasiado lembrar o teor da Súmula Vinculante n.º 14 do STF: "É direito do defensor, no interesse do representado, ter acesso amplo aos elementos de prova que, já documentados em procedimento investigatório realizado por órgão com competência de polícia judiciária, digam respeito ao exercício do direito de defesa".

Como já dito, é inconcebível a restrição ao direito de defesa para ser exercido apenas em juízo. Tal exercício, em fase de inquérito policial, poderá se dar de duas formas:

a) *exercício exógeno* – é a atuação fora do inquérito policial, o que ocorre, por exemplo, com a impetração de *habeas corpus*, mandado de segurança ou ainda requerimentos dirigidos ao juiz e ao Ministério Público.

b) *exercício endógeno* – é a atuação nos autos do inquérito policial, que se configura através do requerimento de diligências, do interrogatório e da apresentação de razões e quesitos.

O entendimento de que no inquérito policial vigoram o contraditório (ainda que diferido) e a ampla defesa encorpou ainda mais com a edição da Lei n.º 13.245/2016 que promoveu alterações no art. 7º da Lei n.º 8.906/1994 (EOAB). Vejamos o que rezam os incisos XIV e XXI, *a*, do referido dispositivo:

> Art. 7º São direitos do advogado:
>
> (...)
>
> XIV – examinar, em qualquer instituição responsável por conduzir investigação, mesmo sem procuração, autos de flagrante e de investigações de qualquer natureza, findos ou em andamento, ainda que conclusos à autoridade, podendo copiar peças e tomar apontamentos, em meio físico ou digital
>
> (...)
>
> XXI – assistir a seus clientes investigados durante a apuração de infrações, sob pena de nulidade absoluta do respectivo interrogatório ou depoimento e, subsequentemente, de todos os elementos investigatórios e probatórios dele decorrentes ou derivados, direta ou indiretamente, podendo, inclusive, no curso da respectiva apuração:
>
> a) apresentar razões e quesitos.

E a doutrina tem compreendido a existência e a importância do exercício do direito de defesa ainda na fase preambular da persecução pena. Vejamos[21]:

> À primeira vista, poder-se-ia pensar que o exercício do direito de defesa nas investigações preliminares, inclusive com a obrigatória presença de advogado no interrogatório policial, poderia funcionar como obstáculo à eficácia das investigações. Pelo contrário. Como exposto anteriormente, as investigações preliminares não têm como finalidade única a obtenção de elementos de informação para que o titular da ação penal possa ingressar em juízo. Também visam inibir a instauração de um processo penal infundado, temerário. Logo, o exercício do direito de defesa na investigação preliminar não depõe contra a eficácia do trabalho investigatório. Depõe, sim, a favor dessa suposta eficiência, evitando que possíveis inocentes sejam processados criminalmente.

21. LIMA, Renato Brasileiro de. *Manual de processo penal*. 7. ed., rev., atual. e ampl. Salvador: Ed. Juspodivm, 2019, p. 124.

Em relação ao termo *inquisitivo*, não é demasiado afirmar que é ele mais apropriado para distinguir os sistemas processuais (*sistema inquisitivo*, *sistema acusatório* e *sistema misto*). No Brasil vigora o *sistema acusatório*, no qual a a investigação, a acusação, a defesa e o julgamento são realizados por atores distintos e sob o manto do contraditório e ampla defesa. No *sistema inquisitivo* as funções de investigar, acusar, defender e julgar estão nas mãos do juiz inquisidor, o qual concentra em si a gestão da prova na busca da verdade real. Por isso, o *sistema inquisitivo* é por completo incompatível com o devido processo legal, com o contraditório e a ampla defesa e com a imparcialidade por parte do julgador. Se consideramos que todo o acima exposto, denota-se que o inquérito policial, ao mesmo passo que se distancia largamente do *sistema inquisitivo*, mais se aproxima do *sistema acusatório*.[22]

Ronaldo Sayeg[23] mostra-se contrário ao termo inquisitório conferido ao inquérito policial em razão da:

> carga negativa que carrega o termo, especialmente nas concepções mais tradicionais (e porque não dizer, ultrapassada), onde o inquérito policial era um "reino de trevas", conduzido arbitrariamente e sem observância dos ditames legais e constitucionais.

Assim, o termo *apuratório* (ou *investigatório*) é o mais apropriado para caracterizar o inquérito policial, tendo em vista que a autoridade policial se posiciona de forma imparcial diante da investigação, a qual se volta a apuração de fatos e não de pessoas, preservando e garantindo os direitos não apenas do investigado, mas também de vítimas e testemunhas, e, por fim, compatibilizando a sigilosidade com o contraditório diferido e o exercício da defesa.

18.7.5. Procedimento discricionário

Agir com discricionariedade não significa agir com arbitrariedade. A discricionariedade significa que o agente público, levando em consideração critérios de conveniência e oportunidade, tem liberdade para atuação no caso concreto, porém dentro dos limites fixados em lei. Extrapolados tais limites, configurada estará a arbitrariedade.

---

22. HOFFMAN, Henrique. *Moderno conceito do inquérito* policial. In: HOFFMAN, Henrique; FONTES, Eduardo (org.). *Temas avançados de polícia judiciária*. 2. ed. rev. atual. e ampl. Salvador: Ed. Juspodivm, 2018, p. 27.

23. SAYEG, Ronaldo. *O inquérito policial democrático: uma visão moderna e contemporânea*. Rio de Janeiro: Lumen Juris, 2019, p. 55.

Ao contrário do que ocorre na fase judicial da *persecutio criminis*, onde existe um rigor procedimental com etapas bem definidas, para o inquérito policial a lei prevê uma série de diligências a serem realizadas pela autoridade policial, mas tais diligências podem ou não serem realizadas de acordo com o caso concreto. Também não há uma sequência obrigatória de diligências a serem realizadas. Assim, diante das possibilidades legais e levando-se em conta o caso concreto a autoridade policial conduzirá a investigação com discricionariedade.

O art. 14 do CPP prevê que "o ofendido ou seu representante legal, e o indiciado poderão requerer qualquer diligência, que será realizada, ou não, a juízo da autoridade". Trata-se de um reflexo do poder discricionário conferido à autoridade policial. Evidentemente que somente haverá negativa por parte da autoridade policial quando verificar que as diligências requeridas são inúteis, protelatórias ou desnecessárias. A decisão da autoridade policial, é bom que se diga, deverá ser fundamentada, em respeito ao princípio da motivação dos atos perpetrados pelo poder público.

Apenas a realização do exame de corpo de delito é diligência que, se requerida, não poderá ser indeferida pela autoridade policial, face ao disposto no art. 184 do CPP. Os requerimentos quanto aos demais exames periciais ou diligências poderão ser motivadamente indeferidos pela autoridade policial, conforme já citado.

18.7.6. Procedimento oficial

O inquérito policial é presidido e conduzido pela autoridade policial que é o delegado de polícia, integrante da Polícia Judiciária e, portanto, órgão oficial do Estado.

18.7.7. Procedimento oficioso ou obrigatório

A partir do momento em que a autoridade policial toma conhecimento da ocorrência de um crime de ação penal pública incondicionada, tem ela o dever, a obrigação de agir *ex officio* instaurando o inquérito policial (após verificada a procedência das informações) e determinando as diligências que serão realizadas até a conclusão da investigação, nos termos o art. 5º, I, do CPP.

Em se tratando de crime de ação penal pública condicionada à representação ou de ação penal privada, a instauração do inquérito policial somente pode ocorrer após manifestação do ofendido ou de seu representante legal no sentido de desejar ver a apuração do ilícito (art. 5º, §§ 4º e 5º, do CPP). No caso de morte ofendido ou de ser declarado ausente judicialmente, a representação ou o requerimento de instauração de inquérito policial se transfere ao cônjuge, ascendente, descente e irmão (art. 31 do CPP).

18.7.8. *Procedimento indisponível*

Uma vez instaurado o inquérito policial, não poderá ele ser arquivado pela autoridade policial (art. 17 do CPP). O pedido de arquivamento somente poderá ser feito pelo titular da ação penal.

O mesmo não ocorre com a denominada *verificação de procedência de informação*, expediente previsto no art. 5º, § 3º, do CPP, cujo escopo é colher elementos visando verificar se realmente ocorreu a infração penal para, diante da confirmação, instaurar o inquérito policial. A partir da *notitia criminis*, não havendo elementos aptos a demonstrar minimamente e de plano a ocorrência da infração penal, a autoridade policial, ao invés de instaurar inquérito policial, procederá à verificação da procedência de informação. Aglutinadas informações sobre a ocorrência da infração penal, instaura-se o inquérito policial. Caso contrário, a verificação de procedência de informação será arquivada em sede policial mediante decisão fundamentada da autoridade policial.

18.7.9. *Procedimento temporário*

Uma vez iniciado, o inquérito policial tem prazo para ser concluído. Via de regra, o prazo é de 10 dias quando o indiciado se encontra preso e de 30 dias quando se encontra solto. Existem prazos especiais, como se verá no momento oportuno.

Em se tratando de fato de difícil elucidação e estando o investigado solto, a autoridade policial poderá requerer que os autos de inquérito policial sejam devolvidos para a delegacia de polícia para a realização de diligências outras no prazo a ser fixado pelo juiz (art. 10, §3º, do CPP).

O certo é que essa dilação de prazo não pode ficar sofrendo prorrogações indefinidamente. Isso porque o art. 5º, LXXVIII, da CF estipula que "a todos, no âmbito judicial e administrativo, são assegurados a razoável duração do processo e os meios que garantam a celeridade de sua tramitação". O princípio da razoável duração do processo também incide na fase pré-processual da persecução penal.

18.8. Formas de Instauração do Inquérito Policial

18.8.1. Crimes de ação penal pública incondicionada

Reza o art. 5º do CPP que nos crimes de ação penal pública incondicionada o inquérito policial será iniciado: I – de ofício e II – mediante requisição da autoridade judiciária ou do Ministério Público, ou a requerimento do ofendido ou de quem tiver qualidade para representá-lo.

a) *De ofício* – Face ao princípio da obrigatoriedade, ao tomar conhecimento da ocorrência da infração penal deverá a autoridade policial instaurar o inquérito policial através de uma peça denominada *portaria*, na qual serão descritos o fato objeto da investigação, as circunstâncias já conhecidas do fato delituoso, a tipificação preliminar (se for o caso) e as diligências iniciais a serem realizadas.

b) *Requisição da autoridade judiciária* – Não tem mais cabimento a requisição de instauração de inquérito policial pela autoridade judiciária na atual conjuntura, sendo certo que a CF e o CPP adotaram claramente o sistema acusatório. Assim, ao tomar conhecimento da ocorrência de infração penal, cabe ao magistrado encaminhar o expediente ao conhecimento do Ministério Público (art. 40 do CPP) ou da polícia judiciária, mas não em forma de requisição.

c) *Requisição do Ministério Público* – Sendo o Ministério Público o titular da ação penal pública incondicionada, é plenamente possível que requisite a investigação preliminar à polícia judiciária. Aliás, cabe ao Ministério Público, dentre outras funções, "requisitar diligências investigatórias e a instauração de inquérito policial, indicados os fundamentos jurídicos de suas manifestações processuais" (art. 129, VIII, da CF). No mesmo sentido o art. 26, IV, da LOMP (Lei n.º 8.625/93). O art. 13, II, do CPP estabelece ser dever da autoridade policial realizar as diligências requisitadas pelo Ministério Público. A autoridade policial somente não atenderá à requisição de instauração de inquérito policial quando for ela manifestamente ilegal. A instauração do inquérito, neste caso, será feita através de *portaria*.

d) *Requerimento do ofendido ou de seu representante legal* – No requerimento formulado pelo ofendido ou por seu representante legal deverão constar: a) a narração do fato, com todas as suas circunstâncias; b) a individualização do indiciado ou seus sinais característicos e as razões de convicção ou de presunção de ser ele o autor da infração, ou os motivos de impossibilidade de o fazer; e c) a nomeação de testemunhas, com indicação de sua profissão e residência (art. 5º, §1º, *a* e *c*, do CPP). Evidentemente que a autoridade policial não está obrigada a instaurar automaticamente o inquérito policial a partir do mero requerimento do ofendido ou de seu representante legal, evitando-se assim investigações temerárias ou arbitrárias. É costumeira a antecipação da instauração de inquérito com a *verificação de procedência de informações*, cuja previsão encontra-se no art. 5º, §3º, do CPP. Em caso de indeferimento ao requerimento, caberá recurso ao chefe de polícia (art. 5º, §2º, do CPP). A instauração também se dará através de uma *portaria* da autoridade policial.

e) *Notitia criminis ofertada por qualquer do povo* – Qualquer pessoa do povo poderá comunicar a ocorrência de infração penal de ação penal pública da qual tomou conhecimento à autoridade policial. Essa comunicação poderá ser verbal ou escrita. Ao tomar conhecimento da suposta infração penal a autoridade policial, após *verificar a procedência das informações*, irá instaurar inquérito policial (art. 5º, §3º, do CPP). A instauração também se dará através de uma *portaria* da autoridade policial.

f) *Através do Auto de Prisão em Flagrante Delito* – É a denominada *notitia criminis* de cognição coercitiva. Quem é surpreendido em situação flagrancial deve ser conduzido até a presença da autoridade policial que inquirirá o condutor, as testemunhas, a vítima se for o caso, promoverá o interrogatório do conduzido e ao final, estando configurada hipótese de flagrante delito, lavrará o *auto de prisão em flagrante*, que será a peça inaugural do inquérito policial.

18.8.2. Crimes de ação penal pública condicionada à representação

Nos crimes de ação penal pública condicionada à representação o inquérito policial somente poderá ser instaurado após manifestação do ofendido ou de seu representante legal de que desejam representar em desfavor do autor da infração penal (art. 5º, §4º, do CPP). É a chamada *delatio criminis postulatória*.

Não ofertada a representação no prazo de 6 meses a contar da data em que se tomou conhecimento da autoria da infração penal, opera-se a extinção da punibilidade pela decadência (art. 38 do CPP e arts. 103 e 107, IV, do CP).

A representação é *condição de procedibilidade*, de modo que sem ela não se pode instaurar o inquérito policial. Se o ofendido morrer ou for declarado ausente, o direito de representação é transferido ao seu cônjuge, ascendente, descente ou irmão (art. 31 do CPP).

No caso de flagrante delito onde o ofendido ou seu representante legal está impossibilitado de representar, é possível que a autoridade policial realize a lavratura do auto de prisão em flagrante, mas a representação deverá ocorrer no prazo de 24 horas que é o prazo para a entrega da nota de culpa ao autuado[24].

Em junho de 2024, o Superior Tribunal de Justiça (STJ) publicou a Súmula 670, que trouxe uma importante orientação sobre a natureza da ação penal em casos específicos de crimes sexuais. A súmula estabelece que "Nos casos de vulnerabilidade temporária, em que a vítima recupera suas capacidades físicas e mentais, e o pleno discernimento para decidir acerca da persecução penal de seu ofensor, a ação penal dos crimes sexuais é pública condicionada à representação." Esta decisão representa uma mudança significativa na interpretação legal, reconhecendo que em situações onde a vulnerabilidade da vítima é temporária, e esta posteriormente recupera sua capacidade de decisão, deve-se respeitar sua autonomia em optar pela persecução penal. Isso equilibra a proteção das vítimas com o respeito à sua autodeterminação, permitindo que elas tenham voz ativa no processo penal após recuperarem suas plenas capacidades. Esta súmula tem implicações importantes para a prática jurídica, exigindo uma avaliação cuidadosa da condição da vítima e de sua capacidade de representação nos casos de crimes sexuais onde houve vulnerabilidade temporária.

18.8.3. Crimes de ação penal pública condicionada à requisição do Ministro da Justiça

Será crime de ação penal pública condicionada à requisição do Ministro da Justiça aquele cometido por estrangeiro contra brasileiro fora do Brasil (art. 7º, §3º, *b*, do CP) e os crimes contra a honra cometidos contra o Presidente da República ou chefe de governo estrangeiro (art. 141, I, c/c art. 145, parágrafo único, 1ª parte, do CP).

A requisição do Ministro da Justiça, assim como a representação do ofendido ou de seu representante legal, é *condição de procedibilidade* e sem ela não

24. LIMA, Renato Brasileiro de. *Manual de processo penal*. 7. ed., rev., atual. e ampl. Salvador: Ed. Juspodivm, 2019, p. 134.

poderá ser instaurado o inquérito policial. Aqui a fundamentação da exigência da representação é evitar que o processo cause maiores prejuízos que a própria infração penal ou ainda evitar inconvenientes políticos ou diplomáticos e tais avaliações ficam a cargo do Ministro da Justiça.

Ao contrário do que ocorre com a representação, não existe prazo para que o Ministro da Justiça requisite a instauração do inquérito policial de modo que não há que se falar em decadência. Assim, pode a requisição se dar a qualquer momento, desde que não tenha havido a extinção da punibilidade por outro motivo, como por exemplo a prescrição ou a morte do agente.

18.8.4. *Crimes de ação penal privada*

A polícia judiciária somente poderá investigar o fato se a vítima ou seu representante legal desejar e, portanto, requerer a instauração de inquérito policial. É o que dispõe o art. 5º, § 5º, do CPP.

Não apresentado o requerimento no prazo de 6 meses a contar da data em que se tomou conhecimento da autoria da infração penal, opera-se a extinção da punibilidade pela decadência (art. 38 do CPP e arts. 103 e art. 107, IV, do CP).

Assim como a representação, o requerimento é *condição de procedibilidade*, de modo que sem ele não se pode instaurar o inquérito policial. Se o ofendido morrer ou for declarado ausente, o direito de queixa é transferido ao seu cônjuge, ascendente, descente ou irmão (art. 31 do CPP).

No caso de flagrante delito onde o ofendido ou seu representante legal está impossibilitado de requerer, é possível que a autoridade policial realize a lavratura do auto de prisão em flagrante, mas o requerimento deverá ocorrer no prazo de 24 horas que é o prazo para a entrega da nota de culpa ao autuado[25].

18.9. *Notitia Criminis*

A *notitia criminis* nada mais é do que o conhecimento acerca da infração penal por parte da autoridade policial. É a notícia do crime. Ela pode ser:

---

25. LIMA, Renato Brasileiro de. *Manual de processo penal*. 7. ed., rev., atual. e ampl. Salvador: Ed. Juspodivm, 2019, p. 134.

a) *Notitia criminis de cognição imediata ou espontânea* – Se dá quando a notícia da infração chega ao conhecimento da autoridade policial através de suas atividades rotineiras[26] (a exemplo do que ocorre quando do cumprimento de um mandado de busca e apreensão).

b) *Notitia criminis de cognição mediata ou provocada* – Se dá quando a notícia da infração chega ao conhecimento da autoridade policial por meio de um expediente escrito[27] (exemplos são a requisição do Ministério Público, a representação ou requerimento da vítima, o registro de ocorrência etc.).

c) *Notitia criminis de cognição coercitiva* – Se dá quando a notícia da infração penal chega ao conhecimento da autoridade policial através da condução do autor da infração preso em flagrante.

d) *Notitia criminis inqualificada* – É a famosa *denúncia anônima*[28] (seja por meio do disque-denúncia seja por qualquer outra forma, desde que anônima)[29]. A Lei n.º 13.608/2018, que dispõe sobre o serviço telefônico de recebimento de denúncias e sobre recompensa por informações que auxiliem nas investigações policiais, prevê em seu art. 3º que "o informante que se identificar terá assegurado, pelo órgão que receber a denúncia, o sigilo de seus dados". Por outro lado, o art.

---

26. BADARÓ, Gustavo Henrique. *Processo penal*. 9. ed., rev., atual. e ampl. São Paulo: Thomson Reuters Brasil, 2021, p. 150.

27. DEZEM, Guilherme Madeira. *Curso de processo penal*. 7. ed., rev., atual. e ampl. São Paulo: Thomson Reuters Brasil, 2021, p. 226.

28. LIMA, Renato Brasileiro de. *Manual de processo penal*. 7. ed., rev., atual. e ampl. Salvador: Ed. Juspodivm, 2019, p. 135.

29. Recentemente, o Superior Tribunal de Justiça (STJ) trouxe uma importante contribuição para o entendimento sobre a validade da denúncia anônima como base para ações policiais. No julgamento do Habeas Corpus 825.690, o STJ estabeleceu que uma denúncia anônima, quando apoiada em elementos concretos, pode justificar tanto a abordagem policial quanto a busca veicular. Esta decisão representa um refinamento na interpretação da lei, equilibrando a proibição constitucional do anonimato com a necessidade de investigação eficaz. O tribunal entendeu que, embora a denúncia anônima por si só não seja suficiente para a instauração de um inquérito policial, ela pode ser o ponto de partida para diligências preliminares. Se essas diligências confirmarem a existência de indícios concretos de crime, as ações policiais subsequentes, como abordagens e buscas, tornam-se justificadas. Esta jurisprudência reforça a importância da verificação prévia da procedência das informações anônimas pela autoridade policial, como mencionado anteriormente, mas também reconhece o valor potencial dessas denúncias no contexto da investigação criminal, desde que corroboradas por elementos concretos.

5º, IV, da CF veda o anonimato. Impende mencionar que a autoridade policial não pode instaurar inquérito policial com base única e exclusivamente em denúncia anônima, mesmo que tenha ela sido encaminhada pelo Ministério Público e tenha havido requisição de instauração. Primeiro, determinará diligência para *verificar a procedência das informações* e somente em havendo plausibilidade da denúncia deverá instaurar inquérito.

Fala-se também em *delatio criminis*, que pode ser *simples* ou *postulatória*.

Na *delatio criminis simples* a autoridade policial toma conhecimento da infração penal por *qualquer pessoa do povo* (exceto a vítima) que, ao mesmo tempo que leva a notícia da infração e *se identifica*, pede que seja investigada.[30] Poder ser uma *notitia criminis de cognição imediata* (a comunicação à autoridade se dá durante suas atividades rotineiras - por exemplo, durante diligências na rua a autoridade policial é informada por qualquer do povo, que se identifica, sobre a ocorrência de alguma infração penal) ou uma *notitia criminis de cognição mediata* (a comunicação à autoridade policial por qualquer do povo se dá por um documento escrito).

Por sua vez, na *delatio criminis postulatória* a autoridade policial toma conhecimento da infração penal através da vítima ou de seu representante legal que representa ou requer a instauração do inquérito policial.[31]

18.10. Diligências Investigatórias

18.10.1. Preservação do local do crime (Art. 6º, I, do CPP)

Assim que souber da ocorrência da infração penal, deverá a autoridade policial se deslocar até o local da infração e preservá-lo até a chegada dos peritos criminais de modo a não permitir que se alterem o estado e a conservação das coisas. A finalidade da diligência é preservar os vestígios deixados pela infração penal para que os peritos possam realizar o trabalho a contento.

Investigações que têm início no local do crime imediatamente após sua ocorrência têm mais chances de sucesso. É no local do crime que se encontram

30. MIRABETE, Julio Fabbrini. *Processo penal*. 17. ed. rev. e atual. São Paulo: Atlas, 2005, p. 87.
31. MIRABETE, Julio Fabbrini. *Processo penal*. 17. ed. rev. e atual. São Paulo: Atlas, 2005, p. 90.

informações relevantes e quanto mais tempo se demora para o início da investigação tais informações vão perecendo.

18.10.2. Apreensão de objetos (Art. 6º, II, do CPP)

Após liberados pelos peritos criminais, os objetos que tiverem relação com o fato investigado devem ser apreendidos pela autoridade policial. A apreensão tem por finalidade: a) exibição futura do objeto utilizado como instrumento para a prática de um crime (exemplos, revólver, faca, barra de ferro, pedaço de madeira etc.); b) necessidade de contraprova; c) eventual perda em favor da união como efeito de condenação (confisco); e d) restituição à vítima.

Uma vez apreendidos, os objetos devem acompanhar os autos de inquérito policial, nos termos do art. 11 do CPP.

Não poderão ser restituídos (arts. 118 a 120 do CPP): a) as coisas apreendidas, enquanto interessarem ao processo; b) os instrumentos do crime, desde que o fabrico, alienação, uso, porte ou detenção constitua fato ilícito; c) os bens e valores que constituam proveitos auferidos com a prática da infração penal; e d) os objetos em relação aos quais haja dúvida quanto ao direito do reclamante.

18.10.3. Colheita de outras provas (Art. 6º, III, do CPP)

Trata-se de fórmula genérica que determina à autoridade policial a necessidade de buscar colher, de forma lícita, todas as provas que vierem a ser úteis para o esclarecimento do fato e suas circunstâncias, o que se dá, por exemplo, com a inquirição de testemunhas, a requisição de informações, relatórios médicos e outros documentos, imagens de câmeras de videomonitoramento, dentre outras.

18.10.4. Ouvir o ofendido (Art. 6º, IV, do CPP)

Sempre que possível, deverá a autoridade policial realizar a inquirição da vítima acerca do ocorrido, pois a partir dela poderão ser identificadas fontes de provas e informações que poderão contribuir para o deslinde da investigação. Tal medida se mostra crucial especialmente nos crimes praticados *às escuras* (a exemplo do estupro, dos crimes praticados contra a mulher no contexto de violência doméstica), para os quais a palavra da vítima assume especial relevância.

Uma vez intimado regularmente, se o ofendido não comparecer é possível que a autoridade policial expeça mandado de condução coercitiva (art. 201, §1º, do CPP).

18.10.5. Ouvir o indiciado (Art. 6º, V, do CPP)

O interrogatório do indiciado na fase investigativa será realizado nos moldes do interrogatório realizado em juízo, no que for aplicável (art. 185 e seguintes do CPP).

Não há obrigatoriedade de presença de defensor. Contudo, o indiciado deverá ser cientificado acerca de todos os seus direitos constitucionais, dentre eles o de ser acompanhado por advogado, o de manter-se em silencio sem que isso lhe prejudique de alguma forma, o de saber quem são os responsáveis por seu interrogatório e o de ter respeitadas suas integridades física e moral.

Acerca do interrogatório, é importante salientar que era comum quando o indiciado manifestasse o interesse em permanecer em silêncio que a autoridade policial realizasse e constasse do termo as indagações realizadas.

Todavia, com a entrada em vigor da Lei n.º 13.869/2019 prosseguir com interrogatório de pessoa que tenha optado pelo direito ao silêncio ou sem a presença do defensor quando o investigado o desejou presente são crimes punidos com detenção de 1 a 4 anos, e multa (art. 15, parágrafo único, I e II).

Também são crimes, segundo a referida lei, a conduta de deixar de se identificar quando do interrogatório do indiciado, ou atribuir-se falsa identidade, cargo ou função (art. 16, parágrafo único) e a conduta de realizar interrogatório durante o repouso noturno, exceto nos casos de flagrante delito ou se, devidamente assistido, consentir em prestar declarações (art. 18). A pena, para os dois crimes, é de detenção de 6 meses a 2 anos, e multa.

Não é mais necessária a nomeação de curador ao indiciado menor de 21 anos, cuja necessidade encontrava-se prevista no art. 15 do CPP, pois para o novo CC a menoridade cessa aos 18 anos completos. O art. 194 do CPP foi revogado pela Lei n.º 10.792/2003. Assim, entende-se que o art. 15 do CPP foi revogado tacitamente.

Entretanto, ao índio não adaptado ao convívio social e ao indivíduo que, por doença mental ou desenvolvimento mental incompleto ou retardado era, ao tempo da conduta, inteiramente incapaz de entender o caráter ilícito do fato e de se determinar conforme esse entendimento, deve a autoridade policial nomear curador (art. 151 do CPP).

18.10.6. Reconhecimento de pessoas e coisas (Art. 6º, VI, 1ª parte, do CPP)

Por vezes se faz necessário que se proceda ao reconhecimento de pessoas ou coisas. Tanto vítimas quanto testemunhas podem ser chamadas a proceder ao reconhecimento.

Com relação ao reconhecimento de pessoas, quem fará o reconhecimento deverá descrever a pessoa a ser reconhecida e esta, após, será colocada ao lado de outras pessoas com ela parecidas, devendo o reconhecedor apontá-la. Caso o reconhecedor sinta receio, intimidação ou qualquer outro fator que possa influenciá-lo em dizer a verdade, a autoridade providenciará para que não se vejam (art. 226 do CPP).

O investigado ou indiciado não pode negar ser submetido ao reconhecimento alegando o princípio do *nemo tenetur se detegere*, pois não se está exigindo dele um comportamento ativo.

Em relação ao reconhecimento de coisas, incidem as mesmas cautelas relacionadas ao reconhecimento de pessoas, no que for aplicável (art. 227 do CPP).

Ao final do reconhecimento será lavrado auto pormenorizado (art. 226, IV, do CPP) e em sendo mais de um reconhecedor, as diligências de reconhecimento serão realizadas individualmente, evitando-se a comunicação entre eles (art. 228 do CPP).

Face aos princípios da liberdade das provas e da busca da verdade, admitia-se o reconhecimento por meio de fotografia. Contudo, o STF[32] o STJ[33] passaram a entender de modo diverso, tanto em relação ao reconhecimento pessoal quanto ao reconhecimento por fotografia, levando em consideração estudos da psicologia acerca da memória humana que pode se fragmentar com o passar do tempo e, com isso, tornar-se inacessível, acarretando falhas e equívocos, o que é muito comum. Assim, o reconhecimento fotográfico deve seguir as formalidades procedimentais estampadas do art. 226 do Código de Processo Penal, funcionando como ato preparatório do reconhecimento pessoal, isto é, deverá ser ratificado pelo reconhecimento na forma presencial, não servindo, exclusivamente, como prova de autoria ou participação apta a ensejar a condenação.

18.10.7. Acareação (Art. 6º, VI, 2ª Parte, do CPP)

A acareação tem cabimento quando houver pontos controvertidos entre duas ou mais inquirições já realizadas. As divergências devem ser sobre fatos

32. STF, 1ª Turma, RHC 176.025/SP, Rel. Min. Marco Aurélio, j. 03/08/2021, DJe 25/11/2021.
33. STJ, 6ª Turma, HC 598.886/SC, Rel. Min. Rogério Schietti Cruz, DJe 18/12/2020; STJ, 5ª Turma, HC 652.284, Rel. Min, Reynaldo Soares da Fonseca, DJe 03/05/2021.

ou circunstâncias relevantes. Tais pessoas serão postas frente a frente, cientificadas acerca das divergências e confrontadas, viabilizando que esclareçam as divergências. Ao final, lavra-se termo (art. 229 e seu parágrafo único, do CPP).

A acareação pode ser realizada entre vítimas, entre testemunhas, entre investigados, entre vítima e testemunha, entre vítima e investigado e entre testemunhas e investigados.

O investigado ou indiciado não pode ser obrigado a participar da acareação, pois, tratando-se de um comportamento ativo, pode ele aduzir o princípio do *nemo tenetur se detegere*. Ademais, é direito constitucional do investigado ou indiciado permanecer em silêncio.

18.10.8. Determinação de exame de corpo de delito e outras perícias (Art. 6º, VII, do CPP)

Sempre que a infração penal deixar vestígios será indispensável a realização de exame de corpo de delito, direito ou indireto, não podendo supri-lo a confissão do acusado (art. 158 do CPP). Assim, a autoridade policial poderá requisitar diversos exames periciais (exemplos: exame cadavérico, exame em local de morte violenta, exame em local de rompimento de obstáculo para a subtração da coisa, exame grafotécnico, exame documentoscópio, exame de lesões corporais, exame de pesquisa de sangue, exame de DNA, exame para caracterização e eficiência de arma de fogo e munição, exame de confronto microbalístico, exame de identificação veicular, exame de identificação de tóxico-entorpecente, dentre outros).

18.10.9. Identificação do Indiciado (Art. 6º, VIII, CPP)

Reza o dispositivo que a autoridade policial procederá à identificação do indiciado pelo processo dactiloscópico e providenciará, se possível, sua folha de antecedentes.

Ocorre que o civilmente identificado não será identificado criminalmente, exceto nas hipóteses legais (art. 5º, LVIII, da CF). Assim, tem-se que a determinação constante do art. 6º, VIII, do CPP no que tange à identificação criminal é incompatível com o texto constitucional. Desse modo, a identificação criminal pelo processo dactiloscópico somente se dará nas hipóteses descritas no art. 3º da Lei n.º 12.037/2009, quais sejam: (I) quando o documento apresentar rasura ou indício de falsificação; (II) quando o documento foi insuficiente para identificar uma pessoa (ex: ausência de fotografia); (III) quando o indiciado portar documentos de identidade distintos e com informações conflitantes; (IV) quando a identificação criminal foi essencial para a investigações criminais, a qual será determinada por decisão judicial fundamentada por representação da autoridade policial, do Ministério Público ou da defesa. Nos casos de ação penal privada, o ofendido poderá representar ao juiz pela identificação criminal; (V) quando constar dos registros policiais o uso de outros nomes ou diferentes qualificações; e (VI) quando o estado de conservação ou a distância temporal ou da localidade da expedição do documento impossibilite a completa identificação dos caracteres essenciais.

O investigado ou indiciado não pode alegar o princípio do *nemo tenetur se detegere* para não se submeter à identificação criminal. A mesma CF que confere o direito ao investigado ou indiciado de não produzir prova contra si mesmo (art. 5º, LXIII) prevê que o civilmente identificado não será submetido a identificação criminal, *salvo nas hipóteses previstas em lei* (art. 5º, LVIII).

Assim, em se tratando de alguma hipótese que autoriza a identificação criminal, o não comparecimento do investigado ou indiciado poderá ensejar sua condução coercitiva (art. 260 do CPP) e sua responsabilização pela prática crime de desobediência.

Importante frisar que a Lei n.º 12.037/2009, em seu art. 5º-A, prevê a possibilidade da coleta de material biológico para obtenção de perfil genético como forma de identificação criminal. Tal dispositivo foi acrescentado pela Lei n.º 12.654/2012.

Os dados serão armazenados em banco de dados de perfis genéticos, gerenciado por unidade oficial de perícia criminal.

De acordo com art. 5º, parágrafo único, Lei n.º 12.037/2009, a identificação determinada judicialmente para fins de investigação poderá incluir a coleta de material biológico para a obtenção de perfil genético.

Com certeza haverá muita discussão acerca da constitucionalidade ou não da coleta de material biológico para fins de obtenção de perfil genético ante o princípio constitucional que veda a autoincriminação. Certamente não haverá problema quando a própria defesa solicitar a coleta de material. Porém, e se o investigado, indiciado ou acusado se recusar em fornecer o material biológico? Para uma *primeira corrente*, incidirá o princípio que veda a autoincriminação quando se pretender exigir do sujeito ativo do ilícito um comportamento ativo. Assim, não poderá ele ser compelido a fornecer material biológico para a obtenção de seu perfil genético. Para a *segunda corrente*, a qual nos filiamos, o sujeito ativo do ilícito poderá ser compelido a fornecer o material genético. Há que se lembrar que não há direito ou garantia constitucional de cunho absoluto, de modo que é possível a relativização do direito à não autoincriminação. Além disso, a CF/88, após determinar que o civilmente identificado não será identificado criminalmente, aponta que excepcionalmente haverá a identificação criminal nas hipóteses que a lei estabelecer, o que fez a Lei n.º 12.037/2009. Por fim, há que se esclarecer que a coleta do material biológico é feita de forma adequada e indolor. Essa é a corrente que prevalece.[34]

Entretanto, em caso de sangue, urina, cabelo, ou outros tecidos orgânicos, descartados voluntária ou involuntariamente pelo investigado, nada impede sua coleta. Nesses casos não incidirá o princípio do *nemo tenetus se detegere.*

18.10.10. Averiguação da vida pregressa do indiciado (Art. 6º, IX, do CPP)

A autoridade policial deverá coletar as informações sobre a vida pregressa do indiciado levando-se em consideração seu aspecto individual, familiar, social, condição econômica, sua atitude e estado de ânimo antes, durante e depois do crime, bem como outras informações que possam contribuir para a avaliação de seu temperamento e caráter.

18.10.11. Colheita de informações sobre filhos (Art. 6º, X, do CPP)

A Lei n.º 13.257/2016, denominada de Marco Civil da Primeira Infância, acrescentou o inciso X ao art. 6º do CPP, o qual estipula que a autoridade policial deverá questionar à pessoa presa se ela possui filhos, quais as idades, se possuem alguma deficiência, bem como com quem e onde vivem.

A mesma previsão encontra-se no art. 185, § 10 e no art. 304, § 4º, ambos do CPP, dispositivos tais inseridos pela referida lei. Assim, há que se compreender que tais questionamentos deverão ser realizados quando da lavratura do auto de prisão em flagrante e quando do interrogatório judicial.

Tais informações servirão para uma análise mais aprofundada acerca do preso para fins de concessão de prisão domiciliar (medida cautelar – prisão processual) em substituição à prisão preventiva, conforme previsto no art. 318, III, V e VI, do CPP.

---

34. RODRIGUES, Kleber Leandro Toledo. *Lei da identificação criminal*. In: JORGE, Higor Vinicius Nogueira; LEITÃO JÚNIOR, Joaquim; GARCEZ, William (Org.). *Legislação criminal especial comentada*. Salvador: Editora Juspodivm, 2021, p. 920-921.

18.10.12. Reprodução simulada dos fatos (Art. 7º do CPP)

A reprodução simulada dos fatos consiste em diligência prevista no art. 7º do CPP que tem por escopo "verificar a possibilidade de haver a infração sido praticada de determinado modo (...), desde que esta não contrarie a moralidade ou a ordem pública".

O investigado não pode ser obrigado a participar ativamente da reprodução simulada, pois será necessário um comportamento ativo do sujeito sobre o qual recai a investigação. Também não se pode exigir dele que compareça no dia, horário e local da diligência, tendo em vista que não pode ser obrigado a produzir prova contra si mesmo.

Há entendimento doutrinário no sentido de que na fase preliminar não se exige a intimação do investigado e/ou seu defensor para participar da reprodução simulada, tendo em vista que o inquérito é um procedimento inquisitivo no qual não se aplicam o contraditório e a ampla defesa.

Data venia entendemos que a intimação do investigado e/ou de seu advogado acaba por ser um direito do investigado. Como visto, não se mostra razoável, à luz da melhor interpretação constitucional, restringir o contraditório e a ampla defesa apenas para a fase judicial da persecução penal. A efetiva participação do investigado na reprodução simulada pode ser interessante para sua defesa, pois através de tal diligência poderá restar demonstrado tecnicamente que os fatos ocorreram nos termos de sua versão. Essa participação deve ser vista, além do interrogatório policial, como exercício da autodefesa.

Assim, entendemos por obrigatória a intimação do investigado e/ou de seu defensor para oportunizar a ele a possibilidade de exercer sua autodefesa.

18.10.13. Acesso a dados cadastrais (Art. 13-A, CPP e Art. 15 da Lei N.º 12.850/2013)

Nos termos do art. 13-A do CPP, o delegado de polícia e o Ministério Púbico poderão requisitar dados e informações cadastrais ao poder público ou empresa privada sobre vítimas ou suspeitos, quando se tratar dos seguintes crimes: sequestro e cárcere privado (art. 148 do CP), redução a condição análoga à de escravo (art. 149 do CP), tráfico de pessoas (art. 149-A do CP), extorsão com restrição da liberdade da vítima ou quando resulta lesão grave ou morte (art. 158, § 3º, do CP), extorsão mediante sequestro (art. 159 do CP) e tráfico de crianças ou adolescentes para o exterior (art. 239 do ECA).

Por sua vez, o art. 15 da Lei n.º 12.850/2013 (Lei de Organizações Criminosas) estipula, *in verbis*:

> Art. 15. O delegado de polícia e o Ministério Público terão acesso, independentemente de autorização judicial, apenas aos dados cadastrais do investigado que informem exclusivamente a qualificação pessoal, a filiação e o endereço mantidos pela Justiça Eleitoral, empresas telefônicas, instituições financeiras, provedores de internet e administradoras de cartão de crédito.

18.10.14. Requisição de dados de localização (Art. 13-B do CPP)

Em se tratando de prevenção ou repressão ao tráfico de pessoas, o delegado de polícia e o Ministério Público poderão requisitar, mediante ordem judicial, às operadoras de telefonia e de telemática que disponibilizem meios técnicos (sinais, informações e outros) que permitam a localização da vítima e do suspeito do crime em curso.

Segundo o § 1º do dispositivo, sinal significa posicionamento da estação de cobertura, setorização e intensidade de radiofrequência.

Não será permitido acesso ao conteúdo da comunicação. Para isso será necessária ordem judicial (§2º, I). Deverá ser fornecido pela operadora por prazo não superior a 30 dias, prorrogável uma única vez por igual período (§2º, II). Além desse prazo será necessária ordem judicial (§2º, III).

O inquérito policial deverá ser instaurado no prazo de 72 horas, contados do momento em que a ocorrência for registrada (§3º).

Relevante é o disposto no art. 13-B, §4º, segundo o qual, na ausência de manifestação judicial quanto ao pleito formulado no prazo de 12 horas, a autoridade policial e/ou o Ministério Público poderão requisitar os meios técnicos que permitam a localização da vítima ou dos suspeitos do delito em curso diretamente às empresas prestadoras dos serviços de telecomunicações e de telemática, com a comunicação imediata ao juiz. Ou seja, protocolada a representação pela autoridade policial ou o requerimento pelo membro do Ministério Público, o juiz terá o prazo de 12 horas para decidir sobre a medida. Passado esse prazo de 12 horas mitiga-se a reserva de jurisdição, de modo a permitir que a requisição seja feita diretamente pelo delegado de polícia e pelo membro do *Parquet*. É o que se denomina de *reserva de jurisdição temporária*.

18.10.15. Poder de requisição (Art. 2º, § 2º, da Lei N.º 12.830/2013)

A Lei n.º 12.830/2013, que trata da investigação criminal conduzida pelo delegado de polícia, confere à autoridade policial o poder de requisitar perícias, informações, documentos e dados que interessem à apuração dos fatos (art. 2º, § 2º).

18.11. Citação de Investigado Integrante das Forças de Segurança Pública e das Forças Armadas (Art. 14-A do CPP)

Nos termos do art. 14-A do CPP, quando integrante de qualquer das instituições de segurança pública (art. 144 da CF) figurar como investigado por fato relacionado ao uso letal da força (consumado ou tentado), mesmo que incida causa excludente de ilicitude, terá ele direito à defesa técnica. Ele se aplica aos integrantes das forças armadas quando o fato investigado decorrer de missão de Garantia da Lei e da Ordem (§ 6º).

O investigado deverá ser citado quando da instauração da investigação para que constitua defensor em 48 horas a contar da citação (§ 1º). Se em 48 horas o investigado não constituir defensor, o responsável pela investigação intimará a instituição para que esta indique defensor ao investigado (preferencialmente a Defensoria Pública) em 48 horas para acompanhamento e realização dos atos relacionados à sua defesa (§ 2º). Não havendo Defensoria Pública na área de atribuição da circunscrição do fato investigado, a União ou UF deverá disponibilizar, às suas custas, advogado que não integre a Administração Pública para a defesa administrativa do investigado (§§ 3º a 5º).

18.12. Incomunicabilidade do Indiciado Preso

Nos termos do art. 21, *caput*, do CPP "a incomunicabilidade do indiciado dependerá sempre de despacho nos autos e somente será permitida quando o interesse da sociedade ou a conveniência da investigação o exigir." O parágrafo único do mesmo dispositivo estabelece que a incomunicabilidade será decretada por despacho fundamentado do juiz a requerimento da autoridade policial ou do Ministério Público e terá o prazo máximo de 3 dias, bem como deverá ser respeitado o direito o advogado se comunicar pessoalmente e de forma reservada com o preso.

Prevalece o entendimento de que o referido dispositivo não foi recepcionado pela CF por dois motivos. Em primeiro lugar, estipula a Carta Magna em seu art. 5º que a prisão será comunicada ao juiz, bem como à família do preso ou à pessoa que ele indiciar (inciso LXII), e que o preso tem direito à assistência da família e de advogado (inciso LXIII). Em segundo lugar porque até mesmo durante eventual Estado de Defesa, que é um período de anormalidade onde são suprimidos diversos direitos e garantias constitucionais, é vedada a incomunicabilidade do preso (art. 136, § 3º, IV, da CF). Se no período excepcional é vedada a incomunicabilidade, com maior razão deve ser vedada em período de normalidade[35].

18.13. Indiciamento

18.13.1. Conceito

O indiciamento é o ato formal praticado pela autoridade policial ao decidir que determinada pessoa é sujeito ativo (autora ou partícipe) de uma infração penal considerando os elementos informativos e de prova constantes do inquérito policial.

18.13.2. Quem tem atribuição para indiciar?

O indiciamento é um ato privativo do delegado de polícia, visto que se dá no bojo do inquérito policial, nos termos do art. 2º, § 6º, Lei n.º 12.830/2013. Assim, não cabe ao juiz e ao representante do Ministério Público requisitar à autoridade policial que promova o indiciamento de determinado investigado. Nesse sentido já decidiu o STF[36]:

> No caso presente, ao que tudo indica, não houve excepcionalidade que justificasse a extraordinária atuação do Juízo singular, pois, em verdade, o delegado de polícia, após conduzir investigação complexa, devidamente instruída por interceptações telefônicas e pedidos de quebra de sigilo, decidiu indiciar outros três acusados, mas não indiciou o ora paciente. Tal opção afigura-se legítima, dentro da margem de discricionariedade regrada de que dispõe a autoridade policial, na fase embrionária em que se encontrava o feito.

18.13.3. Pressupostos para o indiciamento

Antes de haver indiciado no inquérito policial é possível que a investigação tenha seu trâmite na busca pela identificação de algum suspeito, ou ainda pode ser que existam suspeitos ou investigados, que são aqueles em relação aos quais os indícios ainda são frágeis. Não se pode ainda afirmar que tal pessoa é o sujeito ativo da infração penal.

---

35. MIRABETE, Julio Fabbrini. *Processo penal.* 17. ed. rev. e atual. São Paulo: Atlas, 2005, p. 100.
36. HC 169731/SP, Rel. Min. Edson Fachin, DJ 03/05/2019.

A partir do momento em que existem no inquérito policial prova da materialidade da infração penal e elementos que conduzam a um juízo de probabilidade (não mera possibilidade) em relação ao sujeito ativo da infração, ou seja, que o apontam como provável sujeito ativo, cabe à autoridade policial, através de um ato devidamente motivado (uma decisão e não um mero despacho ordinatório), promover o indiciamento do, até então, suspeito.

Assim, são pressupostos do indiciamento a existência de elementos informativos e probatórios acerca da materialidade e dos indícios de autoria.

Mas não são apenas esses os pressupostos. O delegado de polícia deverá fazer um *juízo analítico do fato punível* (teoria do fato punível).

Deverá a autoridade policial verificar, num primeiro momento, se a conduta do agente é típica. Aqui não se está a falar apenas da *tipicidade formal* (mera adequação do comportamento ao que está escrito na norma penal incriminadora), mas também da *tipicidade material* (deve se verificar se a conduta do agente tem conteúdo de crime). Nesse contexto, há de se concluir que o delegado de polícia não deverá indiciar a pessoa quando verificar a incidência do *princípio da insignificância*[37].

Além disso, deverá a autoridade policial levar em consideração o segundo substrato do crime, qual seja, a antijuridicidade, visto que, se presente alguma causa que exclua a ilicitude da conduta, não há que se falar em infração penal, sendo descabido o indiciamento.

Também deverá a autoridade policial avaliar se o agente é culpável, analisando a inimputabilidade, a potencial consciência da ilicitude e exigibilidade de conduta diversa. A inimputabilidade pode decorrer da menoridade, de doença mental, de desenvolvimento mental incompleto ou retardado, em virtude de embriagues completa proveniente de caso fortuito ou força maior ou de dependência ou intoxicação involuntária por entorpecentes (arts. 26 e 27 do CP e art. 45, *caput*, Lei n.º 11.343/2006). Reconhecendo a menoridade, não há que se falar em indiciamento, já que adolescente não pratica crime, mas ato infracional. Já em relação às demais causas de inimputabilidade, deve-se ter em mente que a aplicação de medida de segurança se dará ao final do processo mediante uma sentença absolutória imprópria, nos termos do art. 386,

---

37. OLIVEIRA, Daniela Lelis Botelho de. *A aplicação do princípio da insignificância pelos delegados de polícia na atualidade*. In: IBRAHIN, Francini Imene Dias; BELIATO, Araceli Martins (Org.). *Direito policial – temas atuais*. Salvador: Editora Juspodivm, 2021, p. 112.

parágrafo único, III, do CPP, de modo que deverá o órgão do Ministério Público oferecer denúncia, pois houve crime, cabendo, portanto, o indiciamento. Já em relação às demais causas excludentes de culpabilidade, ou seja, reconhecendo a autoridade policial que o agente não tinha potencial consciência da ilicitude ou que não se podia exigir dele comportamento diverso, não se procederá ao indiciamento.

Ora, de acordo com o art. 144, § 4º, da CF, o art. 4º do CPP e o art. 2º e seus §§ 1º e 6º da Lei n.º 12.830/2013, cabe ao delegado de polícia, através do inquérito policial ou outro procedimento, apurar as infrações penais e suas autorias. Assim, ou houve infração penal, sendo identificados seus substratos (*fato típico + antijurídico + culpável*) ou, se ausente qualquer deles, não há que se falar de infração penal. Se ao delegado cabe apurar as infrações penais, resta evidente que deverá percorrer toda a análise acerca da tipicidade, ilicitude e culpabilidade.

Também não deverá a autoridade policial realizar o indiciamento caso verifique ter se operado a extinção da punibilidade.

Além do mais, como visto, o inquérito policial não tem apenas função preparatória, mas também função preservadora, de modo a evitar que ações penais temerárias e/ou fadadas ao insucesso sejam propostas. O inquérito policial funciona, portanto, como um filtro.

Portanto, havendo tipicidade formal e material, ilicitude e culpabilidade, bem como sendo o fato punível e existindo elementos que demonstrem a materialidade e indícios com relação ao sujeito ativo da infração penal, deverá o delegado de polícia realizar o indiciamento. Trata-se de um ato vinculado e não discricionário.

18.13.4. Sujeito passivo do indiciamento

O indiciamento deve recair sobre a pessoa que, segundo o entendimento da autoridade policial após análise técnico-jurídica dos elementos informativos e probatórios constantes do inquérito policial, pode ser considerada autora ou partícipe da infração penal. Via de regra, qualquer pessoa física pode ser indiciada. Entretanto, existem exceções:

a) *Membros do Ministério Público* – sempre que, durante a investigação, surgir indícios de envolvimento de membro do Ministério Público em prática de infração penal, deve a autoridade policial remeter os autos ao chefe da instituição (PGJ ou PGR) para prosseguimento da investigação (art. 41, II, da Lei n.º 8.625/1993).

b) *Magistrados* – sempre que, durante a investigação, surgir indícios de envolvimento de magistrado em prática de infração penal, deve a autoridade policial remeter os autos ao Tribunal competente ou órgão especial para prosseguimento da investigação (art. 33, parágrafo único, da LC 35/1979).

Pode a autoridade policial indiciar investigado que é titular de foro por prerrogativa de função a exemplo de parlamentares federais e estaduais? A resposta é sim. A autoridade policial pode e deve indiciar investigado que tem foro por prerrogativa de função. Todavia, é imperioso recordar que para que seja instaurada investigação ou se dê prosseguimento a ela quando envolver investigado que tem foro por prerrogativa de função é necessária autorização a ser concedida pelo Relator do Tribunal, o qual supervisionará toda a investigação[38].

Então, se durante a investigação a autoridade policial identificar como suspeito da infração penal pessoa que goza do foro por prerrogativa de função deverá imediatamente encaminhar os autos ao tribunal respectivo para que o relator autorize o prosseguimento da investigação, a qual será por ele supervisionada.

18.13.5. Espécies

O indiciamento pode ser de várias espécies:

a) *Indiciamento direto* – é aquele que é feito na presença do investigado, visto que se sabe onde se encontra, não estando ele foragido[39].

38. STF, 2ª Turma, Rcl 2.349/TO, Rel. Min. Carlos Velloso, DJ 05/08/2005; STF, Pleno, Inq. 2.842/DF, Rel. Min. Ricardo Lewandowski, DJ 26/02/2014.

39. ZANOTTI, Bruno Taufner; SANTOS, Cleopas Isaías. *Delegado de polícia em ação – teoria e prática no estado democrático de direito.* 7. ed., rev., ampl. e atual. Salvador: Ed. Juspodivm, 2021, p. 243.

b) *Indiciamento indireto* – é aquele feito na ausência do investigado, seja pelo fato de estar foragido ou em local desconhecido[40], seja porque, embora intimado, não compareceu[41].

c) *Indiciamento material* – É o ato decisório do delegado de polícia no qual são expostos os fundamentos fáticos e jurídicos que justificam a imputação do crime ao indiciado[42]. Ausente a fundamentação, o ato é arbitrário (*criptoindiciamento*)[43].

d) *Indiciamento formal* – Consiste no conjunto de peças a serem realizadas visando o esclarecimento do crime, traçar o perfil do indiciado para fins de aplicação da pena-base (art. 59 do CP) e subsidiar os sistemas informáticos de polícia judiciária. São elas: termo de qualificação interrogatório, boletim de vida pregressa e o boletim de identificação (cadastro de antecedentes) que pode ser acompanhado da identificação criminal.

e) *Indiciamento coercitivo ou obrigatório* – É o que decorre do auto de prisão em flagrante[44]. Os requisitos do indiciamento e para a decretação da prisão em flagrante são praticamente os mesmos (exceto em relação à materialidade, que para o auto de prisão em flagrante não se exige certeza). O indiciamento coercitivo não exige decisão fundamentada[45].

f) *Indiciamento complexo* – Seria aquele realizado quando a pessoa ser indiciada possui foro por prerrogativa de função. Dependeria de autorização do tribunal para sua efetivação após representação do delegado de polícia, sob pena de nulidade, constituindo-se, pois, em ato

---

40. ZANOTTI, Bruno Taufner; SANTOS, Cleopas Isaías. *Delegado de polícia em ação – teoria e prática no estado democrático de direito.* 7. ed., rev., ampl. e atual. Salvador: Ed. Juspodivm, 2021, p. 243.
41. LIMA, Renato Brasileiro de. *Manual de processo penal*. 7. ed., rev., atual. e ampl. Salvador: Ed. Juspodivm, 2019, p. 155.
42. SANNINI, Francisco. *Delegado de polícia e o direito criminal*. Leme-SP: Mizuno, 2021, p. 234-235.
43. SAYEG, Ronaldo. *O inquérito policial democrático: uma visão moderna e contemporânea.* Rio de Janeiro: Lumen Juris, 2019, p. 70.
44. DEZEM, Guilherme Madeira. *Curso de processo penal*. 7. ed., rev., atual. e ampl. São Paulo: Thomson Reuters Brasil, 2021, p. 249.
45. SANNINI, Francisco. *Delegado de polícia e o direito criminal*. Leme-SP: Mizuno, 2021, p. 236-237.

complexo[46]. É inconstitucional, pois fere o processo penal democrático ao colidir com os princípios da igualdade e da imparcialidade do julgador (sistema acusatório)[47].

18.13.6. Momento

A lei não estabelece um momento para que seja realizado indiciamento, de modo que o melhor entendimento é no sentido de que tal ato pode ser realizado a qualquer momento.

Nada impede que o indiciamento se dê logo na sequência da lavratura do auto de prisão em flagrante. Todavia, a prudência conduz ao entendimento de que o melhor momento para o indiciamento é o final do inquérito policial. Casos já ocorreram em que o suspeito é autuado em flagrante e após, quando da realização de diligências outras, descobre-se que ele não tinha envolvimento na infração penal.

A grande maioria dos delegados de polícia decidem pelo indiciamento quando do relatório final do inquérito policial, o que não é um erro, mas, ao nosso entendimento, se mostra em descompasso com a CF. O indiciamento quando do relatório final acaba funcionando como um *ato surpresa* que inviabiliza o indiciado de se defender na fase do inquérito policial.

O indiciamento em momento imediatamente anterior ao interrogatório é o que mais se compatibiliza com o Estado Democrático de Direito.

O ideal é que, ao identificar os elementos informativos e probatórios acerca da materialidade e autoria da infração penal e levar em conta todos os elementos constitutivos da infração, o delegado de polícia formalize decisão fundamentada de indiciamento e determine a ciência do teor da investigação ao indiciado (contraditório – direito de ciência) e sua intimação para que possa exercer seu direito de defesa (auto defesa e defesa técnica), bem como o encaminhamento do formulário de cadastro de antecedentes ao Instituto de Identificação ou órgão congênere para registro, nos termos do art. 23 do CPP.

Por fim, importante mencionar que àquelas pessoas tidas por suspeitas, quando de suas declarações, devem ser garantidos os direitos e garantias

46. SANNINI, Francisco. *Delegado de polícia e o direito criminal*. Leme-SP: Mizuno, 2021, p. 239-245.
47. STF, Inq. 4621/DF, Rel. Min. Barroso.

fundamentais, em especial o direito de não produzir prova contra si mesmo, aí inserido o direito ao silêncio, o direito de ser assistido pela família e por advogado, o direito a ter respeitadas sua integridade física e moral, bem como o direito de entrevistar-se antecipada e reservadamente com seu defensor.

18.13.7. Efeitos do indiciamento

Constituem efeitos do indiciamento:

a) Firmar condição do investigado como autor/partícipe da infração penal;

b) Implica em reconhecer que provavelmente o indiciado responderá a processo criminal, podendo, ao final, ser condenado e preso;

c) Viabiliza decretação de medidas cautelares, tal qual a prisão preventiva;

d) Registro no Instituto de Identificação, de modo que as informações sobre o indiciado passam a compor banco de dados policiais;

e) Inviabiliza a aquisição de armas de fogo, uma vez que o art. 4º, I, da Lei nº 10.826/2003 estabelece como um dos requisitos a comprovação de idoneidade mediante apresentação de certidões negativas de antecedentes criminais;

f) A cassação da autorização de posse ou porte de arma de fogo é regulamentada pelo Decreto nº 11.366/2023, que revogou o anterior Decreto nº 9.847/2019. O novo decreto estabelece as condições e procedimentos para a cassação dessas autorizações, alinhando-se às políticas atuais de controle de armas;

g) Nos casos de violência doméstica e familiar contra a mulher, o delegado de polícia deverá verificar se o agressor possui porte ou posse de arma e, se comprovada, deverá juntar essa informação nos autos e comunicar a instituição responsável pela concessão do registro ou emissão do porte, conforme determina o art. 12, VI-A, da Lei n.º 11.340/2006, o que poderá, ainda, ser fundamento para concessão judicial de medida protetiva de urgência de suspensão ou restrição da posse ou do porte de arma, nos termos do art. 22, I e § 2º, da mesma lei;

h) Outro efeito relevante decorria do disposto no art. 17-D da Lei n.º 9.613/1998 (Lei de Lavagem de Capitais), segundo o qual, "em caso de indiciamento de servidor público, este será afastado, sem prejuízo de remuneração e demais direitos previstos em lei, até que o juiz competente autorize, em decisão fundamentada, o seu retorno". Ou seja, segundo o dispositivo, caso um servidor, no exercício de sua função pratique crime de lavagem de capitais e venha a ser indiciado, tal indiciamento acarretará, como efeito automático, o afastamento do servidor do exercício de suas funções. Esse dispositivo da Lei n.º 9.613/1998 foi declarado inconstitucional pelo STF em 20/11/2020 na ADI 4911, pois fere princípio da proporcionalidade (pode ocorrer como medida cautelar diversa da prisão – art. 282, §2º e art. 319, VI, CPP), o princípio da presunção de inocência e o princípio da igualdade (réu indiciado e réu não indiciado – tratamento diverso na fase investigativa).

18.13.8. Desindiciamento

Se após a realização do indiciamento a autoridade policial se convencer através dos elementos informativos e de prova acostados ao inquérito que o indivíduo que, em princípio, era tido como provável sujeito ativo da infração penal, agora já não o é, deverá providenciar seu desindiciamento, evidentemente que em decisão devidamente fundamentada.

18.14. Conclusão do Inquérito Policial

18.14.1. Prazo para conclusão do inquérito policial

De acordo com o art. 10 do CPP, o inquérito policial deverá ser concluído em 10 dias se o indiciado estiver preso (em decorrência de ter sido preso em flagrante ou em virtude do cumprimento de mandado de prisão preventiva), ou no prazo de 30 dias se estiver solto.

Caso o investigado esteja solto, o prazo para a conclusão do inquérito policial assume natureza processual na forma do art. 798 do CPP, de modo a não computar o dia do início mas sim o do vencimento (§ 1º) e, caso o vencimento ocorra em domingo ou feriado haverá prorrogação para o próximo dia útil (§ 3º). Por outro lado, estando o investigado preso, o prazo possui natureza material, devendo ser contado conforme disposto no art. 10 do CP, ou seja, conta-se o dia do início e despreza-se o dia do vencimento.[48]

É importante destacar que a Lei 14.365/2022 introduziu uma mudança significativa na contagem dos prazos processuais ao incluir o artigo 798-A no Código de Processo Penal. Este novo dispositivo estabelece a suspensão do curso do prazo processual entre 20 de dezembro e 20 de janeiro, inclusive. Esta regra, conhecida informalmente como «recesso forense», afeta diretamente a contagem dos prazos processuais, incluindo aqueles relacionados ao inquérito policial. Contudo, o legislador previu exceções importantes a esta suspensão. Os prazos continuam a correr normalmente para processos que envolvam réus presos, nos procedimentos regidos pela Lei Maria da Penha (Lei nº 11.340/2006), e em medidas consideradas urgentes, mediante despacho fundamentado do juízo competente. Além disso, durante este período, fica vedada a realização de audiências e sessões de julgamento, salvo nas hipóteses excepcionais mencionadas. Esta inovação legislativa tem impacto direto na dinâmica dos inquéritos policiais e processos penais, exigindo atenção redobrada dos operadores do direito quanto à contagem dos prazos, especialmente no período de final e início de ano.

O art. 10, § 3º, do CPP, estipula que quando o fato for de elucidação difícil e o indiciado estiver solto, o juiz poderá devolver o inquérito para a autoridade policial para prosseguimento das diligências. Embora não preveja o CPP, é necessária a oitiva do Ministério Público em relação ao pedido de dilação de prazo, pois na condição de titular da ação penal, pode ser que o órgão ministerial entenda ser caso de arquivamento ou de oferecimento de denúncia.

Caso o investigado esteja preso em virtude de prisão temporária (Lei n.º 7.960/1989), o prazo para a conclusão do inquérito acaba por ser o mesmo da prisão temporária.

A legislação especial trata de prazos diferentes em determinados casos para a conclusão do inquérito policial. Vejamos:

Em se tratando de inquérito policiais de atribuição da Polícia Federal, o prazo para a conclusão será de 15 dias prorrogáveis por mais 15 dias, em se tratando de indiciado preso, e de 30 dias caso o indiciado esteja solto. Tal prazo

48. ZANOTTI, Bruno Taufner; SANTOS, Cleopas Isaías. *Delegado de polícia em ação – teoria e prática no estado democrático de direito.* 7. ed., rev., ampl. e atual. Salvador: Ed. Juspodivm, 2021, p. 186.

está previsto no art. 66 da Lei n.º 5.010/1966 que trata da organização da Justiça Federal de primeira instância. Frisa-se que referida lei só trata do prazo especial do indiciado preso e omite-se em relação ao indiciado solto, de modo que se aplica a regra geral neste caso.

Na Lei n.º 11.343/2006 também há previsão especial de prazos para a conclusão de inquérito policial, sendo de 30 dias se o indiciado estiver preso e de 90 dias se estiver solto. Tal prazo poderá ser duplicado em qualquer caso pelo juiz, ouvido o MP e após pedido da autoridade policial, nos termos do art. 51, parágrafo único.

Em se tratando de crime contra a economia popular, prevê a Lei n.º 1.521/1951 que o inquérito, independentemente se o indiciado está preso ou solto, deverá ser concluído em 10 dias.

Quanto aos crimes militares, prevê o CPPM em seu art. 20 que o inquérito policial militar deverá terminar em 20 dias a contar do dia em que se executar a prisão ou em 40 dias quando o indiciado estiver solto, prazo que se contará da data de instauração do inquérito e poderá ser prorrogado por mais 20 dias pela autoridade militar superior.

Por fim, há se frisar que o art. 3º-B, § 2º, do CPP, inserido pela Lei n.º 13.964/2019 (Pacote Anticrime), assim dispõe:

> Se o investigado estiver preso, o juiz das garantias poderá, mediante representação da autoridade policial e ouvido o Ministério Público, prorrogar, uma única vez, a duração do inquérito por até 15 (quinze) dias, após o que, se ainda assim a investigação não for concluída, a prisão será imediatamente relaxada.

Perceba a imprecisão legislativa ao conferir um prazo para a prorrogação (15 dias) maior que o prazo ordinário (10 dias) para a conclusão do inquérito policial com indiciado preso, sem que se promovesse alteração na redação do art. 10, *caput*, do CPP. Diante disso, duas interpretações podem ser conferidas. A primeira delas é no sentido de que o prazo para a conclusão do inquérito policial em caso de investigado preso é de 15 dias prorrogável uma única vez por até 15 dias, igualando os prazos dos inquéritos de atribuições das polícias civil e federal. A segunda mantém o prazo em 10 dias prorrogável por até 15 dias, de forma a compatibilizar o novel art. 3º-B, § 2º com o art. 10, *caput*, do CPP.

18.14.2. Relatório final

Ao término do inquérito policial o delegado de polícia elaborará um relatório minucioso acerca das diligências realizadas e do que foi apurado, bem como encaminhará os autos ao juiz competente, nos termos do art. 10, § 1º, do CPP.

Assim, na condição de responsável pela condução da primeira fase da persecução penal, ao concluir a investigação a autoridade policial necessariamente fará um juízo técnico-jurídico visando a capitulação do fato investigado e, muitas vezes, o indiciamento, quando este não foi realizado em momento pretérito. Frisa-se que o entendimento conferido pela autoridade policial não vincula o titular da ação penal, assim como o entendimento deste não vincula o juiz.

Há que se recordar que a Lei n.º 11.343/2006 (Lei de Drogas) em seu art. 52, I, determina que, ao final do inquérito policial, o delegado de polícia "relatará sumariamente as circunstâncias do fato, justificando as razões que a levaram à classificação do delito, indicando a quantidade e natureza da substância ou do produto apreendido, o local e as condições em que se desenvolveu a ação criminosa, as circunstâncias da prisão, a conduta, a qualificação e os antecedentes do agente."

18.14.3. Destinatário do inquérito policial

Findo o inquérito policial com a elaboração do relatório final por parte da autoridade policial, será ele encaminhado ao Poder Judiciário, nos termos do art. 10, §1º, do CPP.

Todavia, há quem entenda que tal dispositivo não foi recepcionado pela Carta Magna, a qual, em seu art. 129, tratou das funções do Ministério Público, dentre elas ser o titular da ação penal pública, instituindo o sistema acusatório. Diante do sistema acusatório tem-se por inadmissível o encaminhamento do inquérito ao juiz. Assim, essa corrente entende que o inquérito deve ser remetido diretamente ao Ministério Público. Defende-se que a tramitação direta entre Polícia Judiciária e MP, além de concorrer para um processo mais célere, preserva a imparcialidade do juiz. Para essa corrente o inquérito deverá ser encaminhado ao Poder Judiciário apenas quando houver representações por medidas cautelares. Nos demais casos não há necessidade de controle judicial de atos do inquérito, visto que não atingem a esfera de direitos e garantias do investigado[49].

---

49. LIMA, Renato Brasileiro de. *Manual de processo penal*. 7. ed., rev., atual. e ampl. Salvador: Ed. Juspodivm, 2019, p. 162-163.

Importante consignar existem atos normativos dos Tribunais de Justiça de alguns Estados regulando a tramitação do inquérito policial diretamente ao MP sem a intermediação do Poder Judiciário. Tal também ocorre no âmbito da Justiça Federal.

18.14.4. Providências após a remessa do inquérito policial

a) *Crimes de ação penal privada* – Findo o inquérito policial, deverá ele ser encaminhado ao Poder Judiciário, onde ficará aguardando providência em cartório por parte do ofendido ou do seu representante legal. Pode ocorrer dos autos serem entregues ao ofendido ou seu representante legal se for solicitado, procedendo-se a traslado (art. 19 do CPP).

b) *Crimes de ação penal pública* – Nesses casos, o inquérito policial é encaminhado ao Poder Judiciário, e o juiz que abre vista ao Ministério Público ou, conforme visto acima, diretamente ao Ministério Público. Ao tomar conhecimento dos autos o Ministério Público poder adotar as seguintes providências: a) *oferecer denúncia*; b) *arquivar o inquérito policial*; c) *requisitar diligências imprescindíveis ao oferecimento da denúncia*; d) *propor acordo de não persecução penal*; e) *declinar de competência*; e f) *suscitar conflito de competência.*

18.15. Arquivamento e Desarquivamento do Inquérito Policial

A Lei n.º 13.964/2019 (Pacote Anticrime) promoveu alteração no art. 28 do CPP de modo a disciplinar o arquivamento do inquérito policial de modo bem diverso da forma como ocorrida anteriormente. Vejamos:

> Art. 28. Ordenado o arquivamento do inquérito policial ou de quaisquer elementos informativos da mesma natureza, o órgão do Ministério Público comunicará à vítima, ao investigado e à autoridade policial e encaminhará os autos para a instância de revisão ministerial para fins de homologação, na forma da lei.
>
> § 1º Se a vítima, ou seu representante legal, não concordar com o arquivamento do inquérito policial, poderá, no prazo de 30 (trinta) dias do recebimento da comunicação, submeter a matéria à revisão da instância competente do órgão ministerial, conforme dispuser a respectiva lei orgânica.
>
> § 2º Nas ações penais relativas a crimes praticados em detrimento da União, Estados e Municípios, a revisão do arquivamento do in-

> quérito policial poderá ser provocada pela chefia do órgão a quem couber a sua representação judicial.

Visando promover a adequação do CPP ao sistema acusatório adotado no Brasil, especialmente com a CF, que em seu art. 129, I, estipula que é função institucional do Ministério Público promover privativamente a ação penal pública, a Lei n.º 13.964/2019 retirou de cena o juiz e passou a estabelecer que toda a tramitação acerca do procedimento de arquivamento do inquérito policial ou de peças de informação deverá se dar *interna corporis* no Ministério Público. Ora, num sistema acusatório, onde as funções de acusar, defender e julgar são realizadas por atores diversos e esta última caracteriza-se pela neutralidade em relação às partes, razão não há para condicionar o arquivamento do inquérito ou das peças de informação à homologação judicial.

Assim, nos termos da nova redação do art. 28, *caput*, o arquivamento do inquérito ou das peças de informação passou a ser ordenado pelo órgão do Ministério Público que, após comunicações, deverá obrigatoriamente encaminhar os autos para a instância responsável pela *revisão ministerial* para homologação, conforme dispuser a lei.

Ademais, o art. 28, *caput*, determina ao órgão Ministério Público realizar a comunicação da ordem de arquivamento de inquérito policial ou peças de informação à vítima, ao investigado/indiciado e à autoridade policial.

Contudo, no julgamento conjunto das ADIs n.ºs 6298, 6.299, 6.300 e 6.305 o Plenário do STF, por maioria, atribuiu ao art. 28, *caput*, do CPP, alterado pela Lei n.º 13.964/2019, interpretação conforme a Constituição, no sentido de que:

> "(...) ao se manifestar pelo arquivamento do inquérito policial ou de quaisquer elementos informativos da mesma natureza, o órgão do Ministério Público submeterá sua manifestação ao juiz competente e comunicará à vítima, ao investigado e à autoridade policial, podendo encaminhar os autos para o Procurador-Geral ou para a instância de revisão ministerial, quando houver, para fins de homologação (...).[50]"

Razão assiste à Suprema Corte ao manter a necessidade de submissão da promoção de arquivamento à apreciação judicial. Isso porque o CPP atribui ao arquivamento do inquérito policial ou peças de informação o mesmo efeito

---

50. Brasil. Supremo Tribunal Federal. Disponível em <https://portal.stf.jus.br/processos/detalhe.asp?incidente=5840274>. Acesso em 29 mar. 2024.

da decisão de impronúncia, viabilizando nova exordial acusatória caso surjam novas provas (art. 414, parágrafo único), muito embora no art. 67, I, faça referência a "despacho de arquivamento". Se a impronúncia é uma decisão judicial, o arquivamento do procedimento investigatório também o é. Ademais, há situações nas quais o arquivamento do inquérito policial faz coisa julgada formal e material, a exemplo do que ocorre quando o arquivamento funda-se no reconhecimento da atipicidade do fato, na manifesta existência de causa excludente de ilicitude ou de culpabilidade (exceto a inimputabilidade) ou na existência de causa extintiva de punibilidade.[51]

Importante consignar que se a vítima ou seu representante legal não concordarem com o arquivamento, será possível que, no prazo de 30 dias a contar da comunicação, submetam a matéria à instância competente do Ministério Público para fins de revisão, conforme dispuser a lei orgânica (art. 28, §1º, do CPP) e, em sendo a vítima a União, Estados e Municípios o requerimento de revisão do arquivamento poderá ser realizado pela chefia do órgão a quem couber sua representação judicial, ou seja, AGU, PGE e PGM (art. 28, § 2º, do CPP).

Conferindo interpretação conforme ao § 1º do art. 28, inserido ao CPP pela Lei n.º 13.964/2019, o STF, no julgamento das ADIs n.ºs 6298, 6.299, 6.300 e 6.305, estabeleceu que "a autoridade judicial competente também poderá submeter a matéria à revisão da instância competente do órgão ministerial, caso verifique patente ilegalidade ou teratologia no ato do arquivamento."

Não há dispositivo legal no CPP que discipline as hipóteses de arquivamento do inquérito policial, de modo que, para identificá-las, aplicam-se, por analogia, os dispositivos que tratam dos casos de rejeição da denúncia (art. 395, CPP) e de absolvição sumária (art. 397, CPP). São elas: a) ausência de pressuposto processual ou de condição da ação; b) falta de justa causa; c) quando o fato investigado não constituir crime; d) manifesta existência de causa excludente de ilicitude; e) manifesta existência de causa excludente de culpabilidade, exceto a inimputabilidade; e f) causa extintiva de punibilidade.[52]

Caso o procedimento investigatório seja arquivado por carência de pressuposto processual ou de condição da ação ou, ainda, por falta de justa causa,

---

51. LIMA, Renato Brasileiro de. *Manual de processo penal*. 7. ed., rev., atual. e ampl. Salvador: Ed. Juspodivm, 2019, p. 167.
52. LIMA, Renato Brasileiro de. *Manual de processo penal*. 7. ed., rev., atual. e ampl. Salvador: Ed. Juspodivm, 2019, p. 168-169.

a decisão judicial fará apenas coisa julgada formal, sendo viável o desarquivamento caso surjam novas provas, conforme autoriza o art. 18 do CPP:

> Art. 18. Depois de ordenado o arquivamento do inquérito pela autoridade judiciária, por falta de base para a denúncia, a autoridade policial poderá proceder a novas pesquisas, se de outras provas tiver notícia.

Acerca do assunto temos a Súmula n.º 524 do STF, segundo a qual, "arquivado o inquérito policial por despacho do juiz, a requerimento do promotor, não pode a ação penal ser iniciada sem novas provas."

De acordo com o STJ[53], três são os requisitos atinentes à prova que autoriza o desarquivamento do inquérito policial: a) que seja formalmente nova, ou seja, que sejam apresentados fatos novos que eram desconhecidos quando do arquivamento; b) que seja substancialmente nova, ou seja, que seja idônea para alterar o juízo de valor sobre a desnecessidade da persecução penal; e c) que seja apta a alterar o panorama dentro do qual foi concebido e acolhido o pedido de arquivamento.

Contra decisão que recebe denúncia proposta pelo órgão do Ministério Público sem fundamento em provas novas cabe *exceção de coisa julgada formal* (art. 95, V, do CPP) ou ainda *habeas corpus*.

Por outro lado, a decisão de arquivamento que reconhece a atipicidade do fato, a manifesta existência de causa excludente de ilicitude[54] ou de culpabilidade (exceto a inimputabilidade) ou a presença de causa extintiva de punibilidade, por realizar verdadeiro pronunciamento de mérito, faz coisa julgada formal e material, o que impede o desarquivamento e o oferecimento de denúncia ou queixa, mesmo com o surgimento de novas provas.

18.15.1. Arquivamento implícito

Ocorre o arquivamento implícito quando o órgão do Ministério Público deixa de mencionar na denúncia algum fato investigado ou deixa de denunciar indiciados injustificadamente e o juiz não adota, por analogia, o disposto no

53. 6ª Turma, RHC 18.561/ES, Rel. Min. Hélio Quaglia Barbosa, DJ 1º/08/2005.
54. O STF já reconheceu a possibilidade de oferecimento de denúncia com base em novas provas diante do arquivamento do inquérito policial fundamentado no reconhecimento de excludente de ilicitude. Nesse sentido: STF, 1ª Turma, HC 95.211, Rel. Min. Cármen Lúcia, j. 10.03/2009 e STF, 2ª Turma, HC 125.101, Rel. Min. Dias Toffoli, j. 25/08/2015.

art. 28, § 1º, do CPP, com a interpretação conforme que lhe fora conferida pelo STF quando do julgamento das ADIs n.ºs 6298, 6.299, 6.300 e 6.305, segundo a qual "a autoridade judicial competente também poderá submeter a matéria à revisão da instância competente do órgão ministerial, caso verifique patente ilegalidade ou teratologia no ato do arquivamento."

A partir dessa conceituação é possível distinguir o arquivamento implícito em *objetivo* e *subjetivo*. O *arquivamento implícito objetivo* ocorre quando o Ministério Público deixa de mencionar algum fato investigado na denúncia. Por sua vez, o *arquivamento implícito subjetivo* se dá quando o órgão ministerial deixa de denunciar algum indiciado injustificadamente.

A maioria da doutrina não admite o arquivamento implícito sob o argumento de que todo pedido de arquivamento deve ser devidamente fundamentado. Os tribunais superiores também não têm admitido o arquivamento implícito[55]. O STJ já fundamentou a não admissão do arquivamento implícito no art. 569 do CPP que estabelece que antes da sentença é possível o aditamento da denúncia para suprir suas omissões em razão do princípio da obrigatoriedade da ação penal pública[56].

18.15.2. Arquivamento indireto

Quando o órgão do Ministério Público entende que o juízo no qual atua não é o competente e o juiz considera-se competente, deverá este remeter os autos ao Procurador-Geral aplicando-se analogicamente o art. 28, § 1º, do CPP, com a interpretação conforme que lhe fora conferida pelo STF quando do julgamento das ADIs n.ºs 6298, 6.299, 6.300 e 6.305.

Não se trata de um conflito de competência porque não foi estabelecido entre dois juízes, nem um conflito de atribuições, pois não foi estabelecido entre dois membros do Ministério Público. Mas há um impasse que necessita de solução não prevista da legislação. O *parquet* se nega a oferecer denúncia por entender o juiz incompetente e o juiz se nega a remeter os autos a outro juiz porque se considera competente.

Assim, deve o juiz encaminhar os autos ao Procurador-Geral e este, não oferecendo denúncia, nem determinando que outro promotor o faça, por

---

55. STF, 1ª Turma, HC 104.356/RJ, Rel. Min. Ricardo Lewandowski, j. 19/10/2010.
56. STJ, 6ª Turma, HC n.º 46.409/DF, Rel. Min. Paulo Gallotti, DJ 27/11/2006.

entender ser o juízo incompetente, caso o juiz considere-se competente haverá o arquivamento do inquérito policial, arquivamento esse chamado de indireto.

18.15.3. Arquivamento de inquérito policial que apura crime de ação penal privada

Em primeiro lugar tem-se que recordar que para a ação penal privada exclusiva e personalíssima vigora o princípio da disponibilidade. Além disso, há que se considerar os institutos da *decadência* e da *renúncia*, que são causas extintivas de punibilidade.

Assim, se houve identificação de autoria em crime de ação penal privada é muito mais cômodo para a vítima ou seu representante legal aguardar o transcurso do prazo decadencial de 6 meses do que requerer formalmente o arquivamento do inquérito policial. E se formalizasse tal requerimento, seria ele interpretado como ato incompatível com a vontade de ver o autor ser responsabilizado criminalmente, o que nada mais é do que renúncia tácita ao direito de queixa.

Todavia, é possível que a vítima ou seu representante legal requeiram o arquivamento quando no curso do inquérito policial não se conseguiu identificar a autoria. Enquanto não descoberta a autoria o prazo decadencial não correrá, evidentemente. Nesse caso é possível o pedido de arquivamento pelo ofendido ou seu representante legal.

19. AÇÃO PENAL

19.1. Conceito de Direito de Ação e seu Fundamento Constitucional

A partir do momento em que ocorre uma infração penal, surge para o Estado o *jus puniendi* (direito de punir). Tal punição somente será possível de ser executada após o trânsito em julgado da sentença penal condenatória. É necessário que a imposição da sanção penal, portanto, e como já visto, decorra do processo penal, que é o instrumento de que se vale o Estado para tanto. E para que haja um processo penal é preciso que a acusação (Ministério Público nos crimes de ação penal pública e ofendido nos crimes de ação penal privada) exercite o direito de ação.

Para Dezem, a ação "consiste no direito de deduzir em juízo a pretensão que se entende devida"[57]. Direito de ação é, portanto, o direito que tem a parte acusadora de pedir ao Estado-Juiz a aplicação do direito objetivo ao caso concreto.

O direito de ação encontra fundamento no *princípio da inafastabilidade ou irrecusabilidade da jurisdição*[58] no art. 5º, XXXV, da CF, segundo o qual "a lei não excluirá da apreciação do Poder Judiciário lesão ou ameaça a direito."

19.2. Natureza Jurídica das Normas que Tratam do Direito de Ação

Mostra-se relevante identificar qual a natureza jurídica das normas relacionadas ao direito de ação, ou seja, saber se são normas penais, processuais ou híbridas, especialmente pelo fato de acarretarem consequências relativas ao direito intertemporal.

Sobrevindo uma nova lei de natureza penal, há que se pesquisar se seu conteúdo é mais benéfico ou mais prejudicial ao imputado em relação à lei anterior, pois sempre deverá prevalecer a lei penal mais benéfica. Assim, haverá ultratividade da lei revogada e retroatividade da lei nova quando mais benéficas. Não é demasiado lembrar que o art. 5º, XL, da CF estabelece que "a lei penal não retroagirá, salvo para beneficiar o réu" e que, no mesmo sentido, o art. 2º, parágrafo único, do CP determina que "A lei posterior, que de qualquer modo favorecer o agente, aplica-se aos fatos anteriores, ainda que decididos por sentença condenatória transitada em julgado."

Por sua vez, a nova "lei processual aplicar-se-á desde logo, sem prejuízo dos atos realizados sob a vigência da lei anterior", conforme art. 2º do CPP, que adota o sistema do isolamento dos atos processuais. No processo penal incide, portanto, o princípio *tempus regit actum*[59], de modo que a nova lei se aplica imediatamente, mesmo que prejudicial.

Já as normas híbridas, também chamadas de mistas, ou ainda normas processuais materiais, são aquelas que possuem conteúdo duplo, isto é, tratam de

57. DEZEM, Guilherme Madeira. *Curso de processo penal.*7. ed, rev., atual. e ampl. São Paulo: Thomson Reuters Brasil, 2021, p. 310.

58. MARCÃO, Renato. *Curso de processo penal.* 5. Ed. São Paulo: Saraiva Educação, 2019, p. 236.

59. BADARÓ, Gustavo Henrique. *Processo penal.* 9. ed., rev., atual. e ampl. São Paulo: Thomson Reuters Brasil, 2021, p. 113 e 114.

matérias processual penal e penal. Para esses casos "se aplica o mesmo critério do direito penal"[60], ou seja, aplica-se sempre a lei mais benéfica ao imputado.

Preliminarmente, é necessário saber que a ação penal é tratada no Código Penal (arts. 100 a 106) e no Código de Processo Penal (arts. 24 a 62). Além de tratar do processo em si, as normas relativas à ação penal possuem estreita relação com o direito de punir do Estado, possuindo, portanto, duplo conteúdo, vale dizer, tratam de matérias processual penal e penal. Assim, são normas de natureza híbrida ou mista, também chamadas de normas processuais materiais.

Portanto, as normas referentes ao direito de ação aplicam-se desde logo, inclusive às investigações e processos já em tramitação, podendo retroagir a fatos ocorridos anteriormente à entrada em vigor se forem mais benéficas ao agente. Caso sobrevenha, por exemplo, nova lei alterando a natureza da ação de penal de determinado crime de pública incondicionada para pública condicionada à representação, essa nova lei será mais benéfica (*novatio legis in melius*), já que confere maior probabilidade de incidência de causas extintivas de punibilidade como a decadência, de modo que, a nova lei deverá retroagir em benefício do agente. Agora, se, por exemplo, a alteração for inversa, ou seja, de pública condicionada à representação para pública incondicionada, estaremos diante de uma lei nova prejudicial (*novatio legis in pejus*), a qual não retroagirá.

Ponto relevante diz respeito à retroação ou não do § 5º do art. 171 do CP, inserido pela Lei n.º 13.964/2019 (pacote anticrime). Desde a entrada em vigor do novel dispositivo, passou-se a discutir quanto à retroatividade da representação aos crimes de estelionato, em especial naqueles casos em que a ação penal já havia sido deflagrada. Vários casos chegaram aos tribunais superiores e divergências jurisprudenciais foram verificadas, acarretando indesejável insegurança jurídica em torno no tema.

Recentemente, colocando ponto final à discussão, o Plenário do STF, no julgamento da AgRg no HC 208.817-RJ, por maioria, decidiu pela retroatividade da representação no crime de estelionato a todos os casos até o trânsito em julgado da ação, uma vez que é norma híbrida mais benéfica ao agente. Para a relatora, Ministra Cármem Lúcia, o art. 5º, XL, da CF, deve ser interpretado na sua máxima efetividade. Decidiu-se, ainda, pela necessidade de intimação da vítima para se manifestar, no prazo de 30 dias, sobre o interesse em prosseguir

60. LIMA, Renato Brasileiro de. *Manual de processo penal*. 7. ed., rev., atual. e ampl. Salvador: Ed. Juspodivm, 2019, p. 97.

com a persecução penal, sob pena de decadência, aplicando-se, por analogia, o art. 91 da Lei n.º 9.099/1995. Vejamos[61]:

> HABEAS CORPUS. CONSTITUCIONAL. PROCESSO PENAL. RETROATIVIDADE DO § 5º DO ART. 171, INCLUÍDO NO CÓDIGO PENAL PELA LEI N. 13.964/2019. ALTERAÇÃO DA NATUREZA DA AÇÃO PENAL PARA O CRIME DE ESTELIONATO COMUM. INCLUSÃO DE CONDIÇÃO DE PROCEDIBILIDADE. NORMA DE NATUREZA HÍBRIDA. RETROAÇÃO EM BENEFÍCIO DO ACUSADO. MÁXIMA EFETIVIDADE DOS DIREITOS FUNDAMENTAIS. INC. XL DO ART. 5º DA CONSTITUIÇÃO DA REPÚBLICA. NECESSIDADE DE INTIMAÇÃO DA VÍTIMA PARA PROSSEGUIMENTO DA AÇÃO. PRECEDENTES. ORDEM CONCEDIDA.

19.3. Características do Direito de Ação

O direito de ação possui as seguintes características: é um direito público, subjetivo, autônomo, abstrato, específico e instrumental.

Trata-se de um *direito público*, já que a atividade jurisdicional é de natureza pública[62] e o direito de ação é exercido em face do próprio Estado[63].

É um *direito subjetivo* porque o titular do direito de ação pode exigir do Estado-Juiz a prestação jurisdicional[64]. Via de regra, o titular da ação penal é o Ministério Público (art. 129, I, da CF e art. 257, I, do CPP). Em alguns casos a titularidade da ação penal será da vítima ou de seu representante legal (arts. 29 e 30 do CPP).

Caracteriza-se como um *direito autônomo*, pois o direito de ação não se confunde com o direito material a se busca tutelar[65], preexistindo, assim, à pretensão punitiva que surge com a ocorrência da infração penal[66].

---

61. STF, Pleno, AgRg no HC 208.817-RJ, Rel. Min. Cármen Lúcia, j. 13/04/2023.
62. CAPEZ, Fernando. *Curso de processo penal*. 28. ed. São Paulo: Saraiva Educação, 2021, p. 131.
63. TÁVORA, Nestor; ALENCAR, Rosmar Rodrigues. *Curso de processo penal e execução penal*. 16. ed., reestrut., revis. e atual. Salvador: Ed. Juspodivm, 2021, p. 222.
64. CAPEZ, Fernando. *Curso de processo penal*. 28. ed. São Paulo: Saraiva Educação, 2021, p. 131.
65. CAPEZ, Fernando. *Curso de processo penal*. 28. ed. São Paulo: Saraiva Educação, 2021, p. 131.
66. TÁVORA, Nestor; ALENCAR, Rosmar Rodrigues. *Curso de processo penal e execução penal*. 16. ed., reestrut., revis. e atual. Salvador: Ed. Juspodivm, 2021, p. 222.

É um *direito abstrato*, já que independe da procedência ou improcedência da pretensão acusatória. Por isso, o direito de ação terá sido exercido mesmo que ao final a demanda seja julgada improcedente[67].

Trata-se de um *direito específico*, uma vez que é exercido para solucionar um fato criminoso específico. Seu conteúdo, ou seja, o objeto da imputação, é o fato criminoso ocorrido[68].

Por fim, é um *direito instrumental* porque se apresenta como instrumento por meio do qual se busca atingir a efetividade do direito material[69].

19.4. Condições da Ação Penal e Pressupostos Processuais

As condições da ação penal, segundo Frederico Marques, são os "elementos e requisitos necessários para que o juiz decida do mérito da pretensão"[70], ou seja, requisitos para o titular do direito de ação o exercite. A satisfação dessas condições é aferida pelo magistrado quando do juízo de admissibilidade da peça acusatória (denúncia ou queixa). Se o magistrado verificar que as condições genéricas e específicas da ação penal não foram preenchidas, deverá ele rejeitar a inicial acusatória (art. 395 do CPP).

A doutrina costuma dividir as condições da ação em *condições genéricas* (exigidas para toda e qualquer ação penal) e *condições específicas* (apenas em relação a determinadas infrações penais, certos acusados ou em situações específicas, conforme previsão legal).

19.4.1. Condições genéricas

a) *Legitimidade de parte* – Polo ativo – A ação penal pública deve ser proposta pelo Ministério Público, conforme art. 129, I, da CF, art. 24 do CPP e art. 100, § 1º, do CP. Já para a ação penal privada a

---

67. MARCÃO, Renato. *Curso de processo penal*. 5. Ed. São Paulo: Saraiva Educação, 2019. p. 237.
68. LIMA, Renato Brasileiro de. *Manual de processo penal*. 7. ed., rev., atual. e ampl. Salvador: Ed. Juspodivm, 2019, p. 214.
69. TÁVORA, Nestor; ALENCAR, Rosmar Rodrigues. *Curso de processo penal e execução penal*. 16. ed., reestrut., revis. e atual. Salvador: Ed. Juspodivm, 2021, p. 222.
70. MARQUES, José Frederico. *Elementos de direito processual penal*. 2. Ed. Campinas: Millennium, 2000, p. 353.

legitimidade ativa é do ofendido ou do seu representante legal, nos termos do art. 30 do CPP e art. 100, § 2º, do CP. Excepcionalmente, em caso de inércia do Ministério Público, a ação penal pública poderá ser intentada pelo ofendido ou seu representante legal (art. 29 do CPP). Polo passivo – A ação penal deverá ser proposta em desfavor de pessoa física maior de dezoito anos. Admite-se a propositura contra pessoa jurídica em se tratando de crimes contra a ordem econômica e financeira e contra a economia popular (art. 173, § 5º, da CF) e de ambientais (art. 225, § 3º, da CF)[71].

b) *Interesse de agir* – Há que se demonstrar a necessidade de se recorrer ao Poder Judiciário para a obtenção do resultado pretendido (condenação). A ação penal deve ser necessária, adequada e útil[72]. Como a pretensão punitiva não pode ser realizada de plano e o autor da infração penal não pode a ela se submeter voluntariamente, é sempre necessário se recorrer do Poder Judiciário para a tutela jurisdicional pleiteada (condenação). É por essa razão que se defende que no processo penal o interesse de agir está sempre presente.

c) *Possibilidade jurídica do pedido* – Na ação penal, o pedido formulado pela parte acusadora é a condenação do acusado. Assim, para que o pedido seja juridicamente possível, é imprescindível que haja norma definindo a conduta imputada ao acusado na exordial acusatória como infração penal sujeita a uma sanção penal. A exordial acusatória deve descrever fato definido como infração penal (fato típico, ilícito e culpável) e punível[73], pois somente assim é possível o pedido de condenação. O pedido será juridicamente impossível, portanto, quando a exordial narrar conduta atípica, acobertada por excludente de ilicitude ou de culpabilidade.

d) *Justa causa* – A ação penal somente pode ser admitida quando houver lastro probatório mínimo acerca da materialidade e indícios de autoria (*fumus comissi delicti*).

---

71. TÁVORA, Nestor; ALENCAR, Rosmar Rodrigues. *Curso de processo penal e execução penal*. 16. ed., reestrut., revis. e atual. Salvador: Ed. Juspodivm, 2021, p. 227.

72. MARCÃO, Renato. *Curso de processo penal*. 5. ed. São Paulo: Saraiva Educação, 2019, p. 242 e 243.

73. BADARÓ, Gustavo Henrique. *Processo penal*. 9. ed., rev., atual. e ampl. São Paulo: Thomson Reuters Brasil, 2021, p. 204.

Importante consignar que no crime de lavagem de capitais não basta demonstrar a presença de justa causa em relação ao crime de lavagem de capitais, sendo necessário demonstrar indícios de autoria e prova da materialidade em relação à infração penal antecedente (art. 2º, §1º, Lei n.º 9.613/98). É o que se denomina de justa causa duplicada. Fala-se, também, em justa causa triplicada, a qual será exigida quando o agente lavar, por exemplo, proveitos obtidos através de receptação de produtos roubados, ou seja, a exordial acusatória deverá demonstrar que há justa causa em relação ao roubo, à receptação e à lavagem de capitais.

19.4.2. Condições específicas

a) *Representação do ofendido ou de seu representante legal* – Nos crimes de ação penal pública condicionada à representação a ação penal não poderá ser iniciada sem esta (art. 24 do CPP). Exemplo: crime de ameaça (art. 147 do CP).

b) *Requisição do Ministro da Justiça* – Nos crimes de ação penal pública condicionada à requisição do Ministro da Justiça a ação penal não poderá ser iniciada sem esta (art. 24 do CPP). Exemplo: crimes cometidos por estrangeiro contra brasileiro fora do Brasil (art. 7º, § 3º, b, do CP) e crimes contra a honra do Presidente da República ou chefe de governo estrangeiro (art. 145, parágrafo único, do CP).

c) *Provas novas quando do arquivamento do inquérito policial com fundamento em falta de provas* – Súmula 524 do STF "Arquivado o inquérito policial, por despacho do juiz, a requerimento do Promotor, não pode a ação penal ser iniciada sem novas provas". A existência de novas provas que alterem o contexto probatório funciona como condição específica da ação penal.

d) *Provas novas após preclusão da decisão de impronúncia nos crimes contra a vida* – O juiz impronunciará o acusado caso não se convença sobre a materialidade e indícios de autoria ou participação (art. 414 do CPP). Essa decisão não faz coisa julgada material. A existência de novas provas que alterem o contexto probatório funciona como condição específica para nova ação penal.

e) *Laudo pericial nos crimes contra a propriedade imaterial* – Se o crime deixou vestígios a denúncia ou queixa não será recebida se não estiver instruída com o laudo pericial (art. 525 do CPP). Exemplo: violação de direito autoral (art. 184 do CP).

f) *Trânsito em julgado da ação anulatória de casamento por erro ou impedimento* - No crime de induzimento a erro essencial ou ocultação de impedimento de casamento (art. 236 do CP) a ação penal somente poderá ser intentada após o trânsito em julgado da ação anulatória (art. 236, parágrafo único, do CP).

g) *Autorização da Câmara dos Deputados, por 2/3 dos membros, para processo contra o Presidente da República, Vice-Presidente da República e Ministros de Estado (art. 51, I, da CF)* - Em caso de crime comum, o Procurador-Geral da República propõe a ação penal perante o STF, o qual encaminha o caso à Câmara dos Deputados. Os autos vão à Comissão de Constituição e Justiça, onde será nomeado relator. O denunciado terá 10 seções do Plenário para apresentar defesa. Após defesa ou inércia, a Comissão de Constituição e Justiça tem o prazo de 5 seções para votar o relatório que seguirá para o Plenário. Aprovada a autorização, o caso volta ao STF. Negada a autorização, o caso é arquivado na Câmara e o processo fica suspenso na Justiça até o término do mandato.

19.4.3. Pressupostos processuais

Os *pressupostos processuais* se subdividem em *pressupostos de existência* da relação processual (implica no reconhecimento da inexistência do processo, ou seja, é mais grave que o reconhecimento de uma nulidade) e *pressupostos de validade* da relação processual (implica, desde que haja provocação, em declaração de nulidade, visto que dizem respeito à necessária inexistência de vícios ou defeitos nos atos processuais ou originalidade da demanda).

São *pressupostos de existência* da relação processual:

a) *Demanda veiculada pela inicial acusatória que exteriorize a pretensão punitiva* - Face ao sistema acusatório e ao princípio da inércia (o juiz não pode agir de ofício - *ne procedat iudex ex officio*) é necessário que o processo seja iniciado através de uma denúncia ou queixa-crime, sob pena de inexistência do processo.

b) *Órgão investido de jurisdição* - O processo deve tramitar perante quem seja dotado de jurisdição. Um juiz aposentado, por exemplo, não tem jurisdição.

c) *Presença de partes que possam estar em juízo* – Refere-se à capacidade para ser parte. Deriva da personalidade, que consiste na capacidade para adquiri direitos e contrair obrigações. No processo penal, além das pessoas físicas e jurídicas, alguns entes, mesmo que não dotados de personalidade, são consideradas pessoas formais. Como exemplo citamos as entidades ou órgãos da administração pública, direta ou indireta, que, mesmo sem personalidade, têm legitimidade para a defesa dos interesses e direitos protegidos pelo CDC.

São *pressupostos de validade* da relação processual a competência do juízo e a inexistência de perempção, litispendência, de coisa julgada e de suspeição ou impedimento do magistrado.

19.5. Classificação da Ação Penal

Nos termos do art. 100 do CP, a ação penal pode ser pública e privada.

A Ação penal pública é de iniciativa exclusiva do Ministério Público (promotores e procuradores de justiça no âmbito do estadual e procuradores da república no âmbito federal), conforme art. 129, I, da CF.

Já a ação penal privada é de iniciativa do ofendido ou, quando este é menor, de seu representante legal. O legislador, atendo ao fato de que determinados ilícitos penais atingem a intimidade da vítima, deixou a critério dela o início da ação penal. É relevante citar que na ação penal privada ocorre o que se denomina legitimação extraordinária ou substituição processual, ou seja, o ofendido (ou seu representante legal) pleiteia, em nome próprio, direito alheio (o direito de punir continua sendo do Estado). Nos termos do art. 18 do CPC, "ninguém poderá pleitear direito alheio em nome próprio, salvo quando autorizado pelo ordenamento jurídico."

19.5.1. Espécies de ação penal pública

A ação penal pública pode ser *incondicionada* ou *condicionada*.

Na ação penal pública *incondicionada* o oferecimento da denúncia não depende de qualquer condição específica. É a regra[74]. No silêncio da lei o crime é de ação penal pública incondicionada (art. 100, *caput* e §1º, do CP).

---

74. BADARÓ, Gustavo Henrique. *Processo penal*. 9. ed., rev., atual. e ampl. São Paulo: Thomson Reuters Brasil, 2021, p. 230.

Por sua vez, na ação penal pública *condicionada* o oferecimento da denúncia depende de prévia condição específica. Pode ser condicionada à *representação do ofendido ou de seu representante legal* ou condicionada à *requisição do Ministro da Justiça*. A titularidade continua sendo do Ministério Público. A representação e a requisição são condições de procedibilidade.[75]

A representação (ou *delatio criminis* postulatória), consiste na manifestação da vítima ou de seu representante legal (caso menor) no sentido de desejar ver o autor da infração penal ser processado e responsabilizado criminalmente. É uma autorização para que o Ministério Público ingresse em juízo. Sequer a investigação criminal poderá ser iniciada sem a representação[76]. Tem forma livre (oral, escrita, pessoalmente ou por procurador com poderes especiais) podendo ser dirigida ao juiz, ao Ministério Público ou à autoridade policial (art. 39 do CPP)[77]. A lei estabelece quando será exigida a representação, geralmente dispondo "somente se procede mediante representação". O prazo para o exercício do direito de representação é de 6 meses a contar da data em que vier a saber quem é o autor da infração penal, sob pena de decadência (art. 38 do CPP e art. 103 do CP). "Os direitos de queixa e de representação podem ser exercidos, independentemente, pelo ofendido ou por seu representante legal", nos termos da Súmula 594 do STF. Se a vítima for menor ou mentalmente enferma e carecer de representante legal, ou houver colisão de interesses, nomeia-se curador de ofício ou a requerimento do Ministério Público (art. 33 do CPP por analogia). Em caso de ofendido morto ou declarado ausente, a representação poderá ser ofertada pelo cônjuge, companheiro, ascendente, descendente e irmão (art. 31 do CPP). A retratação da representação somente é possível até o oferecimento da denúncia (art. 25 do CPP), salvo em caso de violência doméstica, quando a retratação da representação somente poderá ocorrer em audiência designada pelo juiz para esse fim e com a presença do

---

75. LIMA, Renato Brasileiro de. *Manual de processo penal*. 7. ed., rev., atual. e ampl. Salvador: Ed. Juspodivm, 2019, p. 262.

76. TÁVORA, Nestor; ALENCAR, Rosmar Rodrigues. *Curso de processo penal e execução penal*. 16. ed., reestrut., revis. e atual. Salvador: Ed. Juspodivm, 2021, p. 242.

77. "A representação não exige forma especial, sendo suficiente para suprir os seus efeitos a inequívoca manifestação de vontade do ofendido no sentido de que o ofensor seja processado criminalmente, a qual pode ser verificada no boletim de ocorrência, na notitia criminis, nas declarações do ofendido na polícia ou em juízo" (STF, 2ª Turma, HC 100.588, Rel. Min. Ellen Gracie, j. 14/09/2010, DJe 01/10/2010).

Ministério Público, a qual deverá ocorrer antes do recebimento da denúncia (art. 16 da Lei n.º 11.340/2006).

A requisição do Ministro da Justiça é a autorização para que o Ministério Público ingresse em juízo, assim como a representação. A lei estabelece quando será exigida a requisição, geralmente dispondo "procede-se mediante requisição do Ministro da Justiça". Não há prazo para a requisição do Ministro da Justiça, a qual pode ser feita a qualquer tempo, desde que não operada causa extintiva de punibilidade (exemplo: morte do agente, prescrição)[78].

19.5.2. Espécies de ação penal privada

A ação penal privada pode ser *exclusiva*, *personalíssima* ou *subsidiária da pública.*

A ação penal *exclusiva* é aquela em que a iniciativa para sua propositura cabe à vítima ou ao seu representante legal (caso seja ela menor de 18 anos), nos termos do art. 100, § 2º, do CP. Em caso de ofendido morto ou declarado ausente, a queixa pode ser ofertada pelo cônjuge, companheiro, descendente, ascendente ou irmão (art. 31 do CPP). Se a morte ocorrer no curso da ação penal também poderá haver a substituição (art. 31 do CPP e art. 100, § 4º, do CPP). A lei menciona quando a ação penal será privada exclusiva estabelecendo, geralmente, "somente se procede mediante queixa". O prazo para o exercício do direito de queixa é de 6 meses a contar da data em que vier a saber quem é o autor da infração penal, sob pena de decadência (art. 38 do CPP e art. 103 do CP). Nos termos da Súmula 594 do STF, "os direitos de queixa e de representação podem ser exercidos, independentemente, pelo ofendido ou por seu representante legal." Se a vítima é menor ou mentalmente enferma e carecer de representante legal, ou houver colisão de interesses, nomeia-se curador de ofício ou a requerimento do Ministério Púbico (art. 33 do CPP, por analogia).

Por sua vez, a ação penal privada *personalíssima* é aquela que somente pode ser intentada pela vítima. Em caso de morte da vítima antes ou após o início da ação penal não poderá haver substituição para a sua propositura ou seu prosseguimento. Exemplo é o crime de induzimento a erro essencial e ocultação de impedimento para o casamento, tipificado no art. 236 do CP, cujo parágrafo único dispõe que "a ação penal depende de queixa do contraente enganado".

---

78. CAPEZ, Fernando. *Curso de processo penal*. 28. Ed. São Paulo: Saraiva Educação, 2021, p. 146.

Por fim, a ação penal privada *subsidiária da pública* é aquela que tem cabimento em caso de total inércia do Ministério Público. Só terá cabimento, portanto, quando o órgão ministerial não ofertar denúncia no prazo legal, não promover o arquivamento, não requerer diligências e não manifestar pelo declínio de competência, não suscitar conflito de competência ou não propor acordo de não persecução penal. O art. 29 do CPP estabelece que, no caso de ação penal privada subsidiária da pública, o Ministério Público poderá aditar a queixa, repudiá-la e oferecer denúncia substitutiva, intervir em todos os termos do processo, fornecer elementos de prova, interpor recurso e, a todo tempo, retomar a ação como parte principal em caso de negligência do querelante (*ação penal indireta*). É importante salientar que o Ministério Público não poderá manifestar pelo arquivamento do inquérito policial após a propositura da ação penal subsidiária[79]. O art. 5º, LIX, da CF, prevê a possibilidade da ação penal privada subsidiária quando o Ministério Púbico não intentar a ação no prazo legal. Trata-se de um direito do ofendido. Por outro lado, após o Ministério Público pugnar pelo arquivamento do inquérito policial não pode o ofendido procurar desconstituir a decisão de arquivamento e oferecer queixa subsidiária alegando direito líquido e certo de processar o autor do fato[80]. O titular da ação é o Ministério Público e vítima não tem direito líquido e certo de impedir o arquivamento. Tal permissivo implicaria em violação de prerrogativa do Ministério Público.

19.6. Princípios da Ação Penal

19.6.1. Princípios da ação penal pública

a) *Princípio da obrigatoriedade* – Havendo prova da materialidade e indícios de autoria, o Ministério Público está obrigado a oferecer denúncia contra o autor da infração[81]. Existem algumas hipóteses nas quais o princípio da obrigatoriedade é mitigado[82]. São elas:

79. STJ, 6ª Turma, RMS 50.780/SP, Rel. Min. Rogério Schietti, Dje 02/02/2017.
80. STJ, 5ª Turma, RMS 56.432/SP, Rel. Min. Jorge Mussi, Dje 22/08/2018.
81. CAPEZ, Fernando. *Curso de processo penal*. 28. Ed. São Paulo: Saraiva Educação, 2021, p. 137.
82. TÁVORA, Nestor; ALENCAR, Rosmar Rodrigues. *Curso de processo penal e execução penal*. 16. ed., reestrut., revis. e atual. Salvador: Ed. Juspodivm, 2021, p. 236 e 237.

» Transação penal nas infrações de menor potencial ofensivo (vigora o princípio da discricionariedade regrada) – art. 76 da Lei n.º 9.099/1995.

» Acordo de não persecução penal – art. 28-A do CPP.

» Não oferecimento de denúncia em face de colaborador premiado – (art. 4º, §4º, Lei n.º 12.850/2013 – Nas hipóteses do caput deste artigo, o Ministério Público poderá deixar de oferecer denúncia se a proposta de acordo de colaboração referir-se à infração de cuja existência não tenha prévio conhecimento e o colaborador: I – não for o líder da organização; II – for o primeiro a prestar efetiva colaboração nos termos deste artigo).

b) *Princípio da indisponibilidade* – O Ministério Público não pode desistir da ação penal por ele proposta, nos termos do art. 42 do CPP.

c) *Princípio da oficialidade* – A ação penal é proposta por um órgão oficial do Estado, no caso brasileiro, o Ministério Público[83].

d) *Princípio da divisibilidade* – Significa que o Ministério Público poderá ofertar denúncia apenas em relação a parcela dos sujeitos ativos envolvidos na infração penal, postergando para momento posterior, após melhor aprofundamento da investigação, denunciar aos demais ou aditar a denúncia[84]. Fernando Capez[85], Renato Brasileiro de Lima[86] e Nestor Távora e Rosmar Rodrigues de Alencar[87], contudo, discordam e defendem a indivisibilidade da ação penal pública.

e) *Princípio da intranscendência* – Princípio que incide tanto para a ação penal pública quanto para a ação penal privada, significa que a ação penal deve ser proposta apenas contra o suposto autor da infração

83. BADARÓ, Gustavo Henrique. *Processo penal*. 9. ed., rev., atual. e ampl. São Paulo: Thomson Reuters Brasil, 2021, p. 230.
84. MIRABETE, Julio Fabbrini. *Processo penal*. 17. ed. rev. e atual. São Paulo: Atlas, 2005, p. 121.
85. CAPEZ, Fernando. *Curso de processo penal*. 28. Ed. São Paulo: Saraiva Educação, 2021, p. 138.
86. LIMA, Renato Brasileiro de. *Manual de processo penal*. 7. ed., rev., atual. e ampl. Salvador: Ed. Juspodivm, 2019, p. 255.
87. TÁVORA, Nestor; ALENCAR, Rosmar Rodrigues. *Curso de processo penal e execução penal*. 16. ed., reestrut., revis. e atual. Salvador: Ed. Juspodivm, 2021, p. 239.

penal, face ao princípio da pessoalidade da pena, segundo o qual a pena não passará da pessoa do condenado (art. 5º, XLV, da CF)[88].

19.6.2. *Princípios da ação penal privada*

a) *Princípio da oportunidade ou conveniência* – Mesmo que haja prova de materialidade e indícios de autoria, o ofendido (ou seu representante legal) tem livre escolha para decidir se e quando vai processar o autor do fato[89].

b) *Princípio da disponibilidade* – O querelante pode desistir da ação proposta se assim desejar por meio do perdão ou da perempção, ou, ainda, desistir do recurso interposto por meio da desistência.

c) *Princípio da indivisibilidade* – Havendo mais de um sujeito ativo do crime, não poderá o ofendido escolher a quem processar. A ação penal deverá ser intentada contra todos.[90] É o que dispõe o art. 48 do CPP, segundo o qual "a queixa contra qualquer dos autores do crime obrigará ao processo de todos, e o Ministério Público velará pela sua indivisibilidade." Assim, caso o juiz verifique que o querelante ocultou intencionalmente algum dos autores deverá ele declarar extinta a punibilidade de todos os autores (os que constam da exordial e os que foram omitidos) reconhecendo que houve renúncia ao direito de queixa (art. 107, V, do CP), pois nos termos do art. 49 do CPP "a renúncia ao exercício do direito de queixa em relação a um dos autores do crime, a todos se estenderá."

d) *Princípio da intranscendência* – Princípio que incide tanto para a ação penal pública quanto para a ação penal privada, significa que a ação penal deve ser proposta apenas contra o suposto autor da infração

88. LIMA, Renato Brasileiro de. *Manual de processo penal.* 7. ed., rev., atual. e ampl. Salvador: Ed. Juspodivm, 2019, p. 249.

89. MARCÃO, Renato. *Curso de processo penal.* 5. Ed. São Paulo: Saraiva Educação, 2019, p. 267.

90. CAPEZ, Fernando. *Curso de processo penal.* 28. Ed. São Paulo: Saraiva Educação, 2021, p. 152.

penal, face ao princípio da pessoalidade da pena, segundo o qual a pena não passará da pessoa do condenado (art. 5º, XLV, da CF)[91].

19.7. Exordial Acusatória

19.7.1. Denúncia

A denúncia é o nome que se dá à peça que inaugura a ação penal proposta pelo Ministério Público nos crimes de ação penal pública (incondicionada e condicionada). É através dela que se dá "a instrumentalização da imputação que feita ao acusado."[92]

Os requisitos da denúncia estão previstos no art. 41 do CPP. São eles:

a) *Exposição do fato criminoso com todas as suas circunstâncias* – Consiste na descrição do fato imputado, delimitando as elementares do tipo, as qualificadoras e privilégios, as causas de aumento e diminuição de pena e as agravantes. Algumas observações se mostram relevantes. Nos *crimes tentados* deve-se descrever o início de execução do crime e as circunstâncias alheias à vontade do agente que impediram a consumação. Nos *crimes culposos* deve-se descrever em que consistiu a imprudência, a negligência e a imperícia. No crime de *desacato* é preciso descrever exatamente as palavras desrespeitosas dirigidas ao funcionário público. Em se tratando de *concurso de agentes* é necessário que seja descrita de forma clara a conduta de cada um dos agentes, sendo a descrição genérica admitida somente quando impossível a descrição individual.

b) *Qualificação do acusado ou esclarecimentos para sua identificação* – Não incerta a qualificação do acusado, poderão ser descritos outros dados que viabilizem sua identificação, tais como sexo, idade, altura, compleição física[93], cor dos olhos, sinais, cicatrizes, tatuagens etc., conforme também autorizado pelo art. 259 do CPP.

---

91. LIMA, Renato Brasileiro de. *Manual de processo penal*. 7. ed., rev., atual. e ampl. Salvador: Ed. Juspodivm, 2019, p. 249.

92. DEZEM, Guilherme Madeira. *Curso de processo penal*. 7. ed., rev., atual. e ampl. São Paulo: Thomson Reuters Brasil, 2021, p. 367.

93. TÁVORA, Nestor; ALENCAR, Rosmar Rodrigues. *Curso de processo penal e execução penal*. 16. ed., reestrut., revis. e atual. Salvador: Ed. Juspodivm, 2021, p. 271.

c) *A classificação do crime* – É a tipificação da conduta.

d) *Rol de testemunhas.*

O prazo para o oferecimento da denúncia será de 5 dias se o réu estiver preso e de 15 dias se ele estiver solto. O prazo é contado a partir da data em que o órgão do Ministério Público receber os autos de inquérito policial ou peças de informação (art. 46 e §1º do CPP). Existem, contudo, prazos especiais:

- *Crimes da lei de drogas*, o prazo é de 10 dias, independente se o acusado está solto ou preso (art. 54 da Lei n.º 11.343/2006).
- *Crimes contra a economia popular*, o prazo é de 2 dias, independente se o acusado está solto ou preso (art. 10, § 2º, da Lei n.º 1.521/1951).
- *Crimes eleitorais*, o prazo é de 10 dias, independente se o acusado está solto ou preso (art. 357, *caput*, da Lei n.º 4.737/1965).
- *Crimes da lei de falências*, o prazo é de 5 dias se o acusado estiver preso e de 15 dias se estiver solto (art. 187, §1º, da Lei n.º 11.101/2005 – manda aplicar o art. 46 de CPP). Se o acusado estiver solto o MP pode aguardar o relatório do administrador judicial sobre a falência, para depois oferecer denúncia em 15 dias.

19.7.2. Queixa-Crime

A queixa-crime é o nome que se dá à peça que inaugura a ação penal proposta pelo ofendido ou seu representante legal nos crimes de ação penal privada (exclusiva, personalíssima ou subsidiária da pública).

Os requisitos da queixa-crime são os mesmos da denúncia e estão previstos no art. 41 do CPP, quais sejam: *exposição do fato criminoso com todas as suas circunstâncias, qualificação do acusado ou esclarecimentos para sua identificação*, a *classificação do crime* e o *rol de testemunhas.*

Nos termos do art. 38 do CPP, o prazo para o oferecimento da queixa é de 6 meses, a contar da data na qual a vítima ou seu representante legal (caso a vítima seja menor) toma conhecimento acerca do autor da infração penal ou da data na qual se esgota o prazo para o MP oferecer denúncia, no caso de ação penal privada subsidiária. Há, contudo, prazos especiais:

- *Crime de induzimento a erro essencial e ocultação de impedimento ao casamento*, tipificado no art. 236 do CP, o prazo de 6 meses passa a contar a partir do trânsito em julgado da sentença cível que anule o casamento, conforme disposto no parágrafo único do citado dispositivo.

- *Crimes contra a propriedade imaterial que deixam vestígios*, o prazo é de 30 dias, contados a partir da homologação do laudo, conforme disposto no art. 529, *caput*, do CPP. Entretanto, é preciso compatibilizar essa regra com o art. 38 do CPP, de modo que, se o ofendido conhece o autor do crime inicia-se o prazo decadencial de 6 meses para o oferecimento da queixa, o qual será reduzido a 30 dias com a conclusão do laudo pericial[94].

Importante citar que, nos termos da Súmula 594 do STF, "os direitos de queixa e de representação podem ser exercidos, independentemente, pelo ofendido ou por seu representante legal."

19.7.3. Hipóteses de rejeição da denúncia ou da queixa-crime

Após o oferecimento da exordial acusatória (denúncia ou queixa), os autos são conclusos ao magistrado que, na oportunidade, realizará o denominado *juízo de admissibilidade* e, assim, a receberá ou rejeitará. O art. 395 do CPP traz as hipóteses nas quais a denúncia ou a queixa-crime serão rejeitadas. Vejamos:

> Art. 395, CPP – A denúncia ou a queixa será rejeitada quando:
>
> I – for manifestamente inepta;
>
> II – faltar de pressuposto processual ou condição para o exercício da ação penal; ou.
>
> III – faltar de justa causa para o exercício da ação penal.

A decisão que rejeita a denúncia ou a queixa pode ser atacada por meio de recurso em sentido estrito, nos termos do art. 581, I, do CPP. Por sua vez, a decisão que recebe a denúncia ou queixa é irrecorrível. Não há previsão de recurso para tal decisão. Caso o réu ou querelado deseje atacar a decisão que recebeu a inicial acusatória deverá fazê-lo através de *habeas corpus*, que não é recurso, mas sim uma ação impugnativa autônoma constitucional.

94. TÁVORA, Nestor; ALENCAR, Rosmar Rodrigues. *Curso de processo penal e execução penal*. 16. ed., reestrut., revis. e atual. Salvador: Ed. Juspodivm, 2021, p. 275.

19.8. Causas Extintivas de Punibilidade Relacionadas ao Direito de Ação

Praticada a infração penal, surge para o Estado o direito de punir (*jus puniendi*), mas existem certas causas que acarretam a extinção da punibilidade. Ademais, conforme prevê o art. 61 do CPP "em qualquer fase do processo, o juiz, se reconhecer extinta a punibilidade, deverá declará-la de ofício."

As causas de extinção da punibilidade estão previstas no art. 107 do CP. Dentre elas, importa estudar neste momento as que se relacionam diretamente com o direito de ação. O CPP relaciona quatro, quais sejam, a *decadência*, a *renúncia*, a *perempção* e o *perdão do ofendido*. A doutrina acrescenta a *desistência*.

19.8.1. Decadência

A decadência, tratada nos arts. 103 e 107, IV, do CP e no art. 38 do CPP, consiste na perda do direito de queixa na ação penal privada ou de representação na ação penal pública condicionada em virtude do seu não exercício dentro do prazo legal[95]. Ocorre, portanto, antes de iniciada a ação penal.

O prazo é decadencial é de 6 meses contados da data em que se descobrir quem é o autor da infração penal ou, em se tratando de ação penal privada subsidiária, da data que se esgotou o prazo para o Ministério Público oferecer denúncia (art. 103 do CP e art. 38 do CPP). Trata-se de um prazo de natureza material, razão pela qual não se interrompe, não se suspende, é fatal, é improrrogável, contando-se o dia do início e excluindo-se o do fim (art. 10 do CP).

19.8.2. Renúncia ao direito de queixa

É um ato unilateral consistente na manifestação de vontade expressa ou tácita do ofendido ou de seu representante legal no sentido de não desejar que o autor do fato seja processado[96]. Está disciplinada nos arts. 104 e 107, V, do CP e nos arts. 49, 50 e 57 do CPP, e ocorre antes do início da ação penal. A renúncia decorre do princípio da conveniência ou da oportunidade.

---

95. MASSON, Cleber. *Direito penal esquematizado – parte geral – vol. 1*. 10. ed., rev., atual. e ampl. Rio de Janeiro: Forense; São Paulo: Método, 2016, p. 996.

96. DEZEM, Guilherme Madeira. *Curso de processo penal*. 7. ed., rev., atual. e ampl. São Paulo: Thomson Reuters Brasil, 2021, p. 381.

Pelo CP e o CPP somente tem cabimento na ação penal privada exclusiva e personalíssima, não tendo cabimento na ação penal privada subsidiária da pública[97].

A renúncia em relação a um dos autores aproveita a todos (art. 49 do CPP), tendo em vista o princípio da indivisibilidade da ação penal privada.

A renúncia pode ser *expressa* ou *tácita*. A *renúncia expressa* é a inequívoca manifestação de vontade do ofendido, seu representante legal ou procurador com poderes especiais no sentido de não desejar ver o autor ser processado (art. 50, *caput*, do CPP). Já a *renúncia tácita* é a que resulta da prática de um ato incompatível com a vontade de ver o autor ser processado (art. 104, parágrafo único, do CP), admitindo qualquer meio de prova (art. 57 do CPP), a exemplo do que ocorre quando o ofendido convida o autor da infração para ser seu padrinho de casamento.

Relevante citar que, geralmente, o recebimento de indenização por parte da vítima não caracteriza renúncia ao direito de queixa, nos termos do art. 104, parágrafo único, do CP. Porém, há uma exceção. A composição civil dos danos entre autor do fato e vítima nas infrações de menor potencial ofensivo, homologada pelo juiz, implica em renúncia ao direito de queixa e ao direito de representação (art. 74, parágrafo único, da Lei n.º 9.099/1995). Trata-se de uma hipótese de renúncia na ação penal pública condicionada à representação.

19.8.3. Perempção

Prevista no art. 107, IV, do CP, a perempção é a perda do direito de prosseguir na ação penal privada em razão da inércia ou negligência do querelante[98]. Só tem cabimento nas ações penais privadas exclusiva e personalíssima, conforme expressa previsão no art. 60 do CPP. Na ação penal subsidiária da pública, em caso de inércia ou negligência do querelante, o Ministério Público reassume a ação penal. Ocorre com a ação penal em curso.

---

97. MASSON, Cleber. *Direito penal esquematizado – parte geral – vol. 1*. 10. ed., rev., atual. e ampl. Rio de Janeiro: Forense; São Paulo: Método, 2016, p. 1000.

98. BADARÓ, Gustavo Henrique. *Processo penal*. 9. ed., rev., atual. e ampl. São Paulo: Thomson Reuters Brasil, 2021, p. 240.

Havendo litisconsórcio ativo (mais de um querelante) a inércia de um que enseja a perempção não se comunica aos demais, mas apenas ao desidioso[99].

As hipóteses de perempção estão previstas no art. 60 do CPP:

I. *Quando, iniciada a ação penal privada, o querelante deixar de promover o andamento do processo durante 30 dias seguidos.* Neste caso, o querelante deve ser intimado pelo juiz para justificar o abandono do processo.

II. *Quando, falecendo o querelante ou sobrevindo sua incapacidade, seus familiares (cônjuge, companheiro(a), ascendente, descendente ou irmão) não comparecerem em juízo para dar prosseguimento no feito no prazo de 60 dias.* Se a ação penal privada for personalíssima, a morte da vítima acarretará a perempção de imediato.

III. *Quando o querelante deixar de comparecer, sem motivo justificado, a qualquer ato do processo a que deva estar presente ou deixar de pedir a condenação nas alegações finais.* No primeiro caso é necessário que no ato seja demandada a efetiva participação do querelante (atos de natureza instrutória). No segundo caso, não se exige a fórmula sacramental de pedido de condenação, bastando que em suas manifestações finais restar subentendido o desejo de condenação. Impende mencionar que, na ação penal privada exclusiva e personalíssima, se o querelante pedir a absolvição do querelado o juiz deverá reconhecer a extinção da punibilidade pela perempção.

IV. *Quando, sendo o querelante pessoa jurídica, esta se extinguir sem deixar sucessor.*

19.8.4. Perdão do ofendido aceito

Trata-se de ato bilateral e voluntário através do qual o querelante, no curso da ação penal privada, desiste de prosseguir com a demanda, desculpando o autor da infração[100]. Está disciplinado nos arts. 105, 106 e 107, V, do CP, bem

99. MASSON, Cleber. *Direito penal esquematizado – parte geral – vol. 1.* 10. ed., rev., atual. e ampl. Rio de Janeiro: Forense; São Paulo: Método, 2016, p. 1000.

100. DEZEM, Guilherme Madeira. *Curso de processo penal.* 7. ed., rev., atual. e ampl. São Paulo: Thomson Reuters Brasil, 2021, p. 382.

como nos arts. 51 a 59 do CPP, e ocorre durante o transcurso da ação penal e só pode ser concedido antes do trânsito em julgado, conforme art. 106, § 2º, do CP.

Só tem cabimento nas ações penais privadas exclusiva e personalíssima. Na ação penal privada subsidiária o perdão não gera efeitos, visto que o Ministério Público reassume a ação como parte principal.

Trata-se de um ato bilateral, pois para que tenha eficácia exige a aceitação do querelado. A exigência de aceitação decorre do fato de o querelado talvez desejar provar sua inocência. Não havendo aceitação, o querelante poderá valer-se da perempção.

Em havendo litisconsórcio passivo (mais de um querelado) o perdão concedido a um deles a todos aproveita (princípio da indivisibilidade), não produzindo efeito àquele que recusar (art. 51 do CPP c/c art. 106, I, do CP). Caso haja litisconsórcio ativo (mais de um querelante) o perdão concedido por um deles não produz efeito em relação aos demais, de modo que em relação a estes a ação penal prosseguirá.

Se o querelado é mentalmente enfermo ou retardado mental a aceitação do perdão incumbirá ao seu representante legal. Não havendo representante legal ou, em havendo, ocorrer conflito de interesses entre o representante e o querelado, a aceitação do perdão caberá ao curador especial nomeado pelo juiz (art. 53 do CPP).

O perdão pode ser *expresso* ou *tácito*. O *perdão expresso* constará de declaração escrita e assinada pelo querelante, por seu representa legal ou por procurador com poderes especiais. Já o *perdão tácito* é aquele que decorre da prática de ato incompatível com a vontade de prosseguir com a ação penal (art. 106, § 1º, do CP), admitindo qualquer meio de prova (art. 57 do CPP), o que ocorre, por exemplo, quando o querelante se envolve amorosamente com querelado.

O perdão também pode ser *judicial* ou *extrajudicial* (art. 106, *caput*, do CP). O *perdão judicial* é aquele concedido no bojo do processo ao passo que o *perdão extrajudicial* é o concedido fora do processo.

A aceitação, por sua vez, pode ser *judicial* (no bojo do processo) ou *extrajudicial* (fora do processo), bem como *expressa* ou *tácita*. Contudo, a aceitação extrajudicial só pode ser expressa, face ao que dispõe os arts. 58 e 59 do CPP.

A recusa ao perdão pode ser *judicial* (no bojo do processo) ou *extrajudicial* (fora do processo), mas apenas *expressa*. Não se admite a recusa tácita, visto que o silêncio do querelado implica em aceitação tácita.

19.8.5. Desistência

A lei não prevê a desistência como causa extintiva da punibilidade, tratando-se de uma construção doutrinária. A desistência consiste na *manifestação expressa* do querelante ou de seu representante legal, nas ações penais privadas exclusiva e personalíssima, de não desejar mais prosseguir com o feito[101]. Ocorre, portanto, durante a ação penal.

Na ação penal privada subsidiária da pública, a desistência do querelante impõe ao Ministério Púbico o dever de reassumir a ação penal.

Já na ação penal privada exclusiva, uma vez desistindo o querelante de prosseguir com a ação penal, poderá ela ser assumida pelo cônjuge, companheiro(a), ascendente, descendente ou irmão (art. 31 do CPP). Diante da lacuna da lei, o prazo para que tais pessoas assumam a ação penal é de 60 dias, aplicando-se, por analogia, o art. 60, II, do CPP. Somente após tal prazo, diante da inércia dos familiares, será declarada extinta a punibilidade.

Por fim, na ação privada personalíssima a extinção da punibilidade é imediata.

20. AÇÃO CIVIL *EX DELICTO*

20.1. Conceito e Espécies

A prática de uma infração penal provoca não apenas a necessidade da iniciativa estatal para propositura de medidas propulsoras da chamada pretensão punitiva, mas também a pretensão da vítima direta da infração à reparação do dano eventualmente causado pelo crime, seja patrimonial ou moral. A ação civil *ex delicto*, resumidamente, é a ação "ajuizada pelo ofendido, na esfera cível, para obter indenização pelo dano causado pelo crime, quando existente."[102]

Dessa maneira, faculta-se ao ofendido, independentemente de ter sido ou não proposta ação penal contra o suposto autor da infração penal, ajuizar a ação civil com o objetivo de obter no juízo cível um título executivo capaz de satisfazer os danos causados ou, simplesmente, ser contemplado pelo juízo

---

101. MIRABETE, Julio Fabbrini. *Processo penal*. 17. ed. rev. e atual. São Paulo: Atlas, 2005, p. 161.

102. NUCCI, Guilherme de Souza. *Manual de processo penal*. 3. ed. Rio de Janeiro: Forense, 2022, p. 121.

criminal com o arbitramento de uma reparação de ordem material ou moral, ainda que cumulativamente.

A possibilidade reparatória no âmbito do processo penal encontra respaldo no art. 63 e 64 do CPP, dispondo, respectivamente, que "transitada em julgado a sentença condenatória, poderão promover-lhe a execução, no juízo cível, para o efeito da reparação do dano, o ofendido, seu representante legal ou seus herdeiros" e que "sem prejuízo do disposto no artigo anterior, a ação para ressarcimento do dano poderá ser proposta no juízo cível, contra o autor do crime e, se for o caso, contra o responsável civil".

Desse modo, como é possível observar, a partir da leitura de ambos os dispositivos, a ação civil *ex delicto* divide-se e pode ser perpetrada por meio da *execução da sentença condenatória propriamente dita* (art. 63 do CPP) ou pelo ajuizamento de *ação de conhecimento (de reparação do dano)* no juízo cível (art. 64 do CPP), hipóteses que analisaremos a seguir.

20.1.1. Sentença penal condenatória como título executivo (Art. 63 do CPP)

Após o trânsito em julgado de uma sentença penal condenatória, o legitimado, seja ele o ofendido, seu representante legal ou seus herdeiros, poderá promover a pretensão reparatória no juízo cível. Nesse cenário, com fundamento no art. 63 do CPP, não será necessário dilação probatória quanto a matéria fática, pois já alcançada pela imutabilidade da coisa julgada, restando ao autor demonstrar a dimensão e a natureza do dano sofrido por meio de verdadeira ação de execução *ex delicto*.

Por outro lado, necessário também observar o teor do parágrafo único desse mesmo dispositivo, o qual institui que transitada em julgado a sentença condenatória, a execução poderá ser efetuada pelo valor mínimo da reparação do dano fixado na sentença condenatória, conforme o teor do art. 387, IV, do CPP, sem prejuízo da liquidação para apuração do dano efetivamente sofrido.

Quanto à legitimidade do Ministério Público para pleitear a fixação de valor mínimo, entende-se cabível em casos de ação penal pública e quando ocorra prejuízo efetivo ao patrimônio público, a exemplo do que ocorre em alguns crimes contra a Administração Pública, como o peculato. O STF já chegou a se pronunciar a esse respeito, inclusive no julgamento do processo do "Mensalão" (Ação Penal nº 470). Contudo, tal requerimento deverá ser formulado na peça acusatória, não sendo possível que ele se opere em momentos posteriores, como, por exemplo, em alegações finais, pois não haveria mais a oportunidade de as partes produzirem provas sobre tal matéria nesta etapa processual.

Compreendemos que o magistrado só poderá fixar o valor mínimo da reparação do dano se houver pedido expresso nesse sentido, face à necessidade de se garantir o contraditório ao acusado.[103]

A respeito do tema, importante mencionar a existência de julgado do STJ[104] que ressalta a possibilidade da fixação de valor mínimo indenizatório (art. 387, IV, do CPP) a título de dano moral, nos casos de violência contra a mulher praticados no âmbito doméstico e familiar, desde que haja pedido expresso da acusação ou da ofendida, independentemente de instrução probatória.

O STJ também já se manifestou a respeito da extinção do valor reparatório imposto na sentença quando extinta a punibilidade do agente pela prescrição da pretensão punitiva, asseverando que uma vez extinta a punibilidade, extingue-se também a condenação pecuniária fixada como reparação dos danos causados à vítima, nos termos do art. 387, IV, do CPP, pois dela decorrente, ficando ressalvada a utilização de ação cível, caso a vítima entenda que haja prejuízos a serem reparados.[105]

Anota-se também a possibilidade de fixação de valor mínimo para indenização de danos morais sofridos pela vítima de crime na sentença. O juiz, ao proferir sentença penal condenatória, no momento de fixar o valor mínimo para a reparação dos danos causados pela infração (art. 387, IV, do CPP), pode, sentindo-se apto diante de um caso concreto, quantificar, ao menos o mínimo, o valor do dano moral sofrido pela vítima, desde que fundamente essa opção.

Isso porque o art. 387, IV, não limita a indenização apenas aos danos materiais e a legislação penal deve sempre priorizar o ressarcimento da vítima em relação a todos os prejuízos sofridos.[106]

---

103. DEZEM, Guilherme Madeira. *Curso de processo penal*. 7. ed., rev., atual. e ampl. São Paulo: Thomson Reuters Brasil, 2021, p. 401.

104. STJ, 3ª Seção, REsp 1.643.051-MS, Rel. Min. Rogério Schietti Cruz, j. 28/02/2018.

105. STJ, 6ª Turma, EDcl no AgRg no REsp 1260305/ES, Rel. Min. Sebastião Reis Júnior, j. 12/03/2013.

106. STJ, 6ª Turma, REsp 1.585.684-DF, Rel. Min. Maria Thereza de Assis Moura, j. 09/8/2016.

20.1.2. Ação de conhecimento para ressarcimento do dano (Art. 64 do CPP)

O legislador também previu a oportunidade do ofendido de pleitear o ressarcimento de seus prejuízos mesmo antes do trânsito em julgado de uma sentença condenatória. Isto é possível pois prevalece a separação da jurisdição civil e criminal, o que permite que o prejudicado ajuíze ação para ressarcimento do dano, contra o autor do crime e, se for o caso, contra o responsável civil, como delineado no artigo 64 do CPP.

No entanto, dispõe o art. 64, parágrafo único, do CPP, que, uma vez intentada a ação penal, o juiz da ação civil possui a faculdade de suspender o curso desta, até o julgamento definitivo daquela, para evitar decisões contraditórias. Nesse sentido, inclusive, aduz o art. 335, *caput*, do CPC, que se o conhecimento do mérito depender de verificação da existência de fato delituoso, o juiz poderá determinar a suspensão do processo até que se ultime o processo na justiça criminal.

Dessa forma, implica dizer que, apesar de conferir o legislador, ao ofendido, a possibilidade de optar entre a adoção do procedimento previsto no art. 63 do CPP (esperar o trânsito em julgado da sentença penal condenatória), ou valer-se da regra do art. 64 do CPP (desde logo, ajuizar ação de conhecimento no âmbito cível), na prática, pode ocorrer que não tenha ele muita escolha, pois, mesmo deduzindo a ação de indenização antes do término da ação penal, poderá o juiz civil determinar-lhe a suspensão, para aguardar o julgamento definitivo da penal.

Outro aspecto importante a considerar refere-se ao tempo em que o processo cível poderá ficar suspenso para aguardar o trânsito em julgado do processo criminal. A discussão existe em face da regra incorporada ao art. 313, V, *a*, do CPC, dispondo que se suspende o processo quando a sentença de mérito depender do julgamento de outra causa, ou da declaração da existência ou inexistência da relação jurídica, que constitua o objeto principal de outro processo pendente.

20.2. Legitimidade Ativa

A demanda reparatória, conforme o artigo 63 do Código de Processo Penal, pode ser proposta pelo ofendido, seu representante legal ou seus herdeiros. Entende-se por ofendido aquele que foi diretamente atingido pelo fato criminoso, ou seja, a vítima do evento danoso.

A vítima, portanto, pode ser qualquer pessoa, maior, menor, capaz ou incapaz, neste último caso, vigorará a figura do representante legal. No caso de ausência do ofendido, especialmente, na hipótese de sua morte, seus herdeiros passarão a ser os legitimados.

Uma questão interessante é a discussão acerca da legitimidade do Ministério Público para ajuizar a ação de reparação ou a ação civil *ex delicto* em favor da vítima. A literalidade do art. 68 do CPP prevê essa possibilidade, quando o ofendido for pobre, assim dispondo:

> Art. 68. Quando o titular do direito à reparação do dano for pobre (art. 32, §§ 1º e 2º), a execução da sentença condenatória (art. 63) ou a ação civil (art. 64) será promovida, a seu requerimento, pelo Ministério Público.

A questão, contudo, fora levada à apreciação do STF, o qual exarou o entendimento de que, a partir da Constituição Federal de 1988, esta legitimidade não mais pertence ao Ministério Público, mas sim à Defensoria Pública. Isso porque o constituinte conferiu à Defensoria Pública a competência para promover a assistência jurídica dos necessitados (art. 134 da CF).

Ocorre que esse entendimento enfrentou diversos obstáculos de ordem prática. Quando o STF proferiu a referida decisão, a Defensoria Pública ainda não estava totalmente instalada nas diversas cidades do país, realidade que, infelizmente, ainda hoje é vivenciada. Logo, a vedação da propositura por parte do Ministério Público geraria graves prejuízos ao direito de diversas vítimas, em razão dessa ausência de instalações da Defensoria Pública.

Em decorrência disso, o pretório excelso declarou que o art. 68 do CPP estava em processo da chamada de *inconstitucionalidade progressiva* e que deveria continuar válido *até que a Defensoria Pública estivesse totalmente instalada.*

Assim, nos locais onde há Defensoria Pública, o Ministério Público não poderá ajuizar as ações previstas no art. 68 do CPP. De lado oposto, nos locais em que não existir instalações da Defensoria Pública, o *Parquet* continuará tendo legitimidade. Veja a ementa do julgado:

> LEGITIMIDADE – AÇÃO "EX DELICTO" – MINISTÉRIO PÚBLICO – DEFENSORIA PÚBLICA – ARTIGO 68 DO CÓDIGO DE PROCESSO PENAL – CARTA DA REPÚBLICA DE 1988. A teor do disposto no artigo 134 da Constituição Federal, cabe à Defensoria Pública, instituição essencial à função jurisdicional do Estado, a orientação e a defesa, em todos os graus, dos necessitados, na forma do artigo 5o, LXXIV, da Carta, estando restrita a atuação do Ministério Público, no campo dos interesses sociais e individuais, àqueles indisponíveis (parte

> final do artigo 127 da Constituição Federal). INCONSTITUCIONALIDADE PROGRESSIVA – VIABILIZAÇÃO DO EXERCÍCIO DE DIREITO ASSEGURADO CONSTITUCIONALMENTE – ASSISTÊNCIA JURÍDICA E JUDICIÁRIA DOS NECESSITADOS – SUBSISTÊNCIA TEMPORÁRIA DA LEGITIMAÇÃO DO MINISTÉRIO PÚBLICO. Ao Estado, no que assegurado constitucionalmente certo direito, cumpre viabilizar o respectivo exercício. Enquanto não criada por lei, organizada a Defensoria Pública – e, portanto, preenchidos os cargos próprios, na unidade da Federação – permanece em vigor o artigo 68 do Código de Processo Penal, estando o Ministério Público legitimado para a ação de ressarcimento nele prevista. (...)[107]

20.3. Hipóteses de Exclusão da Responsabilidade Civil

O art. 65 do CPP dispõe as situações em que a sentença penal fará coisa julgada no juízo cível, apesar de prevalecer a independência dessas esferas. Trata-se dos casos de estado de necessidade, legítima defesa, estrito cumprimento do dever legal e exercício regular de direito, reconhecidas como excludentes de ilicitude.

Sobre o tema, noticie-se que a depender do fundamento absolutório contido no art. 386, incisos I a VII, do CPP, será possível excluir a responsabilidade civil, mormente, quando reconhecido em sentença estar provada a inexistência do fato (inciso I) ou ficar provado que o réu não concorreu para a infração penal (inciso IV).

20.4. Prescrição

O prazo prescricional para ajuizamento da ação civil é de 3 anos, como previsto no art. 206, § 3.º, V, do CC. Discute-se, entretanto, o termo inicial deste prazo, prevalecendo que não ocorre a prescrição em relação à ação civil de conhecimento antes do trânsito em julgado da sentença penal[108], tendo em vista o disposto no art. 200 do CC, segundo o qual não correrá a prescrição antes da respectiva sentença definitiva quando a ação se originar em fato que deva ser apurado no juízo criminal.

107. STF, Plenário, RE 135328, Rel. Min. Marco Aurélio, j. 29/06/1994.

108. TÁVORA, Nestor; ALENCAR, Rosmar Rodrigues. *Curso de processo penal e execução penal*. 16. ed., reestrut., revis. e atual. Salvador: Ed. Juspodivm, 2021, p. 305.

REFERÊNCIAS BIBLIOGRÁFICAS

BADARÓ, Gustavo Henrique. *Processo penal.* 9. ed., rev., atual. e ampl. São Paulo: Thomson Reuters Brasil, 2021.

BRASIL. Supremo Tribunal Federal. Disponível em <https://portal.stf.jus.br/> Acesso em: 20 out. 2023.

______. Superior Tribunal de Justiça. Disponível em <https://www.stj.jus.br/sites/portalp/Inicio>. Acesso em: 20 out. 2023.

CAPEZ, Fernando. *Curso de processo penal.* 28. ed. São Paulo: Saraiva Educação, 2021.

CUNHA, Rogério Sanches. *Manual de direito penal – parte geral – volume único.* 6. ed., rev., atual. e ampl. Salvador: Juspodivm, 2018.

DEZEM, Guilherme Madeira. *Curso de processo penal.* 7. ed., rev., atual. e ampl. São Paulo: Thomson Reuters Brasil, 2021.

HOFFMAN, Henrique. Moderno conceito do inquérito policial. In: HOFFMAN, Henrique; FONTES, Eduardo (org.). *Temas avançados de polícia judiciária.* 2. ed. rev. atual. e ampl. Salvador: Ed. Juspodivm, 2018.

LIMA, Renato Brasileiro de. *Manual de processo penal.* 7. ed., rev., atual. e ampl. Salvador: Ed. Juspodivm, 2019.

LOPES JR., Aury. *Direito processual penal.* 18. ed. São Paulo: Saraiva Educação, 2021.

LOPES JR., Aury; GLOECKNER, Ricardo Jacobsen. *Investigação preliminar no processo penal.* 6. ed. rev., atual. e ampl. São Paulo: Saraiva, 2014.

MARCÃO, Renato. *Curso de processo penal.* 5. Ed. São Paulo: Saraiva Educação, 2019.

MARQUES, José Frederico. *Elementos de direito processual penal.* 2. Ed. Campinas: Millennium, 2000.

MASSON, Cleber. *Direito penal esquematizado – parte geral – vol. 1.* 10. ed., rev., atual. e ampl. Rio de Janeiro: Forense; São Paulo: Método, 2016.

MIRABETE, Julio Fabbrini. *Processo penal.* 17. ed. rev. e atual. São Paulo: Atlas, 2005.

NUCCI, Guilherme de Souza. *Curso de direito penal: parte geral: arts. 1º a 120 do Código Penal.* Rio de Janeiro: Forense, 2017.

______. *Manual de processo penal.* 3. ed. Rio de Janeiro: Forense, 2022.

OLIVEIRA, Daniela Lelis Botelho de. A aplicação do princípio da insignificância pelos delegados de polícia na atualidade. In: IBRAHIN, Francini Imene Dias; BELIATO, Araceli Martins (Org.). *Direito policial – temas atuais.* Salvador: Editora Juspodivm, 2021.

RODRIGUES, Kleber Leandro Toledo. Os vícios na investigação criminal e as inquestionáveis consequências para a persecução penal a partir da releitura do inquérito policial à luz dos direitos e garantias fundamentais. In: IBRAHIN, Francini Imene Dias; LEITÃO JÚNIOR, Joaquim; CARVALHO, Tristão Antônio Borborema de (Org.). *Prova e polícia judiciária.* Leme-SP: Mizuno, 2022.

______. Lei da identificação criminal. In: JORGE, Higor Vinicius Nogueira; LEITÃO JÚNIOR, Joaquim; GARCEZ, William (Org.). *Legislação criminal especial comentada*. Salvador: Editora Juspodivm, 2021.

SANNINI, Francisco. *Delegado de polícia e o direito criminal*. Leme-SP: Mizuno, 2021.

SAYEG, Ronaldo. *O inquérito policial democrático: uma visão moderna e contemporânea*. Rio de Janeiro: Lumen Juris, 2019.

SILVA, Raphael Zanon da. A fase extraprocessual da persecução penal: o inquérito policial e sua indispensabilidade para a propositura da ação penal. In: LEITÃO JÚNIOR, Joaquim (Org.). Tratado contemporâneo de polícia judiciária, volume 2. Cuiabá: Umanos Editora, 2020.

TÁVORA, Nestor; ALENCAR, Rosmar Rodrigues. *Curso de processo penal e execução penal*. 16. ed., reestrut., revis. e atual. Salvador: Ed. Juspodivm, 2021.

TOURINHO FILHO, Fernando da Costa. *Prática de processo penal*. 30. ed. São Paulo: Saraiva, 2009.

ZANOTTI, Bruno Taufner; SANTOS, Cleopas Isaías. *Delegado de polícia em ação – teoria e prática no estado democrático de direito*. 7. ed., rev., ampl. e atual. Salvador: Ed. Juspodivm, 2021.

EIXO 6

Fabio Marques Barbosa

21. JURISDIÇÃO E COMPETÊNCIA

A vida em sociedade provoca colisões de interesses, muitas vezes solucionadas pelos próprios envolvidos, por meio de transações ou renúncias, além de outras formas de autocomposição.

Desse modo,

> [...] surge a necessidade de que o Estado, através do processo, resolva esse conflito de interesses opostos, dando a cada um o que é seu e reintegrando a ordem e a paz no meio social. Desse importante mister se desincumbe o Estado por meio da jurisdição, poder-dever reflexo de sua soberania, por meio do qual, substituindo-se à vontade das partes, coativamente age em prol da segurança jurídica e da ordem social. (LIMA, 2016, p. 426).

Nessa medida, ressalvadas algumas hipóteses legais, em que se permite o exercício da autotutela, a exemplo da legítima defesa e do desforço imediato, o Estado, por meio da jurisdição, estabelece os meios adequados para a solução dos conflitos.

22. MECANISMOS DE SOLUÇÃO DE CONFLITOS

1. **Autotutela**: caracteriza-se pelo emprego da força bruta para a solução dos conflitos. É admitida somente a título excepcional. Ex.: prisão em flagrante efetuada por particulares (art. 301, CPP); legítima defesa; estado de necessidade, entre outros.

Note que a autotutela não é admitida como regra, podendo configurar o crime de exercício arbitrário das próprias razões.

2. **Autocomposição**: caracteriza-se pela busca do consenso entre as partes.

   2.1 **renúncia**: o autor abdica do seu interesse.

   2.2 **submissão**: o réu se sujeita à vontade do autor.

   2.3 **transação**: concessões mútuas.

Embora exista resistência com a aplicação de tal instituto na seara do processo penal, entende-se que a autocomposição é cabível em toda infração de menor potencial ofensivo, veja o art. 98 da CF/88:

> Art. 98. A União, no Distrito Federal e nos Territórios, e os Estados criarão:
>
> I – juizados especiais, providos por juízes togados, ou togados e leigos, competentes para a conciliação, o julgamento e a execução de causas cíveis de menor complexidade e infrações penais de menor potencial ofensivo, mediante os procedimentos oral e sumaríssimo, permitidos, nas hipóteses previstas em lei, a transação e o julgamento de recursos por turmas de juízes de primeiro grau;

3. **Jurisdição:** resulta da fusão *juris* (direito) + *dictio* (dizer). Trata-se de uma das funções do Estado mediante a qual o Estado–juiz substitui os titulares dos interesses em conflito para de modo imparcial aplicar o direito objetivo ao caso concreto.

É o poder atribuído, constitucionalmente, ao Estado para aplicar a lei ao caso concreto, compondo litígios e resolvendo conflitos (NUCCI, 2024).

Trata-se da atividade do Estado que tem como escopo:

> [...] substituir a vontade das partes. Aliás, essa substitutividade é uma das suas características principais, pois o Estado só atua porque foi provocado por uma das partes que não conseguiu, extraprocesso, a solução da controvérsia. Dessa forma, a vontade do autor e do réu sobre determinado direito será substituída pela vontade da lei, que irá imperar por intermédio da sentença. Dada a sentença, será extraída a regra jurídica que regulará aquela situação litigiosa concreta (RANGEL, 2023, p. 293).

Um dos escopos da Jurisdição é a **pacificação social**.

Assim, a jurisdição possui as seguintes características:

- Substitutividade – a vontade do Estado substitui a das partes; e
- Definitividade – após determinado momento, a decisão proferida pelo Estado será imodificável;

Avena (2023, p. 624), argumenta que:

> [...] três são as características fundamentais que devem estar presentes na jurisdição para que possa cumprir sua finalidade de aplicação do direito objetivo ao caso concreto e, desse modo, obter a justa composição da lide:
> a) Órgão adequado: a jurisdição deve ser exercida pelo Juiz, vale dizer, autoridade integrante do Poder Judiciário, distinta dos órgãos que exercem as funções estatais de legislar e administrar, de modo absolutamente imparcial em face dos interesses das partes.
> b) Contraditório: permite-se às partes a defesa de seus interesses em igualdade de condições, facultando-se a cada um dos litigantes contrapor-se aos argumentos do outro.
> c) Procedimento: necessária a estrita observância ao modelo legal previsto em lei, o que corresponde à sequência de atos previamente determinada para conduzir o processo à fase da sentença.

Vários princípios precisam ser observados para o exercício da jurisdição, note:

- Investidura – poderá ser pelo quinto constitucional ou através de concurso público.
- Indelegabilidade – que pode ser interna (delegação entre órgãos jurisdicionais) ou externa (delegação do judiciário para outros poderes).
- Inevitabilidade – possui dois efeitos: vinculação obrigatória ao processo e vinculação obrigatória aos efeitos da jurisdição (ou estado de sujeição).
- Inafastabilidade/indeclinabilidade – A Lei não excluirá da apreciação pelo poder judiciário lesão ou ameaça de lesão (levar ao conhecimento e ter uma ordem jurídica justa).
- Territorialidade/aderência/improrrogabilidade – delimita o exercício do poder soberano.
- Juiz natural.

O princípio mais importante a ser estudado nesse ponto é o **princípio do juiz natural**, o qual pode ser extraído dos seguintes dispositivos da CF/88:

Art. 5º, XXXVII – não haverá juízo ou tribunal de exceção;

Art. 5º, LIII – ninguém será processado nem sentenciado senão pela autoridade competente.

Esse dispositivo traduz o direito que todo cidadão tem de saber, previamente, por qual órgão jurisdicional será julgado, caso venha a praticar um delito (LIMA, 2016).

O tribunal de exceção é um tribunal ou órgão jurisdicional criado depois da prática do fato delituoso especificamente para julgá-lo. Na esfera interna não é possível, contudo, na externa já foi admitida. Analise os seguintes exemplos:

- Ex. 1: Tribunal de Nuremberg – Condenou vários líderes nazistas à pena de morte (doze, no total). Todos foram enforcados no dia 16 de outubro de 1946, com exceção de um deles, que cometeu suicídio;
- Ex. 2: o tribunal que julgou Saddam Hussein: acusado de massacres, de deportação de populações, de exterminar curdos com gases, de execuções sumárias e punições diversas;
- Ex. 3: julgamento de Slobodan Milosevic, ex-Presidente da Iugoslávia, acusado de cometer genocídio e crimes contra a humanidade na Bósnia e crimes contra a humanidade em Kosovo e na Croácia. Foi o primeiro ex-chefe de Estado a sentar no banco dos réus de um Tribunal Internacional;
- Ex. 4: caso Ruanda: Jean-Paul Akayesu foi considerado culpado pelo crime de genocídio e crimes contra a humanidade, pois participou e supervisionou tais episódios sangrentos enquanto era prefeito da cidade ruandense de Taba. Foi a primeira condenação pelo crime de genocídio da história.

Nessa perspectiva, é importante consignar que do princípio do juiz natural derivam três regras:

a) Só podem exercer jurisdição os órgãos instituídos pela CF/88 (art. 5º, XXXVII);

b) Ninguém pode ser julgado por órgão instituído após o fato; e

c) Entre os juízes pré-constituídos vigora uma ordem taxativa de competências, que impede qualquer discricionariedade na escolha do juiz, ou seja, o magistrado não pode escolher o processo que vai julgar. Frise-se que a distribuição é de suma importância para a observância de tal regra (LIMA, 2016).

Obs. 1: não viola o princípio do juiz natural o julgamento de apelação por órgão colegiado presidido por desembargador, sendo os demais integrantes juízes convocados. É constitucional a criação de câmaras ou turmas suplementares [Inf. 814, STF].

Obs. 2: atribuição é a competência conferida às autoridades administrativas para a prática de determinadas funções.

Obs. 3: circunscrição é o espaço territorial em que uma autoridade policial exerce sua atribuição.

Obs. 4: As justiças militar e eleitoral não são considerados tribunais de exceção, mas justiças especializadas.

Obs. 5: Tanto o STF como o STJ entendem que a criação superveniente de vara federal na localidade de ocorrência de crime doloso contra a vida não enseja a incompetência do juízo em que já se tenha iniciado a ação penal. Incide, no caso, o princípio da "perpetuatio jurisdictionis" que, apesar de só estar previsto no CPC (art. 87 do CPC 1973 / art. 43 do CPC 2015), é aplicável também ao processo penal por força do art. 3º do CPP [Inf. 783, STF].

Fonte: CAVALCANTE, 2019.

23. COMPETÊNCIA

É o limite, a medida da jurisdição, dentro dos quais o órgão jurisdicional poderá dizer o direito. Como função do Estado, a jurisdição é una. Logo, tecnicamente falando, não se deve distinguir jurisdição trabalhista, penal, militar, entre outras.

Assim, a competência é a medida da jurisdição; é a quantidade de poder pré-estabelecido em lei, conforme a margem de atuação de determinada autoridade. Conforme argumenta Nucci (2024, p. 129),

> [...] trata-se da delimitação da jurisdição, ou seja, o espaço dentro do qual pode determinada autoridade judiciária aplicar o direito aos litígios que lhe forem apresentados, compondo-os. O Supremo Tribunal Federal tem competência para exercer sua jurisdição em todo o Brasil, embora, quanto à matéria, termine circunscrito a determinados assuntos. Não pode, por exemplo, o Ministro homologar uma separação consensual de casal proveniente de qualquer parte do país, embora possa, conforme o caso, apreciar um habeas corpus de pessoa presa em qualquer ponto do território brasileiro. O juiz de uma pequena cidade pode tanto homologar a separação

> consensual de um casal residente no mesmo local, quanto analisar uma prisão ilegal realizada por autoridade policial da sua Comarca. Não pode, no entanto, julgar casos pertinentes à Comarca vizinha.

A competência possui natureza jurídica de pressuposto processual de validade, cuja violação gera nulidade do processo (RANGEL, 2013).

Obs.: teoria da *kompetenz-kompetenz*: é o instituto pelo qual todo juiz tem competência para analisar sua própria competência, de forma que nenhum juiz é totalmente incompetente, pois ao verificar sua incompetência – absoluta – terá competência para reconhecê-la.

É importante registrar, ainda, que

> [...] para um estudo a respeito de competência, torna-se indispensável considerar que existem vários textos normativos disciplinando a matéria. Portanto, deve-se consultar não somente o Código de Processo Penal, mas também a Constituição Federal, a Lei de Organização Judiciária do Estado e os Regimentos Internos dos Tribunais. Com isso, tem-se um quadro amplo e correto da competência (NUCCI, 2024, p. 131).

Classificação da competência: a competência se divide em:

i) **material**: qualidade do que será julgado (matéria, local e pessoa); e

ii) **funcional**: distribuição de tarefa entre juízes no mesmo processo (fases do processo, objeto do juízo e graus de jurisdição).

Espécies de competência:

Competência material:

De acordo com Lima (2016):

***1. Ratione materiae* (absoluta):** é estabelecida em razão da natureza do delito. Ex.: crimes militares, eleitorais e federais.

Atenção! A matéria define a justiça; a natureza da infração define o órgão.

2. Ratione personae (ratione funcionae* – absoluta*): teoricamente, no processo penal, trata-se de competência por prerrogativa de função (a expressão "foro privilegiado" é equivocada).

***3. Ratione loci* (relativa):** é a competência territorial, determinada em razão do local da consumação do delito, em regra, de modo a facilitar a produção da prova.

1ª regra: Teoria do resultado, da ação e da ubiquidade.

Pela teoria do resultado, considera-se competente para o processo e julgamento o juízo do lugar onde a infração se consumou, ou, para a tentativa, o local onde o último ato de execução foi praticado (TÁVORA, 2013).

Na teoria da ação, por outro lado, o juízo competente para processo e julgamento deve ser aquele em que se deu a conduta criminosa, ainda que o resultado ocorra em lugar diverso.

Por fim, a teoria da ubiquidade conjuga as duas teorias anteriores (resultado e atividade), considerando-se como local do crime tanto o lugar em que se processou a ação ou omissão como aquele em que ocorreu ou deveria ter ocorrido o resultado. Adotada para crimes à distância: ação em um país e o resultado em outro, por exemplo (AVENA, 2023).

2ª regra: Domicílio do réu. Lembre-se que o **domicílio da vítima igualmente firma competência** em matéria penal, a partir da Lei 14.155/2021, que acrescentou o § 4º ao art. 70 do Código de Processo Penal, para os crimes de estelionato (art. 171, CPB).

3ª regra: Prevenção (antecipação): recebimento da denúncia ou algum ato cautelar realizado pelo juiz em futuro processo. A prevenção é um "soldado de reserva". Assim, havendo dois ou mais juízes igualmente competentes ou com jurisdição cumulativa, um deles se anteceder ao(s) outro(s) na prática de atos de jurisdição (atos com carga decisória), se tornará prevento. Ex.: crime continuado ou permanente; crime consumado na divisa de comarcas vizinhas, entre outros (AVENA, 2023).

4. Competência funcional (absoluta): é aquela estabelecida conforme a função que cada um dos órgãos jurisdicionais exerce no processo, subdividindo-se em:

4.1. Competência funcional por fase do processo: de acordo com a fase do processo, um órgão jurisdicional diferente exercerá a competência. Ex.: procedimento bifásico do Tribunal do Júri. A primeira fase é conhecida como sumário da culpa ou ***judicium accusationis*** (o juiz sumariante pode dar quatro decisões: pronunciar; desclassificar; absolver sumariamente; impronunciar – não há prova suficiente). A segunda fase é denominada ***judicium causae*** (o Tribunal do Júri é composto pelo juiz presidente e pelos 25 jurados, 7 dos quais irão formar o Conselho de Sentença). É a competência funcional horizontal.

Ainda, no cenário do Tribunal do Júri, Nucci (2024, p. 139) destaca as duas hipóteses de desclassificação:

> a) quando o juiz de Vara privativa do júri verificar, por ocasião do julgamento da admissibilidade da acusação, que não se trata de crime doloso contra a vida, deverá alterar a classificação, deixando de ser competente para prosseguir no processamento do feito, enviando-o ao juiz singular (art. 74, § 3.º, CPP);
>
> b) quando os jurados, no Tribunal do Júri, concluírem que a infração não é de sua competência, ao invés de o juiz presidente remeter o feito ao juízo singular, deve ele mesmo julgar, até por uma questão de economia processual, tendo em vista que houve uma longa trajetória para que o feito atingisse a fase de decisão em plenário. Pode, por exemplo, o júri decidir que não é crime doloso contra a vida e sim uma lesão corporal grave. Cabe ao magistrado presidente decidir o caso (art. 74, § 3.º, CPP).

4.2. Competência funcional por objeto do juízo*:* cada órgão jurisdicional exerce a competência sobre determinadas questões a serem decididas no processo. Ex.: tribunal do júri – os jurados decidem tudo sobre a autoria e materialidade (daí a importância dos quesitos); todas as questões de direito serão decididas pelo juiz-presidente (arguição de nulidade; fixação da pena). Competência horizontal.

4.3. Competência funcional por grau de jurisdição*:* nada mais é do que a competência recursal. Competência vertical.

Obs. 1: o CPP fala em conflito de jurisdição, mas o correto é conflito de competência.

Obs. 2: compete aos TRFs julgar os procuradores da república pela prática de crime comum [Inf. 871, STF].

Observe que:

> [...] as competências ratione personae e ratione materiae são absolutas, já que as normas que as regem são de ordem pública. Logo, em regra, podem ser objeto de deliberação judicial independentemente de provocação do interessado, em qualquer tempo e grau de jurisdição, inclusive após o trânsito em julgado de decisão condenatória. Ressalva-se, contudo, o disposto na Súmula 160 do STF, aplicável tanto às nulidades absolutas como às relativas, dispondo que é nulo o acórdão que reconhece contra o réu nulidade não arguida em recurso da acusação, ressalvados os casos de reexame necessário. Já a competência ratione loci é relativa, pois as normas que

> a disciplinam encontram-se na legislação infraconstitucional, possuindo natureza privada. Esta mácula deve ser suscitada nos lapsos previstos em lei, sob pena de preclusão. A declaração da nulidade decorrente da violação às regras de competência em razão do lugar depende de provocação do interessado, não podendo, em tese, ser realizada *ex officio* (AVENA, 2023, p. 627).

24. QUESTÕES ESPECIAIS

Lei posterior e alteração de competência: De acordo com o art. 2º, do CPP, "a lei processual penal aplicar-se-á desde logo (princípio da imediatidade – *tempus regit actum),* sem prejuízo da validade dos atos realizados sob a vigência da lei anterior".

Nessa medida, em regra, a alteração de competência será aplicada imediatamente, salvo se o processo já tiver sentença de mérito, caso em que a lide prosseguirá na jurisdição em que foi prolatada, a não ser que seja suprimido o tribunal que deveria ter julgado o recurso (LIMA, 2016).

Veja os seguintes exemplos:

Ex. 1: justiça militar e alteração de competência – O NCPC traz a regra da *perpetuatio jurisditionis,* exceto quando legislação posterior suprimir o órgão judiciário ou alterar a competência em razão da matéria ou hierarquia. Ex.: Lei 9.299/96, conhecida como Lei Rambo, que modificou o parágrafo único do art. 9º do CPM, estabelecendo que os crimes "quando dolosos contra a vida e cometidos contra civil, serão da competência da justiça comum. Em 2017, essa regra foi revogada pela Lei 13.491, incluindo-se o § 1º, que menciona a competência do Tribunal do Júri para a morte de civis por militares.

Ex. 2: tráfico internacional de drogas em município que não seja sede de justiça federal – No tráfico internacional de entorpecentes, por exemplo, cometido no município Delta/MS, onde não há sede da Justiça Federal, será o crime julgado na vara federal da circunscrição respectiva. Ocorre que, na vigência da Lei 6.368/76 (art. 27), esse crime praticado em comarca que não tem sede de justiça federal, era julgado pela justiça estadual, com recurso para o TRF. A Lei 11.343/06 (art. 70) alterou a competência para a vara federal da circunscrição respectiva. O juiz estadual de Delta/MS, nesse caso, deverá remeter os autos à justiça federal, tendo em vista que as leis processuais têm eficácia imediata.

Ex. 3: convocação de juízes de 1ª instância para atuarem nos tribunais, substituírem desembargadores e violação do princípio do juiz natural – para a 3ª seção do STJ é plenamente válido o julgamento feito por maioria de juízes convocados, mas desde que esta convocação não tenha sido feita por um sistema de voluntariado (STF HC 86.889).

Ex. 4: réu sendo processado criminalmente em 1ª instância, posteriormente eleito deputado federal – a partir do momento em que ocorrer a sua diplomação, o juízo de 1ª instância deixará de ser competente para o processo e deverá remetê-lo ao STF.

Extinção de recursos: As normas processuais materiais atingem o *jus libertatis* do agente (decadência, perempção, HC, entre outros) aplicando-se o princípio da irretroatividade da lei mais gravosa. Ex.: Protesto por novo júri, recurso extinto pelo art. 4º da Lei 11.689/08, que entrou em vigor na data de 09/08/08.

Teoria do juízo aparentemente competente: Trata-se da possibilidade de se ratificar os atos judiciais praticados por juiz que não possuía competência para o caso, em decorrência de circunstancias supervenientes até então desconhecidas. Assim, visando-se preservar o procedimento e ações consolidadas, a teoria da aparência evita a nulidade das decisões consignadas por juiz que era aparentemente competente para a hipótese (HC 81.260, relator ministro Sepúlveda Pertence, Tribunal Pleno).

Dessa forma, se a autorização tiver sido deferida por juiz aparentemente competente e despois se verificar não ser, deve-se aplicar, desde logo, a regra *rebus sic standibus,* visando-se aproveitar os atos já consolidados (GOMES, 1997).

Essa é a essência da teoria do juízo aparente, notadamente para a fase pré-processual, uma vez que não era possível, no início das investigações, catalogar todos os crimes praticados pelo investigado, que só foram descobertos após a execução das diligências autorizadas pelo juiz, em tese, competente (STJ – RHC 156.413).

Ex. 1: a polícia civil inicia investigação criminal de crime comum estadual, porém, após representações por buscas e apreensões e extração de dados telemáticos, descobre que os crimes praticados são de competência federal.

Ex. 2: durante as investigações preliminares de crime comum, a autoridade policial representou por buscas e apreensões, além de interceptação telefônica, em face de uma associação criminosa, que praticava crimes patrimoniais. No entanto, ao tempo do indiciamento, descobriu-se que o grupo era organização criminosa, praticante de lavagem de dinheiro e que efetuava tráfico de drogas ilícitas, o que arrastou o feito para uma vara especializada.

Interrupção do prazo prescricional: no caso de recebimento de denúncia por juiz incompetente, a contagem do prazo prescricional não será interrompida. Assim, somente ocorrerá a interrupção quando houver a ratificação do recebimento da denúncia pelo juízo competente.

Veja a diferença entre jurisdição e competência:

JURISDIÇÃO	COMPETÊNCIA
Não pode ser prorrogada	Pode ser prorrogada
A lide não é requisito de jurisdição penal (o mérito da jurisdição penal é a demanda)	É a parcela de jurisdição de cada juiz

Guia de Fixação de Competência

1. Competência de jurisdição – qual é a justiça competente?
2. Competência originária – o acusado tem foro por prerrogativa de função?
3. Competência de foro ou territorial – qual é a comarca competente?
4. Competência de juízo – qual é a vara competente?
5. Competência interna (também conhecida como competência de juiz) – qual é o juiz competente?
6. Competência recursal – quem irá julgar o recurso?

Justiças com Competência Criminal

- Justiças Especiais: a) Justiça Militar; b) Justiça Eleitoral; c) Justiça do Trabalho; d) Justiça "Política" (Extraordinária).
- Justiça Comum: a) Justiça Federal (quando comparada com a Justiça Estadual é tida como Justiça Especial, porque sua competência é toda discriminada e a da Justiça Estadual não, já que esta é residual); e b) Justiça Estadual.

A competência da Justiça comum Estadual é remanescente, residual, ou seja,

> [...] o que não for afeto à Justiça Federal por expressa determinação da Constituição da República (cf. art. 109) é da competência da Justiça comum Estadual. A título de exemplo, um crime de roubo pode ser afeto à Justiça Federal ou à Justiça Estadual, dependendo

> da pessoa lesada. Se for o Banco do Brasil, a competência, como já vimos, é da Justiça Estadual. Porém, se for a Caixa Econômica Federal, será da Justiça Federal (NUCCI, 2024, p. 309).

a) Competência da Justiça Militar

Questão: Qual a diferença entre a Justiça Militar da União e dos Estados? R. A resposta pode ser observada na tabela abaixo:

Justiça Militar da União	Justiça Militar dos Estados
Crimes militares	Crimes militares
Julga qualquer pessoa: civis ou militares. Competência em razão da matéria (crimes militares). Ex.: civil que pratica estelionato – pensão deixada por militar (patrimônio administrado pela Justiça Militar). Militar da ativa – é aquele incorporado às Forças Armadas, esteja ele em serviço ou não (militar da ativa não é sinônimo de militar em serviço). Consoante a Lei 6.880 – Art. 3º, § 1º, letra "a" – Estatuto dos Militares. Quem é o civil para a Justiça Militar da União? Pessoas em geral, bem como os militares da reserva ou reformados das Forças Armadas e os **militares estaduais**.	Julga **apenas militares** dos Estados (PMS, bombeiros e, em alguns estados, os Policiais Rodoviários Militares). Não julga civis nem Guardas Municipais. Competência em razão da matéria (crimes militares) e em razão da pessoa (praticado por militares). Ex.: num quartel da PM, um civil em concurso com um soldado, estupram uma mulher. Nesse caso, haverá separação de processos, onde o civil será julgado pela justiça comum estadual e o soldado pela justiça militar estadual. Se o policial militar é exonerado após a prática do delito, continua sendo julgado perante a Justiça Militar Estadual (STJ, RHC 20.348). Se na época do crime era PM, continua respondendo perante a JME.
Não tem competência cível (querendo impugnar ato disciplinar militar, deve o interessado procurar a Justiça Federal).	Tem competência cível (após alteração da EC 45/04): ações judiciais contra atos disciplinares militares.
Órgão jurisdicional: **Conselho de Justiça [5 integrantes:** um **juiz-auditor** e mais **4 militares** (oficiais de posto superior ao acusado – todos recebem a denominação de juízes)]. O juiz-auditor não tem competência singular.	Órgãos jurisdicionais: **Conselho de Justiça** (crime militar contra militar); **Juiz de direito do Juízo Militar** (competente, singularmente, para o julgamento dos crimes militares cometidos contra civis e as ações judiciais contra atos disciplinares militares), cabendo ao Conselho de Justiça supramencionado julgar os demais crimes.
Presidente do Conselho de Justiça: é o oficial de posto mais elevado	Presidente do Conselho de Justiça: é o juiz de direito
Ministério Público: Ministério Público Militar	Ministério Público: Ministério Público Estadual

Órgão de segunda instância: **Superior Tribunal Militar** (apesar de ser um tribunal superior, é de segunda instância). Conflito de competência entre STM e Juiz Federal: STF (pois há tribunal superior envolvido).	Órgão de segunda instância: depende do Estado. **RS, MG e SP - TJM.** Nos demais Estados, é o próprio **TJ - Tribunal de Justiça.** Conflito de competência - caso ocorra nos estados com o TJM - a competência será do STJ. Se o conflito ocorrer nos demais estados a competência é do próprio TJ.
O critério utilizado é a competência *ratione materiae*. Julga os crimes militares definidos em lei. A Lei 13.491/2017 ampliou a competência da Justiça Militar (crimes dolosos contra civis).	O critério utilizado é a competência *ratione materiae e ratione personae*.

Fonte: (LIMA, 2016, p. 468)

Crimes militares de tipificação direta: são os crimes mencionados no art. 9º, I, CPM, quando definidos de modo diverso na lei penal comum, ou nela não sejam previstos, qualquer que seja o agente. Ex.: art. 302, CPM - ingresso clandestino; art. 171, CPM - uso indevido de uniforme; art. 187, CPM - deserção.

Crime propriamente militar é a infração específica e funcional do militar, sendo aquela que só pode ser praticada por militar (ex.: embriaguez em serviço militar, dormir em serviço, deserção, entre outras), o qual é identificado por dois elementos: a qualidade de ser militar e a natureza funcional de sua conduta. Note que a prisão em crime propriamente militar independe de prévia autorização judicial. O civil pode responder por crime propriamente militar, desde que em concurso com militar, sabendo dessa condição (elementar).

Crimes militares de tipificação indireta: são aqueles que embora previstos com igual definição na lei penal comum, são considerados crimes militares por meio de um juízo de tipicidade indireta, com base no art. 9º, II, III, do CPM.

Importante registrar que o art. 9º estabelece os crimes militares em tempo de paz e o art. 10 as infrações praticadas em tempo de guerra.

Obs. 1: a Lei 13.491/2017 alterou esse artigo 9º do CPM. Nesse sentido, o crime previsto na legislação penal comum, quando praticado por militar, será julgado pela justiça militar (tortura, abuso de autoridade, entre outros).
Obs. 2: o crime militar do art. 9º deixou de ser *ratione legis*.

Obs. 3: compete à Justiça Militar julgar militar acusado de autorizar a navegação de uma balsa sem a realização de vistorias necessárias. Essa conduta caracteriza-se como sendo falsidade ideológica (art. 312 do CPM), sendo crime militar, nos termos do art. 9º, II, "e", do CPM [Inf. 881, STF].

No entanto, caso o crime doloso contra a vida seja praticado por militar das Forças Armadas, o julgamento será feito pelo tribunal do júri militar, desde que ocorra algumas das situações a seguir:

- do cumprimento de atribuições que lhes forem estabelecidas pelo Presidente da República ou pelo Ministro de Estado da Defesa;
- de ação que envolva a segurança de instituição militar ou de missão militar, mesmo que não beligerante; ou
- de atividade de natureza militar, de operação de paz, de garantia da lei e da ordem (GLO) ou de atribuição subsidiária, realizadas em conformidade com o disposto no art. 142 da CF/88 e na forma do Código Brasileiro de Aeronáutica, LC 97/99 (trata do emprego das Forças Armadas em auxílio à segurança pública), Código de Processo Penal Militar e Código Eleitoral.

Note que o art. o art. 82 do CPPM foi tacitamente derrogado pela Lei 13.491/17. Não há mais a exceção, uma vez que se o militar das FFAA cometer um crime doloso contra a vida de um civil, nas hipóteses ditas no art. 9º, § 2º, I, II e III, do CPM, ou seja, em serviço, será julgado perante a justiça militar da União. No entanto, não estando em serviço, deverá ser julgado pelo tribunal do júri (RANGEL, 2023).

Lado outro, tratando-se de militares estaduais, a competência para julgamento será do tribunal do júri, em decorrência da expressa previsão constitucional – art. 125, CF/88.

Súmula 78 do STJ – Compete à justiça militar processar e julgar policial de corporação estadual, ainda que o delito tenha sido praticado em outra unidade federativa.

Assim, o militar da Polícia Militar do Estado de Goiás, por exemplo, que participa da **Força Nacional de Segurança Pública** (que é composta por militares de todos os Estados), e comete crime militar no Rio de Janeiro, será julgado pela Justiça Militar do Estado de Goiás. O crime praticado em detrimento da **Força Nacional** (e não federal) não atenta somente contra a União, desse modo, compete à Justiça Militar Estadual e não à Justiça Militar da União (LIMA, 2016).

Pedofilia na Internet praticada por militar: compartilhamento de fotos pornográficas por e-mail – a competência é da Justiça Estadual, pois não existe a internacionalidade da conduta. Porém, se as imagens são colocadas em sites da internet ou redes sociais, a competência será da Justiça Federal.

Obs. 1: compete à justiça ESTADUAL processar e julgar crime de incitação à discriminação cometido via internet, quando praticado contra pessoas determinadas e que não tenha ultrapassado as fronteiras territoriais brasileiras [Inf. 744, STF].

Obs. 2: compete à Justiça Comum Estadual, e não à Eleitoral, processar e julgar injúria cometida no âmbito doméstico e desvinculada, direta ou indiretamente, de propaganda eleitoral, embora motivada por divergência política às vésperas da eleição. [Inf. 543, STJ]

Obs. 3: em princípio, compete à Justiça Estadual (e não à Justiça Federal) processar e julgar suposto crime de perigo de desastre ferroviário qualificado pelo resultado lesão corporal e morte (art. 260, IV, § 2º, c/c art. 263 do CP), ocorrido por ocasião de descarrilamento de trem em malha ferroviária da União. Isso porque, aparentemente, esse fato não gerou qualquer ofensa direta a bens, serviços e interesses da União ou de suas entidades autárquicas ou empresas públicas (art. 109, IV, da CF). Ver Inf. 551, STJ.

Fonte: CAVALCANTE, 2019.

Crime impropriamente militar: apesar de comum em sua natureza, cuja prática é possível a qualquer cidadão (civil ou militar), passa a ser considerado como crime militar, porque praticado em uma das condições do art. 9º do CPM.

A Lei nº 13.491/2017 ampliou o conceito de crime militar impróprio, isto é,

> [...] não são mais apenas aqueles previstos no Código Penal Militar, embora também o fossem com igual definição na legislação penal comum, mas sim também todo e qualquer crime previsto na legislação penal – Estatuto do Desarmamento, Lei de Drogas, Abuso de Autoridade, Lei Maria da Penha etc. Nesse sentido, se o policial militar, em serviço, cometer um crime de porte ou posse de arma previsto no Estatuto do Desarmamento, ele será investigado pela corporação policial militar, por meio do competente inquérito po-

> licial militar, e processado e julgado perante a auditoria da justiça militar, e não mais perante a justiça comum estadual (RANGEL, 2023, p319).

Crime comum praticado por militar: abuso de autoridade (Lei nº 13.869/2019), crime de tortura (Lei nº 9.455/1997), porte ilegal de arma de fogo por militar em serviço (Lei nº 10.826/2003), tráfico de drogas por militar em serviço (Lei nº 11.343/2006), entre outras infrações criminais previstas na legislação especial – a Lei 13.491/17 alterou a competência para julgamento desses crimes. Logo, militar que comete algum desses crimes, será julgado pela justiça militar, tendo em vista que o delito passou a ser militar. Consequentemente, a Súmula 172 do STJ restou-se ultrapassada.

A respeito dos procedimentos criminais que já estavam em curso no juízo singular comum ou tramitando nas delegacias de polícia, ao tempo da mudança legislativa, a aplicação da nova regra deve ser imediata (art. 2º do CPP), falecendo competência ao juiz singular comum e atribuição ao delegado de polícia e membro do Ministério Público, razão pela qual os autos devem ser remetidos à justiça militar estadual (RANGEL, 2023).

Na ocorrência de crime comum conexo com crime militar deverá haver a separação dos processos, conforme orientação da súmula 90 do STJ:

> Compete à justiça estadual militar processar e julgar o policial militar pela prática do crime militar, e à (justiça) comum pela prática do crime comum simultâneo aquele.

Crime contra quartel da PM: justiça comum estadual, salvo se praticado por militar em serviço.

Crimes dolosos contra a vida praticados por civil contra militar: Caso seja militar estadual, a competência será do tribunal do júri, porque a justiça militar estadual não pode julgar civil. Agora, se o militar for das forças armadas, a competência será da justiça militar da União, com fundamento no art. 9º, III, do CPM.

Nucci (2024, p. 138), registra que:

> [...] civis somente podem responder perante a Justiça Militar, desde que se trate de delito contra a segurança nacional e contra as instituições militares, cuja alçada é da Justiça Militar Federal. Assim, não há nenhum caso de civil respondendo perante a Justiça Militar Estadual, especificamente pelo fato de ter a Constituição Federal estreitado a sua esfera de atuação. Diz o art. 125, § 4.º, que "com-

> pete à Justiça Militar estadual processar e julgar os militares dos Estados, nos crimes militares definidos em lei e as ações judiciais contra atos disciplinares militares, ressalvada a competência do júri quando a vítima for civil, cabendo ao tribunal competente decidir sobre a perda do posto e da patente dos oficiais e da graduação das praças.

Crimes dolosos contra a vida praticado por militar contra militar: caso um deles ou os dois estejam em serviço, a competência será da justiça militar. Igualmente se os dois militares estiverem de folga, consoante o entendimento do STF e do STM. Para o STJ, a competência será da justiça comum, caso os dois estejam de folga.

Homicídio doloso praticado por militar contra civil: antes da Lei 9.299/96 era crime de competência da Justiça Militar. Depois dessa lei, a competência foi alterada para o Tribunal do Júri (art. 9º, parágrafo único, do CPM): justiça federal – para militares das forças armadas; justiça estadual – para militares estaduais. No entanto, a Lei 13.491/2017 alterou novamente a competência. Assim, basta o militar estar sendo empregado em atividades especiais (emprego na segurança pública), que o crime será julgado pela justiça militar.

Quando os jurados desclassificarem o crime de doloso contra a vida para culposo, na justiça comum, o processo seguirá para julgamento pelo juiz-presidente. Entrementes, quando os jurados desclassificarem o homicídio doloso militar para homicídio culposo militar, esse homicídio culposo não poderá ser julgado pelo juiz-presidente do Júri, pois se trata de crime militar, devendo, assim, o juiz-presidente remeter os autos à Justiça Militar (STF, RHC 80.718).

Acerca do tema, Rangel (2023) esclarece que o militar, nessa hipótese, caso seja julgado, até porque estará diante de uma excludente de ilicitude (estrito cumprimento do dever legal – art. 23 do CP), deverá ser submetido à Justiça Militar da União.

Homicídio doloso e *aberratio ictus*: Soldado quer matar outro soldado, mas acerta um civil que estava passando pelo local. A competência é sempre fixada em critérios objetivos, e não com base na intenção do agente. Assim, caso o militar, por erro na execução, acerte um civil, quando queria acertar um militar, a competência será do **Tribunal do Júri**, pouco importando se a vítima **virtual** era um militar (STJ, CC 27.368).

Infrações de menor potencial ofensivo cometidas por militar: Por força da Lei nº 9.099/1995 (art. 90-A), não se aplicam as disposições da Lei dos juizados criminais no âmbito da Justiça militar. Logo, nenhum instituto dito despenalizador (composição civil, transação, suspensão condicional do processo) se aplica à justiça militar (RANGEL, 2023, p. 327).

Obs. 1: A Justiça Militar é competente para julgar crime de homicídio praticado por militar em serviço contra militar reformado.

Obs. 2: O interrogatório na justiça militar é feito ao final da instrução, nos mesmos moldes do art. 400 do CPP comum (RANGEL, 2023).

b) Competência da Justiça Eleitoral

De acordo com Avena (2023, p. 652),

> [...] a Constituição Federal é vaga acerca da competência da Justiça Eleitoral, limitando-se, no seu art. 121, a dispor que lei complementar disporá sobre a organização e competência dos tribunais, dos juízes de direito e das juntas eleitorais. Considerando essa disciplina e tendo em vista que ainda não foi editada a referida lei complementar, tem-se utilizado como balizador dessa competência o art. 35, II, do Código Eleitoral, quando estabelece que compete aos Juízes Eleitorais processar e julgar os crimes eleitorais e os comuns que lhe forem conexos.

CF Art. 121. Lei complementar disporá sobre a organização e competência dos tribunais, dos juízes de direito e das juntas eleitorais.

Crimes eleitorais: são os crimes previstos no Código Eleitoral e os que a lei eventual e expressamente definir como eleitorais. Enfim, os crimes de competência pela Justiça Eleitoral são os crimes eleitorais e os crimes conexos (ex.: calúnia ocorrida durante a campanha eleitoral), ressalvadas as exceções legais (LIMA, 2016).

No crime eleitoral conexo com homicídio serão os processos separados, tendo em vista a previsão constitucional acerca da competência do Tribunal do Júri e da Justiça Eleitoral (ex.: membro da Justiça Eleitoral é morto em decorrência da descoberta de um crime eleitoral. Este homicídio, apesar de ter motivação eleitoral, não é crime eleitoral, visto que não está previsto no Código Eleitoral).

Havendo conexão entre um crime comum da justiça estadual e um crime eleitoral – *vis* atrativa – competirá à justiça especial, consoante art. 78, IV, CPP:

> CPP, Art. 78. Na determinação da competência por conexão ou continência, serão observadas as seguintes regras:
>
> [...]

> IV – no concurso entre a jurisdição comum e a especial, prevalecerá esta.

Porém, se esta conexão ocorrer com um crime federal ou militar, deverá haver a separação dos processos, na medida em que tais competências estão previstas na Constituição Federal.

Tratando-se ato infracional análogo a crime eleitoral, a competência será da Justiça Comum Estadual, por meio do Juizado da Infância e Juventude (AVENA, 2023).

Exemplos:

(1) crime eleitoral conexo com o crime doloso contra a vida – homicídio: o crime eleitoral será julgado pela Justiça Eleitoral enquanto que o homicídio será julgado pelo Tribunal do Júri. Deve-se separar os processos (A doutrina minoritária entende que não deveria haver separação).

(2) crime cometido contra juiz estadual: quando este exercer as funções da Justiça Eleitoral, a competência será da Justiça Federal. O crime praticado contra juiz eleitoral (ex.: desacato) deverá ser julgado pela Justiça Federal, tendo em vista que se trata de um servidor público federal.

Obs.: Não existe juizado de pequenas causas eleitorais. Contudo, os benefícios da Lei 9.099/90 são aplicáveis. Lembre-se que a justiça eleitoral não é fechada, pois também poderá julgar infrações comuns conexas aos delitos eleitorais.

Não confunda crimes eleitorais,

> [...] que são aqueles tipificados na legislação eleitoral e que, direta ou indiretamente, relacionam-se com as votações, com crimes políticos, que se enquadram nas condutas que atentam, efetiva ou potencialmente, contra o estado democrático de direito, atingindo a soberania nacional, as instituições democráticas e a estrutura política brasileira, cabendo seu processo e julgamento à Justiça Federal, por força do art. 109, IV, 1.ª parte, da CF (AVENA, 2023, p. 652).

c) Competência da Justiça do Trabalho

Com a EC 45/04 a CF/88 foi alterada e houve uma ampliação da competência da Justiça do Trabalho: Passou a ser competente para julgar HC quando o ato questionado envolver matéria sujeita à sua jurisdição (art. 114, IV, CF/88):

> Art. 114. Compete à Justiça do Trabalho processar e julgar:
>
> [...]
>
> IV – os mandados de segurança, habeas corpus e habeas data, quando o ato questionado envolver matéria sujeita à sua jurisdição;

Nesse trilhar,

> [...] a Constituição Federal não atribuiu aos órgãos da Justiça do Trabalho competência penal. Assim, constatada, no âmbito da Justiça Trabalhista, a ocorrência de delitos contra a organização do trabalho, deverão estes ser comunicados às autoridades encarregadas da persecução penal para respectiva apuração (AVENA, 2023, p. 657).

Obs.: nos crimes de falso testemunho perante a Justiça do Trabalho, a competência para julgar o delito é da Justiça Federal.

Suponha que um juiz do trabalho dê voz de prisão ao guarda da Central de Trânsito, em razão da negativa para multar determinado veículo. Nesse caso, eventual HC impetrado será endereçado ao TRF, tendo em vista que não há matéria de jurisdição do trabalho. Do julgamento de tal HC, nesse exemplo, estará caracterizado o crime de abuso de autoridade, assim, não resta dúvida de que a competência será mesmo do TRF. O HC mencionado pela CF/88 é aquele relacionado à jurisdição trabalhista (LIMA, 2016).

> Art. 114. Compete à Justiça do Trabalho processar e julgar:
>
> [...]
>
> I – as ações oriundas da relação de trabalho, abrangidos os entes de direito público externo e da administração pública direta e indireta da União, dos Estados, do Distrito Federal e dos Municípios;

d) Competência da Justiça Política ou Jurisdição Extraordinária

Corresponde à atividade jurisdicional exercida por órgãos políticos cujo objetivo é o afastamento do agente público que comete crimes de responsabilidade. Exemplo: competência do Senado Federal (art. 52, I, da CF/88):

> Art. 52. Compete privativamente ao Senado Federal:
>
> [...]
>
> I – processar e julgar o Presidente e o Vice-Presidente da República nos crimes de responsabilidade, bem como os Ministros de Estado e os Comandantes da Marinha, do Exército e da Aeronáutica nos crimes da mesma natureza conexos com aqueles;

O crime de responsabilidade é trabalhado pela doutrina em dois sentidos: crime de responsabilidade em sentido amplo e; crime de responsabilidade em sentido estrito.

Crimes de responsabilidade em sentido amplo são aqueles cuja qualidade de funcionário público é uma elementar do tipo penal. São os denominados crimes funcionais (ex.: peculato, prevaricação, corrupção passiva, entre outros).

Obs.: na CF/88, quando se fala em "crime comum" também se refere aos crimes funcionais. Logo, crime comum praticado pelo presidente da república será julgado pelo STF e não pelo Senado Federal.

Crimes de responsabilidade em sentido estrito são aqueles que somente determinados agentes políticos podem praticar. Não tem natureza de infração penal, mas de natureza político-administrativa. Tecnicamente, esta não é uma competência criminal, tendo em vista que se trata de infração político-administrativa, em que as penas aplicáveis não são privativas de liberdade, mas de inabilitação para exercer cargo público e perda do cargo (Lei 1.079/50).

Conclui-se, portanto, que o Senado Federal não possui competência criminal, tendo em vista que não julga crimes, mas infrações político-administrativas. O art. 52 da CF/88 se relaciona aos crimes de responsabilidade em sentido estrito.

Atenção! Doutrina minoritária entende ser essa responsabilidade uma verdadeira espécie de jurisdição política.

e) Competência Criminal da Justiça Federal

Antes de analisar-se a competência da Justiça Federal é preciso evidenciar que a atribuição está para a autoridade policial e promotor de justiça na mesma proporção que a competência está para o juiz e, consequentemente, ausente uma ou outra, o procedimento será inválido. Portanto, a natureza jurídica da atribuição é, igualmente, de um pressuposto processual de validade, cuja ausência gera nulidade (art. 564, II, do CPP).

Critérios de fixação de atribuições:

Atribuição é um dever ligado ao ofício, cargo, trabalho ou função. Assim, na persecução penal, a atribuição está para a autoridade policial e membro do Ministério Público quase que na mesma proporção em que a competência está para o juiz.

a) **critério territorial**: a autoridade policial terá atribuição para investigar os crimes que se consumarem na sua circunscrição. Nos crimes dolosos contra a vida, o STF diz que a competência é do lugar da conduta. Então, analogicamente, a atribuição também será;

b) **critério material**: as polícias estaduais ou federais (judiciárias) devem se organizar, se estruturar pelo fator ou pelo critério da seletividade, ou seja, criando delegacias especializadas em locais com maior índice populacional. Critério da seletividade ou materialidade;

c) **critério em razão da pessoa**: considera as qualidades da pessoa/vítima. Serão criadas delegacias da mulher, da pessoa idosa, da criança, entre outras.

A CF/88 demonstra que as atribuições investigatórias da Polícia Federal são mais amplas que a competência criminal da Justiça Federal, conforme se depreende do art. 144, §1º, da CF/88 (repressão uniforme).

Lembre-se: são órgãos da justiça federal: TRFs (5 regiões), juízes federais, JECRIM Federal, tribunal do júri federal. O Conselho da Justiça Federal não é órgão da justiça federal.

Atribuições da PF – Art. 1º da Lei 10.446/02:

As atribuições da Polícia Federal não podem ser confundidas com a competência da Justiça Federal. Assim, o simples fato de se tratar de um crime, em tese, federal, não atrai, por si só, atribuições da PF, que estão previstas no art. 1º da Lei 10.446/02:

i) sequestro, cárcere privado e extorsão mediante sequestro (arts. 148 e 159 do Código Penal), se o agente foi impelido por motivação política ou quando praticado em razão da função pública exercida pela vítima;

ii) formação de cartel (art. 4º da Lei nº 8.137/90);

iii) relativas à violação a direitos humanos, que a República Federativa do Brasil se comprometeu a reprimir em decorrência de tratados internacionais de que seja parte;

iv) furto, roubo ou receptação de cargas, inclusive bens e valores, transportadas em operação interestadual ou internacional, quando houver indícios da atuação de **quadrilha ou bando** em mais de um Estado da Federação;

v) falsificação, corrupção, adulteração ou alteração de produto destinado a fins terapêuticos ou medicinais e venda, inclusive pela internet, depósito ou distribuição do produto falsificado, corrompido, adulterado ou alterado;

vi) furto, roubo ou dano contra instituições financeiras, incluindo agências bancárias ou caixas eletrônicos, quando houver indícios da atuação de associação criminosa em mais de um Estado da Federação.

Atendidos os pressupostos do caput, o Departamento de Polícia Federal procederá à apuração de outros casos, desde que tal providência seja autorizada ou determinada pelo Ministro de Estado da Justiça (LIMA, 2016).

Nas localidades em que inexistem sede de DPF, as investigações serão presididas pela Polícia Civil do respectivo ente federativo.

Análise da competência da Justiça Federal - art. 109, CF/88:

A Justiça Federal é integrada pelos juízes federais e Tribunais Regionais Federais (art. 106, CF/88).

Assim, a regra, que constitucionalmente estabelece a competência da Justiça Federal, pode ser visualizada nas disposições do art. 109, CF/88, transcrita abaixo, *literallis*:

> Art. 109. Aos juízes federais compete processar e julgar:
>
> I – as causas em que a União, entidade autárquica ou empresa pública federal forem interessadas na condição de autoras, rés, assistentes ou oponentes, exceto as de falência, as de acidentes de trabalho e as sujeitas à Justiça Eleitoral e à Justiça do Trabalho;
>
> II – as causas entre Estado estrangeiro ou organismo internacional e Município ou pessoa domiciliada ou residente no País;
>
> III – as causas fundadas em tratado ou contrato da União com Estado estrangeiro ou organismo internacional;
>
> IV – os crimes políticos e as infrações penais praticadas em detrimento de bens, serviços ou interesse da União ou de suas entidades autárquicas ou empresas públicas, excluídas as contravenções e ressalvada a competência da Justiça Militar e da Justiça Eleitoral;
>
> V – os crimes previstos em tratado ou convenção internacional, quando, iniciada a execução no País, o resultado tenha ou devesse ter ocorrido no estrangeiro, ou reciprocamente;
>
> V-A as causas relativas a direitos humanos a que se refere o § 5º deste artigo; (Incluído pela Emenda Constitucional nº 45, de 2004)
>
> VI – os crimes contra a organização do trabalho e, nos casos determinados por lei, contra o sistema financeiro e a ordem econômico-financeira;

> VII – os habeas corpus, em matéria criminal de sua competência ou quando o constrangimento provier de autoridade cujos atos não estejam diretamente sujeitos a outra jurisdição;
> VIII – os mandados de segurança e os habeas data contra ato de autoridade federal, excetuados os casos de competência dos tribunais federais;
> IX – os crimes cometidos a bordo de navios ou aeronaves, ressalvada a competência da Justiça Militar;
> X – os crimes de ingresso ou permanência irregular de estrangeiro, a execução de carta rogatória, após o "exequatur", e de sentença estrangeira, após a homologação, as causas referentes à nacionalidade, inclusive a respectiva opção, e à naturalização;
> XI – a disputa sobre direitos indígenas.

Passa-se à verificação dos dispositivos afetos às infrações criminais, começando pelo inciso IV.

Análise do inciso IV, art. 109, CF/88:

> Art. 109. Aos juízes federais compete processar e julgar:
> [...]
> IV – os crimes políticos e as infrações penais praticadas em detrimento de bens, serviços ou interesse da União ou de suas entidades autárquicas ou empresas públicas, excluídas as contravenções e ressalvada a competência da Justiça Militar e da Justiça Eleitoral;

Crimes políticos

A doutrina define como crimes políticos:

> [...] os dirigidos, subjetiva e objetivamente, de modo imediato, contra o Estado como unidade orgânica das instituições políticas e sociais. Eram os crimes contra a segurança nacional, que, com o advento da Lei nº 14.197/2021, passaram a ser compreendidos como crimes contra o Estado Democrático de Direito, se subdividindo em "crimes contra a soberania nacional", "crimes contra as instituições democráticas", "crimes contra o funcionamento das instituições democráticas no processo eleitoral" e os "crimes contra o funcionamento dos serviços essenciais" (RANGEL, 2023, p. 299).

Nessa giza, crimes políticos são aqueles previstos na Lei nº 14.197/21, que revogou a Lei de Segurança Nacional (Lei 7.170/83), incluindo dispositivos criminais no Código Penal, tutelando-se o Estado Democrático de Direito (Golpe de Estado, Atentado à Soberania, entre outros).

Crimes contra bens, serviços ou interesse da União

A expressão União, referida, é a Administração Pública Federal Direta. O alicerce da competência criminal está nesses dois tripés:

1º TRIPÉ	2º TRIPÉ
Bens Serviços Interesses	União Autarquias federais Empresas públicas federais

Por **BENS** deve-se compreender o respectivo patrimônio das entidades federais, disciplinados pelo art. 20 da CF/88. Exemplos:

- Crime contra bem do presidente da república (casa, carro, etc.) – competência da Justiça Estadual.
- Crime cometido contra consulado estrangeiro – competência da Justiça Estadual.
- Crime de dano cometido contra bens tombados – se o bem for tombado pelo Instituto Patrimônio Histórico e Artístico Nacional (IPHAN), a competência será da Justiça Federal (inclusive para furtos das obras). Agora, se o bem foi tombado por um Estado-membro ou município, a competência será da Justiça Estadual. Ver Conflito de Competência 56.102.
- Desvio de verbas federais – se a verba estiver sujeita a prestação de contas perante órgão federal (em regra, pelo TCU) a competência será da Justiça Federal. Por outro lado, se a verba estiver incorporada ao patrimônio municipal, a competência será da Justiça Estadual.
- Crimes contra o MPDFT (Ministério Público do DF) – compete à justiça estadual. Se for contra o MPU (Ministério Público da União), competirá à justiça federal.

Súmula 208 do STJ: compete à Justiça Federal (Tribunal Regional Federal) processar e julgar prefeito municipal por desvio de verba sujeita à prestação de contas perante órgão federal.

A súmula consagra o chamado direito penal do autor (específica para prefeitos).

Súmula 209 do STJ: compete à Justiça Estadual (**Tribunal de Justiça**) processar e julgar prefeito municipal por desvio de verba transferida e incorporada ao patrimônio municipal.

Desvio de verbas enviadas pela União para outra unidade federativa – se já estiver incorporada ao patrimônio municipal, a competência será da Justiça Estadual (e o Prefeito será julgado pelo TJ). Todavia, se estiver sujeita à prestação de contas perante órgão federal, a competência será da Justiça Federal, e o Prefeito será julgado pelo TRF.

Crimes contra autarquias federais e empresas públicas federais

Para que a competência seja da Justiça Federal é indispensável que haja prejuízo direto a bens, serviços ou interesses da União, autarquias federais e empresas públicas federais. Prova disso, verifica-se na súmula de n. 107 do STJ:

Súmula 107 – Compete à Justiça Comum Estadual processar e julgar crime de estelionato praticado mediante falsificação das guias de recolhimento das contribuições previdenciárias, quando não ocorrente lesão à autarquia federal.

Exemplos de autarquias federais: INSS, BACEN, IBAMA, DNIT, CVM, FUNASA e INCRA.

Exemplos de empresas públicas federais: CEF, BNDS, EBCT e SEFTRO.

Crimes cometidos contra fundação pública federal (espécie do gênero autarquia): competência da Justiça Federal. Ex.: FUNASA.

Crimes cometidos contra entidades de fiscalização profissional – A natureza jurídica desses conselhos variou ao longo da história. Hoje são tidas como espécies de autarquias (para competência criminal), portanto, eventual crime praticado contra elas será de competência da Justiça Federal. Ex.: CREA, CRM e CRO.

Cuidado! A competência será da Justiça Federal quando a vítima for a entidade de fiscalização profissional (e não a pessoa física em si, por exemplo, o médico).

Crimes cometidos contra a OAB – ADI 3026 – STF. Discutia-se a natureza jurídica da OAB. O STF entendeu tratar-se de uma **categoria ímpar** (não inserida no que se denomina de autarquias especiais). Mas para fins de competência criminal, é certo que as prerrogativas continuam existindo, assim, eventual crime contra a OAB será julgado pela Justiça Federal. Ex. 1: falsificação de carteira profissional da OAB. Ex. 2: Exercer a advocacia ainda que impedido.

Obs. 1: caso o crime seja praticado em detrimento de uma agência dos Correios (franquia), a competência será da Justiça Estadual. Porém, se o serviço for explorado diretamente pela EBCT (contra a própria empresa pública), a competência será da Justiça Federal. Ex.: Crime em face de carteiros (Justiça federal). Agora, se o crime é praticado contra agência comunitária dos correios, o STJ entende ser competente o juízo federal. O mesmo raciocínio se aplica às Casas Lotéricas (permissionárias de serviço federal), assim, por receberem tratamento de uma pessoa jurídica privada, a competência será da justiça comum estadual.

Obs. 2: em regra, os crimes cometidos contra as sociedades de economia mista federal são julgados pela Justiça Estadual. Excepcionalmente, competirá à Justiça Federal julgar o delito praticado contra sociedade de economia mista federal quando ficar demonstrado que existe interesse jurídico da União no fato. Isso ocorre nos casos em que os delitos praticados contra a sociedade de economia mista estiverem relacionados com: a) os serviços de concessão, autorização ou delegação da União; ou b) se houver indícios de desvio das verbas federais recebidas por sociedades de economia mista e sujeitas à prestação de contas perante o órgão federal. [Inf. 759, STF]

Obs. 3: compete à Justiça Estadual apurar suposto crime de estelionato, em que foi obtida vantagem ilícita em prejuízo de vítimas particulares mantidas em erro mediante a criação de falso Tribunal Internacional de Justiça e Conciliação para solução de controvérsias [Inf. 597, STJ].

Obs. 4: o fato de a CEF atuar como financiadora da obra não tem o condão de atrair, por si só, a competência da Justiça Federal. Isto porque para sua responsabilização não basta que a entidade figure como financeira. É necessário que ela tenha atuado na elaboração do projeto ou na fiscalização da segurança e da higidez da obra [Inf. 615, STJ].

Fonte: CAVALCANTE, 2019.

Súmula vinculante 36-STF: Compete à Justiça Federal comum processar e julgar civil denunciado pelos crimes de falsificação e de uso de documento falso quando se tratar de falsificação da Caderneta de Inscrição e Registro (CIR) ou de Carteira de Habilitação de Arrais-Amador (CHA), ainda que expedidas pela Marinha do Brasil.

Imagine o seguinte: Determinado Estado-membro conseguiu um financiamento do BNDES para a realização de um empreendimento. Ocorre que houve fraude à licitação e superfaturamento da obra. Indaga-se: O fato de o BNDES (que é uma empresa pública federal) ter emprestado o dinheiro atrai a competência para a Justiça Federal? R. NÃO. O fato de licitação estadual envolver recursos repassados ao Estado-Membro pelo BNDES, por meio de empréstimo bancário (mútuo feneratício), não atrai a competência da Justiça Federal para processar e julgar crimes relacionados a suposto superfaturamento na licitação. Mesmo havendo superfaturamento na licitação estadual, o prejuízo recairá sobre o erário estadual (e não federal), uma vez que, não obstante a fraude, o contrato de mútuo feneratício entre o Estado-Membro e o BNDES permanecerá válido, fazendo com que a empresa pública federal receba de volta, em qualquer circunstância, o valor emprestado ao ente federativo. Logo, a competência é da Justiça Estadual (CAVALCANTE, 2019).

Crimes cometidos contra sociedade de economia mista (Ex.: BB, Petrobras, RFFSA – Rede Ferroviária Federal SA).

Perceba que não estão no rol do inciso IV as Sociedades de Economia Mista, logo, eventual crime contra elas será de competência da Justiça Estadual.

Lembre-se que a competência da Justiça Federal:

> [...] é ABSOLUTA em RAZÃO DA MATÉRIA, não admitindo derrogação em detrimento da justiça dos Estados. Se a entidade for uma sociedade de economista mista, a competência é da justiça estadual, já que não haverá lesão a bem, serviço ou interesse da União (RANGEL, 2023, p. 301).

STJ, súmula 42: Compete a Justiça Comum Estadual processar e julgar as causas <u>cíveis</u> em que é parte sociedade de economia mista e os <u>crimes</u> praticados em seu detrimento.

Crimes contra concessionárias e permissionárias de serviço público federal – Trata-se de crime de competência da Justiça Estadual.

Crime funcional praticado por médico em hospital privado credenciado ao SUS – a regra que prevalece é a de competência da Justiça Estadual.

Compete à Justiça Federal processar e julgar as ações penais relacionadas com o DESVIO de verbas originárias do SUS (Sistema Único de Saúde), independentemente de se tratar de valores repassados aos Estados ou Municípios por meio da modalidade de transferência "fundo a fundo" ou mediante realização de convênio. Assim, tem-se o seguinte:

- Desvio de verbas do SUS: competência da Justiça Federal (CC 122.555-RJ);
- Estelionato contra o SUS: competência da Justiça Federal (CC 95134-MG);
- Cobrança indevida de serviços médico/hospitalares acobertados pelo SUS: Justiça Estadual;
- Desvio de verbas do Fundef: competência da Justiça Federal (CC 119.305).

Competência da Justiça Federal no que tange aos crimes contra SERVIÇOS de interesses da União (art. 21, CF/88)

Explorar serviços de telecomunicações: desenvolvimento clandestino de telecomunicações (rádio pirata e sinal de rádio para *internet*) - art. 183, da Lei 9.472/97 - competência da Justiça Federal.

Recebimento clandestino de TV paga ou *internet* (considerado pelos tribunais como furto de energia). A vítima é a pessoa jurídica de natureza privada. Logo, a competência será da Justiça Estadual. Há julgados no STF considerando essas hipóteses atípicas, pois não configurariam furto de energia.

Incitação ou apologia ao crime praticado em programa de televisão: é crime de competência da Justiça Estadual, pois não atenta contra o serviço de telecomunicações.

Quanto ao **INTERESSE,** para que a competência seja da Justiça Federal, deve ser específico e direto. Caso o interesse seja genérico ou remoto, a competência será da Justiça Estadual. Exemplos:

1) Contrabando e descaminho: arts. 334 e 334-A do CP (interesse da União). A competência é do juízo federal do local da apreensão dos bens.

> Art. 334 Importar ou exportar mercadoria proibida ou iludir, no todo ou em parte, o pagamento de direito ou imposto devido pela entrada, pela saída ou pelo consumo de mercadoria [...]

Súmula 151 do STJ: A competência para o processo e julgamento por crime de contrabando ou descaminho define-se pela prevenção do juízo federal do lugar da apreensão dos bens.

2) Remover tecidos, órgãos ou partes do corpo de pessoa ou cadáver, em desacordo com a lei (art. 14, Lei 9.434/97). Para o STJ o simples fato do Ministério da Saúde exercer as funções de órgão central do sistema nacional de transplante não torna o crime de competência da justiça federal.

3) Crime de moeda falsa: a competência será da Justiça Federal (mesmo se a moeda for estrangeira). Contudo, caso a falsificação seja grosseira não haverá crime contra a fé pública. Por outro lado, se tal falsificação for idônea a enganar alguém, sendo empregada no comércio, estará caracterizado o crime de estelionato, de competência da Justiça Estadual, consoante súmula 73 do STJ:

Súmula 73 – A utilização de papel moeda grosseiramente falsificado configura, em tese, o crime de estelionato, da competência da justiça estadual.

4) Sonegação de correspondência em portaria de condomínio residencial. Atenta contra os interesses dos particulares (justiça estadual).

Crimes previstos no Estatuto do Desarmamento: (Lei. 10.826/03 – art. 1º, cria o SINARM, órgão estabelecido dentro da Polícia Federal). Mesmo funcionando na PF, o bem jurídico protegido pelo Estatuto do Desarmamento é a incolumidade pública. Por essa razão, os delitos praticados nesse contexto serão de competência da Justiça Estadual, mesmo que a arma seja de uso restrito ou privativo das Forças Armadas (crime hediondo, desde 2017). Assim, veja os seguintes exemplos:

Arma de fogo de uso restrito: art. 16 do Estatuto, competência da Justiça Estadual.

Tráfico internacional de armas – caso de competência da Justiça Federal, em face dos tratados.

Cuidado! Porte ilegal de arma de fogo + receptação: Ex. 1: forças armadas – a justiça estadual julga o porte ilegal e a justiça militar da União a receptação. Ex. 2: arma de fogo de uso da PM – o crime de porte e receptação serão julgados pela Justiça Estadual, porque a Justiça Estadual Militar não julga civis. Ex. 3: Arma de fogo da Polícia Civil – tanto o porte quanto a receptação serão julgados pela Justiça Estadual. Ex. 4: Arma de fogo de uso da PF – o crime de porte será julgado pela Justiça Estadual e o de receptação da arma, por ser bem que pertencia à União, será de competência da Justiça

Federal. Caso haja conexão entre os delitos, prevalecerá a competência da Justiça Federal, conforme a Súmula 122 do STJ.

Crimes contra a Justiça Eleitoral, do Trabalho e Militar da União

Todas essas Justiças fazem parte do Poder Judiciário da União. Portanto, eventual crime cometido contra elas, será de competência da Justiça Federal, conforme súmula 165 do STJ:

Súmula 165: Compete à justiça federal processar e julgar crime de falso testemunho cometido no processo trabalhista.

Exemplos:

Crime praticado contra juiz estadual no exercício de funções eleitorais (ex.: alvo de desacato); e

Crime de falso testemunho cometido em processo trabalhista/eleitoral/militar da união.

Crime federal conexo com crime estadual – prevalece o da federal, não importando a gravidade da pena.

Crime praticado contra funcionário público federal

Crime praticado contra funcionário público federal, quando delito estiver relacionado ao exercício de suas funções (nexo funcional – *propter officium*), é da competência da Justiça Federal (Súmula 147 do STJ e 98 do extinto TFR).

Súmula 147 do STJ. Compete à justiça federal processar e julgar os crimes praticados contra funcionário público federal, quando relacionados com o exercício da função.

Súmula 98 do extinto TFR. Compete à Justiça Federal processar e julgar os crimes praticados contra servidor público federal, no exercício de suas funções com estas relacionados.

Obs. 1: crime doloso contra a vida de servidor federal será competente o Tribunal do Júri Federal. Ex.: produtor rural que mata um fiscal do trabalho ou agente do IBAMA.

Obs. 2: crime praticado contra funcionário público federal aposentado: competência da Justiça Estadual.

Obs. 3: crime cometido contra dirigente sindical: competência da Justiça Estadual (pois ele não é funcionário público federal).

Obs. 4: compete à Justiça Federal processar e julgar crime de latrocínio no qual tenha havido troca de tiros com policiais rodoviários federais que, embora não estivessem em serviço de patrulhamento ostensivo, agiam para reprimir assalto à instituição bancária privada [Inf. 559, STJ]

Fonte: CAVALCANTE, 2019.

Crime cometido por funcionário público federal

Ex.: agente da Polícia Federal que mata corregedor da PF, no exercício da função. Aplica-se o mesmo raciocínio do item anterior: **crime *propter officium***.

Súmula 254 do extinto TFR. Compete à Justiça Federal processar e julgar os delitos praticados por funcionário público federal no exercício de suas funções e com estas relacionadas.

Tráfico de influência (art. 352 do CP): o crime de tráfico de influência será de competência da Justiça Federal sempre que o funcionário público objeto da suposta influência for federal.

Abuso de autoridade cometido por militares das Forças Armadas: passou a ser de competência da Justiça Militar (Lei 13.491/17).

Crime praticado por agente falsamente investido de função pública federal: compete à justiça estadual.

Crimes contra o meio ambiente

Inicialmente, destaca-se a súmula 91 do STJ, a qual foi cancelada no ano 2000, devido ao fato de ser de competência comum a proteção do meio ambiente. A ideia de que a "fauna" pertence à União não era motivo para a competência ser de âmbito federal. Aliás, a fauna está na CF/88 como bem de todos (União, Estados, DF e Municípios). Desse modo, os crimes ambientais serão julgados pela <u>**Justiça Estadual**</u>, salvo se praticados em detrimento de bens, serviços e interesses da União, suas autarquias e empresas públicas (LIMA, 2016).

Exemplos práticos:

1) Crime de pesca do camarão no período de defeso no mar territorial: compete à Justiça Federal. Lembre-se: o mar territorial é bem da União, logo, há interesse da União.

2) Crime de pesca proibida praticada em rio que faz divisa entre dois estados-membros. Ex.: Rio Real – Bahia e Sergipe; Rio Correntes – MT e MS; Rio Araguaia – MT e GO. Interesse da União.

> Art. 20. São bens da União:
>
> [...]
>
> III – os lagos, rios e quaisquer correntes de água em terrenos de seu domínio, ou que banhem mais de um Estado, sirvam de limites com outros países, ou se estendam a território estrangeiro ou dele provenham, bem como os terrenos marginais e as praias fluviais;
>
> [...]
>
> IX – os recursos minerais, inclusive os do subsolo.

3) Crime de extração ilegal de recursos minerais, praticado em propriedade particular: compete à Justiça Federal.

4) Crimes relacionados à apreensão em cativeiro de animais da fauna exótica são de competência da Justiça Federal, pois compete ao IBAMA autorizar a posse desses animais exóticos no Brasil. Ex.: um babuíno ou tigre de bengala, sem a devida marcação e em desacordo com instrução normativa do IBAMA. Não é uma questão de bem da União, mas de interesse de uma autarquia federal.

5) Crime do plantio de transgênicos (art. 13, V, da Lei 8.974/95): compete à Justiça Federal, pois é da União a competência de regulamentar o manejo de sementes de organismos geneticamente modificados. Motivo da competência da justiça federal: o dano pode abranger vários entes da Federação, bem como à saúde pública.

6) Crime ambiental praticado na Floresta Amazônica ou no Pantanal (art. 225, parágrafo 4º, CF/88) – patrimônio nacional (nacional não significa patrimônio da União, mas patrimônio de todos). Compete à **justiça estadual** (consoante julgados do STF, RE 349.189 e STJ, CC 99.294).

> Art. 225. [...]
>
> § 4º – A Floresta Amazônica brasileira, a Mata Atlântica, a Serra do Mar, o Pantanal Mato-Grossense e a Zona Costeira são **patrimônio nacional**, e sua utilização far-se-á, na forma da lei, dentro de condições que assegurem a preservação do meio ambiente, inclusive quanto ao uso dos recursos naturais.

Obs.: compete à justiça federal processar e julgar o crime ambiental de caráter transnacional que envolva animais silvestres, ameaçados de extinção e espécimes exóticas ou protegidas por compromissos internacionais assumidos pelo Brasil [Inf. 853, STF].

7) Parcelamento irregular de solo urbano (grilagem de terra). Depende de qual ente federativo pertence a terra.

Crimes contra a fé pública

a) Em se tratando de crime de falsificação de documento, a competência é determinada em razão do órgão responsável pela confecção do documento:

   i) Falsificação de **CPF** (emitida pela Secretaria da Receita Federal): Justiça Federal;

   ii) Falsificação de **carteira da OAB** (emitida pelo Conselho Federal da OAB): Justiça Federal;

   iii) Falsificação de **carteira de habilitação**: Justiça Estadual (os Detrans são responsáveis pela emissão da carteira nacional de habilitação ao longo do território nacional. São entidades regionalizadas por estado-membro, razão pela qual, a competência será da Justiça Estadual);

   iv) Falsificação de **certidão negativa de débito** do INSS: Justiça Federal;

   v) Falsificação de **carteira de Arrais-amador** (para pilotar lanchas): emitida pela Marinha do Brasil, por meio das capitanias dos portos. Para o STJ, a competência pertence à Justiça Militar da União (perceba que o civil pode ser julgado nessa Justiça). Para o STF, a competência é da Justiça Comum Federal (fiscalização naval – interesse da União).

Obs.: a Caderneta de Inscrição e Registro (CIR) e a Carteira de Habilitação Naval de Amador são licenças necessárias para se pilotar embarcações. Apesar de serem documentos expedidos pela Marinha, a licença por eles conferida é de natureza civil. Logo, a sua expedição e fiscalização são atividades inerentes ao poder de polícia administrativa. São funções ligadas, portanto, ao policiamento naval, que não é atribuição exclusiva da Marinha [Inf. 763, STF].

b) Em se tratando de **crime de uso de documento falso**, por um terceiro que não tenha sido responsável pela falsificação, a competência é determinada pela **pessoa física ou jurídica prejudicada pelo uso,** sendo irrelevante a natureza do documento:

- Uso de passaporte falso e competência territorial: súmula 200 do STJ (a competência para julgar o uso de passaporte falso é do Juízo Federal em que o documento foi apresentado);
- Apresentação de CNH falsa para a PRF em rodovia federal: justiça federal. Note que se o crime de *falsum* for absorvido pelo crime meio de estelionato, a competência será determinada em virtude do sujeito passivo do crime patrimonial.

c) Em caso de **uso de documento falso pelo falsificador**, para fins de estelionato, a competência será determinada de acordo com o sujeito passivo do crime patrimonial (Súmula 17 do STJ).

Súmula 17 do STJ: Quando o falso se exaure no estelionato, sem mais potencialidade lesiva, por este será absorvido (*post factum* impunível).

Ex.: Falsificação de CPF (Justiça Federal) + estelionato em instituição privada (Justiça Estadual): em conexão probatória, a competência irá para a Justiça Federal (Súmula 122 do STJ).

Súmula 122 do STJ: Compete à justiça federal o processo e julgamento unificado dos crimes conexos de competência federal e estadual, não se aplicando a regra do art. 78, inc. II, alínea "a", do código de processo penal.

Entretanto, se o juiz federal entender na sentença que não houve a falsificação, mesmo sendo o estelionato de competência da Justiça Estadual, continuará competente para os demais processos em decorrência da conexão probatória – art. 81 do CPP:

> Art. 81. Verificada a reunião dos processos por conexão ou continência, ainda que no processo da sua competência própria venha o juiz ou tribunal a proferir sentença absolutória ou que desclassifique a infração para outra que não se inclua na sua competência, continuará competente em relação aos demais processos.

d) Caso a falsificação seja utilizada como crime meio para a prática do estelionato, a competência será determinada de acordo com o sujeito passivo do crime patrimonial. Ex.: cheque com assinatura falsa:

competência da justiça estadual, pois houve prejuízo no patrimônio do titular do cheque.

Outras súmulas importantes acerca do tema

Súmula 31 do extinto TFR. Compete à Justiça Estadual o processo e julgamento de crime de falsificação ou de uso de certificado de conclusão de curso de 1º e 2º graus, desde que não se refira a estabelecimento federal de ensino ou a falsidade não seja de assinatura de funcionário federal.

Ex.: se a falsificação for de diploma de universidade (ensino superior), o qual exige carimbo do Ministério da Educação – MEC, ainda que a instituição seja privada, a competência é da Justiça Federal.

Súmula 104 do STJ. Compete à justiça estadual o processo e julgamento dos crimes de falsificação e uso de documento falso relativo a estabelecimento particular de ensino.

Súmula 62 do STJ. Compete à justiça estadual processar e julgar o crime de falsa anotação na carteira de trabalho e previdência social, atribuído a empresa privada (súmula ultrapassada, em decorrência da inserção dos §§ 3º e 4º no art. 297, CP, pela Lei 9.983/00).

Ex. 1: o crime de falsa anotação na carteira de trabalho (anota-se para enganar a pessoa que está oferecendo emprego, inserindo falsamente que possui seis meses de experiência) é julgado pela **Justiça Estadual** (Súmula 62 do STJ).

Ex. 2: cidadão que faz bico na rua e sofre um acidente, querendo benefícios do INSS. Não se aplica a súmula 62, pois o ato traz prejuízos a uma autarquia federal, logo a competência é da **Justiça Federal**. Veja o art. 297, § 3º, II, CP:

> Art. 297 – Falsificar, no todo ou em parte, documento público, ou alterar documento público verdadeiro:
>
> [...]
>
> § 3º Nas mesmas penas incorre quem insere ou faz inserir:
>
> [...]
>
> II – na Carteira de Trabalho e Previdência Social do empregado ou em documento que deva produzir efeito perante a previdência social, declaração falsa ou diversa da que deveria ter sido escrita.

Caso a falsa anotação na CTPS tenha sido produzida com o objetivo de gerar efeitos perante a Previdência Social (INSS), a competência será da Justiça Federal, caso contrário, a competência é da Justiça Estadual.

Obs.: compete à Justiça Federal (e não à Justiça Estadual) processar e julgar o crime caracterizado pela omissão de anotação de vínculo empregatício na CTPS (art. 297, § 4º, do CP), uma vez que o sujeito passivo é o Estado (Previdência Social), uma vez que a ausência de anotação de informações relativas ao vínculo empregatício na CTPS afeta diretamente a arrecadação das contribuições previdenciárias (espécie de tributo), já que estas são calculadas com base no valor do salário pago ao empregado. Assim, quando o patrão omite os dados de que trata o § 4º, ele está lesando, em primeiro lugar, a arrecadação da Previdência Social, administrada pelo INSS, que é uma autarquia federal. O empregado é prejudicado de forma apenas indireta, reflexa [Inf. 554, STJ].

Fonte: CAVALCANTE, 2019.

STJ 192. Compete ao Juízo das Execuções Penais do Estado a execução das penas impostas a sentenciados pela Justiça Federal, Militar ou Eleitoral, quando recolhidos a estabelecimentos sujeitos à administração estadual (c/c Art. 62 do CPM).

Hoje ocorre o contrário da súmula supramencionada, pois os condenados na justiça estadual estão cumprindo pena em presídios federais (chamados de presídios de segurança máxima). Há uma lei sobre o tema – o sistema penitenciário federal (Lei 11.671/08, art. 4º), veja:

> Art. 4º A admissão do preso, condenado ou provisório, dependerá de decisão prévia e fundamentada do juízo federal competente, após receber os autos de transferência enviados pelo juízo responsável pela execução penal ou pela prisão provisória.
>
> § 1º A execução penal da pena privativa de liberdade, no período em que durar a transferência, ficará a cargo do juízo federal competente.
>
> § 2º Apenas a fiscalização da prisão provisória será deprecada, mediante carta precatória, pelo juízo de origem ao juízo federal competente, mantendo aquele juízo a competência para o processo e para os respectivos incidentes.

Obs.: o controle da transferência ou da permanência do preso nos presídios federais deve ser exercido tanto pelo juiz de origem como pelo juiz federal responsável pelo presídio federal. No entanto, depois de ter sido deferido o requerimento pelo magistrado de execução estadual, não cabe ao juiz federal corregedor do presídio exercer juízo de valor sobre a gravidade das razões do solicitante, salvo se evidenciadas condições desfavoráveis ou inviáveis da unidade prisional [Inf. 738, STF].

Fonte: CAVALCANTE, 2019.

Contravenções Penais e Atos infracionais

São julgados pela Justiça Estadual, mesmo que praticado contra a União, e ainda que cometidos em conexão com crime federal (ocorrerá a separação dos processos – Súmula 38 do STJ).

Súmula 38 – Compete à Justiça Estadual Comum, na vigência da Constituição de 1988, o processo por contravenção penal, ainda que praticada em detrimento de bens, serviços ou interesse da União ou de suas entidades (c/c Art. 109, IV, da CF).

Lembre-se que competirá à justiça federal o julgamento de contravenção penal praticado por quem tem foro por prerrogativa de função.

Atenção para o cancelamento da súmula 348 do STJ:

~~348. Compete ao Superior Tribunal de Justiça decidir os conflitos de competência entre juizado especial federal e juízo federal, ainda que da mesma seção judiciária.~~

Em decorrência do julgamento do STF no RE 59.409, o STJ cancelou a súmula supramencionada e editou novo entendimento, a saber:

Súmula 428 – compete ao TRF decidir os conflitos de competência entre os Juizados Especiais Federais e Juízo Federal da mesma seção judiciária.

O que a súmula quis dizer não foi seção judiciária, já que Estado e o DF correspondem a uma seção judiciária, mas a necessidade de estar no âmbito do mesmo TRF.

Em caso de atos infracionais, compete à justiça estadual (juízo da infância e adolescência).

Análise do art. 109, V, da CF/88 – crime previstos em tratados e convenções:

> Art. 109. Aos juízes federais compete processar e julgar:
>
> [...]

> V – os crimes previstos em tratado ou convenção internacional, quando, iniciada a execução no País, o resultado tenha ou devesse ter ocorrido no estrangeiro, ou reciprocamente;

De acordo com Avena (2023, p. 662),

> [...] a prática de crime previsto em tratado ou convenção internacional, por si, não atrai, necessariamente, a competência da Justiça Federal para o respectivo processo e julgamento. Para tanto, será necessário que se trate de delito com repercussão internacional e não meramente interna ao País.

Súmula 522 – STF. Salvo ocorrência de tráfico para o Exterior, quando, então, a competência será da Justiça Federal, compete à Justiça dos Estados o processo e julgamento dos crimes relativos a entorpecentes.

a) Tráfico internacional de drogas (art. 70 da Lei 11.343/06). Essa transnacionalidade deve ser compreendida como a violação à soberania de dois países. Esse tráfico internacional pressupõe o intuito da transferência da droga envolvendo mais de um país, não sendo necessária a efetiva ocorrência do resultado. Sendo transnacional o delito, aplicar-se-á o art. 40, I, da Lei de Drogas.

O simples fato de ter sido a droga adquirida provavelmente em outro país, não atrai a competência da Justiça Federal. Ex.: cocaína – provavelmente adquirida na Bolívia – não atrai a competência da Justiça Federal – sob o argumento de que tal droga não seria produzida no Brasil.

O crime de tráfico internacional de entorpecentes:

> [...] caracteriza-se não pela origem da substância entorpecente apreendida ou do agente do crime, mas sim pela entrada ou saída da referida substância no território nacional. O fato de ser a substância originária da Bolívia, por exemplo, não significa, necessariamente, que o tráfico seja internacional, pois, não obstante ser boliviana, a apreensão pode ter sido feita em um morro local da cidade, e, nesse caso, o elemento caracterizador do tráfico internacional (entrada ou saída do território nacional) não estar devidamente demonstrado (RANGEL, 2023, p. 301).

Além disso, para que seja considerado tráfico internacional, a substância entorpecente deve ser proibida no Brasil e no país de origem. O lança perfumes, por exemplo, não é considerado entorpecente na Argentina, portanto, seu tráfico para o Brasil, por meio de ônibus será de competência da **Justiça Estadual** (LIMA, 2016).

Cuidado! Tráfico de droga ilícita vinda de outro continente para o Brasil, a competência será da **Justiça Federal**, uma vez que o crime certamente estará sendo praticado a bordo de embarcação ou aeronave.

A prisão de determinada pessoa em cidade próxima à fronteira não permite concluir, por si só, pela competência da Justiça federal.

b) Tráfico internacional de drogas cometido por militares em avião da FAB. Ao ler a CF/88, art. 109, IV, percebe-se que há sempre a ressalva quanto à competência da Justiça Militar. Ocorre que, nos incisos IV e IX, há a exceção da competência da Justiça Militar, **o que não ocorre no inciso V**. Assim, nesse caso, a competência será da Justiça Federal, consoante entendimento do STF, se o tráfico ocorrer em aeronave da FAB, em voo internacional. Agora, se o voo for doméstico, a competência será da justiça militar da União.

c) Desclassificação do crime de tráfico internacional de drogas para o tráfico doméstico: Caso o juiz federal, na sentença, entenda que houve tráfico doméstico, deverá remeter o processo para a Justiça Estadual, não se aplicando o art. 81 do CPP (não se aplica a perpetuação de jurisdição[1]).

Veja um rol exemplificativo de aplicação do art. 109, V, com a cumulação dos dois requisitos e que não tem ligação com o tráfico de drogas:

> I – tráfico internacional de armas de fogo.
>
> II – tráfico internacional de pessoas, delito que abrange mulheres, crianças e homens (travestis).

Trata-se de crime:

> [...] que se consuma com a entrada ou saída da pessoa do território nacional, independentemente de ela exercer a prostituição no Brasil ou no exterior. Basta que a entrada ou a saída do território nacional seja com o fim de prostituição para que se caracterize o crime (RANGEL, 2023, p. 302).
>
> III – transferência ilegal de criança ou adolescente para o exterior (art. 239, ECA).

1. Com a "perpetuatio jurisdictionis", a competência adquirida por um juiz, em razão da conexão de causas, se perpetua e subsiste, ainda que a lide que pertencia originariamente a sua competência e que atraiu seu poder de julgar o litígio desapareça por um motivo qualquer (MARQUES *apud* AVENA, 2023, p. 701).

IV – pornografia infantil por meio da Internet.

Tratando-se de crimes praticados na internet (pornografia infantil, por exemplo), para configurar a competência da Justiça Federal, deve estar presente a internacionalidade. Caso contrário, se a comunicação se restrinja a duas pessoas residentes no Brasil, a competência será da Justiça Estadual. O juízo competente para o julgamento do caso será o do local de onde emanaram as imagens pornográficas, pouco importando a localização do provedor.

Note que se as imagens se limitarem às redes sociais, a competência será da Justiça Estadual. Ex.: facebook, whatsapp, telegram, entre outras.

Análise do art. 109, V-A – as causas relativas a direitos humanos

> Art. 109 [...]
>
> V-A as causas relativas a direitos humanos a que se refere o § 5º deste artigo;
>
> § 5º Nas hipóteses de grave violação de direitos humanos, o Procurador-Geral da República, com a finalidade de assegurar o cumprimento de obrigações decorrentes de tratados internacionais de direitos humanos dos quais o Brasil seja parte, poderá suscitar, perante o Superior Tribunal de Justiça, em **qualquer fase do inquérito ou processo**, incidente de deslocamento de competência para a Justiça Federal.

Diante da amplitude da expressão "direitos humanos" empregada no dispositivo,

> [...] infere-se que optou o legislador constituinte por não definir o rol dos crimes que passariam para a competência da Justiça Federal, razão pela qual o enquadramento de uma conduta como grave violadora dos direitos humanos, capaz de firmar a competência da esfera federal, requer a análise de cada situação de fato, de suas circunstâncias e de suas peculiaridades (AVENA, 2023, p. 663).

Nessa giza, o § 5º, do art. 109, CF/88, previu o incidente de deslocamento de competência – IDC, uma medida processual, de iniciativa do Procurador-Geral da República, suscitado perante o STJ, que visa retirar um procedimento criminal da Justiça Estadual de modo a deslocá-lo para a Justiça Federal.

Requisitos:

- Crime praticado com grave violação aos direitos humanos;
- Demonstração concreta de risco de descumprimento de obrigações decorrentes de tratados internacionais firmados pelo Brasil,

resultante da inércia ou negligência do Estado-membro em proceder à execução penal (Exemplos: caso Dorothy Stang – foi negado; caso Marielle Franco – foi aceito);

- Legitimidade: Procurador Geral da República; e
- Competência para apreciar o IDC: STJ.

Análise do art. 109, VI – crimes contra a organização do trabalho e, nos casos determinados por lei, contra o sistema financeiro e a ordem econômico-financeira

> Art. 109 [...]
>
> VI – os crimes contra a organização do trabalho e, nos casos determinados por lei, contra o sistema financeiro e a ordem econômico-financeira;

Crimes contra a organização do trabalho

Todo crime que viole os direitos fundamentais dos Trabalhadores é considerado "crime contra a organização do trabalho", estejam ou não no capítulo "Dos Crimes contra a Organização do Trabalho", previsto no Código Penal (LIMA, 2016).

Nessa hipótese, somente será competente a Justiça Federal:

> [...] se for crime contra a organização geral do trabalho ou contra os direitos dos trabalhadores, considerados coletivamente. Se for crime individual, a competência é da Justiça Estadual. Se o empregador, fraudulentamente, viola direito trabalhista de determinado empregado, a competência é da Justiça Estadual e não Federal. Portanto, o crime tem que atingir toda uma categoria profissional ou de trabalhadores, não se compreendendo a lesão a direito individual (RANGEL, 2023, p. 304).

TFR – 115. Compete à Justiça Federal processar e julgar os crimes contra a organização do trabalho, quando tenham por objeto a organização geral do trabalho ou direitos dos trabalhadores considerados coletivamente.

Obs.: crime de redução à condição análoga de escravo (art. 149, CP): crime contra a liberdade individual – competência da Justiça Federal. No entanto, o STF entende que a infração criminal deve ser julgada pela Justiça Federal [Inf. 450].

Crimes contra o sistema financeiro e a ordem econômico-financeira: serão julgados pela Justiça Federal **se houver previsão legal**. Quando a remissão não for expressa, a competência será da Justiça Estadual.

Nessa esteira, os ilícitos penais praticados contra o sistema financeiro estão elencados no art. 26, da Lei nº 7.492/1986, chamada Lei dos Crimes de Colarinho Branco.

Lado outro, caso ocorram crimes contra o sistema financeiro:

> [...] que não estejam previstos na Lei nº 7.492/1986, a competência será da Justiça comum Estadual. Não se pode, portanto, ampliar essa competência para abranger crimes que, embora afetem a economia ou o sistema financeiro, não estão previstos na Lei nº 7.492/1986 e não lesaram serviços ou interesses da União ou de suas entidades. Por sua vez, caso seja crime contra o sistema financeiro previsto na Lei nº 7.492/1986, a atribuição para funcionar no feito será do Ministério Público federal e não do Ministério Público estadual (RANGEL, 2023, p. 304).

A ordem econômico-financeira permeia nitidamente nas relações capitalistas, o que engloba, inclusive, as relações de consumo. Os crimes contra a ordem econômico-financeira estão previstos na Lei nº 8.078/1990 (Código de Defesa do Consumidor – crimes contra as relações de consumo), na Lei nº 8.137/1990 (crimes contra a ordem econômica e relações de consumo) e na Lei nº 8.176/1991 – crimes contra a ordem econômica.

Há uma determinação legal para que os crimes contra o sistema financeiro sejam julgados pela Justiça Federal,

> [...] porém não há a mesma determinação legal com relação aos crimes previstos nas Leis nº 8.078/1990, 8.137/1990 e 8.176/1991. Portanto, a competência para processo e julgamento desses crimes será da Justiça comum Estadual. Há tipos penais que, se não forem bem identificados pelo intérprete, acarretarão incompetência do juízo. Na declaração falsa constante do art. 2º, I, da Lei nº 8.137/1990, se for feita por instituição financeira, como define o art. 1º da Lei nº 7.492/1986, o crime será, em tese, o previsto no art. 9º desta lei e, consequentemente, a competência será da Justiça Federal (RANGEL, 2023, p. 304).

Previsão da competência da Justiça Federal na legislação esparsa:

- Lei 7.492/86 (crimes contra o sistema financeiro nacional): o art. 26 faz remissão à JF.

- Lei 4.595/64 (cria o sistema financeiro nacional): os crimes nela previstos serão julgados pela Justiça Estadual, pois não há referência expressa à competência da JF.
- A pessoa física (agiota) que empresta dinheiro com recurso próprio, cobrando juros exorbitantes, responde pelo crime do art. 4º da Lei 1.521/51, que é um crime contra a economia popular, julgado pela Justiça Estadual, no silêncio da Lei. Súmula 498 do STF (crime de usura).
- Venda de combustível adulterado, crime previsto no art. 1º da Lei 8.176/91. Como a lei silencia, a competência é da Justiça Estadual.
- Lei 8.137/90 (crimes contra a ordem econômica). Em tese, a competência é da Justiça Estadual (ex.: IPVA). Mas se o sujeito sonegar o IR, será processado pela Justiça Federal, não por constar do inciso VI do art. 109 da CRFB/88, mas em razão do inciso IV (crimes contra interesse da União).
- Formação de Cartel – art. 4º da Lei 8.137/90. Para o STJ, caso o ilícito abranja vários estados da Federação, prejudicando determinado setor econômico estratégico para a economia nacional ou o fornecimento de serviços essenciais, a competência será da Justiça Federal. Ex.: pão – Justiça Estadual; gás – Justiça Federal.
- Crime de lavagem de capitais. Em regra, a competência é da Justiça Estadual. Será, todavia, competente a **Justiça Federal quando**:
  a) praticado em detrimento de bens, serviços ou interesse da União, suas autarquias e empresas públicas.
  b) o crime antecedente for de competência da justiça federal.

Análise do art. 109, VII – HC e MS, em matéria criminal de sua competência

> Art. 109 [...]
> VII – os "habeas corpus", em matéria criminal de sua competência ou quando o constrangimento provier de autoridade cujos atos não estejam diretamente sujeitos a outra jurisdição;

Trata-se de situação em que se prevê regra simétrica à constante no art. 650, § 1.º, do CPP, dispondo que "a competência do Juiz cessará sempre que a violência ou coação provier de autoridade judiciária de igual ou superior jurisdição".

Assim como no âmbito estadual:

> compete ao Juiz de direito julgar um habeas corpus impetrado contra ato do delegado de polícia, na esfera federal, a teor do dispositivo em exame, competirá ao Juiz federal a decisão do writ em relação a constrangimento determinado por delegado federal. Igualmente, se incumbe ao Tribunal de Justiça do Estado o julgamento do habeas corpus impetrado contra ato do Juiz de direito ou de Promotor, compete ao Tribunal Regional Federal decidir o writ movido contra ato de Juiz Federal ou de Procurador da República (AVENA, 2023, p. 666).

Noutro giro, há uma ressalva para a possibilidade de o constrangimento partir de autoridade sujeita ao julgamento de outra "jurisdição", a exemplo do recebimento de peça acusatória pelo Tribunal Regional Eleitoral de crime prescrito. Nessa hipótese, eventual HC será analisado pelo Tribunal Superior Eleitoral e não pela Justiça Federal.

Análise do art. 109, IX – crimes cometidos a bordo de navios ou aeronaves, ressalvada a competência da Justiça Militar (c/c art. 5º, §§ 1 º e 2 º do CP).

> Art. 109 [...]
> IX – os crimes cometidos a bordo de navios ou aeronaves, ressalvada a competência da Justiça Militar;

Preliminarmente, deve-se registrar que a CF/88, acerca dos crimes praticados em navios ou aeronaves, ressalvou a competência da Justiça Militar para o processo e julgamento dos crimes militares, compreendendo-se as condutas estabelecidas no CPM e legislação penal comum, desde que presentes os condicionamentos do art. 9.º do destacado Código (AVENA, 2023).

Compreensão das expressões:

> **"A bordo de navio"**: navio é a embarcação apta para a navegação em alto-mar. Para os fins do inciso IX, a expressão a bordo de navio significa interior de embarcação de **grande porte** (RANGEL, 2013).
> "**A bordo de aeronave**": conceito extraído do Código Brasileiro de Aeronáutica. Aeronave é todo aparelho manobrável em voo que possa sustentar-se e circular no espaço aéreo, mediante reações aerodinâmicas, apto a transportar pessoas ou coisas. Ex.: jato *Legacy* X *airbus* da Gol. O STJ entendeu que a competência era da Justiça Federal, com base no art. 109, IX da CF e no art. 261 do CP (atentado contra segurança de transporte marítimo, fluvial ou aéreo). Serviço aéreo – competência da União. Abrange qualquer tipo de aeronave (monomotor; bimotor etc.).

Lembre-se da previsão do art. 5º do CP, que trata do princípio da territorialidade:

> Art. 5º Aplica-se a lei brasileira, sem prejuízo de convenções, tratados e regras de direito internacional, ao crime cometido no território nacional.
>
> § 1º Para os efeitos penais, consideram-se como extensão do território nacional as embarcações e aeronaves brasileiras, de natureza pública ou a serviço do governo brasileiro onde quer que se encontrem, bem como as aeronaves e as embarcações brasileiras, mercantes ou de propriedade privada, que se achem, respectivamente, no espaço aéreo correspondente ou em alto-mar.
>
> § 2º É também aplicável a lei brasileira aos crimes praticados a bordo de aeronaves ou embarcações estrangeiras de propriedade privada, achando-se aquelas em pouso no território nacional ou em voo no espaço aéreo correspondente, e estas em porto ou mar territorial do Brasil.

Tráfico de drogas a bordo de aeronaves: Justiça Federal, não mais por conta do inciso V, mas pelo inciso IX. Porém, se a prisão do agente se der fora da aeronave (saguão do aeroporto), a competência será da Justiça Estadual.

Obs.: Crime de ingresso ou de permanência de estrangeiro em território nacional será julgado pela justiça federal, inclusive os crimes meios (falsificação dos documentos) relacionados.

Análise do art. 109, XI – ingresso ou permanência irregular de estrangeiro, a execução de carta rogatória, após o exequatur, e de sentença estrangeira, após a homologação, as causas referentes à nacionalidade, inclusive a respectiva opção, e à naturalização

> Art. 109 [...]
>
> X – os crimes de ingresso ou permanência irregular de estrangeiro, a execução de carta rogatória, após o "exequatur", e de sentença estrangeira, após a homologação, as causas referentes à nacionalidade, inclusive a respectiva opção, e à naturalização;

Avena (2023, p. 668) lembra que a regra constitucional inserta nesse inciso

> [...] apresenta relevância, basicamente em relação aos crimes de ingresso ou permanência de estrangeiro com utilização de nome falso ou atribuição de falsa qualidade e de reingresso de estrangeiro expulso, os quais possuem tipificação, respectivamente, nos arts. 309 e 338 do Código Penal. Isso porque, no tocante ao ingresso e à permanência irregular de estrangeiro no Brasil, por si, não constituem

crimes, caracterizando-se como meras infrações administrativas, nos termos do art. 109 da Lei de Migração (13.445/2017).

Por via de consequência, qualquer outro delito praticado por estrangeiro deverá tramitar e ser julgado na justiça estadual.

Análise do art. 109, XI – a disputa sobre direitos indígenas

> Art. 109 [...]
> XI – a disputa sobre direitos indígenas;

A regra estampada na norma em epígrafe não significa aplicação para todo e qualquer caso em que um índio seja sujeito ativo ou passivo de conduta criminosa. Para atrair a c competência para a justiça federal é necessário que a infração esteja relacionada à disputa sobre direitos indígenas, atingindo-se interesses gerais da população indígena, assumindo caráter transindividual, incluindo-se não apenas as questões alusivas às terras, mas também aquelas ligadas à organização social, costumes, línguas, crenças e tradições (AVENA, 2023).

<u>Genocídio contra índios</u>: por envolver direitos indígenas, a competência será da Justiça Federal.

Genocídio: condutas (art. 1.º da Lei 2.889/1956):

- matar membros do grupo;
- causar lesão grave;
- submeter a condições de existência capazes de ocasionar destruição;
- adotar medidas destinadas a impedir os nascimentos no seio do grupo;
- efetuar transferência forçada de crianças de um grupo para outro.

Em regra, genocídio contra índios é de competência de um Juiz singular federal, pois o bem jurídico tutelado é a existência de grupo nacional, étnico, racial e religioso. Porém, **se o genocídio for praticado mediante morte de membros do grupo** [ex.: matar um índio por semana], **o agente deverá responder pelos crimes de homicídio em concurso formal impróprio com o delito de genocídio, não sendo possível a aplicação do princípio da consunção.** Nesse caso, os homicídios serão julgados por um Tribunal do Júri Federal, que exercerá força atrativa em relação ao crime conexo de genocídio. Para o STF, o Genocídio não está previsto no âmbito de julgamento do júri, então será julgado pelo juiz federal de 1º grau (LIMA, 2016).

Competência por Prerrogativa de Função

Não se utiliza a expressão "foro privilegiado", pois esta traz a ideia de um privilégio (é aquele previsto, não por causa do cargo ou da função, mas como uma espécie de homenagem, deferência, privilégio à pessoa. Ex.: foro privilegiado para condes e barões).

A prerrogativa de função é uma garantia constitucional em razão da função, e não um privilégio. Surge pela paridade de tratamento e necessidade de dissipar as pressões, coibindo a ingerência externa.

Tratando dessa modalidade de fixação da competência,

> [...] dispõe o art. 84, caput, do CPP que "a competência pela prerrogativa de função é do Supremo Tribunal Federal, do Superior Tribunal de Justiça, dos Tribunais Regionais Federais e Tribunais de Justiça dos Estados e do Distrito Federal, relativamente às pessoas que devam responder perante eles por crimes comuns e de responsabilidade (AVENA, 2023, p. 633).

Assim como a conexão e a continência, quando houver prerrogativa de função,

> [...] isto é, a existência da eleição legal de um foro privilegiado para julgar determinado réu, que cometeu a infração penal investido em função especial, relevam-se as demais regras naturais de fixação da competência, passando-se a respeitar o foro específico, que diz respeito à qualidade da pessoa em julgamento – *ratione personae* (NUCCI, 2024, p. 140).

<u>Regras básicas</u>

1) **Acusados com foro por prerrogativa de função não têm direito ao duplo grau de jurisdição** (<u>compreendido como a possibilidade de reexame integral da sentença de 1º grau por um órgão diverso e de hierarquia superior, seja em relação à matéria de fato ou de direito, seja em relação à questões probatórias; isso ocorre somente em grau de apelação</u>). Ex.: promotor estadual condenado pelo TJ, querendo apelar, não pode, consoante **RHC 79.785 – STF.**

Obs. 1: não há qualquer empecilho para interposição dos recursos especial e extraordinário perante os Tribunais Superiores.

Obs. 2: a doutrina minoritária, invocando a Convenção Americana de Direitos Humanos, entende que deveria haver sim, sendo o recurso contra a decisão do TJ julgado diretamente pelo STF. Crítica: iria para o STF uma competência não prevista na CF/88.

2) **Crime cometido ANTES de assumir a função** (ex.: antes de ser diplomado como deputado federal). No momento em que o agente assume a função, altera-se a competência (sobe para o tribunal superior). Frise-se que os atos processuais anteriores são considerados válidos, pois se aplica o princípio *tempus regit actum*, considerando-se válidos os atos praticados em 1ª instância. Caso o agente tenha cometido um delito antes do exercício funcional, a competência será automaticamente alterada a partir do momento em que ocorrer o início do exercício funcional (regra da atualidade do mandato ou cargo).

Obs.: se o acusado tiver sido diplomado como deputado federal após condenação em 1ª instância, caberá ao STF o julgado da respectiva apelação (STF – AP 428 – Informativo 510 do STF).

Cessado o exercício funcional, ainda que por ato voluntário do agente (ex.: renúncia de mandato), caso o julgamento ainda não tenha sido iniciado pelo respectivo tribunal ou não exista indícios de fraude processual, cessará o direito ao foro por prerrogativa de função (STF – AP. Apelação 333). Perceba que a regra é declinar competência.

Via de regra, o deputado ou senador que deixarem o cargo não mais continuará sendo julgado pelo STF.

- Exceção 1: O STF continuará sendo competente se o julgamento já havia sido iniciado.
- Exceção 2: O STF continuará sendo competente se a renúncia caracterizou-se como fraude processual.

3) Crime funcional praticado **DURANTE** o exercício da função. Primeiramente a Súmula 394 do STF dispunha que cometido o crime durante o exercício funcional, prevalecia a prerrogativa de função, ainda que o inquérito policial tenha se iniciado após o término do exercício da função. No entanto, essas súmulas foram canceladas em 1999. O STF entende que cessada a função, encerra-se a competência por prerrogativa de função (Inquérito 687). Aplica-se a regra da contemporaneidade do cargo.

Após o cancelamento da súmula supramencionada, entrou em vigor a Lei 10.628, de 24 de dezembro de 2002, que acrescentou os parágrafos 1º e 2º ao art. 84 do CPP, com o claro objetivo de "ressuscitar" a súmula 394 do Supremo. Ademais, tal Lei inseriu, ainda, a competência por prerrogativa de função a uma espécie de ação cível, qual seja a ação de improbidade administrativa.

Em 2006, no julgamento da ADI n. 2797, o STF declarou a inconstitucionalidade dos parágrafos 1º e 2º, do art. 84, sob o fundamento de que ao legislador ordinário não é dado fazer interpretação autêntica da constituição, atentando contra a taxatividade constitucional.

Obs.: atenção para a PEC 10/213, que propõe o fim da prerrogativa de função, permanecendo apenas para algumas autoridades públicas. Ex.: Presidente da República.

4) **Crime cometido APÓS o exercício funcional**. A Súmula 451 do STF (A competência especial por prerrogativa de função não se estende ao crime cometido após a cessação definitiva do exercício funcional.) dispõe que, nos crimes cometidos após o exercício das funções, não há que se falar em direito ao foro por prerrogativa de função.

5) **Local da infração**. Nos casos de foro por prerrogativa de função, pouco importa o local onde o delito foi cometido recaindo a competência sobre o tribunal ao qual se encontra vinculada a autoridade.

Ex. 1: promotor de SP comete crime em MG – será julgado pelo TJ de SP.

Ex. 2: um promotor de Justiça Militar que atua em SP e pratica um delito no RN – será julgado pelo TRF da 3ª Região.

Membros do MPU (Federal, Militar, do Trabalho e dos Territórios/Distrito Federal) que atuam em primeira instância são julgados pelos respectivos Tribunais Regionais Federais, salvo em relação a crimes eleitorais (julgados pelo TRE).

O Procurador Regional da República (o qual atua perante os TRFs) é julgado pelo **STJ**.

6) **Crimes dolosos contra a vida**: se o foro por prerrogativa de função estiver previsto na CF/88, deve prevalecer o tribunal respectivo (ex.: no TRF, o promotor de justiça militar; no TJ, o promotor estadual); se o foro estiver previsto exclusivamente na CE, prevalece a competência do Júri. Veja a súmula:

STF – 721 A competência constitucional do Tribunal do Júri prevalece sobre o foro por prerrogativa de função estabelecido exclusivamente pela Constituição estadual.

Súmula vinculante 45-STF: A competência constitucional do tribunal do júri prevalece sobre o foro por prerrogativa de função estabelecido exclusivamente pela Constituição Estadual.

Obs.: Deputado estadual tem foro por prerrogativa de função para ser julgado no TJ, de acordo com a Constituição Estadual do respectivo ente federativo.

7) **Hipóteses de coautoria** (ex.: deputado federal que pratica um crime com particular). Em regra, o coautor é julgado no foro por prerrogativa de função, de acordo com a Súmula 704 do STF. Veja:

Súmula 704 – Não viola as garantias do juiz natural, da ampla defesa e do devido processo legal a atração por continência ou conexão do processo do corréu ao foro por prerrogativa de função de um dos denunciados.

Esse julgamento conjunto não é obrigatório, mas facultativo. Segundo o art. 80 do CPP, será facultativa a separação dos processos, quando o juiz da causa relevar conveniente. Contudo, não se aplica a súmula acima, quando a continência envolver um delito doloso contra a vida, ou seja, um agente com foro por prerrogativa de função cometer crime com particular. Nesse caso, há duas competências constitucionais, uma do STF e outra do Tribunal do Júri. Ocorrerá a separação obrigatória dos processos, não tendo como julgar ambos no STF.

No caso de conflito entre duas competências previstas na CF/88, deve prevalecer a de maior graduação. Ex.: Desembargador (julgado pelo STJ) que pratica um crime em coautoria com promotor de justiça (julgado pelo TJ), consoante o entendimento do STF, deve prevalecer a competência de maior hierarquia, no caso, a do STJ (STF – HC 91437).

Obs. 1: havendo indícios da prática de crime por parte de magistrado, desloca-se a competência para o Tribunal competente para julgar a causa, prosseguindo-se na investigação. Trata-se, pois, de regra de competência. No Tribunal, o inquérito é distribuído ao Relator, a quem cabe determinar as diligências que entender cabíveis para a apuração, inclusive medidas cautelares, como interceptação telefônica. Vale ressaltar que o Relator poderá delegar à Polícia a realização de atos de investigação. O próprio Relator é quem iniciará o inquérito judicial destinado a apurar os fatos contra o Magistrado, não sendo necessário que haja prévia autorização do órgão especial do Tribunal para isso [Inf. 540, STJ].

Obs. 2: nos inquéritos instaurados com o fim de apurar a prática de delitos por autoridades com foro especial perante os TJ's, TRF's, STJ e STF, o Desembargador relator e o Ministro relator, respectivamente, acumulam as funções tanto de presidente do inquérito, quanto de relator do processo que será iniciado com o eventual recebimento de denúncia oferecida pelo Ministério Público.

Fonte: CAVALCANTE, 2019.

O procedimento da **Lei 8.038/90** (competência penal do STF, STJ, TRF e TJ) pode ser resumido da seguinte forma:

1. Oferecimento de denúncia (ou queixa).
2. Notificação do acusado para oferecer resposta preliminar no prazo de 15 dias (antes de receber a denúncia) (art. 4º).
3. Se, com a resposta, o acusado apresentar novos documentos, a parte contrária (MP ou querelante) será intimada para se manifestar sobre esses documentos, no prazo de 5 (cinco) dias.
4. O Tribunal irá se reunir e poderá (art. 6º):

    a) receber a denúncia (ou queixa);

    b) rejeitar a denúncia (ou queixa);

    c) julgar improcedente a acusação se a decisão não depender de outras provas (neste caso, o acusado é, de fato, absolvido).

Importante: a decisão quanto ao recebimento ou não da denúncia ocorre após o denunciado apresentar resposta.

5. Se a denúncia (ou queixa) for recebida, o Relator designa dia e hora para audiência.

Ao contrário do que ocorre no procedimento do CPP, a Lei 8.038/90 não prevê a existência de uma fase para absolvição sumária, tal qual existente no art. 397 do CPP. O STJ decidiu que as regras do CPP sobre a resposta escrita e absolvição sumária já se encontram implícitas no procedimento previsto na

Lei 8.038/1990, considerando que, após o oferecimento da denúncia e a notificação do acusado para resposta preliminar (art. 4º), o Tribunal delibera não apenas sobre o recebimento ou a rejeição da denúncia, tendo a possibilidade também de julgar improcedente a acusação, se a decisão não depender de outras provas (art. 6º) [inf. 736, STF].

Obs.: em regra, é cabível a aplicação analógica do prazo em dobro, previsto no art. 229 do CPC/2015, ao prazo previsto no art. 4º da Lei 8.038/90 ("Apresentada a denúncia ou a queixa ao Tribunal, far-se-á a notificação do acusado para oferecer resposta no prazo de quinze dias"). Contudo, caso seja disponibilizado material digitalizado ou permissão para prática de atos por via eletrônica, não será concedido o prazo em dobro. Ver Inf. 829, STF.

Fonte: CAVALVANTE, 2019.

8) **Constituições estaduais e princípio da simetria**: considerando que os estados-membros não podem legislar sobre Direito Penal e Direito Processual Penal, as constituições estaduais só podem atribuir aos seus agentes políticos as mesmas prerrogativas que a CF/88 concede às autoridades que lhes sejam correspondentes. Apesar da existência desse princípio da simetria, as constituições estaduais têm atribuído foro para procuradores do estado e defensores públicos. Para o STF (ADI 2587) é constitucional o foro previsto em constituições estaduais de procuradores de estado e defensores públicos.

As leis orgânicas dos municípios, entretanto, não podem criar foro por prerrogativa de função.

9) **Exceção da verdade**: previsão legal – art. 85, CPP: é um procedimento incidental previsto em alguns crimes contra a honra por meio do qual o querelado objetiva comprovar a veracidade de sua imputação. Caso essa exceção seja oposta contra quem tenha foro por prerrogativa de função, após ser admitida e instruída pelo juiz de 1ª instância deverá ser encaminhada ao tribunal respectivo competente para julgar a exceção.

Art. 85. Nos processos por crime contra a honra, em que forem querelantes as pessoas que a Constituição sujeita à jurisdição do Supremo Tribunal Federal e dos Tribunais de Apelação, àquele ou a estes caberá o julgamento, quando oposta e admitida a exceção da verdade.

Ex.: Tício, por meio da exceção da verdade (contra-ataque), diz que realmente o fato imputado é verdade (corrupção). O julgamento desta será realizado pelo respectivo tribunal da autoridade processada. Quem receberá será o juiz de primeiro grau. Note que a exceção será admitida e instruída pelo juiz de primeiro grau e quem julgará será o Tribunal correspondente.

Os Prefeitos serão julgados pelos TJs (crimes comuns, inclusive os dolosos contra a vida). Afinal, o foro por prerrogativa de função também está previsto na CF/88. Isso em relação ao crime comum, pois a jurisprudência é controvertida quanto à competência de julgamento por outros crimes:

- crimes federais (Tribunal Regional Federal);
- crime eleitoral (Tribunal Regional Eleitoral);
- crime contra as Forças Armadas (Superior Tribunal Militar);
- crime de responsabilidade (Câmara Municipal).

Súmula 702, STF: A competência do Tribunal de Justiça para julgar prefeitos restringe-se aos crimes de competência da Justiça comum estadual; nos demais casos, a competência originária caberá ao respectivo tribunal de segundo grau.

Obs. 1: o prefeito detém prerrogativa de foro, constitucionalmente estabelecida. Assim, os procedimentos de natureza criminal contra ele instaurados devem tramitar perante o Tribunal de Justiça (art. 29, X, da CF/88). Isso significa dizer que as investigações criminais contra o Prefeito devem ser feitas com o controle (supervisão) jurisdicional da autoridade competente (no caso, o TJ).

Obs. 2: deve ser rejeitada, por ausência de justa causa, a denúncia que, ao arrepio da legalidade, baseia-se em supostas declarações, colhidas em âmbito estritamente privado, sem acompanhamento de qualquer autoridade pública (autoridade policial, membro do Ministério Público) habilitada a conferir-lhes fé pública e mínima confiabilidade.

Obs. 3: a denúncia contra Prefeito por crime ocorrido em licitação municipal deve indicar, ao menos minimamente, que o acusado tenha tido participação ou conhecimento dos fatos supostamente ilícitos. O Prefeito não pode ser incluído entre os acusados unicamente em razão da função pública que ocupa, sob pena de violação à responsabilidade penal subjetiva, na qual não se admite a responsabilidade presumida.

Obs. 1: integrantes do CNJ (art. 103, "b", CF/88) não são obrigatoriamente julgados pelo STF, dependendo de qual órgão pertençam ou pertenciam.

Obs. 2: na chamada "operação Lava Jato", o STF decidiu desmembrar um dos feitos, ficando no Supremo a investigação relacionada com o Deputado Federal "EC" e sendo remetido de volta para a Vara Federal de Curitiba o processo que apura a conduta dos demais réus (supostos comparsas do parlamentar). Depois do desmembramento, durante a oitiva de um réu colaborador na 1ª instância, este revelou novos fatos criminosos que teriam sido praticados por "EC". Essa oitiva foi correta e não houve usurpação de competência do STF. Só se poderia dizer que houve violação da competência do STF se o juiz federal tivesse realizado medidas investigatórias dirigidas ao Deputado Federal, não podendo ser considerada medida de investigação o simples fato de ele ter ouvido réu colaborador e este ter mencionado a participação de "EC" durante a audiência. É comum que, em casos de desmembramento, ocorra a produção de provas que se relacionem tanto com os indivíduos investigados na 1ª instância, como o dos demais réus com foro privativo. A existência dessa coincidência não caracteriza usurpação de competência. Em suma, a simples menção do nome do reclamante em depoimento de réu colaborador, durante a instrução em 1ª instância, não caracterizaria ato de investigação, ainda mais quando houve prévio desmembramento, como no caso. Note que se fosse adotada a tese do reclamante, todas as vezes em que o parlamentar fosse mencionado, o processo teria que retornar ao STF para novo exame, o que, além de desarrazoado, inviabilizaria, na prática, a persecução penal [Inf. 802, STF].

Obs. 3: no caso em que, após iniciada a ação penal perante determinado juízo, ocorra modificação da competência em razão da investidura do réu em cargo que atraia foro por prerrogativa de função, serão válidos os atos processuais – inclusive o recebimento da denúncia – realizados antes da causa superveniente de modificação da competência, sendo desnecessária, no âmbito do novo juízo, qualquer ratificação desses atos, que, caso ocorra, não precisará seguir as regras que deveriam ser observadas para a prática, em ação originária, de atos equivalentes aos atos ratificados [Inf. 556, STJ].

Obs. 4: se o Ministério Público estadual oferece uma denúncia na Justiça estadual contra o réu e esta é posteriormente encaminhada ao STJ, tal denúncia somente poderá ser processada e julgada se for ratificada pelo Procurador-Geral da República ou por um dos Subprocuradores-Gerais. A partir do momento em que houve modificação de competência para o processo e julgamento do feito, a denúncia oferecida pelo *parquet* estadual somente poderá ser examinada pelo STJ se for ratificada pelo MPF, órgão que tem legitimidade para atuar nas ações penais de competência originária do Tribunal da Cidadania.

Obs. 5: a modificação da competência não invalida automaticamente a prova regularmente produzida. Destarte, constatada a incompetência absoluta, os autos devem ser remetidos ao juízo competente, que pode ratificar ou não os atos já praticados.

Fonte: CAVALCANTE, 2019.

A competência constitucional para julgamento nos tribunais superiores pode ser observada na tabela abaixo:

CF	EXECUTIVO	LEGISLATIVO	JUDICIÁRIO	OUTROS
STF	Presidente da República, Vice, Ministros: BC, AGU, Chefe da Casa Civil e MTFC (antiga CGU).	Senadores Deputados Federais	Membros dos Tribunais superiores (STF, STJ, TSE, TST e STM).	MPU (PGR), Ministros do TCU Chefes de missão diplomática permanente e comandantes das Forças Armadas
STJ	Governadores, vice, e secretários (podem ser julgados pelo TJ)	Ninguém (pode haver previsão nas CE).	Desembargadores estaduais ou juízes federais de segunda instância.	MPU que atuam perante TJ; conselheiros do TCE e TCM.
TJ	Prefeitos para crimes estaduais.	Deputados estaduais para crimes estaduais.	Juízes estaduais de 1º grau, mesmo para crimes federais.	Todos os membros do MP estadual
TRF	Prefeitos para crimes federais	Deputados estaduais para crimes federais	Juízes federais de 1º grau, mesmo para crimes estaduais	MPU (procuradores que atuam no 1º grau)

Competência territorial lugar do crime

Em regra, a competência territorial se firma pelo local da consumação da infração criminal ou no lugar do último ato de execução (tentativa), conforme art. 70, CPP:

> Art. 70. A competência será, de regra, determinada pelo lugar em que se consumar a infração, ou, no caso de tentativa, pelo lugar em que for praticado o último ato de execução.

> § 1º Se, iniciada a execução no território nacional, a infração se consumar fora dele, a competência será determinada pelo lugar em que tiver sido praticado, no Brasil, o último ato de execução.
> § 2º Quando o último ato de execução for praticado fora do território nacional, será competente o juiz do lugar em que o crime, embora parcialmente, tenha produzido ou devia produzir seu resultado.
> § 3º Quando incerto o limite territorial entre duas ou mais jurisdições, ou quando incerta a jurisdição por ter sido a infração consumada ou tentada nas divisas de duas ou mais jurisdições, a competência firmar-se-á pela prevenção.
> § 4º Nos crimes previstos no art. 171 do Decreto-Lei nº 2.848, de 7 de dezembro de 1940 (Código Penal), quando praticados mediante depósito, mediante emissão de cheques sem suficiente provisão de fundos em poder do sacado ou com o pagamento frustrado ou mediante transferência de valores, a competência será definida pelo local do domicílio da vítima, e, em caso de pluralidade de vítimas, a competência firmar-se-á pela prevenção. (Incluído pela Lei nº 14.155, de 2021)

Trata-se da fixação da competência a partir do lugar do crime, existindo três teorias que procuram definir o lugar do crime para fins de fixação do foro competente: teoria da atividade, teoria do resultado e teoria da ubiquidade (AVENA, 2023).

É importante destacar a recente alteração trazida pela Lei 14.155/2021, que incluiu o §4º no art. 70 do CPP. Esta nova disposição estabelece uma regra especial de competência para os crimes de estelionato (art. 171 do Código Penal) quando praticados mediante depósito, emissão de cheques sem fundos ou com pagamento frustrado, ou transferência de valores. Nestes casos específicos, a competência passa a ser definida pelo local do domicílio da vítima, diferindo da regra geral do caput do artigo. Esta mudança visa proteger as vítimas desses crimes, frequentemente praticados à distância, facilitando seu acesso à justiça ao permitir que o processo ocorra em seu domicílio. Além disso, o dispositivo prevê que, havendo múltiplas vítimas, a competência será firmada pela prevenção. Esta alteração legislativa representa uma importante exceção à regra geral de competência territorial, refletindo a necessidade de adaptação do sistema processual penal às novas modalidades de crimes financeiros, especialmente aqueles facilitados por meios eletrônicos.

Os motivos de tal determinação são:

- Facilitar a colheita de prova;
- Política criminal (para que todos os aspectos da teoria da pena sejam sentidos).

Crimes formais: a fixação da competência se dá pelo local da consumação e não do exaurimento do crime. Ex.: extorsão mediante sequestro iniciado em São Paulo-SP – vítima em Santos-SP – entrega do dinheiro em Curitiba-PR.

Crimes de apropriação indébita: determina-se o foro com base no local em que deveria ocorrer a prestação de contas.

Crimes plurilocais: aqueles que a conduta e o resultado ocorrem em lugares distintos, porém ambos no território nacional, envolvendo duas ou mais comarcas – a jurisprudência ignora solenemente a regra, por questões probatórias e política criminal, prevalecendo o local da conduta, facilitando a instrução probatória (art. 70 do CPP). Aplica-se a Teoria do Esboço do Resultado.

Obs.: regra destinada a resolver crimes envolvendo o território de duas ou mais comarcas (ou seções judiciárias) apenas dentro do Brasil (conflito interno de competência territorial):

– Define se o Brasil será competente para julgar o fato no caso de crimes à distância.

– Define qual o juízo competente no caso de crimes plurilocais.

Crimes provenientes de ligações telefônicas de presos em penitenciárias/presídios: consumam-se, em regra, no local em que a vítima foi constrangida. Caso seja estelionato, no local de domicílio da vítima.

Crime à distância ou de espaço máximo: infrações penais em que a ação ou a omissão ocorrem no território nacional e o resultado no estrangeiro, ou vice-versa – a competência territorial é a do local onde foi praticado o último ato de execução ou do local onde foi produzido o resultado. Aqui se aplica o art. 6º do CP (Teoria da Ubiquidade – lugar da conduta ou resultado), a fim de que nenhum crime fique sem punição. Ex.: um crime praticado em São Paulo e consumado na Argentina, a competência será a do local em que por último, no Brasil, se praticou a conduta (art. 70, parágrafos primeiro e segundo do CPP). Não confunda com o crime em trânsito, praticado em 3 (três) ou mais países (carta bomba).

Regiões de fronteira/limítrofes: art. 70, § 3º, CPP – em caso de regiões de fronteira conurbada não se sabe ao certo onde começa ou termina a cidade. Nessa situação de imprecisão de territorialidade, aplica-se a teoria da ubiquidade, porque o § 3º do art. 70 manda aplicar o critério da prevenção (aquele que primeiro toma conhecimento da causa ou decide nos autos).

Obs. 1: Crime praticado no exterior e consumado no exterior, serão julgados na capital do estado em que o réu (acusado), no Brasil, tenha fixado seu último domicílio, ou, caso nunca tenha sido domiciliado no Brasil, na capital federal.

Obs. 2: Crime praticado a bordo de aeronaves ou embarcações, mas, por determinação da Lei Penal, estejam sujeitos à Lei Brasileira, serão julgados no local em que primeiro aportar ou pousar a embarcação ou aeronave, ou, ainda, no último local em que tenha aportado ou pousado.

Obs. 3: Em caso de tentativa, aplica-se o disposto no art. 70, segunda parte, do CPP, considerando-se como lugar do crime o local onde ocorreu o último ato de execução.

Obs. 4: Os crimes contra a honra praticados nas redes sociais terão como competente o juízo do local de onde partiu o conteúdo ofensivo, desde que seja possível a visualização por terceiros (STJ. 3ª Seção. CC 173.458/SC, Rel. Min. João Otávio de Noronha, julgado em 25/11/2020). Por outro lado, tratando-se de ofensa cujo conteúdo é restrito à vítima, a exemplo de mensagens privadas, o local do crime será aquele onde a vítima tomou conhecimento da infração (STJ. 3ª Seção. CC 184.269-PB, Rel. Min. Laurita Vaz, julgado em 09/02/2022).

Foro supletivo ou subsidiário: art. 72, §§ 1º e 2º, CPP. Caso não seja conhecido o local da consumação do crime ou do último ato da execução, recorre-se ao critério supletivo, que é o foro do domicílio ou residência do **réu** (NUCCI, 2024). Havendo mais de um domicílio, aplica-se a regra da prevenção. Tratando-se de ação penal exclusivamente privada, o querelante poderá escolher (isso não ocorre na ação penal subsidiária). Por fim, se o réu não tiver residência ou for ignorado o seu paradeiro, a competência será definida pelo primeiro juiz que tomar conhecimento dos fatos.

Crimes praticados no estrangeiro: caso o crime seja praticado totalmente fora do Brasil –deve-se atentar para as regras de extraterritorialidade (art. 7º, CP). Quanto à competência, será da justiça estadual, salvo se presente uma das hipóteses do art. 109, da CF/88. No tocante à competência territorial, aplica-se o art. 88, CPP (ex.: crime praticado contra a vida do presidente da República na Holanda), o foro competente será o da capital do Estado em que por último residiu o agente. Se ele nunca residiu no Brasil, o foro competente será o da capital da República (Brasília).

Obs.: o fato de o delito ter sido cometido por brasileiro no exterior, por si só, não atrai a competência da justiça federal [Inf. 819, STF].

Crimes praticados a bordo de embarcações ou aeronaves: Arts. 89 e 91, do CPP. Quando em território nacional (viagens nacionais), o juízo competente será o do primeiro pouso ou atracamento após o crime. Agora, se for viagem internacional, a competência brasileira será firmada pelo local de saída (caso estejam se distanciando do Brasil) ou de chegada (caso estejam se aproximando).

Acerca do tema, de acordo com Avena (2023, p. 674), relevam três situações entre as referidas nos arts. 88 a 91 do CPP:

> Primeira: Tratando-se de crime cometido a bordo de qualquer embarcação ou aeronave, nacional ou estrangeira, atracada em porto ou aeroporto brasileiro, competente para o processo e julgamento é o foro do local em que localizado o porto ou aeroporto, independentemente da nacionalidade do autor e vítima.
>
> Segunda: Tratando-se de navio ou aeronaves brasileiras atracados em porto ou aeroporto estrangeiro, é competente o foro da Capital do Estado onde por último residiu o acusado ou, se nunca residiu no Brasil, o foro da Capital da República (art. 88, CPP).
>
> Terceira: Tratando-se de crime cometido a bordo de navio brasileiro ou aeronave brasileira em viagem, aproximando-se do Brasil, é competente o foro do primeiro porto ou aeroporto em que atracar a embarcação ou a aeronave. Caso, porém, estejam se afastando do País, competente é o foro do último porto ou aeroporto brasileiro em que estiveram atracadas antes do crime (arts. 89 e 90, CPP). Se, contudo, a par dessas disciplinas, persistir incerto o foro competente, a competência será definida pela prevenção (art. 91, CPP).

Crime de fraude no pagamento por meio de <u>cheque sem provisão de fundos</u> (estelionato – art. 171, § 2º, CP): a competência, a partir da Lei 14.155/2021, que alterou a regra do art. 70, §4º, do CPP, passou a ser a do local de domicílio da vítima ou pelas regras de prevenção, quando houver uma pluralidade de vítimas (RANGEL, 2023).

Desse modo, as **súmulas 521 do STF e 244 do STJ** estão defasadas. Rangel (2023, p. 312) esclarece que:

> [...] por se tratar de regra de garantia de competência territorial, ela será aplicada desde logo aos inquéritos policiais em curso, isto é, a autoridade policial remeterá o inquérito policial para o local de domicílio da vítima, comunicando o fato ao Ministério Público. O MP deverá também declinar de sua atribuição e remeter o IP à Promotoria de Justiça do local do domicílio do lesado. A regra criada visa a evitar o desperdício de tempo nas investigações policiais e agilizar a identificação do autor do fato com a respectiva resposta penal,

permitindo que se faça uma perfeita colheita das informações que irão servir de base a eventual denúncia do MP.

No crime de **Falso testemunho** praticado por carta precatória tem foro competente o juízo deprecado (onde ocorreu o depoimento). Mas quem é capaz de detectar isso num primeiro momento é o juízo deprecante. A análise preliminar desse delito deve ser feita pelo juízo deprecante, pois é ele que é capaz de aferir, num primeiro momento, se houve falso testemunho.

Infrações de menor potencial ofensivo: é determinada pelo local da conduta, de acordo com a lei.

Crime falimentar: fixada pelo local da falência ou homologação da recuperação judicial (art. 183 da Lei 11.101/2005).

Competência territorial pela residência do réu: quando não for possível estabelecer o local da consumação, a competência será firmada pelo domicílio do réu. Ex.: crime patrimonial durante uma viagem de ônibus. Outrossim, nos casos de exclusiva ação penal privada, o querelante pode optar pelo foro do domicílio do réu, ainda que conhecido o local da consumação. É o chamado foro de eleição no processo penal. Previsão legal: art. 73, CPP.

Lembre-se:

- crimes plurilocais comuns – teoria do resultado;
- crimes plurilocais dolosos contra a vida – teoria da atividade;
- juizados especiais – teoria da atividade;
- crimes falimentares – local onde foi decretada a falência;
- atos infracionais – teoria da atividade;

Competência por prevenção: ocorre quando há dois ou mais juízes igualmente competentes; e um deles se antecede ao outro na prática de algum ato decisório. Possui caráter subsidiário (art. 83 do CPP).

Atos que importam em prevenção do juiz:

a) Pedido de explicações em juízo;

b) Mandado de busca e apreensão;

c) Pedido de fiança;

d) Distribuição de inquérito policial;

e) Interceptação telefônica;

f) Prisão temporária.

Não geram prevenção os atos:

a) Quando o juiz remete cópia dos autos ao MP (quando o juiz se depara com a prática da infração);

b) HC em primeiro grau, impetrado contra ato de delegado de polícia;

c) Atos do juiz de plantão.

A Prevenção se trata de espécie de competência relativa.

Conexão e continência: não são causas de fixação, mas de alteração ou de modificação da competência, formas de economia processual e de evitar contradições nos julgamentos (TÁVORA, 2013).

Efeitos:

- Processo e julgamento único (*simultaneus processus*) – tem a ver com celeridade;

- Um juízo exercerá força atrativa em relação ao outro (ex.: crime de roubo de carro praticado na cidade de São Paulo, dado em receptação na cidade de Guarulhos. Ambos os juízes são competentes. Todavia, nesse caso, será o da infração mais grave – Roubo). Tal força atrativa está regulada nos artigos 78 e 79 do CPP. Veja que a avocação é permitida apenas enquanto estiverem tramitando em primeiro grau. Agora, se já estiver em trâmite perante o Tribunal, será juntado somente em execução.

Obs.: em caso de crime continuado (ex.: vários processos por fraude contra previdência), o critério para julgamento das ações se dá pela prevenção (STF – HC 89.573). Não se utiliza nem a conexão, nem a continência. Note que se não forem julgados durante a fase de conhecimento, deverão ser unidos na execução.

Conexão: dois ou mais delitos que se interligam por algum motivo, devendo, assim, serem julgados no mesmo juízo (ligação por nexo ou união).

De acordo com Nucci (2024, p. 141), trata-se do liame existente entre infrações,

> [...] cometidas em situações de tempo e lugar que as tornem indissociáveis, bem como a união entre delitos, uns cometidos para, de alguma forma, propiciar, fundamentar ou assegurar outros, além de

poder ser o cometimento de atos criminosos de vários agentes reciprocamente. Enfim, o vínculo surge, também, quando a produção escorreita e econômica das provas assim exige.

Há três espécies:

i) Conexão intersubjetiva: envolve vários crimes e várias pessoas obrigatoriamente.

> por simultaneidade (ou subjetiva-objetiva): duas ou mais infrações praticadas ao mesmo tempo por diversas pessoas ocasionalmente reunidas. Ex.: Caminhão de bebida que é saqueado após tombar na estrada (art. 76, I, do CPP). Cuidado! Aqui não entra a rixa (é crime necessariamente plurissubjetivo).
> por concurso: duas ou mais infrações cometidas por várias pessoas em concurso, em tempo e local diversos, como, por exemplo, na associação especializada no roubo de cargas (art. 76, inc. I, do CPP).
> por reciprocidade: duas ou mais infrações cometidas por diversas pessoas, umas contra as outras, como no caso da rixa, pancadaria em torcida, mas os agentes praticaram as infrações uns contra os outros, dois crimes de lesões corporais praticados reciprocamente entre fulano e beltrano. (art. 76, inc. I, do CPP).

ii) Conexão objetiva (ou lógica / material / finalística ou teleológica): quando um crime ocorre para facilitar a execução de outro (art. 76, inc. II, do CPP).

iii) Conexão instrumental (ou probatória ou processual): a prova de um crime influencia na existência de outro (ex.: lavagem de capitais e o crime antecedente). Não é obrigatório, mas o ideal é que se julgue conjuntamente.

Continência: vários agentes acusados pela mesma infração. Um só crime é praticado por duas ou mais pessoas, ou quando uma só conduta enseja a ocorrência de dois ou mais delitos.

Continência provém de continente,

> [...] aquilo que contém ou tem capacidade para conter algo. No contexto processual penal, significa a hipótese de um fato criminoso conter outros, tornando todos uma unidade indivisível. Assim, pode ocorrer continência no concurso de pessoas, quando vários agentes são acusados da prática de uma mesma infração penal e também quando houver concurso formal (art. 70, CP), com seus desdobramentos previstos nas hipóteses de aberratio – arts. 73 e 74, CP (NUCCI, 2024, p. 157).

Há duas espécies:

<u>Continência subjetiva</u> (ou por cumulação subjetiva): quando várias pessoas são acusadas pela mesma infração penal (ex.: concurso eventual de pessoas).

<u>Continência objetiva</u>: ocorre em todas as hipóteses de concurso formal de crimes, como a *aberratio ictus* (erro na execução) e *aberratio delicti* (erro quanto ao resultado), previstos nos artigos 70, 73 e 74 do CP.

Obs. 1: alguns casos não admitem a reunião de processos, observando-se a ressalva do art. 79, CPP. Ex.: jurisdição comum e militar; jurisdição comum e ECA; insanidade mental de um dos réus – o processo deverá ser separado; quando a reunião trouxer prejuízo ao julgamento da causa; impossibilidade de formação de conselho de sentença em razão das recusas de jurados (mais de um réu).

Obs. 2: existe outra hipótese de separação de processos trazida pela jurisprudência: réu com prerrogativa de foro coautor de infração com quem não possui tal prerrogativa.

Juízo que exerce força atrativa:

1ª regra: maior gravidade;

2ª regra: local em que foi praticado o maior número de infrações;

3ª regra: prevenção.

No crime de competência do tribunal do Júri Vs crime comum, a força atrativa é do Tribunal do Júri, salvo em relação aos crimes militares e eleitorais.

No concurso entre jurisdição comum e a especial, prevalece a especial (ex.: crimes eleitorais conexos a crimes comuns – serão julgados pela Justiça Eleitoral).

No concurso entre crime federal e estadual (ex.: moeda falsa Vs roubo), prevalece o federal, ou seja, a justiça comum federal atrairá o crime comum estadual (julgará os dois crimes). O fundamento está na previsão da competência da justiça federal na CF/88. Ver súmula 122, STJ.

Separação obrigatória de processos – mesmo nos casos de conexão e continência:

a) No concurso entre a Justiça Comum e a Militar: separação obrigatória de processos.

b) No concurso entre a Justiça Comum e o Juizado da Infância e Adolescência: separação obrigatória de processos.

c) Doença mental superveniente em relação a um dos acusados: suspensão do processo para este; e prosseguimento em relação aos demais.

d) Um dos acusados citados por edital não comparece e nem constitui advogado: suspensão do processo para este e prosseguimento em relação aos demais. Essa regra somente se aplica aos crimes cometidos após a entrada em vigor da Lei 9.271/96. Ficarão suspensos o processo e o curso do prazo prescricional. Para o STF, a prescrição perdura por prazo indeterminado.

e) No Tribunal do Júri, em processo por crime inafiançável, quando um dos acusados não for intimado da pronúncia ou deixar de comparecer a sessão de julgamento (ver Lei 11.689/08).

f) Em virtude das recusas peremptórias no Tribunal do Júri, quando houver acordo entre os advogados de defesa dos réus.

Obs.: lembre-se do princípio da perpetuação da competência, em que a absolvição do réu em um dos crimes que reuniu o processo não prejudica a competência do juízo para julgar os demais. Ex.: caso o tribunal do júri desclassifique o crime doloso contra a vida para culposo, continuará competente para julgar o crime conexo.

25. TEORIA GERAL DAS PROVAS

25.1. Análise da Teoria Geral da Prova - Lei 11.690/08

O CPP contemplou uma série de regras para regulamentar a produção de provas no interesse da persecução criminal, estabelecendo, igualmente, os critérios a serem utilizados pelo magistrado para a valoração dos elementos de convicção carreados ao processo e ao ônus probante (AVENA, 2023).

É relevante mencionar a recente decisão do Supremo Tribunal Federal na Ação Direta de Inconstitucionalidade (ADI) 7192, julgada em maio de 2024. O Tribunal conferiu interpretação conforme ao artigo 21, § 1º, da Lei n. 14.344/2022, estabelecendo que o Delegado de Polícia pode solicitar ao Ministério Público a propositura de ação cautelar de antecipação de produção de prova em casos que envolvam violência contra crianças e adolescentes. Esta decisão ressalta a importância da colaboração entre as instituições no âmbito da produção probatória, especialmente em casos sensíveis envolvendo menores. Contudo, o STF também reafirmou a independência funcional do Ministério Público, cabendo a este avaliar a necessidade e pertinência da ação cautelar solicitada. Esta interpretação busca equilibrar a proteção dos direitos das vítimas menores de idade com as prerrogativas constitucionais do Ministério Público, reforçando a importância da antecipação de provas como meio de preservação da verdade real no processo penal.

Entre os meios de prova, o CPP elenca os seguintes: Perícias em geral (arts. 158 a 184), interrogatório do acusado (arts. 185 a 196), confissão (arts. 197 a 200), inquirição do ofendido (art. 201), testemunhas (arts. 202 a 225), reconhecimento de pessoas e coisas (arts. 226 a 228), acareação (arts. 229 e 230), documentos (arts. 231 a 238), indícios (art. 239) e busca e apreensão (arts. 240 a 250).

Vale registrar que muito embora o CPP trate da matéria meios de prova, não se pode considerá-lo ou interpretá-lo:

> [...] de forma restrita a ponto de considerar-se como exaustiva a regulamentação nele inserida. Bem pelo contrário. Na atualidade, é preciso ter em mente que a regulamentação dos meios de prova existente no Código de Processo Penal não é taxativa, podendo ser aceitos meios de provas atípicos ou inominados, vale dizer, sem regulamentação expressa em lei, amplitude esta que se justifica na própria busca da verdade real que, sempre, será o fim do processo penal (AVENA, 2023, p. 436).

Terminologia da prova – A prova possui tríplice concepção:

- Como atividade probatória: ato ou complexo de atos que tendem a formar a convenção da entidade decidente sobre a existência ou não de uma situação fática. O direito à prova é um desdobramento lógico do direito de ação (LIMA, 2016).
- Como resultado: consiste na convicção da entidade decidente quanto à existência ou não de uma situação fática formulada no processo.
- Como meio: são os instrumentos aptos a formar a convicção do juiz quanto à existência ou não de uma situação fática.

25.2. Princípios Relacionados à Prova Penal

Considerando-se a repercussão e importância das provas para a persecução criminal, existem princípios que regem a sua produção:

- **Princípio da autorresponsabilidade das partes (faculdade probatória)**: as partes devem assumir e suportar as consequências de suas inatividades, erros ou atos intencionais no tocante à produção das provas, respondendo pelo ônus da produção da prova.
- **Princípio da audiência contraditória**: toda prova admite contraprova.
- **Princípio da aquisição ou comunhão da prova**: a prova não pertence a quem colheu, mas às partes do processo.
- **Princípio da oralidade**: sempre que possível, as provas devem ser produzidas oralmente na presença do juiz.
  - » Subprincípio da concentração – Sempre que possível, as provas devem ser concentradas na audiência. Admite-se a entrega de memoriais por escrito, em razão da complexidade da causa.
  - » Subprincípio da publicidade – Os atos processuais não devem ser praticados de maneira secreta, sendo vedado ao Juiz apresentar obstáculos à publicidade dos atos processuais. Contudo, admite-se restrição em alguns casos, inclusive para uma das partes (não se aplica aos procuradores). No entanto, existem atos que devem tramitar sob segredo de justiça. Ex.: Crimes contra a dignidade sexual (art. 234-B, CP); vida privada, intimidade, honra e imagem do ofendido (art. 201, § 6º, CPP).
  - » Subprincípio da imediação – o Juiz, sempre que possível, deve ter contato físico com a prova, no ato de sua produção, a fim de que melhor possa formar sua convicção.
- **Princípio da liberdade probatória**: em regra, é livre a formação probatória.

Exceções à liberdade probatória: i) A prova do estado civil das pessoas está sujeita às restrições da lei civil (arts. 155, parágrafo único, 207, 479, todos do CPP). Ex.: certidão de óbito; ii) exame de corpo de delito nos crimes materiais cujos vestígios não tenham desaparecido (Art. 158, CPP); iii) questão prejudicial heterogênea relativa ao estado civil das pessoas (art. 92, CPP); iv) provas ilícitas.

- **Princípio da presunção de inocência**: tal princípio passou a ser previsto na CF/88 somente a partir de 1998 (art. 5º, LVII), antes era previsto de maneira implícita (extraído do devido processo legal), veja:

> Art. 5º, LVII – ninguém será considerado culpado até o trânsito em julgado de sentença penal condenatória;

Repare o que diz a Convenção Americana de Direitos Humanos (Pacto de São José da Costa Rica), em seu artigo 8º, ponto 2:

> Artigo 8º Garantias Judiciais
>
> [...]
>
> 2. Toda pessoa acusada de delito tem direito a que se presuma sua inocência enquanto não se comprove legalmente sua culpa. Durante o processo, toda pessoa tem direito, em plena igualdade, às seguintes garantias mínimas:

Comparação entre a CF/88 e CADH:

Na CF/88	Na CADH
– Ninguém será considerado culpado; – Até o trânsito em julgado de sentença penal condenatória; – Princípio da presunção da não culpabilidade.	– Fala-se expressamente em presunção de inocência; – Enquanto não for legalmente comprovada sua culpa; – A presunção pode ir até o julgamento de um recurso, pois já observado o duplo grau de jurisdição.
Em suma: a redação mais benéfica é da CF/88, pois até atingir o trânsito em julgado de uma decisão judicial, é possível a interposição de vários recursos, considerando-se o acusado inocente.	

Obs. 1: o STF entende que não fere o princípio da presunção de inocência a execução provisória com sentença de 1º grau, quando benéfica ao réu (súmula 716 do STF). Não pode haver execução de pena criminal antes do trânsito em julgado da sentença penal condenatória (absolutória imprópria), em homenagem, basicamente, ao princípio constitucional do estado de inocência ou de não culpabilidade, insculpido no art. 5º, LVII, da CF/88. Tese do Ministro César Peluzo (admitindo a possibilidade) – concessão antecipada dos benefícios prisionais. Ver HC 84078-STF.

Obs. 2: a execução provisória de acórdão penal condenatório proferido em grau de apelação, ainda que sujeito a recurso especial ou extraordinário, não compromete o princípio constitucional da presunção de inocência. Em outras palavras, é possível o início da execução da pena condenatória após a prolação de acórdão condenatório em 2º grau e isso não ofende o princípio constitucional da presunção da inocência [Infs. 814, 842 e 896, STF].

Obs. 3: se a defesa ainda não foi intimada do acórdão condenatório, não é possível se iniciar a execução provisória da pena [Inf. 597, STJ]

Fonte: CAVALCANTE, 2019.

Do princípio da presunção da inocência derivam duas regras fundamentais, quais sejam:

1ª – Regra probatória: para que alguém possa ser condenado, é indispensável que o acusador comprove a prática da infração penal, eliminando qualquer dúvida razoável, já que, caso exista, o acusado deve ser absolvido. Ademais, de tal regra probatória se extrai o famoso *princípio in dubio pro reo* (se ao final do processo o juiz não estiver convencido do cometimento da infração, decidirá pela absolvição), o qual só incide até o trânsito em julgado de sentença penal condenatória. Diante disso, na revisão criminal (que pressupõe o trânsito em julgado da sentença) não se pode falar em *in dubio pro reo*, mas em *princípio contra reo.*

2ª – Regra de tratamento: o princípio da presunção de inocência impede qualquer antecipação de juízo condenatório, ou seja, antes do trânsito em julgado a prisão do acusado só pode ser decretada a título de medida cautelar (comprovada sua necessidade no caso concreto).

Note que não há previsão expressa da não autoincriminação na CF/88, mas de forma implícita, pois decorre do direito constitucional de permanecer calado (direito ao silêncio). A doutrina moderna defende que esse direito deve persistir inclusive no interrogatório, embora a maioria defende que esse direito não pode subsistir no interrogatório, sobretudo nas indagações quanto à qualificação e identificação do acusado.

Obs.: recursos cabíveis para provas ilícitas: decisão não definitiva que reconhece a ilicitude da prova – caberá RESE; decisão que reconhece a ilicitude da prova na sentença – caberá apelação; decisão que não reconhece a ilicitude da prova – não cabe recurso, mas se admite HC ou MS.

Princípio da busca da verdade pelo juiz: Durante muitos anos foi utilizada uma dicotomia entre o processo penal e o processo civil.

De um lado falava-se em uma verdade formal (CPC) e de outro uma verdade real / material (CPP). Contudo, isso não existe mais, pois a verdade real é impossível de ser alcançada. Atualmente, os doutrinadores modernos têm abandonado tal divisão (formal e real). Aliás, nem a verdade formal é buscada mais (o juiz tem o poder instrutório) no processo civil. O processo penal é dotado de certa iniciativa probatória, devendo exercê-la de maneira subsidiária complementar (em relação à produção de provas das partes – o juiz não pode "substituir" a vontade das partes na produção das provas) e tão somente durante o curso do processo. Isso decorre da reconstrução dos fatos denunciados com a pretensão de alcançar a verdade, que jamais será alcançada em sua totalidade (LIMA, 2016).

O art. 212 do CPP ratifica o papel do juiz acerca da produção das provas:

> Art. 212. As perguntas serão formuladas pelas partes diretamente à testemunha, não admitindo o juiz aquelas que puderem induzir a resposta, não tiverem relação com a causa ou importarem na repetição de outra já respondida.
>
> Parágrafo único. Sobre os pontos não esclarecidos, o juiz poderá complementar a inquirição.

Obs.: em diversas situações concretas houve a determinação de refazer a inquirição quando não foi observada a ordem de inquirição de testemunhas. Ver inf. 885, STF.

Princípio da proporcionalidade: o exercício do poder é limitado, somente sendo justificadas restrições à direitos individuais por razões de necessidade, adequação e supremacia do valor a ser protegido (foi importado do direito alemão pelo STF). No seu aspecto substancial, é extraído do devido processo legal. Assim, o princípio da proporcionalidade é subdivido em três princípios:

- Princípio da adequação: a medida adotada deve ser idônea a atingir o fim proposto;
- Princípio da necessidade: entre as medidas adequadas deve-se adotar a menos gravosa; e
- Princípio da proporcionalidade em sentido estrito: entre os valores em conflito deve preponderar o de maior relevância.

Proporcionalidade e prova ilícita *pro reo*: entre a vedação da prova e a possibilidade de inocentar o réu, deve prevalecer a admissão da prova ilícita, contudo, o inverso, em regra, não é verdadeiro (provas ilícitas *pro societate*).

Prova ilícita *pro societate*: a doutrina tem admitido de forma excepcional. Ex.: criminalidade organizada, em casos graves, em prol da segurança da sociedade. Todavia, o STF é contra esse entendimento (HC 80.949).

Princípio da não autoincriminação (*nemo tenetur se detegere*): o acusado não é obrigado a produzir prova contra si. Aliás, isso vai contra a natureza humana.

Previsão:

> CADH, Artigo 8º – Garantias Judiciais [...]
> 2. Toda pessoa acusada de delito tem direito a que se presuma sua inocência [...]
> g) **direito de não ser obrigado a depor contra si mesma, nem a declarar-se culpada**;

Lembre-se que o direito ao silêncio ou de ficar calado é uma das vertentes desse princípio, art. 5º, LXIII, CF/88:

> Art. 5º, LXIII – o preso será informado de seus direitos, entre os quais o de permanecer calado, sendo-lhe assegurada a assistência da família e de advogado;

Por preso, leia-se, não somente quem está preso, mas também qualquer pessoa a quem seja imputada a prática de um ilícito criminal, abrangendo suspeitos, indiciados, acusados ou mesmo condenados.

Obs.: caso a testemunha, após sua oitiva, seja denunciada por coautoria de crime, não há em que se falar em nulidade de seu depoimento como testemunha, já que ela assinou termo de compromisso sendo informada das ressalvas constitucionais, como, por exemplo, a não autoincriminação e o direito ao silêncio [Inf. 816, STF].

Desdobramentos do Princípio da Não Autoincriminação

1º – Direito ao Silêncio: é a manifestação passiva da defesa. Lembre-se que com a reforma processual a presença do acusado não é mais obrigatória em plenário do júri. Veja os dispositivos abaixo:

> Art. 186. Depois de devidamente qualificado e cientificado do inteiro teor da acusação, o acusado será informado pelo juiz, antes de iniciar o interrogatório, do seu direito de permanecer calado e de não responder perguntas que lhe forem formuladas.
> Parágrafo único. O silêncio, que não importará em confissão, não poderá ser interpretado em prejuízo da defesa.

> Art. 198. O silêncio do acusado não importará confissão, mas poderá constituir elemento para a formação do convencimento do juiz.

A parte final do artigo 198 não foi recepcionada pela CF/88.

O direito ao silêncio não pode ser utilizado durante a qualificação do acusado (informações sobre a pessoa), ou seja, ele deve prestar informações acerca de sua identidade.

Direito ao silêncio no tribunal do júri: com a Lei 11.689/08, o direito ao silêncio não pode ser mais usado como argumento para convencer os jurados, conforme previsão do art. 478, II, CPP:

> Art. 478. Durante os debates as partes não poderão, sob pena de nulidade, fazer referências:
>
> [...]
>
> II – ao silêncio do acusado ou à ausência de interrogatório por falta de requerimento, em seu prejuízo.

Outra mudança com o advento da Lei citada foi que **a presença do acusado não é mais obrigatória no dia do julgamento, mesmo em caso de infração inafiançável**. Essa mudança tem íntima relação com o direito ao silêncio (LIMA, 2016).

Vale registrar que o ofendido, quando mentir em juízo, embora não responda pelo falso testemunho, poderá responder por denunciação caluniosa, dependendo do caso concreto.

Direito ao silêncio e o direito de informação: o preso (e outros, como o acusado) tem o direito de ser informado quanto ao direito ao silêncio. Ademais, eventual omissão quanto a essa informação acarretará a ilicitude da confissão (art. 5º, LVIII, CF).

O art. 4º da Lei das Organizações Criminosas prevê a renúncia ao direito ao silencio.

2º – Direito de não participar de qualquer comportamento ativo que possa incriminar o agente

Reconstituição do crime (reprodução simulada): conduta ativa. Está protegida pelo princípio da não autoincriminação. Assim, o acusado não é obrigado a participar, tendo em vista que exige um comportamento ativo.

Exame grafotécnico: visa verificar se o documento foi subscrito pelo acusado. O perito colherá várias frases escritas. Como será preciso escrever, comportamento ativo, o acusado não está obrigado a participar. Para obter outros escritos do suspeito, caberá mandado de busca e apreensão. **O inciso IV do art. 174 do CPP, que define que o réu deve colaborar escrevendo o que a autoridade lhe ditar, não foi recepcionado pela CF/88.**

Exame de DNA/Exame para verificação para padrão de voz: o acusado também não é obrigado a participar. Não confunda com o exame de DNA do CPC, pois no processo civil, há súmula do STJ sobre esse exame (Súmula 301 – a recusa de realização de exame gera presunção *iuris tantum* de paternidade).

Bafômetro/teste de alcoolemia: Também exige um comportamento ativo. Logo, não se pode obrigar o acusado a soprar o bafômetro ou a realizar o exame sanguíneo. O agente deve ser submetido ao exame clínico (ex.: o autor de infração será encaminhado até um médico e este constatará se há ou não estado de embriaguez). Com a nova mudança no CTB (Lei 9.503/97), a negativa do teste do bafômetro gera sanção administrativa.

Reconhecimento pessoal: não está protegido pelo direito ao silêncio, pois não demanda qualquer comportamento ativo do sujeito.

3º – Direito de não produzir nenhuma prova incriminadora que envolva o seu corpo:

Nesse ponto, surge a diferença das provas invasivas e as não invasivas.

Prova invasiva	Prova não invasiva
Protegida pelo princípio da não autoincriminação.	Não dependem do consentimento do acusado.
É uma prova que envolve o corpo humano e implica a utilização ou extração de uma parte dele.	Consiste numa inspeção ou verificação corporal, não implicando na extração de nenhuma parte do corpo humano.

25.3. Fonte de Prova, Meios de Prova, Meios de Obtenção de Prova e Objeto de Prova

__Fonte de prova__ refere-se às pessoas ou coisas das quais se consegue a prova, derivam do fato delituoso em si, independentemente da existência do processo, sendo certo que sua introdução no processo ocorre através dos meios de prova. Ex.: cadáver na rua, pessoas que podem falar sobre o que viram (não são testemunhas).

__Meios de prova__ são os instrumentos através dos quais as fontes de provas são levadas ao processo. Referem-se a uma atividade endoprocessual, que se desenvolvem perante o juiz, com a participação das partes. Ex.: acareação em uma confissão. Aqui, o contraditório deve ser observado (LIMA, 2016).

Não vigora o **princípio da taxatividade das provas**, mas o da liberdade das provas, podendo ser utilizada qualquer meio de prova admitida em direito (constitucionais, legais e morais).

<u>Meios de obtenção de prova:</u> são certos procedimentos regulados pela lei, em regra, <u>extraprocessuais</u>, com o objetivo de conseguir provas materiais, e que podem ser realizados por outros funcionários que não o juiz. Ex.: a busca e apreensão, a interceptação telefônica. Tem como elemento essencial a surpresa (LIMA, 2016).

Obs. 1: o reconhecimento por foto não pode fundamentar isoladamente uma decisão judicial. Lembre-se que o retrato falado não é meio de prova, mas forma auxiliar de investigação.

Obs. 2: o simples fato de o advogado do investigado ter sido interceptado não é causa, por si só, para gerar a anulação de todo o processo e da condenação que foi imposta ao réu. Se o Tribunal constatar que houve indevida interceptação do advogado do investigado e que, portanto, foram violadas as prerrogativas da defesa, essa situação poderá gerar três consequências processuais: 1ª) Cassação ou invalidação do ato judicial que determinou a interceptação; 2ª) Invalidação dos atos processuais subsequentes ao ato atentatório e com ele relacionados; 3ª) Afastamento do magistrado caso se demonstre que, ao assim agir, atuava de forma parcial [Inf. 832, STF].

Fonte: CAVALCANTE, 2019.

Objeto de prova: *Thema probandum* – são os fatos que interessam à solução da causa. Compreendem-se os fatos que, “influindo na apuração da existência ou inexistência de responsabilidade penal, são capazes de gerar dúvida no magistrado, exigindo, por isso mesmo, a devida comprovação” (AVENA, 2023, p. 437).

Trata-se da verdade ou falsidade de uma afirmação sobre um fato que interesse à solução do processo.

O que precisa ser provado no processo penal?	O que NÃO precisa ser provado no processo penal?
1. Deve ser provado o <u>**fato narrado**</u>, seja pela acusação ou defesa; a imputação do fato descrito na peça acusatória. 2. Deve ser provado o <u>**direito consuetudinário**</u> (costumes). 3. A rigor, devem ser provados <u>**regulamentos e portarias**</u>, salvo se esta for complemento de norma penal em branco, aí se presume que o juiz a conhece. Ex.: Portaria 344 da ANVISA, que elenca o rol de drogas. 4. A doutrina ensina que deve ser provado o <u>**direito estrangeiro, estadual e municipal.**</u> O juiz é obrigado a conhecer o direito estadual e municipal do local onde exerce a sua função. Assim, o direito estadual e municipal de localidade distinta da sua deve ser provado. O direito internacional o juiz não é obrigado a conhecer, logo, deve ser provado. 5. Fatos não contestados ou incontroversos **devem ser provados no processo penal**. Lembre-se que a revelia não acarreta a presunção da veracidade. Na verdade, o único efeito da revelia no processo penal é a <u>**desnecessidade de intimação do acusado para os demais atos processuais**</u> [efeito formal], <u>**salvo no caso da sentença condenatória**</u> (mesmo o revel deverá ser intimado).	1. **Fatos notórios**: são fatos do conhecimento público geral (feriados e grandes eventos). 2. **Fatos axiomáticos ou intuitivos:** são os fatos evidentes (patente obviedade). Não deixam dúvidas com um simples exame ocular. Os fatos popularmente conhecidos precisam ser provados. 3. **Fatos inúteis ou irrelevantes:** são aqueles que não possuem nenhuma relevância na decisão da causa. 4. **Presunções legais**: a presunção é a afirmação da lei de que um fato é existente ou verdadeiro, independente de prova. Subdivide-se em: 4.1 **Presunção absoluta** (*iure et de iure*) – não admite prova em contrário. Ex.: inimputabilidade de menor de 18 anos. 4.2 **Presunção relativa** (*iuris tantum*) – admite-se prova em sentido contrário. Acontece a inversão do ônus da prova para provar que o fato não foi ocorrido. Ex.: <u>presunção</u> (revogada) de violência nos crimes sexuais. 5. **Presunção *homnis*** – é a presunção do homem realizada todos os dias.

25.4. Destinatário da Prova

- <u>**destinatário Imediato**</u> – entidade decidente (órgão jurisdicional).
- <u>**destinatário mediato**</u> – as partes.

<u>**Forma de prova**</u>: oral (depoimentos); documental (escritos); e material (tudo que deriva do objeto do crime).

<u>**Produção da prova**</u>: será produzida com a observância do **contraditório para a prova e da ampla defesa.** Alguns doutrinadores diferenciam o **contraditório sobre a prova** e **contraditório para a prova:** o **contraditório sobre a prova** consiste no reconhecimento da atuação do contraditório após a formação da prova (também denominado "<u>contraditório diferido</u>"). Ex.: interceptação telefônica – prorrogação sucessiva – o princípio do contraditório é observado, por óbvio, mas posteriormente, daí ser diferido.

Já o **contraditório para a prova** as partes atuam na própria formação do elemento de prova, sendo indispensável que sua produção se dê na presença do órgão julgador e das partes (também chamado de "contraditório real"). Ex.: o contraditório acontece no momento da produção da prova, como, por exemplo, oitiva de testemunhas em juízo.

A prova deve ser produzida na **presença do juiz,** que pode ser:

1. Direta; ou
2. Remota (por meio de vídeo conferência).

Hoje é aplicado o princípio da identidade física do juiz no processo penal: o juiz que presidiu a instrução deverá proferir a sentença (art. 399, § 2º, CPP):

> Art. 399, [...]
>
> §2º O juiz que presidiu a instrução deverá proferir a sentença.

Esse dispositivo comporta exceção, a exemplo dos casos de um juiz promovido, licenciado, afastado, convocado ou aposentado.

Cláusula de reserva de jurisdição

A cláusula de reserva de jurisdição é um princípio constitucional que estabelece que determinados direitos fundamentais só podem ser restringidos mediante autorização expressa do Poder Judiciário, no exercício de sua função judicante. Este princípio visa garantir a proteção de direitos individuais contra possíveis abusos por parte do Estado ou de terceiros.

Hipóteses:

Interceptação telefônica (que não se confunde com a quebra de dados telefônicos – registros telefônicos. Ex.: é relevante para comprovar que fulano se comunica muito com sicrano);

Prisão cautelar, salvo prisão em flagrante (Frise-se: CPI não pode decretar prisão cautelar, mas tão somente prisão em flagrante);

Inviolabilidade domiciliar (exceto nas ressalvas constitucionais, como o socorro em caso de desastre ou prisão em flagrante);

Sigilo dos processos (lembre-se que a CPI dos grampos quis afastar o sigilo de alguns processos. O "sigilo dos processos" deve ser listado nas hipóteses de reserva de jurisdição).

Obs.: a provável simetria entre o fato pelo qual responde o réu e os fatos apurados em outro processo relacionado a outro acusado autoriza que esse réu possa ter acesso à cópia da denúncia referente a este outro processo, a fim de comparar as acusações, especialmente em se tratando de processos de competência do Tribunal do Júri, nos quais é assegurada a defesa plena.

Juiz das garantias

A Lei 13.964/2019 inseriu no Código de Processo Penal brasileiro o juiz das garantias, responsável por fiscalizar a investigação criminal, controlar a sua legalidade e salvaguardar os direitos individuais do investigado, conforme o art. 3º-B, *caput*, CPP.

Trata-se de um magistrado que:

> [...] terá atuação até o oferecimento (na lei, consta o recebimento, mas o STF alterou isso) da denúncia ou queixa, mas jamais julgará o processo-crime. Busca-se, com isso, o fortalecimento do sistema acusatório, adaptado à realidade brasileira, conforme decisão tomada pelo STF. Aliás, nesse julgamento, determinou-se que os tribunais implementassem o juiz das garantias no prazo de 12 meses, a contar da publicação da ata (31.8.2023); esse prazo poderá ser prorrogado uma única vez, por no máximo 12 meses, com a fiscalização do Conselho Nacional de Justiça (NUCCI, 2024, p. 46).

Note que o juiz das garantias possui como papel de acompanhar a investigação policial, notadamente acerca das medidas cautelares e produção de elementos de informação e provas.

Nessa medida, de acordo com o art. 3º, a competência do juiz das garantias abrange todas as infrações penais, exceto as de menor potencial ofensivo, cessando-se com o recebimento da denúncia ou queixa na forma do art. 399, CPP.

É importante destacar que o Supremo Tribunal Federal, ao julgar as Ações Diretas de Inconstitucionalidade (ADIs) 6.298, 6.299, 6.300 e 6.305, reafirmou a constitucionalidade do instituto do juiz das garantias, conforme previsto no *caput* do art. 3º-B do CPP. Nesta decisão histórica, o STF não apenas validou a existência do juiz das garantias, mas também estabeleceu um prazo de 12 meses, a partir da publicação da ata do julgamento, para que as medidas legislativas e administrativas necessárias à sua implementação sejam adotadas em todo o país. Este prazo pode ser prorrogado uma única vez, por no máximo mais 12 meses, mediante justificativa apresentada ao Conselho Nacional de Justiça (CNJ). O Tribunal enfatizou que a implementação deve seguir as diretrizes do CNJ e ocorrer sob sua supervisão, garantindo assim uma transição ordenada e uniforme em todas as jurisdições.

25.5. Classificação das Provas

Quanto ao objeto

Prova direta (se refere diretamente ao fato *probando*). Ex.: testemunha ocular do fato criminoso.

Prova indireta (se refere ao fato por dedução lógica). Ex.: foi praticado um crime no Brasil e o suposto autor demonstra que estava fora do país nesse dia. Deduz-se que ele é inocente.

Quanto ao valor

Prova plena: e aquela que traz a possibilidade de um juízo de certeza quanto ao fato que se busca provar, possibilitando ao Juiz fundamentar sua decisão de mérito em apenas uma delas. Ex.: prova documental, testemunhal, prova emprestada, entre outras.

Prova não plena: é aquela que apenas ajuda a **reforçar** a convicção do Juiz, contribuindo na formação de sua certeza, mas não possuem o poder de formar sua convicção. Ex.: indícios, prova emprestada que não tenha passado pelo contraditório, por exemplo.

Quanto ao sujeito

Prova real: se baseia em algum objeto e não deriva de alguma pessoa. Ex.: cadáver, documento etc.

Prova pessoal: é aquela que deriva de uma pessoa. Ex.: testemunho, interrogatório do réu, entre outras.

Quanto ao meio de produção

Provas típicas (nominadas): previstas no CPP (arts. 158 – 250). São aquelas cujo meio de produção está prevista em lei. Ex.: reconhecimento de pessoas.

Provas atípicas (inominadas): não elencadas no CPP. Trata-se do meio de prova previsto no ordenamento jurídico, porém, não há um procedimento probatório previsto em lei. É admitida em razão do **princípio da liberdade das provas**. Ex.: Reprodução simulada, art. 7º, CPP, note:

> Art. 7º Para verificar a possibilidade de haver a infração sido praticada de determinado modo, a autoridade policial poderá proceder à reprodução simulada dos fatos, desde que esta não contrarie a moralidade ou a ordem pública.

Prova anômala: é a prova típica, porém, utilizada para fins diversos daqueles que foi prevista, ou seja, existe um meio de prova legalmente previsto para a hipótese. Porém, deixa-se de lado esse meio de prova típica para usar outro meio de prova. Não é admitida. Ex.: oficial de justiça, a pedido do juiz, contata uma testemunha via telefone e depois confecciona uma certidão. Note que ao invés de fazer o depoimento, preparou uma prova documental. Caso determinada pessoa testemunhe a prática de um delito, o seu conhecimento deve vir aos autos por meio de um depoimento prestado em juízo e não por outro meio de prova.

Prova irritual: é aquela em que há procedimento previsto na lei, só que este procedimento não é respeitado quando da colheita da prova. Um exemplo dessa prova é o reconhecimento de pessoas, ocasião em que o juiz pede para certa testemunha apontar o acusado durante uma audiência, regra que não tem nada a ver com o procedimento previsto no art. 226 do CPP, veja:

> Art. 226. Quando houver necessidade de fazer-se o reconhecimento de pessoa, proceder-se-á pela seguinte forma:
> I – a pessoa que tiver de fazer o reconhecimento será convidada a descrever a pessoa que deva ser reconhecida;
>
> II – a pessoa, cujo reconhecimento se pretender, será colocada, se possível, ao lado de outras que com ela tiverem qualquer semelhança, convidando-se quem tiver de fazer o reconhecimento a apontá-la;
>
> III – se houver razão para recear que a pessoa chamada para o reconhecimento, por efeito de intimidação ou outra influência, não diga a verdade em face da pessoa que deve ser reconhecida, a autoridade providenciará para que esta não veja aquela;
>
> IV – do ato de reconhecimento lavrar-se-á auto pormenorizado, subscrito pela autoridade, pela pessoa chamada para proceder ao reconhecimento e por duas testemunhas presenciais.
>
> Parágrafo único. O disposto no no III deste artigo não terá aplicação na fase da instrução criminal ou em plenário de julgamento.

Prova fora da terra: é aquela realizada perante juízo distinto daquele perante o qual tramita o processo. Ex.: carta precatória.

Prova crítica: sinônimo de prova pericial.

Lembre-se:

Prova direta – recai diretamente sobre o fato *probandum.*

Prova indireta – para alcançar uma conclusão sobre o fato *probandum* parte-se de um outro fato do qual se induz o outro. A prova indireta desde que composta por elementos coesos e robustos autorizam um decreto condenatório.

Requisitos para a prova empestada: i) identidade de parte [esse requisito foi dispensado no RHC 42.215/PI, desde que passe pelo crivo do contraditório]; ii) respeito ao contraditório; iii) respeito à disciplina legal da prova; iv) mesmo fato útil a todos os processos.

Obs.: o fato de a interceptação telefônica ter visado elucidar outra prática delituosa não impede a sua utilização em persecução criminal diversa por meio do compartilhamento da prova [Inf. 811, STF].

25.6. Sistemas de Avaliação ou Valoração da Prova

A apreciação das provas, ao longo da história, consoante Avena (2023), passou por diferentes fases, de acordo com as convicções, costumes, conveniência e até mesmo o regime de cada povo.

Inicialmente, adotou-se o **sistema étnico ou pagão**. O juiz valorava a prova de maneira empírica, conforme a sua experiência. Posteriormente, ocorreu a fase do **sistema ordálio, religioso**, em que o acusado era submetido a um julgamento pelos chamados Juízes de Deus, com penas corporais dolorosas.

Após esse período, com a criação dos Estados soberanos (absolutistas) e intensificação das transações comerciais, alcançou-se o **sistema legal** (tarifado ou formal), ocasião em que a decisão do julgador deveria estar vinculada a critérios predefinidos, restringindo-se a total liberdade na valoração das provas.

Com o passar dos tempos e o gradativo enfraquecimento dos regimes absolutistas,

> [...] o sistema legalista foi sendo, também, paulatinamente substituído pelo **sistema do livre convencimento (persuasão racional)**, que se tornou efetivamente conhecido a partir dos Códigos Napoleônicos. Segundo este critério, embora possua o juiz liberdade na aferição das provas, esta não é irrestrita. Além disso, obriga-se o julgador a fundamentar as razões de seu entendimento. Despe-se este sistema de apreciação, como se vê, da rigidez do sistema da prova legal, devendo a decisão do magistrado resultar de uma operação lógica fulcrada em elementos de convicção angariados ao processo (AVENA, 2023, p. 441).

Atualmente, apenas os sistemas de livre convencimento, prova legal e íntima convicção vigoram como critérios de valoração de provas.

<u>Sistema da íntima convicção do magistrado</u>: o juiz é livre para apreciar as provas, inclusive àquelas que não estão nos autos, não sendo obrigado a fundamentar sua convicção. Também é chamado de **sistema da certeza moral do juiz.** esse sistema foi adotado pelo CPP em relação aos jurados, que não são obrigados a fundamentar seus votos. Já o juiz, mesmo no tribunal do júri, deve fundamentar sua decisão (extraído do direito romano).

Atenção! Para provas objetivas, aponte que os jurados julgam com a íntima convicção e não motivam. Para provas orais, entretanto, defenda que os jurados motivam, mas de forma implícita (não manifesta).

Sistema legal ou da prova tarifada: também chamado de **sistema das regras legais ou sistema da certeza moral do legislador.** Determinados meios de prova têm valor probatório pré-fixado pelo legislador, cabendo ao magistrado tão somente apreciar o conjunto probatório, bem como atribuir o valor, conforme estabelecido pela lei (a Turquia adota esse sistema). Em regra, não é adotado pelo CPP. Contudo, podem ser encontradas algumas exceções, se aproximando desse sistema, como o caso de a infração deixar vestígios, exigindo-se a realização de exame pericial (sistema germânico).

Veja o art. 158, CPP:

> Art. 158 – Quando a infração deixar vestígios, será indispensável o exame de corpo de delito, direto ou indireto, não podendo supri-lo a confissão do acusado.

Outro exemplo desse tipo de prova é a comprovação da morte, que somente é admitida por intermédio da certidão de óbito. Igualmente, a prova do casamento se dá pela certidão de casamento. Idem tratamento é dado para a prova da menoridade, bastando o menor apresentar a certidão de nascimento.

Sistema do livre convencimento motivado: também chamado de **sistema da persuasão racional do juiz/apreciação fundamentada/convencimento racional.** O magistrado tem ampla liberdade na valoração das provas, as quais têm o mesmo valor, porém, se vê obrigado a fundamentar a sua decisão (extraído do direito romano), conforme disposição do art. 155, CPP:

> Art. 155. O juiz formará sua convicção pela livre apreciação da prova produzida em contraditório judicial, não podendo fundamentar sua decisão exclusivamente nos elementos informativos colhidos na investigação, ressalvadas as provas cautelares, não repetíveis e antecipadas.
>
> Parágrafo único. Somente quanto ao estado das pessoas serão observadas as restrições estabelecidas na lei civil.

Cuidado! A decisão de denúncia ou queixa, em 1º grau, não tem necessidade de motivação expressa. Ao receber, implicitamente, o juiz já está dizendo por qual razão está recebendo a acusação (STF). Note que o magistrado tem limitação na liberdade de julgar na hipótese de questão prejudicial heterogênea absoluta (art. 92, CPP), quando o réu lançar uma situação relativa ao estado civil de pessoa (deve primeiramente resolver tal ponto prejudicial. Ex.: bigamia ou registro civil de nascimento).

Obs.: mesmo se o réu confessar peremptoriamente a prática de um crime, com laudos periciais afirmando sua autoria, o juiz pode absolvê-lo, pois toda prova possui valor relativo.

Prova quanto ao estado das pessoas

O princípio adotado pelo CPP acerca da valoração das provas é o da **liberdade das provas,** podendo as partes e o juiz se valer de meios de prova nominados e inominados.

Contudo, há ressalvas, pois em alguns casos não há tamanha liberdade, como no estado das pessoas (que estão submetidas às restrições estabelecidas na lei civil). Exemplo disso é a comprovação da idade da vítima para caso de estupro de vulnerável, que ocorrerá por meio da certidão de nascimento, conforme *súmula 74 do STJ:*

> Súmula 74 do STJ – Para efeitos penais, o reconhecimento da menoridade do réu requer prova por documento hábil.

Outro exemplo é a extinção da punibilidade pela morte, que será comprovada por meio de certidão de óbito, nos termos do art. 62, CPP, *in verbis*:

> Art. 62. No caso de morte do acusado, o juiz somente à vista da certidão de óbito, e depois de ouvido o Ministério Público, declarará extinta a punibilidade.
>
> Art. 156. A prova da alegação incumbirá a quem a fizer, sendo, porém, facultado ao juiz de ofício:
>
> I – ordenar, mesmo antes de iniciada a ação penal, a produção antecipada de provas consideradas urgentes e relevantes, observando a necessidade, adequação e proporcionalidade da medida;
>
> II – determinar, no curso da instrução, ou antes de proferir sentença, a realização de diligências para dirimir dúvida sobre ponto relevante.

Obs. 1: o art. 156 do CPP, em sua segunda parte, é inspirado no princípio da verdade real (RANGEL, 2013).

Obs. 2: o indeferimento de prova requerida pode ser atacado com apelação, por ocasião de sentença de mérito, arguindo em preliminar cerceamento de defesa.

25.7. Ônus da Prova

É o encargo que as partes têm de provar pelos meios legalmente admissíveis à veracidade das afirmações por elas formuladas ao longo do processo resultando de sua inatividade uma situação de desvantagem perante o direito. A bem da verdade, deve ser provada a afirmativa de um fato, mas não o fato em si (LIMA, 2016).

Espécies de ônus da prova

Ônus da prova perfeito: advém do prejuízo, que é o resultado de seu descumprimento. Ocorre de forma necessária e inevitável. Ex.: decisão desfavorável em que se opta por não recorrer.

Ônus da prova menos perfeito: decorre dos prejuízos que derivam de seu descumprimento, mas de acordo com a avaliação judicial. Assim, mesmo que a parte não tenha provado a veracidade das afirmações por ela feitas, isso não significa que inevitavelmente sofrerá o prejuízo, diante da possibilidade da prova produzida de ofício pelo juiz e da regra da comunhão da prova.

Obs. 1: o ônus da prova no processo penal brasileiro deve ser considerado menos perfeito.

Obs. 2: o ônus da prova imperfeito: jamais haverá qualquer prejuízo. Conclui-se que não se trata verdadeiramente de um ônus, e sim uma faculdade que se tem.

Obs. 3: cabe à defesa provar que a arma não é vulnerante.

Ônus da prova objetivo: funciona como regra de julgamento destinada ao juiz acerca do conteúdo da sentença que deve proferir caso não tenha sido provada a verdade de uma afirmação feita no processo, enfim, terá de julgar (*Non liquet* – significa que o juiz não julga, pois não sabe como decidir – vedado no ordenamento jurídico brasileiro). O destinatário desse ônus é o juiz (LIMA, 2016).

Ônus da prova subjetivo: deve ser compreendido como o encargo que recai sobre as partes de buscar as fontes de prova, capazes de comprovar suas afirmações, introduzindo-as no processo mediante os meios de prova legalmente admissíveis. O destinatário desse ônus é a parte do processo.

Veja a regra do CPC:

> Art. 373. O ônus da prova incumbe:
>
> I – ao autor, quanto ao fato constitutivo de seu direito;
>
> II – ao réu, quanto à existência de fato impeditivo, modificativo ou extintivo do direito do autor.
>
> § 1º Nos casos previstos em lei ou diante de peculiaridades da causa relacionadas à impossibilidade ou à excessiva dificuldade de cumprir o encargo nos termos do caput ou a maior facilidade de obtenção da prova do fato contrário, poderá o juiz atribuir o ônus da prova de modo diverso, desde que o faça por decisão fundamentada, caso em que deverá dar à parte a oportunidade de se desincumbir do ônus que lhe foi atribuído.
>
> § 2º A decisão prevista no § 1º deste artigo não pode gerar situação em que a desincumbência do encargo pela parte seja impossível ou excessivamente difícil.
>
> § 3º A distribuição diversa do ônus da prova também pode ocorrer por convenção das partes, salvo quando:
>
> I – recair sobre direito indisponível da parte;
>
> II – tornar excessivamente difícil a uma parte o exercício do direito.
>
> § 4º A convenção de que trata o § 3º pode ser celebrada antes ou durante o processo.

Distribuição do ônus da prova no processo penal: Sobre o tema, há duas correntes:

1ª corrente: o ônus da prova é da acusação e defesa. Pela teoria da *ratio cognoscendi*/indiciariedade, se o fato é típico, presume-se ilícito.

2ª corrente: o ônus da prova é da acusação. em decorrência do princípio da presunção de inocência (regra do *in dubio pro reo*), o acusado jamais poderá ser prejudicado em razão de dúvida sobre fato relevante para a decisão. Portanto, no processo penal o ônus da prova é atribuído com exclusividade à acusação. Para Paulo Rangel, o ônus é somente do acusador, pois a CF/88 consagra a presunção de inocência e o *in dubio pro reo*.

É certo que a acusação tem o ônus de provar os fatos delituosos além de qualquer dúvida razoável, produzindo no magistrado um juízo de certeza. Já a defesa tem o ônus de gerar tão somente uma fundada dúvida sob causas excludentes da ilicitude ou da culpabilidade ou causas extintivas da punibilidade (LIMA, 2016).

25.8. Iniciativa Probatória do Juiz

Questão: O juiz pode determinar a produção de provas de ofício? R. A resposta está no art. 156 do CPP, veja:

> Art. 156. A prova da alegação incumbirá a quem a fizer, sendo, porém, facultado ao juiz de ofício:
> I – ordenar, mesmo antes de iniciada a ação penal, a produção antecipada de provas consideradas urgentes e relevantes, observando a necessidade, adequação e proporcionalidade da medida;
> II – determinar, no curso da instrução, ou antes de proferir sentença, a realização de diligências para dirimir dúvida sobre ponto relevante.

25.9. Etapas da Produção de Prova

- Proposição: requerimento direcionado ao juiz. Pode ser ordinária (denúncia para o MP; resposta à acusação para a defesa) ou extraordinária (requerida fora do momento ordinário).
- Admissão: é o ato em que o juiz defere ou não a produção de uma prova.
- Produção: é o momento em que a prova é trazida para dentro do processo.
- Valoração: momento em que o juiz aprecia cada prova produzida e lhe atribui o valor que julgar pertinente.

Desse modo, antes do início do processo:

SISTEMA INQUISITORIAL	SISTEMA ACUSATÓRIO
Concentração de poderes nas mãos do julgador. Não há separação das funções de acusar, defender e julgar (juiz inquisidor).	É o adotado pela CF/88. Há a separação das funções de acusar, defender e julgar. **O Brasil adota o sistema não ortodoxo** (o juiz determina diligências).
Não há contraditório nem ampla defesa.	Existência dos princípios da imparcialidade, contraditório e ampla defesa.
Acusado é considerado mero objeto de investigação.	O acusado é considerado sujeito de direitos.

Fonte: LIMA, 2016.

INICIATIVA ACUSATÓRIA	INICIATIVA PROBATÓRIA
Produção de provas antes do início da ação penal. Essa iniciativa viola o sistema acusatório criando a figura do juiz inquisidor. Por tais motivos a doutrina se pronuncia pela inconstitucionalidade do art. 156, I, CPP.	Produção de prova no curso do processo.

O juiz inquisidor da Lei 8.038/90: o art. 2º dessa Lei, não consagra a adoção do sistema de juizado de instrução, na qual o magistrado exerce simultaneamente as funções próprias da autoridade policial e do MP, no tocante à colheita de provas. Quando esse relator preside o inquérito altera apenas como um administrador, agindo sempre por provocação e nunca de ofício. Portanto, esse art. 2º não viola o sistema acusatório.

O antigo artigo 157 do CPP teve nova redação:

> Art. 157. São inadmissíveis, devendo ser desentranhadas do processo, as provas ilícitas, assim entendidas as obtidas em violação a normas constitucionais ou legais.
>
> § 1º São também inadmissíveis as provas derivadas das ilícitas, salvo quando não evidenciado o nexo de causalidade entre umas e outras, ou quando as derivadas puderem ser obtidas por uma fonte independente das primeiras.
>
> § 2º Considera-se fonte independente aquela que por si só, seguindo os trâmites típicos e de praxe, próprios da investigação ou instrução criminal, seria capaz de conduzir ao fato objeto da prova.
>
> § 3º Preclusa a decisão de desentranhamento da prova declarada inadmissível, esta será inutilizada por decisão judicial, facultado às partes acompanhar o incidente.
>
> § 4º (VETADO)

É importante destacar que a Lei Anticrime (Lei nº 13.964/2019) incluiu o §5º no art. 157 do CPP, com a seguinte redação:

> § 5º O juiz que conhecer do conteúdo da prova declarada inadmissível não poderá proferir a sentença ou acórdão.

Contudo, este dispositivo foi declarado inconstitucional pelo Supremo Tribunal Federal no julgamento conjunto das ADIs 6.298, 6.299, 6.300 e 6.305. Esta decisão reafirma o entendimento de que o juiz não se contamina com a prova inadmitida, preservando assim a imparcialidade do julgador e a eficiência processual. A declaração de inconstitucionalidade deste parágrafo evita potenciais complicações práticas na condução dos processos, como a necessidade de substituição do juiz em fases avançadas do processo penal.

Note que o recurso cabível quanto ao desentranhamento da prova dependerá do momento em que foi decidida pelo juiz: sentença ou interlocutória.

Interessante consignar que a CF/88 apenas informa que as provas ilícitas são inadmissíveis. O desentranhamento e inutilização estão previstos somente no CPP.

Obs.: obrigar o suspeito a colocar seu celular em "viva voz" no momento de uma ligação é considerado prova ilícita, assim como as que derivarem dela [Inf. 603, STJ].

Fonte: CAVALCANTE, 2019.

25.10. Prova Ilegal/Prova Proibida

O art. 5º, LVI, CF/88, diz que são inadmissíveis no processo as provas obtidas por meio ilícitos, por dois fundamentos:

1. Tutela e proteção dos direitos fundamentais; e
2. Dissuadir autoridades quanto às práticas probatórias ilegais.

A doutrina utiliza como sinônimo de prova proibida. A prova será considerada **ilegal** sempre que sua obtenção se der por meio de violação de normas legais ou de princípios gerais do ordenamento (sejam eles de natureza material ou processual).

A prova ilegal é gênero que se divide em duas espécies:

Prova ilícita: quando houver violação da regra de direito material (penal ou constitucional). A prova ilícita pressupõe uma violação no momento da colheita da prova, geralmente em momento anterior ou concomitante ao processo, mas sempre externamente a este. A obtenção desta prova, em regra, se dá fora do processo. E se esta prova for juntada? Há o chamado direito de exclusão que acaba sendo materializado pelo desentranhamento.

Prova ilegítima: é aquela violadora de regra do direito processual, consoante art. 479 do CPP (exibição de documento em plenário que não tenha sido juntado nos autos com 3 dias úteis de antecedência).

> Art. 479. Durante o julgamento não será permitida a leitura de documento ou a exibição de objeto que não tiver sido juntado aos au-

> tos com a antecedência mínima de 3 dias úteis, dando-se ciência à outra parte.
>
> Parágrafo único. Compreende-se na proibição deste artigo a leitura de jornais ou qualquer outro escrito, bem como a exibição de vídeos, gravações, fotografias, laudos, quadros, croqui ou qualquer outro meio assemelhado, cujo conteúdo versar sobre a matéria de fato submetida à apreciação e julgamento dos jurados.

Na prova ilegítima, a ilegalidade ocorre no momento de sua produção no processo (endoprocessual). Essa prova traz à tona a Teoria das Nulidades: como houve violação de norma processual, a prova está sujeita ao reconhecimento de sua nulidade e a decretação de sua ineficácia no processo.

PROVA ILÍCITA	PROVA ILEGÍTIMA
Violação à regra de direito material (penal ou constitucional).	Violação à regra do direito processual.
Pressupõe uma violação no momento da colheita da prova, em regra, antes do processo.	A ilegalidade ocorre no momento de sua produção no curso do processo.
Acontece normalmente fora do processo (extraprocessual).	Ocorre dentro do processo (endoprocessual).
Quando juntada este tipo de prova, há o chamado direito de exclusão, o qual é materializado por meio do desentranhamento.	Traz à baila a chamada Teoria das Nulidades: como houve violação de norma processual, a prova está sujeita ao reconhecimento de sua nulidade, bem como a decretação de sua ineficácia no processo.

ATENÇÃO para o conceito de provas ilícitas do art. 157, *caput*, pois não há mais distinção no conceito normativo.

> Art. 157. São inadmissíveis, devendo ser desentranhadas do processo, as provas ilícitas, assim entendidas as obtidas em violação a normas **constitucionais ou legais**.

De acordo com a doutrina, o *caput* do art. 157 faz menção às normas legais, devendo ser feita uma interpretação restritiva, entendendo-se que o dispositivo trata única e exclusivamente das normas de direito material, mantendo-se quanto às provas ilegítimas o regime jurídico da teoria das nulidades.

Teoria das nulidades

<u>Nulidades Absolutas</u>: são normas que violam disposições constitucionais, de direito material. Existe uma atipicidade constitucional. A CF/88 apresenta

um leque aberto de normas, que se forem violadas, geram nulidades absolutas. O rol não é taxativo. Ex.: violação da ampla defesa; falta de citação no processo penal.

Pode ser arguida a qualquer tempo, em qualquer grau de jurisdição. Não preclui, não se convalida.

Nulidades Relativas: são normas que violam normas infraconstitucionais ou procedimentais. Depende de arguição no momento oportuno, já que preclui e se convalida. Submete-se à demonstração do prejuízo – prejuízo relativo.

Obs.: é possível que os Ministros do STJ e STF, em ações penais originárias destes Tribunais, deleguem a realização de atos de instrução aos chamados juízes instrutores, não havendo nulidade nesta prática. Os juízes instrutores atuam como "longa manus" do magistrado relator e, nessa condição, procedem sob sua supervisão. Trata-se, portanto, de delegação limitada a atos de instrução, com poder decisório restrito ao alcance desses objetivos. A atuação dos juízes instrutores encontra respaldo no art. 3º da Lei 8.038/90 [Inf. 827, STF].

Teorias sobre a utilização das provas ilícitas

i) **Teoria da proporcionalidade/razoabilidade/sacrifício** – surgiu na Alemanha: no aparente conflito entre bens jurídicos constitucionalmente tutelados, deve o intérprete dar prevalência ao bem de maior importância, de forma que a prova ilícita pode ser utilizada em favor do réu.

ii) **Prova Ilícita por Derivação (*taint doctrine*):** São os meios probatórios que, não obstante produzidos validamente em momento posterior, encontram-se afetados pelo vício da ilicitude originária, que a elas se transmite, contaminando-as por efeito de repercussão causal. Ex.: alguém é torturado para confessar um homicídio, diante disso, a polícia encontra o cadáver. Como o achado derivou de uma conduta ilícita (tortura), trata-se de prova ilícita.

Tal pensamento surgiu no direito norte-americano. O precedente foi o julgado *Siverthorne Lumber* Co. Vs USA (1920) e o caso Nardone Vs USA (1939), sendo que neste último adotou-se a **Teoria dos Frutos da Árvore Envenenada** (*fruits of the poinson tree*). No Brasil, foi trazida pelo STF (HC 73.351 e HC 82.788) e posteriormente (2008) contemplada pelo CPP, em seu art. 157 (não está na CRFB/88). Em outro julgado de 1966, o caso Miranda contra Arizona, nos EUA, fez surgir o **aviso de miranda** (*miranda rights* ou *miranda warnings*), ou seja, nenhuma validade pode ser conferida às declarações feitas pela pessoa à polícia, a não ser que antes tenha sido informada – avisada de que:

1. tem o direito de não responder;
2. tudo que disser poderá ser usado contra ela; e
3. tem o direito à assistência de defensor escolhido ou nomeado.

No Brasil não existe aviso, mas recebimento de informações, consoante a CF/88:

> Art. 5º, LXIII – o preso será informado de seus direitos, entre os quais o de permanecer calado, sendo-lhe assegurada a assistência da família e de advogado.

Dessa norma se extrai que nenhum indiciado é obrigado a colaborar com a fonte de prova.

No CPP:

> Art. 157. São inadmissíveis, devendo ser desentranhadas do processo, as provas ilícitas, assim entendidas as obtidas em violação a normas constitucionais ou legais.
>
> § 1º São também inadmissíveis as provas derivadas das ilícitas, salvo quando não evidenciado o nexo de causalidade entre umas e outras, ou quando as derivadas puderem ser obtidas por uma fonte independente das primeiras.

Limitações ou Exceções da Prova Ilícita por Derivação

Surgem teorias para relativizar a ilicitude desse tipo de prova, também no direito norte-americano, as quais vão sendo trazidas e aplicadas aqui. Veja:

Teoria ou Exceção da Fonte Independente (*independent source doctrine*): surge no caso Bynum *vs.* USA (1960).

Caso o órgão da persecução penal demonstre que obteve legitimamente novos elementos de informação a partir de uma fonte autônoma de prova, que não guarde qualquer relação de dependência nem decorra da prova originariamente ilícita, com esta não mantendo vínculo causal, serão admissíveis, pois não foram contaminados pelo vício da ilicitude originária. Essa teoria já vem sendo adotada tanto pelo STF (HC 83.921 e RHC 90376) quanto pelo STJ, desde 2004, mas a partir da Lei 11.690 de 2008, veja:

> Art. 157. São inadmissíveis, devendo ser desentranhadas do processo, as provas ilícitas, assim entendidas as obtidas em violação a normas constitucionais ou legais.
>
> § 1º São também inadmissíveis as provas derivadas das ilícitas, salvo quando não evidenciado o nexo de causalidade entre umas e outras, ou quando as derivadas puderem ser obtidas por uma fonte independente das primeiras.
>
> § 2º Considera-se fonte independente aquela que por si só, seguindo os trâmites típicos e de praxe, próprios da investigação ou instrução criminal, seria capaz de conduzir ao fato objeto da prova.

ATENÇÃO! O conceito de fonte independente do § 2º do art. 157 está equivocado, já que conceitua a limitação da descoberta inevitável.

Teoria da Limitação da Descoberta Inevitável (*inevitable discovery limitation*): o precedente foi o caso Nix contra Williams-Williams II (1984). Nesse julgado, um jovem era suspeito de ter matado alguém, mas o cadáver não tinha sido localizado. Assim, o acusado foi constrangido a confessar o delito, indicando a localização do corpo da vítima (prova ilícita). Contudo, cerca de 200 (duzentos) moradores da região já estavam fazendo uma varredura e encontrariam o cadáver inevitavelmente. Assim, essa teoria será aplicável caso se demonstre que a prova seria produzida de qualquer maneira, independentemente da prova ilícita originária.

No Brasil, o primeiro precedente foi do STJ (HC 52995/AL): violação de uma carta, por uma empregada, que mencionava uma quantia em dinheiro em nome da patroa. A empregada fraudou documentos e efetuou o saque. Posteriormente, a patroa morreu e o herdeiro procurou o banco e recebeu toda a documentação da movimentação bancária, demonstrando o crime praticado pela empregada. Com isso, a empregada é denunciada pelo crime de furto qualificado. A defesa alegou prova ilícita. Contudo, reconheceu-se a descoberta inevitável das provas, pois pelo inventário da falecida o furto seria descoberto pelo herdeiro.

Teoria da Limitação do Nexo Causal Atenuado: origem no direito norte-americano, com o nome de *purged taint doctrine* (teoria da tinta diluída / mancha purgada / teoria da exceção da mancha / nódoa removida).

O precedente foi o caso de *Wonh Sun vs.* USA (1963): cidadão "A" é preso ilegalmente (não havia causa provável para sua prisão). "A" confessa e delata "B". A prisão de "B" será prova ilícita por derivação causal. O detalhe no caso concreto é que "B" compareceu perante a autoridade competente e confessou a prática do delito. A Suprema Corte Americana entendeu que, num primeiro momento, a prisão de "B" seria ilícita, mas com a sua confissão, circunstância superveniente, a prova torna-se lícita (LIMA, 2016).

Não se aplica tal teoria se o nexo causal entre a prova primária e secundária for atenuada em virtude do decurso do tempo de circunstâncias supervenientes na cadeia probatória ou da vontade de um dos envolvidos em colaborar com a persecução criminal.

Teoria do Encontro Fortuito de Provas (descoberta casual/serendipidade/novação do objeto de investigação/resultado diverso do pretendido): é a teoria mais utilizada no Brasil. É aplicável quando se demonstre que no cumprimento de uma diligência relativa a um delito, a autoridade policial casualmente encontra provas pertinentes a outra infração penal que não estava na linha de desdobramento normal da investigação. Assim, a serendipidade consiste na descoberta fortuita de delitos que não são objeto da investigação (tradução literal da palavra inglesa *serendipity*).

Caso o encontro seja casual, a prova será lícita. Por outro lado, se houver desvio de finalidade, a prova será considerada ilícita. Ex.: imagine que alguém esteja mantendo em sua casa um tamanduá bandeira (crime ambiental). Pede-se um mandado de busca e apreensão para apreender o tamanduá. Cumprindo o mandado, a autoridade policial abre gavetas, destrói paredes e encontra provas da prática de um crime tributário. Esse documento não pode ser utilizado para dar início a uma investigação tributária. Ao destruir paredes e abrir gavetas, a autoridade policial estaria agindo com um desvio de finalidade, logo, a prova será ilícita. No entanto, se a autoridade chega para apreender documentos e encontra por acaso um tamanduá bandeira, a prova poderá ser utilizada.

Essa Teoria é aplicada, sobretudo, para a interceptação telefônica e utilização dos elementos obtidos relacionados a outros delitos e/ou outros indivíduos que não são os diretamente ligados àquele mandado autorizativo (STF, HC 83.515).

A doutrina divide a serendipidade em 1º e 2º graus. Assim, serão de 1º grau as infrações/provas descobertas conexas ou contingentes ao delito investigado, devendo servir como prova lícita. As de 2º grau, por seu turno, caracteriza-se quando as infrações/provas achadas não possuem qualquer relação com o objeto investigado, servindo apenas como *notitia criminis* (LIMA, 2016).

Obs. 1: a **teoria da visão aberta** assemelha-se à teoria do encontro fortuito. Todavia, nesta o objeto de crime é encontrado por estar escancarado à percepção do agente.

Obs. 2: o Min. Alexandre de Moraes denominou de "crime achado" a infração penal desconhecida e não investigada até o momento em que, apurando-se outro fato, descobriu-se esse novo delito em sede de interceptação telefônica [Inf. 869, STF].

Fonte: CAVALCANTE, 2019.

Teoria da Boa-fé: a vedação às provas ilícitas tem por fim inibir e desestimular a violação de direitos fundamentais. Nesse sentido, não seria ilícita a prova obtida por mandado de busca e apreensão determinada por juiz incompetente. A autoridade policial confiou na decisão judicial, acreditando ser emanada de autoridade competente.

Teoria do Risco: Busca-se dar fundamento à validade da prova obtida mediante violação ao direito à intimidade, com a utilização de escutas telefônicas, filmagens e fotografias clandestinas. O argumento é de que a pessoa que faz revelações espontâneas a respeito de sua participação em infrações penais, assume o risco da documentação do fato por outrem. Ex.: criminoso ostentando em redes sociais armas e objetos de crime.

Teoria da limitação da destruição da mentira do imputado: defende a validação da prova obtida por meios ilícitos para demonstrar que o autor de fato criminoso está mentindo.

Teoria da limitação da renúncia do interessado: Trata-se do consentimento do interessado em caso de busca e apreensão sem mandado judicial, de forma prévia, expressa, livre, comprovada e indubitável. Vale lembrar que a própria CF/88 autoriza a busca nesse caso.

Teoria da Exceção do Erro Inócuo: de acordo com Nestor Távora e Rosmar Alencar (2012), a teoria nasceu no caso Chapman *vs.* Califórnia. Significa que as provas de origem ilícita não deveriam ser descartadas, quando não fosse possível constatar prejuízos diretos e direitos subjetivos do acusado. A doutrina brasileira não aceita essa teoria.

Teoria da Limitação da Infração Constitucional Alheia: A presente tese apregoa que somente aquele que teve o direito constitucional violado poderá ser prejudicado com a utilização da prova ilícita. Nessa medida, se o direito violado com a produção da prova for de pessoa distinta do acusado, o material probatório não estará contaminado pela ilicitude. Não se aplica no Brasil.

Teoria da Limitação da Infração Constitucional por Pessoas que Não Fazem Parte do Órgão Policial: A Prova somente deve ser reputada ilícita quando a ilegalidade tiver sido praticada diretamente pelo agente policial, isto é, não sendo agente policial o provocador da ilicitude da prova, esta será recebida como lícita. No Brasil, tal teoria não é aplicada, já que não importa quem provocou a ilicitude da prova (pode ser particulares, agentes públicos policiais ou não).

Obs. 1: o fato de elementos indiciários acerca da prática de crime surgirem no decorrer da execução de medida de quebra de sigilo bancário e fiscal determinada para apuração de outros crimes não impede, por si só, que os dados colhidos sejam utilizados para a averiguação da suposta prática daquele delito. Com efeito, pode ocorrer o que se chama de fenômeno da **serendipidade**, que consiste na descoberta fortuita de delitos que não são objeto da investigação [Inf. 539, STJ].

Obs. 2: a sentença de pronúncia pode ser fundamentada em indícios de autoria surgidos, de forma fortuita, durante a investigação de outros crimes no decorrer de interceptação telefônica, determinada por juiz diverso daquele competente para o julgamento da ação principal [Inf. 546, STJ].

Obs. 3: não é nula a condenação criminal lastreada em prova produzida no âmbito da Receita Federal do Brasil, por meio da obtenção de informações de instituições financeiras sem prévia autorização judicial de quebra do sigilo bancário. Isso porque o STF decidiu que são constitucionais os arts. 5º e 6º da LC 105/2001, que permitem o acesso direto da Receita Federal à movimentação financeira dos contribuintes [Inf. 822, STF].

Obs. 4: não há direito absoluto à produção de prova. Em casos complexos, há que se confiar no prudente arbítrio do juiz da causa, mais próximo dos fatos, quanto à avaliação da pertinência e relevância das provas requeridas pelas partes [Inf. 823, STF].

Obs. 5: é ilícita a devassa de dados, bem como das conversas de whatsapp, obtidos diretamente pela polícia em celular apreendido no flagrante, sem prévia autorização judicial [Inf. 583, STJ]. Por outro lado, havendo busca e apreensão do celular, a polícia poderá devassar o conteúdo armazenado no aparelho (mensagens, fotos etc.), sem praticar qualquer ilicitude [RHC 77.232/SC].

Obs. 6: mesmo sem autorização judicial, a polícia pode acessar conversas do whatsapp da vítima morta, cujo celular foi entregue pela sua esposa [Inf. 617, STJ].

Obs. 7: as peças processuais que fazem referência à prova declarada ilícita não devem ser desentranhadas do processo. Se determinada prova é considerada ilícita, ela deverá ser desentranhada do processo. Por outro lado, as peças do processo que fazem referência a essa prova (ex.: denúncia ou pronúncia) não devem ser desentranhadas e substituídas [Inf. 849, STF].

Fonte: CAVALCANTE, 2019.

Inutilização da prova ilícita (desentranhamento – art. 157, § 3º, CPP):

> Art. 157 [...]
>
> § 3º Preclusa a decisão de desentranhamento da prova declarada inadmissível, esta será inutilizada por decisão judicial, facultado às partes acompanhar o incidente.

Decisão determinando o desentranhamento da prova ilícita: tal decisão deve ser prolatada o quanto antes, mas pode ocorrer de ser analisada apenas na sentença. Em regra, a ilicitude deve ser apreciada pelo juiz antes da audiência de instrução e julgamento, surgindo uma decisão interlocutória, hipótese na qual pode ser impugnada pelo Recurso em Sentido Estrito – RESE (art. 581, XIII, CPP). Por outro lado, caso seja apreciado no momento da sentença, caberá apelação. Independentemente do RESE e da apelação, os remédios heroicos também são cabíveis. Em prol da acusação (Ministério Público), caberá mandado de segurança contra ato do juiz (direito à prova é um desdobramento lógico do direito da ação penal). Em favor da defesa, poderá ser impetrado HC, desde que haja risco potencial à liberdade de locomoção.

Com a preclusão da decisão que determinou o desentranhamento, a prova deve ser inutilizada (destruída). Contudo, conforme entendimento doutrinário, em duas hipóteses a prova ilícita desentranhada não pode ser destruída – inutilizada, a saber:

- Caso essa prova ilícita pertença a alguém, deve ser devolvida a essa pessoa. Ex.: fotografias encontradas em um imóvel, cuja apreensão foi realizada sem autorização;
- Caso essa prova obtida por meio ilícito constitua um corpo de delito. Ex.: Uma pessoa torturada que assina a confissão. Isso será a prova cabal do crime de tortura, devendo ser preservada para o processo criminal contra o torturador.

26. PROVAS EM ESPÉCIE

26.1. Prova Pericial

Perícia é o exame feito por pessoas com conhecimentos técnicos. Em regra, a autoridade policial pode determinar, no curso do inquérito, quaisquer exames necessários, salvo o exame de insanidade mental, que somente pode ser determinado pela autoridade judicial.

Lembre-se que o exame de corpo de delito, em regra, integra o IP.

Obs.: o exame de corpo de delito é a prova. O fato analisado que deu origem ao exame (materialidade da infração) é o objeto de prova.

26.2. Exame de Corpo de Delito e Outras Perícias

A realização do exame é a regra, veja o art. 158 do CPP:

> Art. 158. Quando a infração deixar vestígios, será indispensável o exame de corpo de delito, direto ou indireto, não podendo supri-lo a confissão do acusado.

Não confunda o exame de corpo de delito com corpo de delito.

Corpo de delito: é conjunto de vestígios materiais ou sensíveis, deixados pela infração penal. Nesse aspecto, distinguem-se a infração penal **transeunte,** aquela que não deixa vestígio, não havendo a necessidade da cogitação de perícia, da **não transeunte,** que costuma deixar vestígios (é a infração não passageira).

Assim, preocupa-se:

> [...] particularmente a lei processual penal com os crimes que deixam rastros passíveis de constatação e registro, obrigando-se, no campo das provas, à realização do exame de corpo de delito (art. 158, CPP). Trata-se de uma prova imposta por lei (prova tarifada), de modo que não obedece à regra da ampla liberdade na produção das provas no processo criminal. Assim, não realizado o exame determinado, pode ocorrer nulidade, nos termos do disposto no art. 564, III, b, do Código de Processo Penal (NUCCI, 2024, p. 241).

Exame de corpo de delito: é uma análise feita por pessoas com conhecimentos técnicos sobre os vestígios materiais deixados pela infração penal. Pode ser determinado tanto pela autoridade policial (delegado), que deverá fazê-lo o mais rápido possível, quanto pela autoridade judiciária (incluindo o MP).

Obs.: o exame de sanidade mental só pode ser determinado pelo juiz; a autoridade policial apenas representa ou sugere a realização.

Contradição de peritos não oficiais

De acordo com o Art. 180, CPP, os peritos podem optar por laudos autônomos, mas se fizerem apenas um para os dois, devem externar os motivos de eventual divergência. Nessa medida, o juiz nomeará um terceiro perito para solucionar a controvérsia. Caso ela persista, poderá o magistrado determinar uma nova perícia com a intervenção de outros peritos.

Assim, tem-se o seguinte:

- Peritos convergem em seu entendimento – o juiz pode concordar ou não, fundamentando sua decisão;
- Peritos divergem em seu entendimento – o juiz nomeará outro perito para desempatar: (1) desempatando, o juiz pode concordar ou não, fundamentando sua decisão; (2) não desempatando, o juiz poderá determinar a realização de novos exames.

Os defeitos do laudo podem ser sanados a qualquer tempo. Todavia, sendo um defeito estruturante pode ser determinada nova perícia, com a intervenção de outros peritos.

26.3. Cadeia de Custódia

A lei processual penal, no art. 158-A, estabeleceu a cadeia de custódia, tratando-se do "conjunto de todos os procedimentos utilizados para manter e documentar a história cronológica do vestígio coletado em locais ou em vítimas de crimes, para rastrear sua posse e manuseio a partir de seu reconhecimento até o descarte".

Dessa forma, desde a preservação do local do crime, deve ser iniciada a cadeia de custódia, ocasião em que o agente público precisa garantir a preservação dos elementos probatórios.

O art. 158-B do CPP,

> [...] descreve a referida cadeia de custódia, que consiste em: a) "reconhecimento: ato de distinguir um elemento como de potencial interesse para a produção da prova pericial"; b) "isolamento: ato de evitar que se altere o estado das coisas, devendo isolar e preservar

> o ambiente imediato, mediato e relacionado aos vestígios e local de crime"; c) "fixação: descrição detalhada do vestígio conforme se encontra no local de crime ou no corpo de delito, e a sua posição na área de exames, podendo ser ilustrada por fotografias, filmagens ou croqui, sendo indispensável a sua descrição no laudo pericial produzido pelo perito responsável pelo atendimento"; d) "coleta: ato de recolher o vestígio que será submetido à análise pericial, respeitando suas características e natureza"; e) "acondicionamento: procedimento por meio do qual cada vestígio coletado é embalado de forma individualizada, de acordo com suas características físicas, químicas e biológicas, para posterior análise, com anotação da data, hora e nome de quem realizou a coleta e o acondicionamento"; f) "transporte: ato de transferir o vestígio de um local para o outro, utilizando as condições adequadas (embalagens, veículos, temperatura, entre outras), de modo a garantir a manutenção de suas características originais, bem como o controle de sua posse"; g) "recebimento: ato formal de transferência da posse do vestígio, que deve ser documentado com, no mínimo, informações referentes ao número de procedimento e unidade de polícia judiciária relacionada, local de origem, nome de quem transportou o vestígio, código de rastreamento, natureza do exame, tipo do vestígio, protocolo, assinatura e identificação de quem o recebeu"; h) "processamento: exame pericial em si, manipulação do vestígio de acordo com a metodologia adequada às suas características biológicas, físicas e químicas, a fim de se obter o resultado desejado, que deverá ser formalizado em laudo produzido por perito"; i) "armazenamento: procedimento referente à guarda, em condições adequadas, do material a ser processado, guardado para realização de contraperícia, descartado ou transportado, com vinculação ao número do laudo correspondente"; j) "descarte: procedimento referente à liberação do vestígio, respeitando a legislação vigente e, quando pertinente, mediante autorização judicial" (NUCCI, 2024, p. 243).

Entende-se que o armazenamento dos vestígios coletados deveria ocorrer nas centrais de custódia da respectiva comarca, o que não ocorre na prática.

Além disso, vale consignar que o art. 158-C, § 2º, CPP, proíbe a entrada de pessoas não autorizadas nos locais onde os vestígios estão armazenados, sob pena de se configurar fraude processual.

Já o art. 158-D, do CPP, estabelece as formalidades para o acondicionamento do vestígio.

Por fim, o art. 158-F, CPP, determina que o material periciado deve retornar à central de custódia, onde será armazenado até a determinação do descarte ou restituição.

Momento para a juntada do laudo pericial: o laudo pericial, em regra, não é uma condição de procedibilidade, ou seja, não é indispensável para o início do processo. Portanto, pode ser juntado durante o curso do processo, porém, com pelo menos 10 dias de antecedência da audiência una de instrução e julgamento. Lembre-se que o laudo pode ser prorrogado quantas vezes o juiz achar necessário.

A Lei não diz categoricamente que o prazo é de 10 (dez) dias, mas o art. 159, §5º, CPP, fala em apreciação pelo perito com 10 (dez) dias de antecedência da audiência, decorrendo este prazo por indução lógica.

Há exceções: laudo pericial que funciona como verdadeira condição de procedibilidade para o oferecimento da denúncia. Ex.: (1) Lei de drogas – laudo de constatação provisória; e (2) Crimes contra a propriedade imaterial – art. 525, CPP.

Exame de corpo de delito direto e indireto: exame de corpo de delito direto é aquele feito diretamente sobre o corpo de delito. O indireto, por seu turno, possui duas acepções:

1ª corrente: tem previsão no art. 167 do CPP. Observe:

> Art. 167. Não sendo possível o exame de corpo de delito, por haverem desaparecido os vestígios, a prova testemunhal poderá suprir-lhe a falta.

Para essa corrente, o exame indireto é a prova testemunhal ou documental, ou seja, quando desaparecerem os vestígios deixados pela infração penal, a prova testemunhal ou documental pode suprir a ausência do exame direto. Parte da doutrina entende que esse conceito melhor se enquadra em colheita testemunhal (LIMA, 2016).

2ª corrente: o exame indireto seria um exame pericial feito por peritos a partir do depoimento de testemunhas e/ou da análise de documentos. As testemunhas são chamadas para relatar o fato perante os peritos, que elaboram o laudo a partir das informações (entendimento minoritário).

Peritos: perito oficial – apenas um. Perito não oficial ou louvado – dois.

Obs.: verificada a falta de peritos oficiais na comarca, é válido o laudo pericial que reconheça a qualificadora do furto referente ao rompimento de obstáculo (art. 155, § 4º, I, do CP) elaborado por duas pessoas idôneas e portadoras de diploma de curso superior, ainda que sejam policiais [inf. 532, STJ].

Cuidado! Para a perícia complexa, pode haver a nomeação de mais de um perito oficial. Nos dois casos (oficial ou não) o perito deve ser portador de curso superior. E em caso de perito não oficial (juramentado), ele deve prestar compromisso. Note que a idade mínima para ser perito não oficial é de 21 anos e qualquer do povo pode ser nomeado, inclusive policiais.

Os peritos oficiais ou não são considerados funcionários públicos, nos termos do art. 327, CP, podendo responder pelo crime de falsa perícia, delito previsto no art. 342, CP. Importante destacar, ainda, que o perito oficial, a partir de 2010, ganhou autonomia, não se submetendo ao juiz, MP ou ao Delegado de Polícia. Note que o Delegado de Polícia também pode nomear peritos.

Assistente técnico: é pessoa dotada de conhecimentos técnicos, científicos ou artísticos, que traz ao processo informações especializadas, relacionada ao objeto da perícia. O assistente é auxiliar das partes e por isso tem atuação parcial. Ele só poderá atuar durante o curso do processo (contraditório diferido). Para fins penais, ele **NÃO** é considerado funcionário público, pois não exerce cargo, emprego ou função pública. É contratado para descredibilizar o laudo oficial (sua opinião é parcial). Perceba que a admissão do assistente é deliberada pelo juiz em ato irrecorrível. Contudo, quem se sentir prejudicado poderá manejar mandado de segurança (LIMA, 2016).

Perito	**Assistente técnico**
Auxiliar do juiz	Auxiliar das partes
Tem dever de imparcialidade, sujeito as causas de **impedimento** e **suspeição** (arts. 252 e 254, CPP)	Não tem dever de imparcialidade; não se aplica as regras de impedimento e suspeição
Intervenção é cabível na fase de investigação e instrução processual	Intervenção somente é cabível em juízo, após conclusão dos exames feitos pelo perito, não se admite a intervenção na fase de investigações (art. 159, §§4° e 5°, CPP)
Afirmação falsa no laudo é crime de falsa perícia	Eventuais falsidades não caracterizam o crime de falsa perícia, podendo, a depender da hipótese, tipificar o crime de falsidade ideológica
Elabora laudo pericial	Elabora parecer técnico

Fonte: LIMA, 2016.

Etapas da perícia

i) **iniciativa**: é a determinação do exame;

ii) **realização**: formulação de quesitos por quem determinou;

iii) **corporificação**: laudo pericial no **prazo de 10 dias prorrogáveis** pelas vezes que a autoridade deliberar.

Estrutura do laudo pericial

PREÂMBULO – objeto da perícia e qualificação dos peritos.
ESBOÇO FÁTICO – Impressões sensoriais colhidas na análise do material.
ESBOÇO TÉCNICO – os peritos aplicam o conhecimento técnico àquilo que lhes for trazido.
RESPOSTAS AOS QUESITOS – Perguntas endereçadas aos peritos pela autoridade e pelas partes. Podem ser apresentados até antes do início da perícia. Lembre-se que no IP, o Delegado não está obrigado a oportunizar que a defesa elabore quesitos.
PARTE AUTENTICATIVA – local, data e assinatura dos peritos.

Fonte: TÁVORA, 2012.

26.4. Outras Perícias

Autópsia/necropsia: detecta a causa da morte. Deve ser realizada após 6 horas do óbito, podendo ser antecipada em razão do evidente falecimento (prefira o termo necropsia, pois a expressão autopsia, segundo a etimologia, significa "a si"; "por si"). Pode ser substituída por prova testemunhal.

Perícia de avaliação: indica o valor econômico do corpo de delito (patrimônio).

Exumação: é o desenterramento cadavérico em razão da importância da ação penal. Além do juiz, o próprio Delegado de Polícia pode autorizar. É cabível na ausência de exame de corpo de delito ou para complementar este. O administrador do cemitério será convocado a apontar onde o cadáver está enterrado. Havendo negativa injustificada, ele poderá ser responsabilizado criminalmente por desobediência.

Inumar significa enterrar ou sepultar. Embora o art. 163 do CPP cuide somente da exumação, vale ressaltar que também pode existir infração penal quando um corpo é sepultado sem autorização, conforme regra prevista no art. 67, LCP (NUCCI, 2024).

Exame complementar de lesão corporal: após o trigésimo dia deve ser realizado. Note que a ausência desse exame pode ser suprida pela prova testemunhal. Uma vez não realizado ou não provada a lesão grave, passará a ser de natureza leve (desqualificação da lesão). Logo, esse exame é utilizado para atestar a real gradação da lesão ou para constatar que a vítima / indivíduo ficou impossibilitada de desempenhar suas atividades por mais de 30 dias (prazo penal – exclui o do início e inclui o do fim).

Exame laboratorial: devem ser guardadas amostras do material para futuras perícias.

Perícia em caso de incêndio: almeja detectar as causas para que se possa enquadrar o incêndio como doloso ou culposo e, além disso, o perigo à vida ou ao patrimônio de terceiros para que se possa dosar a quantidade de pena em razão dessas circunstâncias.

26.5. Interrogatório Judicial

Ato processual por meio do qual o juiz ouve o acusado sobre sua pessoa e sobre a imputação que lhe é feita. É a possibilidade do réu apresentar sua versão dos fatos como expressão do exercício da autodefesa.

Assim, denomina-se interrogatório judicial:

> [...] o ato processual que confere oportunidade ao acusado de se dirigir diretamente ao juiz, apresentando a sua versão defensiva aos fatos que lhe foram imputados pela acusação, podendo inclusive indicar meios de prova, bem como confessar, se entender cabível, ou mesmo permanecer em silêncio, fornecendo apenas dados de qualificação. O interrogatório policial, por seu turno, é o que se realiza durante o inquérito, quando a autoridade policial ouve o indiciado, acerca da imputação indiciária (NUCCI, 2024, p. 256).

Natureza jurídica: três correntes: 1ª corrente – a maioria da doutrina entende que interrogatório é meio de defesa, pois é um desdobramento do princípio da ampla defesa (NUCCI, 2024); **2ª corrente** – trata-se de **meio de prova e de defesa** (natureza mista), caso haja a confissão do acusado (TÁVORA, 2012); **3ª corrente** – Para a corrente minoritária, a taxonomia é probatória, em decorrência da sua localização topográfica no CPP ("Das Provas").

Interrogatório da pessoa jurídica

De acordo com Nucci (2024, p. 258), a pessoa jurídica, na condição de acusada, tem o direito de ser interrogada, visto ser este momento do processo um meio primordialmente de defesa e, secundariamente, de prova, ainda que o CPP não tenha essa previsão.

Princípio da Ampla Defesa *vs.* Interrogatório

A ampla defesa subdivide-se em: a) defesa técnica; e b) autodefesa.

Defesa técnica: é aquela realizada por advogado. Ao acusado pertence o direito de constituir seu defensor. Suponha que o patrono constituído deixe de apresentar alegações finais. O juiz não poderá decidir o processo sem essas alegações do acusado (Súmula 523, STF):

Súmula 523 – STF: No processo penal, a falta da defesa constitui **nulidade absoluta**, mas a deficiência só o anulará se houver prova de prejuízo para o réu.

Nesse caso, ao acusado pertence o direito de constituir novo defensor. Somente diante de sua inércia será possível a nomeação de defensor dativo pelo juízo.

> CPP, Art. 261. Nenhum acusado, ainda que ausente ou foragido, será processado ou julgado sem defensor.
>
> Parágrafo único. A defesa técnica, quando realizada por defensor público ou dativo, será sempre exercida através de manifestação fundamentada.

Autodefesa: exercida pelo próprio acusado. Manifesta-se em três momentos distintos: a) direito de audiência; b) direito de presença; e c) capacidade postulatória autônoma.

Pode o acusado abrir mão de se defender no processo, deixando de comparecer ao interrogatório ou mantendo o silêncio. Portanto, a autodefesa é renunciável, ao contrário da defesa técnica.

É importante registrar que o interrogatório é dispensado quando o réu for revel e no processo por crime eleitoral (há apresentação de defesa escrita).

Direito de audiência: o acusado tem o direito de ser ouvido pelo juiz, manifestando-se por meio do interrogatório, apresentando sua versão sobre os fatos. Para preservar a autodefesa, a citação por edital só é possível após esgotados os meios de localização do acusado. Note que a ausência de interrogatório não acarretará nenhum vício se o réu foi citado por hora certa e não compareceu (efeitos da revelia). Por outro lado, se o acusado estiver presente e não for realizado o seu interrogatório, haverá um vício insanável (nulidade absoluta).

> Súmula 351 do STF. É nula a citação por edital de réu preso na mesma unidade da federação em que o juiz exerce a sua jurisdição.

Em regra, defensor e réu, quando este estiver preso, precisam ser intimados pessoalmente, para a ciência do teor da sentença condenatória proferida em primeiro grau.

Direito de presença: é o direito que o acusado tem de acompanhar, ao lado de seu defensor, os atos da instrução processual. Carências estruturais do Estado não podem privar o acusado de seu direito de presença. Agora, para a doutrina, há uma nova presença que é a virtual. Nesse passo, existem a presença direta (o acusado está fisicamente presente) e a remota (que é a presença virtual).

Capacidade postulatória autônoma: pela importância da liberdade de locomoção é que o acusado poderá praticar determinados atos processuais, independentemente de um advogado. Exemplo: interpor HC, recursos (apelação – acusado apresenta a apelação e o advogado as razões de apelação) e provocar incidentes da execução.

DEFESA TÉCNICA	AUTODEFESA
Advogado	Acusado
Irrenunciável	Renunciável – direito ao silêncio
	Desdobramentos: 1. Direito de audiência; 2. Direito de presença; 3. Capacidade postulatória autônoma.

Momento da realização do interrogatório: até 2008, o interrogatório era o primeiro ato da instrução processual. Atualmente, deve ser realizado em audiência una, após a oitiva da vítima, das testemunhas de acusação e defesa, bem como depois dos esclarecimentos dos peritos, acareações e reconhecimento de pessoas e coisas, ou seja, é o último ato da instrução processual, firmando-se a tese de que se trata de um **meio de defesa**. Veja o art. 400 do CPP:

> Art. 400. Na audiência de instrução e julgamento, a ser realizada no prazo máximo de 60 (sessenta) dias, proceder-se-á à tomada de declarações do ofendido, à inquirição das testemunhas arroladas pela acusação e pela defesa, nesta ordem; ressalvado o disposto no art. 222 deste Código, bem como aos esclarecimentos dos peritos,

> às acareações e ao reconhecimento de pessoas e coisas, interrogando-se, em seguida, o acusado.
> §1º As provas serão produzidas numa só audiência, podendo o juiz indeferir as consideradas irrelevantes, impertinentes ou protelatórias.
> §2º Os esclarecimentos dos peritos dependerão de prévio requerimento das partes.

Obs.: em alguns procedimentos especiais, o interrogatório continua sendo o primeiro ato da instrução: i) Lei de drogas; ii) competência originária dos tribunais e; iii) processo penal militar. Para o Supremo, apesar do art. 7º, da Lei 8.038/90, mencionar que o interrogatório deve ser feito na 1ª fase do tribunal, prevalece a realização por último, seguindo a regra do CPP.

Condução coercitiva:

> Art. 260. Se o acusado não atender à intimação para o interrogatório, reconhecimento ou qualquer outro ato que, sem ele, não possa ser realizado, a autoridade poderá mandar conduzi-lo à sua presença.
> Parágrafo único. O mandado conterá, além da ordem de condução, os requisitos mencionados no art. 352, deste código, no que lhe for aplicável.

Questiona-se a condução coercitiva no **interrogatório,** uma vez que o réu possui o direito de permanecer em silêncio.

Foro competente: O acusado deve ser ouvido perante o juiz da causa ao final da audiência una de instrução e julgamento. O art. 399, §2º, CPP, estipula que o juiz que presidiu a instrução deverá prolatar a sentença. A adoção do **princípio da identidade física do juiz** não impede a realização do interrogatório por carta precatória ou rogatória.

> Art. 399. Recebida a denúncia ou queixa, o juiz designará dia e hora para a audiência, ordenando a intimação do acusado, de seu defensor, do Ministério Público e, se for o caso, do querelante e do assistente.
> [...]
> § 2º O juiz que presidiu a instrução deverá proferir a sentença.

Características do interrogatório

Ato personalíssimo: somente pode ser prestado pelo acusado, salvo a pessoa jurídica, em processos por crimes ambientais, que é ouvida por seu representante legal. Lembre-se que o interrogatório é um ato **privativo do juiz**.

Caso o réu não possa comparecer pela inimputabilidade superveniente, o processo ficará suspenso, nos termos do art. 152, CPP. Todavia, se ele já era inimputável na época dos fatos, será necessária a nomeação de um curador, dispensando-se a obrigatoriedade do interrogatório.

Ato contraditório: até 2003 não era obrigatória a presença das partes, do MP e do advogado. Ficava apenas o juiz, o escrevente e o acusado. Portanto, era ato privativo do juiz. A partir de 2003, e com base na Lei 10.792/2003, o interrogatório passou a se submeter ao contraditório.

> Art. 188. Após proceder ao interrogatório, o juiz indagará das partes se restou algum fato para ser esclarecido, formulando as perguntas correspondentes se o entender pertinente e relevante.

Há dois sistemas de interrogatório: **a)** Sistema presidencialista em que todas as perguntas devem ser filtradas pelo Juiz (sistema de reperguntas); **b)** Sistema *cross-examination* em que as perguntas são formuladas diretamente às testemunhas.

No procedimento comum, as partes fazem as perguntas diretamente às testemunhas e ao ofendido (sistema *cross-examination*); e não fazem perguntas diretamente ao acusado (sistema presidencialista).

No procedimento do Júri, as perguntas dos jurados ao acusado ou as testemunhas passam pelo juiz (sistema presidencialista); e as perguntas das partes ao acusado ou as testemunhas são feitas diretamente (*cross-examination*).

No procedimento comum, o interrogatório é realizado pelo juiz, sendo complementado pelas perguntas das partes; e a inquirição das testemunhas é formada pelas perguntas das partes, sendo complementadas pelas perguntas do juiz.

Havendo dois ou mais acusados com advogados distintos, o interrogatório deve ser feito separadamente. Porém, de acordo com o STF, deve-se assegurar a qualquer um dos advogados o direito de formular perguntas aos demais corréus, desde que assim o requeiram em audiência, principalmente nas hipóteses de delação premiada (casos em que o interrogado delata os demais).

Obs. 1: a delação de corréu e depoimento de informante não poderiam servir como elementos decisivos para a condenação, porque não seria exigido o compromisso legal de falar a verdade [Inf. 743, STF].

Obs. 2: se houver mais de um acusado, cada um dos réus não terá direito de acompanhar o interrogatório dos corréus. Segundo o CPP, havendo mais de um acusado, eles deverão ser interrogados separadamente (art. 191). Ex.: João e Pedro são réus em uma ação penal. No momento em que forem interrogados, um não poderá ouvir o depoimento do outro. Logo, quando João for ser interrogado, Pedro terá que sair da sala, ficando, contudo, seu advogado presente. No instante em que Pedro for prestar seus esclarecimentos, será a vez de João deixar o recinto, ficando representado por seu advogado. Se o réu for advogado e estiver atuando em causa própria, mesmo assim deverá ser aplicada a regra do art. 191 do CPP. Em outras palavras, quando o corréu for ser interrogado, o acusado (que atua como advogado) terá que sair da sala de audiência [Inf. 747, STF].

Obs. 3: o interrogatório do acusado é obrigatório, em regra, sob pena de nulidade. Porém, caso seja intimado e não compareça para o ato, deixará de ser obrigada sua presença, desde que compareça a defesa técnica.

Fonte: CAVALCANTE, 2019.

Assistido por defesa técnica: há obrigatoriedade da presença do advogado e entrevista prévia e reservada do acusado com seu defensor, para articularem a estratégia da defesa.

> Art. 185. O acusado que comparecer perante a autoridade judiciária, no curso do processo penal, será qualificado e interrogado na presença de seu defensor, constituído ou nomeado.
>
> [...]
>
> § 2º. Antes da realização do interrogatório, o juiz assegurará o direito de entrevista reservada do acusado com seu defensor.

A Lei 13.257/16 trouxe mais uma pergunta para o interrogatório do réu, qual seja, se existem ou não filhos e suas respectivas idades e se possuem alguma deficiência e o nome de eventual responsável.

Ato oral: as exceções ao interrogatório oral encontram-se no art. 192 do CPP, que trata do interrogatório dos surdos e mudos.

> Art. 192. O interrogatório do mudo, do surdo ou do surdo-mudo será feito pela forma seguinte:
>
> I – ao surdo serão apresentadas por escrito as perguntas, que ele responderá oralmente;
>
> II – ao mudo as perguntas serão feitas oralmente, respondendo-as por escrito;

> III – ao surdo-mudo as perguntas serão formuladas por escrito e do mesmo modo dará as respostas.
> Parágrafo único. Caso o interrogando não saiba ler ou escrever, intervirá no ato, como intérprete e sob compromisso, pessoa habilitada a entendê-lo.

Ato Bifásico:

1. Sobre sua pessoa;
2. Sobre a imputação feita ao acusado. Art. 187, §§1º e 2º, CPP:

> Art. 187. O interrogatório será constituído de duas partes: sobre a pessoa do acusado e sobre os fatos.
> § 1º Na primeira parte o interrogando será perguntado sobre a residência, meios de vida ou profissão, oportunidades sociais, lugar onde exerce a sua atividade, vida pregressa, notadamente se foi preso ou processado alguma vez e, em caso afirmativo, qual o juízo do processo, se houve suspensão condicional ou condenação, qual a pena imposta, se a cumpriu e outros dados familiares e sociais.
> § 2º Na segunda parte será perguntado sobre:
> I – ser verdadeira a acusação que lhe é feita;
> II – não sendo verdadeira a acusação, se tem algum motivo particular a que atribuí-la, se conhece a pessoa ou pessoas a quem deva ser imputada a prática do crime, e quais sejam, e se com elas esteve antes da prática da infração ou depois dela;
> III – onde estava ao tempo em que foi cometida a infração e se teve notícia desta;
> IV – as provas já apuradas;
> V – se conhece as vítimas e testemunhas já inquiridas ou por inquirir, e desde quando, e se tem o que alegar contra elas;
> VI – se conhece o instrumento com que foi praticada a infração, ou qualquer objeto que com esta se relacione e tenha sido apreendido;
> VII – todos os demais fatos e pormenores que conduzam à elucidação dos antecedentes e circunstâncias da infração;
> VIII – se tem algo mais a alegar em sua defesa.

Ato realizável a qualquer momento antes do trânsito em julgado (não sujeito à preclusão):

> Art. 196. A todo tempo o juiz poderá proceder a novo interrogatório de ofício ou a pedido fundamentado de qualquer das partes.

Nessa linha, o interrogatório poderá ser realizado mais de uma vez.

<u>Local de realização do interrogatório:</u> em caso de acusado solto, a regra é que o interrogatório seja dentro do fórum. Em caso de acusado preso, a regra também é essa.

As exceções para o acusado preso são: (1) **videoconferência**; e (2) **dentro do presídio**: a lei prevê que deve haver no presídio sala própria (não pode ser cela), segurança, presença do defensor, publicidade.

Nomeação de curador: a figura do curador ao menor de 21 anos não existe mais. Contudo, para os índios não civilizados e inimputáveis, ainda é exigido curador nomeado.

Importante mencionar que é admitido o interrogatório de pessoas jurídicas, em caso de crimes ambientais.

Procedimento do Interrogatório:

1) entrevista preliminar reservada (o interrogado tem o direito de ser previamente orientado por aquele que irá assessorá-lo).
2) Presença do advogado (a partir de 2003 passou a ser obrigatória, sob pena de nulidade absoluta).
3) Interrogatório do réu preso: Regras: 1) presença do juiz no presídio; 2) condução do réu ao fórum; 3) videoconferência/videointerrogatório/interrogatório *on-line.*

Estrutura do Interrogatório:

i) qualificação do réu;
ii) perguntas sobre a vida criminal do réu (para circunstâncias judiciais e aferir a coculpabilidade do Estado – abandono estatal). Para Greco (2024), a coculpabilidade[1] do Estado gera atenuante inominada ou absolvição por inexigibilidade de conduta diversa.

Interrogatório por videoconferência

Criado pela Lei 11.690/08

A referida Lei entrou em vigor em 09/1/2009. Assim, interrogatórios realizados antes da Lei não são válidos em nome do princípio do *tempus regit actum*. A Lei em destaque deve ser entendida como Lei da Videoconferência e não Lei do Interrogatório.

1. Existe também a chamada coculpabilidade às avessas (mais rigor para comportamentos e criminosos etiquetados e brandura na punição dos crimes de colarinho branco).

Finalidades do uso da videoconferência

1. Prevenir risco à segurança pública – quando o acusado integrar organização criminosa ou houver a possibilidade de fuga durante o julgamento. Todo transporte de preso gera risco para a segurança pública. Logo, o risco genérico, por si só, não justifica o uso de vídeoconferência;
2. Para viabilizar a participação do acusado no ato processual quando houver dificuldade para seu comparecimento em juízo;
3. Para impedir a influência do réu no ânimo das testemunhas ou vítimas. Em regra, quem será ouvido por videoconferência é a testemunha (somente se isso não for possível é que se permitirá o interrogatório on-line do réu); e
4. Para responder à gravíssima questão de ordem pública (paz social).

26.6. Confissão do Acusado

É a aceitação formal da imputação da infração penal feita por aquele a quem é atribuída a prática da infração penal. **Não se admite confissão ficta ou presumida (efeitos da revelia)**. Trata-se de um ato personalíssimo, divisível (confissão parcial) livre e retratável. Há quem defenda ser um testemunho duplamente qualificado, porque do ponto de vista objetivo, a confissão recai sobre fatos contrários aos interesses de quem confessa (milita contra o acusado). Do ponto de vista subjetivo, a confissão provém do acusado, tendo valor relativo (TÁVORA, 2012).

Cuidado! quem não é sequer suspeito não está confessando, mas se autoacusando.

Requisitos da Confissão (art. 197, CPP):

a) **intrínsecos**: i) verossimelhança (aproximação da veracidade com a plausibilidade da confissão); ii) certeza provocada no juiz; iii) clareza (deve ser límpida, coerente e sem contradições); iv) persistência (insistência na manutenção da tese, o que dá solidez ao que foi declarado); coincidência com os demais elementos probatórios, trazendo um contexto favorável (LIMA, 2016).

b) **formais**: i) pessoalidade (pelo próprio réu, não se admitindo apresentação pelo advogado); ii) expressa; iii) perante a autoridade competente; iv) livre e voluntária (se houver coação, a prova será ilícita); v) higidez mental.

Classificação:

- confissão simples: o acusado confessa a prática do delito sem opor qualquer fato modificativo;
- confissão qualificada: o acusado confessa a prática do delito, porém opõe algum fato modificativo, impeditivo ou extintivo do direito de punir (excludente de ilicitude ou de culpabilidade);
- confissão complexa: para várias infrações;
- judicial: perante o magistrado competente;
- extrajudicial: fora dos autos (feita ao Delegado);
- explícita/expressa: oral ou escrita;
- implícita/tácita: quando houver reparação de dano. Lembre-se que na esfera penal não haverá qualquer consequência em razão da presunção de inocência.

A confissão poderá ser retratada, porém, uma vez realizada, não perderá automaticamente seu valor probante, admitindo-se ao juiz desconsiderar a retratação.

A confissão também pode ser divisível, já que o juiz pode considerar parte dela verdadeira e as demais falsas.

26.7. Delação Premiada

Trata-se de um acordo com a pessoa envolvida em atividade criminosa, visando a identificação dos demais coautores e partícipes, bem como das infrações penais por eles praticadas. Desse modo, o acordo se propõe a:

- revelar a estrutura hierárquica e da divisão de tarefas de organização criminosa;
- prevenir infrações penais decorrentes das atividades do crime organizado;
- recuperar total ou parcialmente o produto ou o proveito das infrações penais praticadas pelo grupo criminoso;
- localizar eventual vítima com a sua integridade física preservada.

Em contrapartida, o delator terá a sanção penal atenuada, podendo o juiz, inclusive, conceder perdão judicial ou reduzir em até dois terços a pena privativa de liberdade ou, ainda, substituí-la por restritiva de direitos.

De acordo com Nucci (2024), a delação premiada é prevista em diversas normas criminais.

No Código Penal, por exemplo, é encontrada no art. 159, § 4.º para que ocorra a libertação da pessoa sequestrada.

Na Lei de Proteção à Vítima e Testemunhas (Lei 9.807/99), possui previsão no art. 13, visando a identificação dos demais coautores ou partícipes, localização da vítima com a sua integridade física preservada e recuperação total ou parcial do produto do crime.

Por outro lado, a Lei dos Crimes contra o Sistema Financeiro (Lei 7.492/86), estabelece em seu art. 25, § 2.º, que aquele envolvido que confessar espontaneamente e revelar o plano criminoso terá a sua pena reduzida.

A Lei de Crimes Hediondos (Lei 8.072/90), igualmente, prevê em seu art. 8.º, parágrafo único, que haverá redução de pena para o partícipe ou associado ao crime que possibilite com a sua delação o desmantelamento do grupo.

Semelhantemente, a Lei dos Crimes contra a Ordem Tributária, Econômica e Relações de Consumo (Lei 8.137/90), em seu art. 16, parágrafo único, menciona que o juiz reduzirá a pena para o envolvido que delatar a trama criminosa.

A Lei dos Crimes de Lavagem de Capitais (Lei 9.613/98), por sua vez, possui previsão da delação em seu art. 1º, § 5º, registrando que a pena privativa de liberdade poderá ser reduzida e cumprida em regime aberto ou semiaberto, podendo deixar de ser aplicada ou substituída por restritiva de direitos, se o autor, coautor ou partícipe colaborar espontaneamente com as autoridades, prestando esclarecimentos que conduzam à apuração das infrações penais, à identificação dos autores, coautores e partícipes, ou à localização dos bens, direitos ou valores objeto do crime.

Para a Lei Antidrogas (Lei 11.343/2006), a previsão está no art. 41, normatizando a colaboração voluntária para a identificação dos demais envolvidos no tráfico de drogas, bem como para a recuperação total ou parcial do produto do crime, possibilitando a redução de pena.

Por fim, a Lei das Organizações Criminosas (Lei 12.850/2013), no art. 4.º, permite redução de pena, substituição de pena privativa de liberdade por restritiva de direitos ou, ainda, perdão judicial, quando houver colaboração efetiva e voluntária, permitindo-se a identificação dos demais coautores e partícipes da organização criminosa e das infrações penais por eles praticadas, a revelação da estrutura hierárquica e da divisão de tarefas da organização criminosa, a prevenção de infrações penais decorrentes das atividades da organização criminosa, a recuperação total ou parcial do produto ou do proveito das infrações penais praticadas pela organização criminosa e a localização de eventual vítima com a sua integridade física preservada.

26.8. Inquirição do Ofendido (Art. 201)

Ofendido é o sujeito passivo do crime (a vítima), ou seja, a pessoa que teve diretamente o seu interesse ou bem jurídico violado pela prática da infração penal (crime ou contravenção penal).

Nesse passo, não se pode esquecer que o Estado é considerado o sujeito passivo constante ou formal, presente em todas as infrações criminais, pois detém o direito de punir, com exclusividade. Todavia, para fins de inquirição do ofendido, considera-se aquela pessoa que foi diretamente lesada (NUCCI, 2024).

A inquirição (declaração) do ofendido constitui meio de prova que pode ser requerida por qualquer das partes ou de ofício pelo juiz. Ele não presta compromisso de dizer a verdade, já que não é considerado testemunha, logo,

> [...] não pratica o crime de falso testemunho, devendo ser suas declarações apreciadas com a devida reserva, já que a narrativa poderá trazer certa carga de tendenciosidade, muitas vezes provocada por interesses extrapenais, tal como a pretensão de ver-se indenizada civilmente pela conduta ofensiva do acusado. (DEMERCIAN, 2014, p. 351).

Destarte, o juiz, durante a audiência, fará ao ofendido perguntas sobre as circunstâncias da infração penal, sobre quem seja ou presuma ser o autor da referida infração e sobre as provas que possa indicar, cuja ausência poderá acarretar em sua condução coercitiva (§ 1º do art. 201, CPP).

26.9. Prova Testemunhal

Testemunha é toda pessoa humana capaz de depor e estranha ao processo, chamada a declarar a respeito de fato percebido por seus sentidos. Toda pessoa pode ser testemunha, inclusive crianças.

Características

i) judicialidade ou imediação judicial: prova testemunhal é aquela colhida em juízo, na presença do magistrado e das partes.

ii) oralidade: a testemunha não pode trazer depoimentos por escrito (perguntas e respostas), salvo na hipótese de documentos para lembrar dos fatos (BO). O mudo pode apresentar seu depoimento por escrito em audiência. Lembre-se que é possível o agendamento de interrogatório e depoimento por escrito somente para algumas autoridades (art. 221, §1º, CPP: Presidente e Vice-presidente da República, presidente do Senado, da Câmara dos Deputados e STF).

Obs.: essa garantia do art. 221 NÃO é aplicada quando a autoridade é convocada para ser ouvida na condição de investigado ou de acusado [Inf. 547, STJ].

Vale lembrar que quanto ao local do testemunho, o mesmo art. 221, *caput*, CPP, traz interessante regra:

> Art. 221. O Presidente e o Vice-Presidente da República, os senadores e deputados federais, os ministros de Estado, os governadores de Estados e Territórios, os secretários de Estado, os prefeitos do Distrito Federal e dos Municípios, os deputados às Assembleias Legislativas Estaduais, os membros do Poder Judiciário, os ministros e juízes dos Tribunais de Contas da União, dos Estados, do Distrito Federal, bem como os do Tribunal Marítimo serão inquiridos em local, dia e hora previamente ajustados entre eles e o juiz.

Caso sejam designados o dia e local do testemunho e a autoridade não comparecer, perderá esse direito (STF).

iii) individualidade: deve o juiz reservar espaços separados para assegurar a incomunicabilidade das testemunhas (art. 210). Note que a testemunha não opina (apreciações pessoais, juízo de valor), salvo quando inseparáveis da narrativa do fato (art. 213, CPP).

iv) retrospectividade: testemunha depõe sobre fatos passados, jamais sobre fatos futuros.

v) contraditoriedade/*cross-examination:* perguntas formuladas primeiramente pelas partes, depois pelo juiz. A inobservância dessa regra gera nulidade absoluta, salvo concordância entre as partes (princípio da boa-fé).

Por esse sistema:

1º – exame direto (*direct examination*): a testemunha é inquirida por quem a arrolou;

2º – exame cruzado (*cross-examination*): parte contrária. No júri, são formuladas 1º pelo juiz e depois pelas partes. No procedimento comum, é o contrário.

Classificação das Testemunhas

a) numerárias: presta compromisso e está enquadrada no número legal;
b) extranumerária: presta compromisso, mas não está enquadrada no número legal;
c) informantes/não compromissadas: não prestam compromisso de dizer a verde. Ex.: menores de 14 anos, doentes mentais e parentes do acusado. Entretanto, a falta de compromisso não permite a mentira, de modo que poderá responder esse informante pelo crime de falso testemunho (STJ, HC 192659 ES);
d) própria: prestam declaração sobre o fato criminoso;
e) imprópria/fredatária/instrumentária: legitima um ato processual. Ex.: testemunha de apresentação no flagrante;
f) laudadores: prestam declarações sobre os antecedentes do réu (também conhecidas como testemunha de beatificação);
g) da coroa: são policiais inseridos nas organizações criminosas, que acabam recebendo informações privilegiadas;
h) direta: ciência própria (relata fatos que presenciou);
i) indireta: conhecimentos adquiridos através de terceiros.

Obs.: não se esqueça que a testemunha não responderá por falso testemunho quando mentir sobre fatos que podem levar à sua incriminação.

Pessoas dispensadas a depor: cônjuge (ainda que separado), pai, mãe, filhos, irmãos, sogros. Não estão abrangidos cunhados, primos e sobrinhos. Contudo, se não houver outro meio de prova, podem ser obrigados a depor (**note que os parentes da vítima podem ser testemunhas**).

Pessoas proibidas (impedidas) de depor: em razão da função, ministério, ofício ou profissão, salvo quando autorizadas e desejarem depor (responderão por falso testemunho). Para fato futuro, não há impedimento, haja vista que podem evitar a prática de um crime. A doutrina estende essa vedação aos juízes que oficiaram na fase de inquérito ou na ação penal; aos Deputados e Senadores sobre informações recebidas em razão do mandato; ao réu contra o corréu e aos membros do MP. Menores de 14 anos e doentes mentais serão apenas informantes.

Depoimento de inimputáveis

É admissível o depoimento de pessoas menores de 18 anos, inimputáveis, notadamente quando envolvidos em prática de ato infracional análogo a crime em coautoria com adultos (concurso impropriamente dito ou pseudoconcurso de agentes). Nesses casos, os inimputáveis devem ser arrolados, a rigor, como testemunha, tendo o dever de dizer a verdade (NUCCI, 2024).

Deveres das testemunhas

1) comparecimento: obrigatório para as testemunhas da terra (aqueles que residem na comarca). Podem ser conduzidas coercitivamente, pagar multa, responder por desobediência e arcar com as custas de diligência.
2) prestar depoimento verdadeiro: a testemunha tem a obrigação de dizer a verdade e não pode negá-la ou omiti-la, sob pena de responsabilidade criminal de falso testemunho (art. 342, CPP). Ex.: testemunha que se nega a depor.
3) comunicação de alteração de endereço: caso não informe, será considerada testemunha ausente.

Rol de testemunhas: Limite para cada crime e réu: rito ordinário = 8 (oito); sumário = 5 (cinco); júri = 5 (cinco); sumaríssimo = 3 (três); tráfico de drogas = 5 (cinco).

O assistente pode complementar o número de testemunha que falta. Oferecida dentro do prazo e limite, o juiz não pode indeferir o rol sob pena de cerceamento de defesa (cabendo, nesse caso, correição parcial). Na hipótese de carta precatória, pode o juiz proferir sentença antes da devolução da carta, devendo esta ser juntada posteriormente aos autos.

Cuidado! Não é permitida a mera reiteração do depoimento na fase policial, pois a testemunha deve ser inquirida em juízo.

26.10. Reconhecimento de Pessoas e Coisas (Arts. 226 a 228)

Trata-se de um meio de prova formal, em que o ofendido ou testemunha conseguem identificar pessoas ou coisas, podendo ser feito por videoconferência, perante uma autoridade policial ou judicial.

Assim, a pessoa que tiver de fazer o reconhecimento:

> [...] será convidada a descrever a pessoa que deva ser reconhecida (art. 226, I, CPP). Essa providência é importante para que o processo fragmentário da memória se torne conhecido, vale dizer, para que o juiz perceba se o reconhecedor tem a mínima fixidez (guarda o núcleo central da imagem da pessoa que pretende identificar) para proceder ao ato. Se descrever uma pessoa de dois metros de altura, não pode, em seguida, reconhecer como autor do crime um anão. É a lei da lógica aplicada ao processo de reconhecimento, sempre envolto nas naturais falhas de percepção de todo ser humano. Em seguida, a pessoa, cujo reconhecimento se pretender, deve ser colocada ao lado de outras que com ela tiverem qualquer semelhança, se tal for possível, convidando-se quem tiver de fazer o reconhecimento a apontá-la (art. 226, II, CPP). O reconhecedor precisa se valer do processo de comparação para buscar no fundo da consciência a imagem efetiva daquele que viu cometer algo relevante para o processo. Seja ele testemunha, seja vítima, precisa estabelecer um padrão de confronto para extrair a identificação certa ou, então, colocar-se em profunda dúvida, sendo incapaz de proceder ao reconhecimento. O ideal, pois, é colocar pessoas semelhantes para serem apresentadas em conjunto ao reconhecedor (NUCCI, 2024, p. 298).

Duas testemunhas devem presenciar o reconhecimento, que poderão ser chamadas para depor em juízo. Destarte, o reconhecimento pode ser feito em sede policial (que precisa ser confirmado em juízo) ou perante o juiz.

Importa dizer, ainda, que o reconhecimento deve ser feito de maneira individual, sendo vedado o reconhecimento coletivo, evitando-se a influência de um reconhecedor em outro.

Por fim, inexiste previsão para o reconhecimento de imagens e de voz, que precisam ser realizados por meio de prova pericial (laudo de perito) ou testemunhal.

De qualquer forma, o reconhecimento de coisas ou pessoas não deve fundamentar isoladamente a decisão judicial, devido à probabilidade de equívocos, o que pode levar à responsabilização de inocentes.

26.11. Acareação (Arts. 229 e 230)

A acareação é um ato que permite confrontar e comparar as versões contraditórias apresentadas pelos inquiridos (testemunhas, vítimas, acusados etc.), podendo ser executada tanto na fase policial quanto judicial, após requerimento das partes ou de ofício (pelo juiz ou autoridade policial).

O objeto da acareação é o fato ou circunstância relevante da infração penal, não podendo ser admitida para situações irrelevantes ou periféricas, aquelas que nada contribuem para a apuração.

Admite-se a realização da acareação à distância, a exemplo de carta precatória ou vídeoconferência.

26.12. Prova Documental

Documento: elemento que condensa graficamente o pensamento de alguém. Não confunda instrumento (documento com finalidade probatória) com documento em sentido estrito (aquele elaborado sem finalidade probatória, mas que eventualmente podem possuir essa força).

Interpretação evolutiva do conceito de documento: em decorrência da evolução tecnológica (fatos, mídias, entre outros), foi preciso adequar o alcance da expressão. No nascimento do CPP, os documentos se confundiam com a sua matéria prima, sendo enquadrados como mero papel.

Atualmente, enquadram-se na conceituação qualquer elemento a que assimila graficamente o pensamento.

Nessa medida, os documentos podem ser instrumentos ou documentos em sentido estrito. Estes, configuram todo escrito que não foi produzido com o fim específico de produzir prova, mas pode, eventualmente, ter essa função. Aqueles, são produzidos especificamente com o fim probatório.

Documento público: aquele elaborado por funcionário público durante execução de suas funções. Gozam de presunção relativa de autenticidade e veracidade.

Documento particular: aqueles elaborados por qualquer do povo.

Documento original: elaborado na fonte

Documento cópia: reprodução fiel do original

Documento nominativo: aqueles cujo autor está devidamente qualificado.

Documento anônimo: aqueles sem indicação da autoria.

Os documentos podem ser produzidos *ex offício* ou a requerimento das partes a qualquer tempo, desde que sejam acostados com 3 (três) dias antes da audiência, no rito do tribunal do júri.

O Estatuto Processual aceita a fotografia do documento,

> [...] devidamente autenticada, com o mesmo valor probante do original. Por fotografia entende-se qualquer reprodução do documento original, por exemplo, a cópia reprográfica, mais tradicional atualmente. A autenticação de um documento significa que ele é uma reprodução fiel do original. Essa autenticação é realizada pelo notário público, após conferência. As públicas-formas, referidas pelo art. 237 do CPP, são cópias literais de um documento realizadas por um notário público e não dispensam a conferência com o original, realizada pela autoridade processante (DEMERCIAN, 2014, p. 362).

Tradução do documento: Sempre que possível deverá ser traduzido, não havendo proibição expressa do uso de documentos não traduzidos. Encerrado o processo, o interessado pode requerer a devolução dos originais, pressupondo decisão do juiz, oitiva do MP e retenção de cópia nos autos.

Valor probatório dos documentos: A rigor, esse valor será atribuído pelo juiz. Todavia, alguns documentos naturalmente possuem maior força probante, a exemplo dos documentos produzidos pelas autoridades públicas competentes:

a) Dos fatos ocorridos na presença da autoridade que o elaborou;

b) Das declarações de vontade emitidas na presença da autoridade que lavrou o documento;

c) Dos fatos e atos nele documentados.

Vício dos documentos:

Extrínseco – relacionado à inobservância de determinada formalidade para a elaboração do documento;

Intrínseco – relacionado à essência, ao conteúdo do próprio ato;

Lembre-se que o documento ainda poderá ser falso (material – criação/adulteração – ou ideológico – conteúdo).

Perceba que a diferença entre vício e falsidade está no dolo do agente.

26.13. Indícios

Não se confunde com prova indiciária, possuindo dois sentidos:

1. Prova indireta: é a circunstância conhecida e provada que, tendo relação com um fato, autorize por indução ou raciocínio lógico concluir a existência de outro. Ex.: encontrar com a pessoa portando uma arma minutos depois de um crime ou com a camisa suja de sangue. É o oposto da prova direta, isto

é, é aquela que recai diretamente sobre a afirmação feita no processo (recai diretamente sobre o fato probando). Ex.: alguém dizendo que viu fulano matar alguém. É o indício tratado no artigo 239, CPP:

> Art. 239. Considera-se indício a circunstância conhecida e provada, que, tendo relação com o fato, autorize, por indução, concluir-se a existência de outra ou outras circunstâncias.

A prova indireta, desde que provada por um conjunto coeso, autoriza um decreto condenatório. É possível a condenação com base num conjunto de indícios contundentes, isto é, desde que sejam plurais, bem como relacionados entre si e incriminadores.

2. Prova semiplena: é aquela prova de menor valor persuasivo. O art. 312 do CPP é esclarecedor acerca do tema:

> CPP, Art. 312. A prisão preventiva poderá ser decretada como garantia da ordem pública, da ordem econômica, por conveniência da instrução criminal, ou para assegurar a aplicação da lei penal, quando houver prova da existência do crime e indício suficiente de autoria.

Assim, os indícios, como prova no processo penal, possuem previsão legal.

Os **indícios** não se confundem com as **presunções legais**. Estas representam situações nas quais a lei estabelece que são verdadeiros determinados fatos, se outros forem verdadeiros. Ex.: menor de 14 anos (é vulnerável). Presume-se que não possui consentimento para relações sexuais. De outro modo, os indícios apenas induzem uma conclusão mais ou menos lógica. Ex.: o sapato de "A" foi encontrado próximo ao local do crime, o que leva à conclusão de que provavelmente ele esteve lá.

A presunção isenta a parte de provar o fato presumido, mas não de provar o fato que gera a presunção.

Nesse sentido, as presunções, por si sós, podem fundamentar uma condenação criminal.

26.14. Busca e Apreensão

Aplica-se para bens e pessoas. É possível que os institutos existam de forma autônoma. Para o CPP, são meios de prova. Para a doutrina, são medidas cautelares para o resultado útil da persecução penal.

Busca domiciliar: realizada no domicílio ou residência, tendo por fim o encontro de objeto definido ou de pessoa específica. É possível a dispensa do mandado se o juiz estiver a frente da diligência (o mesmo não ocorre com a busca realizada pelo delegado).

Nos termos do art. 240, § 1°, do CPP:

> [...] § 1º Proceder-se-á à busca domiciliar, quando fundadas razões a autorizarem, para:
>
> a) prender criminosos;
>
> b) apreender coisas achadas ou obtidas por meios criminosos;
>
> c) apreender instrumentos de falsificação ou de contrafação e objetos falsificados ou contrafeitos;
>
> d) apreender armas e munições, instrumentos utilizados na prática de crime ou destinados a fim delituoso;
>
> e) descobrir objetos necessários à prova de infração ou à defesa do réu;
>
> f) apreender cartas, abertas ou não, destinadas ao acusado ou em seu poder, quando haja suspeita de que o conhecimento do seu conteúdo possa ser útil à elucidação do fato;
>
> g) apreender pessoas vítimas de crimes;
>
> h) colher qualquer elemento de convicção

A doutrina ensina que esse rol é taxativo, não admitindo ampliação. Contesta-se a constitucionalidade da previsão do inciso "f", já que as cartas são correspondências e merecem tutela constitucional (sigilo das correspondências). Todavia, o STF entende que a Administração Penitenciária pode abrir correspondência remetida pelos condenados, de forma EXCEPCIONAL e fundamentada, quando envolver questão de segurança pública, disciplina prisional ou preservação da ordem jurídica (LIMA, 2016).

Registre-se que uma carta aberta constitui documento, podendo ser objeto de busca e apreensão.

Cuidado! Prevalece que o mandado de prisão não substitui o de busca domiciliar (devem haver dois mandados).

O mandado deve indicar a casa, o nome do proprietário ou morador, os motivos e os fins da diligência (o porquê e para que a diligência está sendo realizada). Deve ser subscrito pelo escrivão e pela autoridade. Na ausência de morador, **um vizinho será convocado** a acompanhar a busca.

Obs. 1: mandado de busca e apreensão com endereço incorreto – Ilegalidade (nulidade). Ex.: O juiz deferiu mandado de busca e apreensão tendo como alvo o escritório de um banco, localizado no 28º andar de um prédio comercial. Quando os policiais chegaram para cumprir a diligência, perceberam que a sede do banco ficava no 3º andar. Diante disso, entraram em contato com o juiz substituto que autorizou, por meio de ofício sem maiores detalhes, a apreensão do HD na sede do banco. A 2ª Turma do STF declarou a ilegalidade da apreensão, por ausência de mandado judicial específico [Inf. 772, STF].

Obs. 2: é lícita a apreensão, em escritório de advocacia, de drogas e de arma de fogo, em tese pertencentes a advogado, na hipótese em que outro advogado tenha presenciado o cumprimento da diligência por solicitação dos policiais, ainda que o mandado de busca e apreensão tenha sido expedido para apreender arma de fogo supostamente pertencente a estagiário do escritório, ainda que no referido mandado não haja expressa indicação de representante da OAB local para o acompanhamento da diligência [Inf. 557, STJ].

Fonte: CAVALCANTE, 2019.

Caso a própria autoridade que proferir a ordem realize a diligência, não há necessidade de mandado escrito, bastando que se qualifique e explicite o objeto da diligência (arts. 241 e 245, § 1°, do CPP):

> Art. 241. Quando a própria autoridade policial ou judiciária não a realizar pessoalmente, a busca domiciliar deverá ser precedida da expedição de mandado.
> § 1º Se a própria autoridade der a busca, declarará previamente sua qualidade e o objeto da diligência.

A doutrina ensina que o termo "policial", do artigo em destaque, não foi recepcionado pela CF/88. Assim, o delegado de polícia somente realizará a diligência com a respectiva emissão de mandado pelo juiz (NUCCI, 2024).

Busca pessoal: é a diligência realizada no corpo, nas vestes e na esfera imediata de domínio do agente, em elementos estranhos ao conceito de domicílio. Também depende de mandado, todavia, as exceções viraram regra, já que se trata de instrumento menos formal: dispensa-se o mandado durante busca domiciliar (quem estiver na casa poderá ser revistado); efetivação de uma captura prisional; havendo fundada suspeita de que o indivíduo esteja com armas ou objetos que componham o corpo de delito.

Obs.: a apreensão de documentos no interior de veículo automotor constitui uma espécie de "busca pessoal" e, portanto, não necessita de autorização judicial quando houver fundada suspeita de que em seu interior estão escondidos elementos necessários à elucidação dos fatos investigados. Exceção: será necessária autorização judicial quando o veículo é destinado à habitação do indivíduo, como no caso de trailers, cabines de caminhão, barcos, entre outros, quando, então, se inserem no conceito jurídico de domicílio [Inf. 843, STF].

A doutrina menciona que o termo "fundadas razões" é mais abrangente que "fundadas suspeitas". Logo, não estará errado fundamentar a busca com a utilização do termo mais abrangente, ou seja, "fundadas razões", que pressupõe motivo mais claro e robusto.

Revista em mulher: preferencialmente, será realizada por outra mulher.

> Art. 249. A busca em mulher será feita por outra mulher, se não importar retardamento ou prejuízo da diligência.

Buscas realizadas em outras circunscrições

É possível a realização de busca e apreensão em outra circunscrição, atendidos os requisitos do art. 250 do CPP:

> Art. 250. A autoridade ou seus agentes poderão penetrar no território de jurisdição alheia, ainda que de outro Estado, quando, para o fim de apreensão, forem no seguimento de pessoa ou coisa, devendo apresentar-se à competente autoridade local, antes da diligência ou após, conforme a urgência desta.
>
> § 1º Entender-se-á que a autoridade ou seus agentes vão em seguimento da pessoa ou coisa, quando:
>
> a) tendo conhecimento direto de sua remoção ou transporte, a seguirem sem interrupção, embora depois a percam de vista;
>
> b) ainda que não a tenham avistado, mas sabendo, por informações fidedignas ou circunstâncias indiciárias, que está sendo removida ou transportada em determinada direção, forem ao seu encalço.

Note que o artigo traz o termo "jurisdição alheia", que tratando-se de autoridade policial a expressão correta é "circunscrição alheia".

Obs.: em regra, não se anula provas obtidas em busca e apreensão pelo fato de não terem sido lacrados os materiais apreendidos [Inf. 608, STJ].

27. INCIDENTES PROCESSUAIS/QUESTÕES E PROCESSOS INCIDENTES

De acordo com Nucci (2024), incidentes processuais são as questões e os procedimentos secundários, que incidem sobre o procedimento principal, merecendo solução antes da decisão da causa ser proferida, dividindo-se em questões prejudiciais e procedimentos incidentes (o Código de Processo Penal valeu-se equivocadamente da expressão processos incidentes, embora o ideal tivesse sido a utilização de procedimentos incidentes, pois o processo continua o mesmo, propiciando-se, apenas, o surgimento de procedimentos novos e secundários, voltados a resolver matérias igualmente secundárias).

27.1. Questões Prejudiciais

Trata-se daquelas situações que exigem solução antes do julgamento do processo criminal, possuindo natureza penal ou extrapenal. Ex.: a nulidade de um dos casamentos prejudica a consumação do crime de bigamia.

As questões prejudiciais:

> [...] afetam apenas o aspecto da tipicidade da conduta (caracterização do tipo fundamental ou incidência do tipo derivado1), não interferindo na ilicitude ou na culpabilidade. Os próprios arts. 92 e 93 do CPP condicionam o reconhecimento da existência da infração penal à prévia solução dessas vertentes. Ora, por infração penal compreende-se o fato típico, no que difere do conceito de crime, que abrange, além da tipicidade, também a ilicitude (teoria bipartida) e, para muitos, a culpabilidade – teoria tripartida (AVENA, 2023, p. 323).

Calha consignar que as questões prejudiciais não possuem incidência durante investigação policial, por se tratar de fase extraprocessual (STF, 2ª Turma, RHC n. 52.487-SO, Rel. Ministro Antonio Neder, DJ, 13.09.74).

27.2. Classificação das Questões Prejudiciais

Quanto ao grau de influência:

Totais – quando interferem na existência do fato típico em sua modalidade fundamental; **Parciais** – quando relativas apenas à existência de circunstâncias que se agregam ao tipo penal básico (AVENA, 2023).

Quanto à natureza:

Penais – homogêneas, comuns, imperfeitas ou não devolutivas, quando pertencerem ao mesmo ramo do direito em que se insere a questão prejudicada;

Extrapenais – heterogêneas, jurisdicionais, perfeitas ou devolutivas, quando interferirem em esfera jurídica distinta (cível, tributária, empresarial etc.).

Por fim, não confunda questões prejudiciais, que se referem essencialmente ao mérito da causa, influenciando na decisão judicial, com questões preliminares, que possuem natureza estritamente processual, com reflexo apenas na regularidade formal do processo (AVENA, 2023).

27.3. Exceções (Arts. 95 a 111, CPP)

São procedimentos incidentais em que se alegam determinados fatos processuais referentes a pressupostos processuais ou condições da ação, objetivando a extinção do processo ou sua simples dilação.

Distinção entre exceção e objeção: as exceções são defesas que só podem ser conhecidas pelo juiz, se alegada pela parte. Já a objeção é a matéria de defesa que pode ser reconhecida de ofício pelo juiz (incompetência absoluta ou coisa julgada, por exemplo). Essas definições valem também para o Processo Civil.

Atenção! O STJ tem aplicado sua súmula 33, do processo civil, incompetência relativa, no processo penal. "A incompetência relativa não pode ser declarada de ofício" [**salvo nos contratos de adesão com cláusulas abusivas**].

A incompetência, mesmo relativa, pode ser conhecida de ofício no processo penal, ao contrário do que ocorre no processo civil. É o que decorre do art. 109 do CPP:

> Art. 109. Se em qualquer fase do processo o juiz reconhecer motivo que o torne incompetente, declara-lo-á nos autos, haja ou não alegação da parte, prosseguindo-se na forma do artigo anterior.

De acordo com o art. 95, CPP, *literallis*:

> Art. 95. Poderão ser opostas as exceções de:
>
> I – suspeição;
>
> II – incompetência de juízo;
>
> III – litispendência;
>
> IV – ilegitimidade de parte;
>
> V – coisa julgada.

Modalidades de exceções

Dilatórias: São aquelas que geram apenas a procrastinação do processo, o que se mostra benéfico para o réu solto. Ex.: incompetência do juízo.

Peremptórias: são aquelas capazes de produzir a extinção do processo. A exceção de litispendência, a ilegitimidade de causa e a coisa julgada são exemplos de exceções peremptórias.

Procedimento nas Exceções

Em regra, as exceções são processadas em autos apartados e não suspendem o andamento do processo, conforme disposição do art. 111, CPP:

> Art. 111. As exceções serão processadas em autos apartados e não suspenderão, em regra, o andamento da ação penal.

Vale registrar que o juiz poderá apreciar essas questões de ofício, ainda que arguidas de maneira incorreta pelo interessado. Outrossim, que a ação poderá ser suspensa, quando a arguição for reconhecida pela parte contrária e requerer tal providência, veja:

> Art. 102. Quando a parte contrária reconhecer a procedência da arguição, poderá ser sustado, a seu requerimento, o processo principal, até que se julgue o incidente da suspeição.

Exceção de Suspeição, de incompatibilidade e impedimento.

Das exceções de incompatibilidade e de impedimento, ao contrário da suspeição, não são mencionadas expressamente no CPP, no entanto, devem ser reconhecidas, conforme disposição constante no art. 112: "a incompatibilidade ou impedimento poderá ser arguido pelas partes, seguindo-se o processo estabelecido para a exceção de suspeição" (AVENDA, 2023, p 331).

Suspeição: a rigor, as hipóteses de suspeição se referem a uma causa externa ao processo, possuindo natureza dilatória. Ex.: amizade ou inimizade do juiz com o acusado, pairando-se uma dúvida em seu agir.

> Art. 254. O juiz dar-se-á por suspeito, e, se não o fizer, poderá ser recusado por qualquer das partes:
>
> I – se for amigo íntimo ou inimigo capital de qualquer deles;
>
> II – se ele, seu cônjuge, ascendente ou descendente, estiver respondendo a processo por fato análogo, sobre cujo caráter criminoso haja controvérsia;
>
> III – se ele, seu cônjuge, ou parente, consanguíneo, ou afim, até o terceiro grau, inclusive, sustentar demanda ou responder a processo que tenha de ser julgado por qualquer das partes;

> IV – se tiver aconselhado qualquer das partes;
>
> V – se for credor ou devedor, tutor ou curador, de qualquer das partes;
>
> VI – se for sócio, acionista ou administrador de sociedade interessada no processo.

A consequência da prática de ato jurisdicional por juiz suspeito é a nulidade absoluta do ato (art. 564, I CPP), note:

> Art. 564. A nulidade ocorrerá nos seguintes casos:
>
> I – por incompetência, suspeição ou suborno do juiz [...]

Quanto à exceção, o ônus da prova é do excipiente (aquele que provoca a exceção).

Impedimento: em geral, as situações de impedimento se referem a uma causa interna ao processo. Seus motivos são somente aqueles elencados no art. 252 do CPP, devendo ser provada de plano ou por documentos, *in verbis*:

> Art. 252. O juiz não poderá exercer jurisdição no processo em que:
>
> I – tiver funcionado seu cônjuge ou parente, consanguíneo ou afim, em linha reta ou colateral até o terceiro grau, inclusive, como defensor ou advogado, órgão do Ministério Público, autoridade policial, auxiliar da justiça ou perito [mesmo que não assine a peça];
>
> II – ele próprio houver desempenhado qualquer dessas funções ou servido como testemunha;
>
> III – tiver funcionado como juiz de outra instância, pronunciando-se, de fato ou de direito, sobre a questão [1ª e 2ª instância];
>
> IV – ele próprio ou seu cônjuge ou parente, consanguíneo ou afim em linha reta ou colateral até o terceiro grau, inclusive, for parte ou diretamente interessado no feito.

Incompatibilidade: não há na doutrina entendimento uníssono sobre o que seria incompatibilidade. Segundo a corrente predominante, são aquelas previstas nas leis de organização judiciária e que não estão elencadas entre as causas de suspeição e impedimento (LIMA, 2016).

Atos praticados por juiz incompatível também geram nulidade absoluta. Observe o dispositivo processual penal abaixo:

> Art. 253. Nos juízos coletivos, não poderão servir no mesmo processo os juízes que forem entre si parentes, consanguíneos ou afins, em linha reta ou colateral até o terceiro grau, inclusive.

Procedimento da exceção de suspeição: possibilidade do reconhecimento da suspeição de ofício pelo juiz. Arguição pelas partes, por meio de petição escrita, que deve ser apresentada na primeira oportunidade que tiver para se manifestar no processo.

De acordo com a doutrina, a exceção de suspeição é deduzida no curso do processo criminal. Apesar disso:

> [...] nada impede que seja oposta ainda na fase do inquérito policial. Contemple-se, pois, a hipótese de que o delegado de polícia, enquanto tramita o procedimento investigatório, venha a representar pela prisão preventiva do suspeito. Constatando qualquer dos interessados (Ministério Público, ofendido ou investigado) que, relativamente ao caso apresentado, existe motivo que torna o juiz suspeito de parcialidade, poderão arguir esta suspeição nos mesmos moldes que o fariam se houvesse processo em andamento, visando impedir que ele decida novos incidentes que surjam não apenas enquanto tramita o inquérito (pedidos de interceptações telefônicas, solicitações de busca e apreensão domiciliar, representação pela quebra de sigilo bancário etc.), como também após a remessa desse procedimento a juízo – requisição de diligências, produção antecipada de provas, recebimento da denúncia ou da queixa etc. (AVENA, 2023, p. 333).

Vale notar que para se arguir suspeição se faz necessária uma procuração com poderes especiais, consoante art. 396-A, CPP:

> Art. 396-A. Na resposta, o acusado poderá arguir preliminares e alegar tudo o que interesse à sua defesa, oferecer documentos e justificações, especificar as provas pretendidas e arrolar testemunhas, qualificando-as e requerendo sua intimação, quando necessário.
> § 1º A exceção será processada em apartado, nos termos dos arts. 95 a 112 deste Código.
> § 2º Não apresentada a resposta no prazo legal, ou se o acusado, citado, não constituir defensor, o juiz nomeará defensor para oferecê-la, concedendo-lhe vista dos autos por 10 (dez) dias.

Perceba que mesmo quando não arguida na primeira oportunidade, é certo que a decisão proferida por juiz suspeito viola o devido processo legal, logo, esse vício poderá ser alegado em preliminar de futura e eventual apelação. Igualmente para caso de imparcialidade. Não mais, essas questões poderão ser objeto de Revisão Criminal ou HC.

Acolhida a exceção pelo juiz, os autos serão remetidos ao substituto. Contra essa decisão não caberá recurso. Lado outro, não sendo acolhida, o juiz oferecerá sua resposta e remeterá os autos ao tribunal, que poderá indeferir o pedido liminarmente (em caso de manobra protelatória) ou instruir o procedimento da exceção para proferir decisão, que de acordo com o art. 581, III, CPP, é atacada por meio de RESE, salvo as de suspeição, pois todas as exceções são julgadas pelo juiz de 1ª instância, menos as do tribunal (exceção de suspeição).

Obs.: o abuso do direito de recorrer no processo penal, com o escopo de obstar o trânsito em julgado da condenação, autoriza a determinação monocrática de baixa imediata dos autos por Ministro do STF, independentemente de publicação da decisão. A interposição de recurso cujo único propósito é protelar o trânsito em julgado da decisão caracteriza abuso do direito de recorrer e autoriza a certificação do trânsito em julgado do pronunciamento judicial [Inf. 766, STF].

Lembre-se que as exceções, em regra, deverão ser apreciadas pelo próprio juízo, a não ser nos casos de suspeição (competência originária do tribunal). Inexiste recurso especifico para essa decisão, mas admite-se a utilização de HC, MS e de eventual RE. Observe os artigos 99 e 100, CPP:

> Art. 99. Se reconhecer a suspeição, o juiz sustará a marcha do processo, mandará juntar aos autos a petição do recusante com os documentos que a instruam, e por despacho se declarará suspeito, ordenando a remessa dos autos ao substituto.
>
> Art. 100. Não aceitando a suspeição, o juiz mandará autuar em apartado a petição, dará sua resposta dentro em três dias, podendo instruí-la e oferecer testemunhas, e, em seguida, determinará sejam os autos da exceção remetidos, dentro em vinte e quatro horas, ao juiz ou tribunal a quem competir o julgamento.
>
> § 1º Reconhecida, preliminarmente, a relevância da arguição, o juiz ou tribunal, com citação das partes, marcará dia e hora para a inquirição das testemunhas, seguindo-se o julgamento, independentemente de mais alegações.
>
> § 2º Se a suspeição for de manifesta improcedência, o juiz ou relator a rejeitará liminarmente.

Há divergência na doutrina sobre a possibilidade do assistente da acusação poder arguir suspeição.

Obs.: a suspeição ou o impedimento em decorrência de parentesco por afinidade (parentesco que não é de sangue) cessa com a dissolução do casamento que fez surgir o parentesco, salvo se do casamento resultar filhos. Ademais, vale lembrar que o vínculo não cessa em relação a sogros, genros, cunhados, padrasto e enteado.

Suspeição do MP

> Art. 258. Os órgãos do Ministério Público não funcionarão nos processos em que o juiz ou qualquer das partes for seu cônjuge, ou parente, consanguíneo ou afim, em linha reta ou colateral, até o terceiro grau, inclusive, e a eles se estendem, no que lhes for aplicável, as prescrições relativas à suspeição e aos impedimentos dos juízes.

O fato do MP ter atuado na fase investigatória não impede o oferecimento da denúncia ou integração no processo. Há súmula do STJ nesse sentido:

Súmula 234 STJ – A participação de membro do Ministério Público na fase investigatória criminal não acarreta o seu impedimento ou suspeição para o oferecimento da denúncia.

Lembre-se que a atuação de promotor impedido / suspeito não acarretará a invalidação do ato processual.

> Art. 104. Se for arguida a suspeição do órgão do Ministério Público, o juiz, depois de ouvi-lo, decidirá, sem recurso, podendo antes admitir a produção de provas no prazo de três dias.

Obs.: não viola o Princípio do Promotor Natural[2] o fato de o Promotor de Justiça que atua na vara criminal comum oferecer denúncia contra o acusado na vara do Tribunal do Júri e o Promotor que funciona nesse juízo especializado seguir com a ação penal, participando dos atos do processo até a pronúncia [Inf. 880, STF].

Suspeição da Autoridade Policial

> Art. 107. Não se poderá opor suspeição às autoridades policiais nos atos do inquérito, mas deverão elas declarar-se suspeitas, quando ocorrer motivo legal.

Trata-se de dispositivo notadamente sem coercibilidade. Assim, nada impede que um delegado de polícia investigue um delito em que, ele próprio, figurou como vítima.

2. Discute-se a previsão desse princípio na CF/88. Todavia, entende-se que está inserido no art. 5º, LIII.

Entrementes, na medida em que se trata de obrigação determinada por lei, a autoridade policial que insistir em presidir investigação criminal a par de seu claro impedimento ou suspeição,

> [...] poderá responder disciplinarmente, junto à Corregedoria da Polícia Civil. De qualquer sorte, a despeito dessa possibilidade de responsabilização disciplinar e sem embargo da proibição incorporada ao art. 107 do CPP, concordamos com o entendimento de que, havendo motivação para considerar suspeito ou impedido o delegado, não podendo o juiz afastá-lo por força da vedação inserta ao art. 107 do CPP, deverá a parte interessada solicitar o seu afastamento da investigação ao Chefe de Polícia Civil que poderá, então, ordenar-lhe que se retire da presidência do inquérito. Veja-se que a Lei 12.830/2013, em seu art. 2.º, § 4.º, prevê formas de transferência da titularidade do inquérito, dizendo que isto pode ser feito, mediante avocação e mediante redistribuição (AVENA, 2023, p. 341).

Suspeição dos peritos, intérpretes, serventuários ou funcionários da Justiça: o art. 105 do CPP dispõe que "as partes poderão também arguir de suspeitos os peritos, os intérpretes e os serventuários ou funcionários de justiça, decidindo o juiz de plano e sem recurso, à vista da matéria alegada e prova imediata".

Suspeição no tribunal do Júri: para o julgamento são convocados 25 (vinte e cinco) jurados, dos quais ao menos 15 (quinze) devem estar presentes para que se possa dar início à seção. Analise os artigos 448 e 449, CPP, abaixo:

> Art. 448. São impedidos de servir no mesmo Conselho:
>
> I – marido e mulher;
>
> II – ascendente e descendente;
>
> III – sogro e genro ou nora;
>
> IV – irmãos e cunhados, durante o cunhadio;
>
> V – tio e sobrinho;
>
> VI – padrasto, madrasta ou enteado.
>
> § 1º O mesmo impedimento ocorrerá em relação às pessoas que mantenham união estável reconhecida como entidade familiar.
>
> § 2º Aplicar-se-á aos jurados o disposto sobre os impedimentos, a suspeição e as incompatibilidades dos juízes togados.
>
> Art. 449. Não poderá servir o jurado que:
>
> I – tiver funcionado em julgamento anterior do mesmo processo, independentemente da causa determinante do julgamento posterior;
>
> II – no caso do concurso de pessoas, houver integrado o Conselho de Sentença que julgou o outro acusado;

> III – tiver manifestado prévia disposição para condenar ou absolver o acusado.

Os jurados excluídos por impedimento ou suspeição são levados em consideração para o número de 15 (quinze) jurados, note:

> Art. 451. Os jurados excluídos por impedimento, suspeição ou incompatibilidade serão considerados para a constituição do número legal exigível para a realização da sessão.

Exceção de Incompetência: também chamada de *declitoria fori*.

Permite a discussão da incompetência absoluta ou relativa do juízo. Trata-se de exceção

> [...] com aplicação restrita à incompetência territorial, que possui caráter relativo, sendo vinculada sua arguição ao prazo e à forma previstos em lei. Se for o caso de incompetência funcional ou em razão da matéria, que têm natureza absoluta, é dispensada a arguição via exceção, podendo tais vertentes ser suscitadas por meio de simples petição acostada ao processo criminal, ou verbalmente em audiência com consignação em ata, ou até mesmo como preliminar de uma peça processual (AVENA, 2023, p. 342).

A exceção de incompetência deve ser arguida no prazo da defesa (art. 108, CPP).

Exceção de ilegitimidade:

Cuida-se de regra processual, de natureza peremptória, para questionar a titularidade do direito de ação (polo ativo) ou a capacidade para figurar como réu (polo passivo), além da capacidade postulatória. Assim, poderá ser:

- ilegitimidade *ad causam* (condição da ação) – produz nulidade absoluta;
- ilegitimidade *ad processsum* (pressuposto processual de validade da relação processual) – causa nulidade relativa. Ex.: queixa-crime sem advogado.

Quanto aos recursos, aplica-se a mesma regra da incompetência.

Exceção de litispendência:

No processo civil, para se ter litispendência, há que ser ter:

- Mesmas partes;
- Mesmos pedido;

- Mesma causa de pedir;

Já no processo penal:

- Mesma causa de pedir (**chamada de imputação**).

Não haveria propriamente um conflito de interesses no processo penal, pois ao MP não interessa a condenação de um inocente. Por outro lado, independentemente da vontade do acusado, deverá sempre haver resistência por parte da defesa.

Para que haja litispendência, o mesmo acusado deve estar respondendo a dois processos penais condenatórios distintos, relacionados à mesma imputação, independentemente da classificação que lhe seja atribuída.

As partes não precisam ser idênticas, devendo a imputação ser a mesma (ainda que a classificação divirja, pois as partes podem ter classificado a conduta de forma diversa).

Não há litispendência entre inquérito policial e processo penal, uma vez que a litispendência exige citação válida, conforme previsão do art. 219 do CPC, usado subsidiariamente em virtude do silêncio do CPP.

De igual modo, não é possível cogitar do ingresso de exceção de litispendência quando se tratar de duplicidade de inquéritos policiais,

> ainda que sejam idênticos os fatos em apuração. Dessa forma, caso haja, em curso, dois inquéritos distintos visando à investigação do mesmo fato criminoso, caberá ao investigado impetrar habeas corpus com o objetivo de trancar o andamento de um dos inquéritos, em face do constrangimento ilegal decorrente da dupla investigação policial acerca da mesma conduta (AVENA, 2023, p. 346).

Recursos cabíveis: mesma regra da exceção de incompetência.

Exceção de Coisa Julgada

Conceito de Coisa Julgada: decisão jurisdicional da qual não cabe mais recurso, tornando-se imutável, sendo que esse é o seu principal efeito, isto é, trazer segurança jurídica.

Obs.: na fase policial NÃO EXISTE LITISPENDÊNCIA NEM COISA JULGADA. Se estiverem tramitando dois inquéritos policiais em face da mesma pessoa, pelo mesmo fato, o indiciado deve requerer o arquivamento de um deles não em razão de litispendência, mas pelo constrangimento ilegal de estar sendo investigado duplamente.

Coisa julgada formal e coisa julgada material

Formal – imutabilidade da decisão no processo em que foi proferida (ex.: arquivamento por falta de provas ou impronúncia), art. 414, CPP, *literallis*:

> Art. 414. Não se convencendo da materialidade do fato ou da existência de indícios suficientes de autoria ou de participação, o juiz, fundamentadamente, impronunciará o acusado.
>
> Parágrafo único. Enquanto não ocorrer a extinção da punibilidade, poderá ser formulada nova denúncia ou queixa se houver prova nova.

Material – imutabilidade da decisão fora do processo em que foi proferida (ex.: absolvição sumária), art. 397, CPP:

> Art. 397. Após o cumprimento do disposto no art. 396-A, e parágrafos, deste Código, o juiz deverá absolver sumariamente o acusado quando verificar:
>
> I – a existência manifesta de causa excludente da ilicitude do fato;
>
> II – a existência manifesta de causa excludente da culpabilidade do agente, salvo inimputabilidade;
>
> III – que o fato narrado evidentemente não constitui crime; ou
>
> IV – extinta a punibilidade do agente.

27.4. Limites Objetivos e Subjetivos da Coisa Julgada

Objetivos: dizem respeito ao fato natural imputado ao acusado e objeto de posterior sentença, independentemente da classificação que lhe seja atribuída.

Para que dois processos sejam idênticos, o fato natural atribuído ao mesmo réu tem que ser idêntico. Assim, se o acusado for absolvido como autor de um delito, nada impede que ele seja processado novamente como partícipe desse mesmo delito, pois as imputações são distintas (HC 82980 STF).

Os limites objetivos da coisa julgada, dizem respeito ao imputado. Portanto, eventual decisão absolutória em relação a um dos autores do delito não faz coisa julgada em relação aos demais, salvo se houver o reconhecimento categórico da inexistência do fato delituoso.

Concurso de agentes: a decisão do recurso interposto por um dos réus, se fundado em motivos que não sejam de caráter exclusivamente pessoal, aproveitará aos outros.

Obs.: o art. 580 do CPP afirma que, no caso de concurso de agentes, a decisão favorável que um dos réus conseguir no julgamento do seu recurso poderá ser aproveitada pelos demais acusados, salvo se a decisão tiver se fundamentado em motivos que sejam de caráter exclusivamente pessoal. Esse dispositivo não pode ser aplicado quando: a) o réu que estiver requerendo a extensão da decisão não participar da mesma relação jurídicoprocessual daquele que foi beneficiado. O requerente será, nesse caso, parte ilegítima; b) se invoca extensão da decisão para outros processos que não foram examinados pelo órgão julgador. Isso porque, nessa hipótese, o que o requerente está pretendendo é obter a transcendência dos motivos determinantes para outro processo, o que não é admitido pela jurisprudência [Inf. 867, STF].

Fonte: CAVALCANTE, 2019.

Observações Finais

1. Duplicidade de sentenças – diante do trânsito em julgado de duas sentenças condenatórias contra o mesmo condenado, por fatos idênticos, deve prevalecer a condenação mais favorável ao réu [Inf. 616, STJ].
2. Concurso formal (art. 70, CP) – com uma ação ou omissão há a prática de dois ou mais crimes. A decisão a respeito de um dos fatos delituosos não faz coisa julgada em relação ao outro delito, salvo se a sentença absolutória reconhecer categoricamente a inexistência da ação ou omissão.
3. Crime Continuado (art. 71, CP) – Ex.: estelionato contra a previdência social. Caso a primeira série de continuidade delitiva já tenha sido julgada, nada impede que o acusado seja novamente processado por outra série de continuidade delitiva, com posterior unificação de penas pelo juízo das execuções (art. 82, CPP):

> Art. 82. Se, não obstante a conexão ou continência, forem instaurados processos diferentes, a autoridade de jurisdição prevalente deverá avocar os processos que corram perante os outros juízes, salvo se já estiverem com sentença definitiva. Nesse caso, a unidade dos processos só se dará, ulteriormente, para o efeito de soma ou de unificação das penas.

4. Crime Habitual e crime permanente – a coisa julgada refere-se apenas aos fatos ocorridos até o oferecimento da peça acusatória, pois é

nesse momento que a imputação é delimitada, portanto, fatos posteriores podem ser objeto de um novo processo.

5. Recursos cabíveis em se tratando de exceção de coisa julgada – se a exceção de coisa julgada é procedente RESE (art. 581, III); se a coisa julgada é improcedente não cabe recurso, mas nada impede que se valha de um HC ou se discuta a matéria em preliminar de apelação.
6. Juiz reconhece de ofício a coisa julgada ou a litispendência – a decisão tem força de decisão definitiva, pois se o juiz reconhece de ofício há extinção do processo sem apreciação do mérito. Nesse caso, o único recurso cabível será a apelação.

No contexto do crime continuado, é crucial mencionar a Súmula 659 do Superior Tribunal de Justiça (STJ), que estabelece critérios objetivos para a dosimetria da pena: "A fração de aumento em razão da prática de crime continuado deve ser fixada de acordo com o número de delitos cometidos, aplicando-se 1/6 pela prática de duas infrações, 1/5 para três, 1/4 para quatro, 1/3 para cinco, 1/2 para seis e 2/3 para sete ou mais infrações." Esta orientação jurisprudencial proporciona maior segurança jurídica e uniformidade nas decisões, estabelecendo uma progressão clara na fração de aumento conforme o número de delitos. Além disso, a súmula é particularmente relevante para o juízo das execuções ao realizar a unificação de penas em casos de processos distintos, conforme previsto no art. 82 do CPP. Embora ofereça um parâmetro objetivo, é importante ressaltar que o juiz ainda deve considerar as peculiaridades de cada caso, alinhando-se assim com o princípio constitucional da individualização da pena.

REFERÊNCIAS BIBLIOGRÁFICAS

AVENA, Norberto. **Processo Penal**. 5. ed. Rio de Janeiro. Método, 2023.

CAVALCANTE, Marcio André. **Vade Mecum de Jurisprudência** – Dizer o Direito. 7ª ed. 2019.2. Juspodvm. São Paulo.

DEMERCIAN, Pedro Henrique e MALULY, Jorge Assaf. **Curso de Processo Penal**. 9. ed. Rio de Janeiro. Forense, 2014.

GOMES, Luiz Flávio; CERVINI, Raúl. **Interceptação telefônica**: Lei 9.296, de 24.07.96. São Paulo: Revista dos Tribunais, 1997, p. 158

LIMA, Renato Brasileiro. **Manual de processo penal**: volume único. 4. ed. rev., ampl. e atual. – Salvador. Juspodivm, 2016.

LOPES JÚNIOR, Aury. **Direito Processual Penal e sua conformidade constitucional**. vol. 1. Rio de Janeiro: Lumen Juris. 2008.

MACHADO, Antônio Alberto. **Curso de Processo Penal**. 6. ed., rev. e atual. São Paulo. Atlas, 2014.

MARCÃO, Renato. **Curso de processo penal**. São Paulo: Saraiva, 2014.

MARQUES, José Frederico. **Elementos de direito processual penal**. 2. ed. Campinas: Millennium, 2000. v. 1, p. 328. *apud* AVENA, Norberto. **Processo Penal**. 5. ed. Rio de Janeiro. Método, 2023.

MIRABETE, Júlio Fabbrini. **Processo Penal**. 17. ed. São Paulo: Atlas, 2006.

NICOLITT, André. **O novo processo penal cautelar - A prisão e as demais medidas cautelares**, Série Atualização Legislativa, Rio de Janeiro: Elsevier, 2011.

NORONHA, Edgard Magalhães. **Curso de Direito Processual Penal**. 13. ed. São Paulo: Saraiva, 1989. p. 185.

NUCCI, Guilherme de Souza. **Manual de Processo Penal**. 5. ed., rev. e atual. Rio de Janeiro. Forense, 2024.

NUCCI, Guilherme de Souza. **Manual de Processo Penal e Execução Penal**. 8ª ed. Revista, atualizada e ampliada. RT. São Paulo, 2012.

OLIVEIRA, Eugênio Pacceli de. **Curso de Processo Penal**. 16º ed. atual. de acordo com as Leis 12.403, 12.432, 12.461 e 12.529, todas de 2011, e Lei Complementar nº 140, de 8 de dezembro de 2011. São Paulo. Atlas. 2012.

RANGEL, Paulo. **Direito Processual Penal.** 21ª Ed., São Paulo: Atlas, 2013.

RANGEL, Paulo. **Direito Processual Penal**. 30. ed. Barueri-SP. Atlas, 2023.

TÁVORA, Nestor; ALENCAR, Rosmar Rodrigues. **Curso de Direito Processual Penal**. 7ª ed. Salvador. Juspodivm. 2012.

EIXO 7

Érica Marcelina Cruz

28. DO JUIZ, DO MINISTÉRIO PÚBLICO, DO ACUSADO E DEFENSOR, DOS ASSISTENTES E DOS AUXILIARES DA JUSTIÇA

28.1. Do Juiz

As funções dos sujeitos processuais encontram regulamentação do artigo 251 ao artigo 281 do CPP.

Guilherme Madeira Dezem prefere a terminologia atores do processo penal e explica "o uso do termo "ator" traz em si a ideia de papel, de forma a reforçar o próprio sistema acusatório. Isto porque o ator é aquele que desempenha um papel e reconhecer que cada uma das partes desempenha um específico papel dá maior concretude ao sistema acusatório"[1].

O juiz é a figura equidistante das partes responsável pela condução do processo segundo o devido processo legal

São três tipos de capacidade do juiz: a) capacidade funcional – referente ao provimento do cargo, isto é, a capacidade que a pessoa tem para ser juiz; b) capacidade objetiva – relativa à competência (medida da jurisdição); c) capacidade subjetiva – ausência de incompatibilidade para o julgamento, ou seja, ausência de impedimento e de suspeição.

Na relação processual, atuam outros sujeitos e partes secundárias ou acessórias, que podem intervir no feito e deduzir pretensões. São os casos do ofendido, quando ingressa como assistente de acusação (art. 268, CPP), do

1. DEZEM, Guilherme Madeira, *Curso de Processo Penal*, 5ª ed., Thomson Reuters Revista dos Tribunais, 2019, p. 755.

terceiro prejudicado, que pode ingressar com pedido de restituição de coisas apreendidas (art. 120, § 2º, do CPP), bem como embargar o sequestro (art. 130, II, do CPP), além do fiador do réu, nos incidentes relativos à fiança (art. 329 parágrafo único, do CPP).

Conforme Guilherme de Souza Nucci[2], os advogados ocupam posição especial, tanto quando representam o querelante, como quando atuam em nome do réu, visto serem representantes de interesse de outrem, por deterem capacidade postulatória exclusiva perante o Poder Judiciário (art. 133 da CF). Não são, pessoalmente, sujeitos da relação processual, nem tampouco parte.

Os impedimentos do juiz estão previstos no art. 252 do CPP.

Agir com imparcialidade significa não chamar para si o interesse de qualquer das partes.

Está impedido de atuar o juiz que é parcial, situação presumida pela lei, em casos específicos. Logo, as hipóteses previstas no citado artigo, de caráter objetivo, indicam a impossibilidade de exercício jurisdicional em determinado processo. A sua infração implica inexistência dos atos praticados (art. 564, I do CPP).

O rol dos impedimentos é taxativo, isto significa que não pode ser ampliado.

> "STF, HC 77622, Órgão julgador: Segunda Turma, Relator(a): Min. NELSON JOBIM, Julgamento: 17/11/1998, Publicação: 29/10/1999.EMENTA: HABEAS CORPUS. PROCESSO PENAL SUSPEIÇÃO E IMPEDIMENTO. O Fato do juiz ter registrado, em decreto de prisão preventiva, comportamento reprovável do Paciente, que revel no processo, ficava no corredor, por ocasião das audiências, instruindo testemunhas, não configura nem suspeição nem impedimento. Suspeição ocorre quando há vínculo do Juiz com qualquer das partes (CPP, art. 254). Impedimento configura-se quando há interesse do juiz com o objeto do processo (CPP, art. 252)".

Estará o juiz impedido se tiver funcionado, no processo, seu cônjuge ou companheiro, ou parente, consanguíneo ou afim, em linha reta ou colateral até o terceiro grau, inclusive, como defensor ou advogado, órgão do Ministério Público, autoridade policial, auxiliar da justiça ou perito. Quando o próprio juiz houver desempenhado qualquer dessas funções ou servido como testemunha.

2. NUCCI, Guilherme de Souza, *Código de Processo Penal Comentado*, RT, 2013, p. 584.

Também estará impedido o juiz que tiver atuado em função diversa no processo, como por exemplo, o magistrado que atuou como Delegado de Polícia e posteriormente, já investido da judicatura, recebe o expediente em sede de processo judicial contra o réu.

É, ainda, causa de impedimento se tiver funcionado como juiz de outra instância, pronunciando-se, de fato ou de direito, sobre a questão.

Segundo o art. 254 do CPP, o juiz dar-se-á por suspeito, e, se não o fizer, poderá ser recusado por qualquer das partes: I – se for amigo íntimo ou inimigo capital de qualquer deles, II – se ele, seu cônjuge, ascendente ou descendente, estiver respondendo a processo por fato análogo, sobre cujo caráter criminoso haja controvérsia, III – se ele, seu cônjuge, ou parente, consanguíneo, ou afim, até o terceiro grau, inclusive, sustentar demanda ou responder a processo que tenha de ser julgado por qualquer das partes, IV – se tiver aconselhado qualquer das partes, V – se for credor ou devedor, tutor ou curador, de qualquer das partes, VI – se for sócio, acionista ou administrador de sociedade interessada no processo.

As causas de suspeição estão em um rol exemplificativo. São hipóteses que tornam o magistrado não isento. Retira-se a imparcialidade do juiz.

Amizade íntima é o forte vínculo de fidelidade e afeição nascido entre pessoas. Portanto, não se consideram laços superficiais, coleguismo profissional ou escolar, contato sociais em clubes ou simpatia.

De outro lado, não são consideradas 'inimizade capital' as rusgas, as discussões calorosas, os desentendimentos no ambiente profissional, as disputas esportivas ou a antipatia gratuita.

Conforme previsto na Súmula 88 do Egrégio Tribunal de Justiça de São Paulo, reiteradas decisões contrárias aos interesses do excipiente, no estrito exercício da atividade jurisdicional, não tornam o juiz excepto suspeito para o julgamento da causa.

De acordo com o art. 256 do CPP, a suspeição não poderá ser declarada nem reconhecida, quando a parte injuriar o juiz ou de propósito der motivo para criá-la. Portanto, não se pode privilegiar a malícia e a má-fé, como causa de afastamento do juiz natural. Se a parte ofende o juiz, nos autos ou fora dele, somente para, em seguida, classificá-lo como 'inimigo capital', não haverá declaração de suspeição, consoante dispositivo legal citado.

> "TJ-SP, 0007038-40.2016.8.26.0281, Classe/Assunto: Exceção de Suspeição/Suspeição, Relator(a): Renato Genzani Filho, Comar-

> ca: Itatiba, Órgão julgador: Câmara Especial, Data do julgamento: 07/08/2017, Data de publicação: 08/08/2017. Ementa: EXCEÇÃO DE SUSPEIÇÃO – Ação penal – Incidente ofertado por advogado dativo, ao argumento de que o excepto é seu inimigo – Ilegitimidade da arguição – Advogado que integrou o processo após o início da atividade judicante do excepto – Exceção não conhecida".

28.2. Do Ministério Público

Conforme disposto no art. 127 da CF, o Ministério Público é instituição permanente, essencial à função jurisdicional do Estado, incumbindo-lhe a defesa da ordem jurídica, do regime democrático e dos interesses sociais e individuais indisponíveis. São princípios institucionais do Ministério Público: a unidade, a indivisibilidade e a independência funcional.

Pelo princípio da unidade, podem os promotores de justiça substituírem uns aos outros na prática de determinado ato.

De acordo com o princípio da indivisibilidade, os representantes do MP atuam em nome da instituição.

Pelo princípio da independência funcional, cada um de seus representantes possui convicção própria, que deve ser respeitada.

Consoante previsto no art. 129, I, da CF, cabe ao MP a promoção, em caráter privativo, da ação penal pública, na forma legal. O Ministério Público é sujeito da relação processual, ao lado do juiz e do acusado, além de ser também parte, pois defende interesse do Estado, que é a efetivação de seu direito de punir o infrator.

O Plenário do STF concedeu ao Ministério Público poderes para investigar, em decisão de 14/05/2015, no Recurso Extraordinário 593.727 MG, a saber:

> "Repercussão geral. Recurso extraordinário representativo da controvérsia. Constitucional. Separação dos poderes. Penal e processual penal. Poderes de investigação do Ministério Público. (...) Questão constitucional com repercussão geral. Poderes de investigação do Ministério Público. Os artigos 5º, incisos LIV e LV, 129, incisos III e VIII, e 144, inciso IV, § 4º, da Constituição Federal, não tornam a investigação criminal exclusividade da polícia, nem afastam os poderes de investigação do Ministério Público. Fixada, em repercussão geral, tese assim sumulada: "O Ministério Público dispõe de competência para promover, por autoridade própria, e por prazo razoável, investigações de natureza penal, desde que respeitados os direitos e garantias que assistem a qualquer indiciado ou

> a qualquer pessoa sob investigação do Estado, observadas, sempre, por seus agentes, as hipóteses de reserva constitucional de jurisdição e, também, as prerrogativas profissionais de que se acham investidos, em nosso País, os Advogados (Lei 8.906/94, artigo 7º, notadamente os incisos I, II, III, XI, XIII, XIV e XIX), sem prejuízo da possibilidade – sempre presente no Estado democrático de Direito – do permanente controle jurisdicional dos atos, necessariamente documentados (Súmula Vinculante 14), praticados pelos membros dessa instituição".

Além disto, quando a ação for ajuizada pela vítima (de iniciativa exclusivamente privada ou privada subsidiária da pública), deve o Ministério Público exercer suas funções de fiscal da lei.

Consoante dispõe o art. 258 do CPP, os órgãos do Ministério Público não funcionarão nos processos em que o juiz ou qualquer das partes for seu cônjuge, companheiro, ou parente, consanguíneo ou afim, em linha reta ou colateral, até o terceiro grau, inclusive, e a eles se estendem, no que lhes for aplicável, as prescrições relativas à suspeição e aos impedimentos dos juízes.

Já o promotor de justiça que participa da investigação policial não se torna impedido, nem suspeito para oferecer denúncia, conforme súmula 234 do STJ, *in verbis*: A participação de membro do Ministério Público na fase investigatória criminal não acarreta o seu impedimento ou suspeição para o oferecimento da denúncia.

Por fim, tem-se que nas ADI's 6.298, 6.299, 6.300 e 6.305, o STF afastou a causa de impedimento trazida pelo Pacote Anticrime no art. 157, § 5º, do CPP.

28.3. Do Acusado e seu Defensor

O réu é o sujeito passivo e parte na relação processual. Durante a investigação, recebe a denominação de investigado e indiciado, se, formalmente, apontado como suspeito pelo Estado. Ocorre que, uma vez formalizada a suspeita por ato de indiciamento pelo Delegado de Polícia não cabe mais retroceder. Daí também o cuidado com a terminologia. No momento do oferecimento da denúncia, é denunciado ou imputado. Após o recebimento da denúncia, é acusado ou réu.

O advogado, segundo disposto no art. 133 da CF, é indispensável à administração da justiça.

Conforme disposto no art. 259 do CPP, a impossibilidade de identificação do acusado com o seu verdadeiro nome ou outros qualificativos não retardará a ação penal, quando certa a identidade física. A qualquer tempo, no curso do processo, do julgamento ou da execução da sentença, se for descoberta a sua qualificação, far-se-á a retificação, por termo, nos autos, sem prejuízo da validade dos atos precedentes.

Quanto ao disposto no art. 260 do CPP, cumpre recordar o decidido na ADPF 395 e na ADPF 444. Portanto, não pode o juiz determinar a condução coercitiva do réu para seu interrogatório em juízo. Trata-se de proteção contra a autoincriminação. Ora, o réu tem direito ao silêncio (art. 5º, LXIII, CF). Logo, 'quem pode o mais, pode o menos'. Agora, quanto ao interrogatório de qualificação, não tem o réu o direito ao silêncio. Segundo a CF/88, o preso será informado de seus direitos, entre os quais o de permanecer calado, sendo-lhe assegurada a assistência da família e de advogado (art. 5º inciso LXIII da CF). Quanto às provas para as quais for convocado a auxiliar na produção, certamente o réu não é obrigado a colaborar, pois ninguém é obrigado a se produzir prova contra si mesmo.

> STF, ADPF 444, 14/06/2018: "(...) Presunção de não culpabilidade. A condução coercitiva representa restrição temporária da liberdade de locomoção mediante condução sob custódia por forças policiais, em vias públicas, não sendo tratamento normalmente aplicado a pessoas inocentes. Violação. 5. Dignidade da pessoa humana (art. 1º, III, da CF/88). O indivíduo deve ser reconhecido como um membro da sociedade dotado de valor intrínseco, em condições de igualdade e com direitos iguais. Tornar o ser humano mero objeto no Estado, consequentemente, contraria a dignidade humana (...) Arguição julgada procedente, para declarar a incompatibilidade com a Constituição Federal da condução coercitiva de investigados ou de réus para interrogatório, tendo em vista que o imputado não é legalmente obrigado a participar do ato, e pronunciar a não recepção da expressão "para o interrogatório", constante do art. 260 do CPP. (...)".

O art. 261 do CPP versa sobre a indisponibilidade do direito de defesa, que é decorrente da indisponibilidade do direito à liberdade. Assim, o juiz deve zelar pela qualidade da defesa técnica, declarando, se for preciso, indefeso o acusado e nomeando outro advogado para desempenhar a função.

Todavia, a Súmula 64 do Superior Tribunal de Justiça revela que, "não constitui constrangimento ilegal o excesso de prazo na instrução, provocado pela defesa".

Face o art. 5º do CC, o art. 262 do CPP perdeu o sentido.

No mais, a escolha de Defensor de confiança do réu é direito inafastável, eis que integra a ampla defesa. Portanto, no caso de renúncia de advogado constituído, antes de nomear advogado dativo ou defensor público para o réu, o juiz deve intimá-lo para oportunizar a constituição de novo advogado de sua confiança, sob pena de nulidade processual.

28.4. Do Assistente de Acusação

Sobre a natureza do assistente de acusação, é possível indicar três correntes: a) Corrente minoritária: a figura do assistente do Ministério Público é incompatível com a Constituição Federal. Se a vítima pretende assegurar seus interesses patrimoniais relativos à reparação do dano, deve se valer da ação civil *ex delicto*, deixando a postulação acusatória como encargo exclusivo do órgão ministerial.; b) Corrente intermediária: a presença do assistente de acusação no processo visa a sentença condenatória com trânsito em julgado, para fins de execução no cível do valor mínimo de reparação dos danos (CPP, art. 387, IV) ou posterior liquidação; c) Terceira corrente e majoritária: o assistente, além da indenização, tem interesse em uma condenação que seja justa e proporcional ao crime praticado. É por isto que a CF concede à vítima o exercício da ação penal privada subsidiária da pública (art. 5º, LIX). O assistente é o auxiliar do Ministério Público, mas não substitui o Estado no exercício da pretensão punitiva. O assistente da acusação tem legitimidade para recorrer inclusive contra sentença condenatória, objetivando o agravamento da pena imposta. Segundo disposto no art. 427, *caput*, do CPP, o assistente tem legitimidade para requerer o desaforamento no âmbito do tribunal o júri. Tem, também, legitimidade para requerer a decretação da prisão preventiva. Conforme disposto no art. 201, §2º, do CPP, o ofendido será comunicado dos atos processuais relativos ao ingresso e à saída do acusado da prisão, à designação de data para audiência e à sentença e respectivos acórdãos que a mantenham ou modifiquem[3].

Nos termos do art. 268, *caput*, do CPP, o ofendido ou seu representante legal, ou na falta, qualquer das pessoas mencionadas no art. 31 do CPP (CADI – cônjuge ou companheiro, ascendente, descendente, irmão), poderá se habilitar como assistente do Ministério Público em todos os termos da ação pública. Logo, a vítima só pode ser admitida como assistente do Ministério Público

3. LIMA, Renato Brasileiro de, *Manual de Processo Penal*, volume único, Editora Juspodivm, 11ª edição, 2022, p. 1153/1154.

durante a ação penal e não no IP ou PIC (fase investigatória). Entretanto, a vítima pode contratar advogado para acompanhar o andamento da fase investigatória.

Já, segundo o art. 269 do CPP, o assistente será admitido enquanto não passar em julgado a sentença e receberá a causa no estado em que se achar.

Assim, o ingresso do assistente ocorre após o recebimento da peça acusatória e é possível até o trânsito em julgado da sentença.

No plenário do júri, consoante art. 430 do CPP, o assistente apenas será admitido se tiver requerido sua habilitação até 5 dias antes da data da sessão de julgamento na qual pretenda atuar.

O assistente receberá a causa no estava em que se achar (art. 269 do CPP) e a habilitação da vítima como assistente somente se dará nos processos de ação penal pública, pois no caso de ação penal privada, em qualquer de suas modalidades, o ofendido tem legitimidade para a ação penal.

A vítima deve constituir advogado ou haverá nomeação de Defensor Público para patrocinar seus interesses, pois ela, por si só, não tem capacidade postulatória. Assim, o assistente da acusação é a vítima habilitada e o advogado é o representante processual.

Quando no art. 457, *caput,* do CPP, está disposto que o julgamento no plenário do júri não será adiado pelo não comparecimento do assistente, há um equívoco, porque na verdade o legislador está a falar da ausência do advogado e não da vítima.

É obrigatória a oitiva do Ministério Público antes da habilitação do assistente. Conforme disposto no art. 270 do CPP, o corréu não poderá intervir como assistente do Ministério Público. Segundo disposto no art. 271 do CPP, ao assistente será permitido propor meios de prova, requerer perguntas às testemunhas, aditar os articulados, participar do debate oral e arrazoar os recursos interpostos pelo Ministério Público, ou por ele próprio. Entretanto, se intimado, o assistente, sem motivo de força maior devidamente comprovado, não comparecer, o processo prosseguirá independentemente de nova intimação dele.

Contra a decisão que não admitir ou admitir o assistente, conforme art. 273 do CPP, não caberá recurso. Entretanto, admite-se a impetração de mandado de segurança. Contudo, caso a vítima esteja habilitada como assistente e vier a ser, erroneamente, excluída posteriormente, é possível a correição parcial, ante o *error in procedendo.*

28.5. Dos Auxiliares da Justiça

São auxiliares da justiça: os oficiais de justiça, os peritos e os intérpretes.

Conforme disposto no art. 274 do CPP, as prescrições sobre suspeição dos juízes estendem-se aos serventuários e funcionários da justiça, no que lhes for aplicável, bem como aos peritos (art. 280 do CPP).

Além disto, no dizer do art. 275 do CPP, o perito, ainda quando não oficial, estará sujeito à disciplina judiciária.

Conforme a doutrina[4], perito é o auxiliar da justiça especialista em determinada matéria, que deve esclarecer ao juiz temas que fogem alçada deste último. O perito pode ser oficial (quando funcionário do Estado, concursado, não precisando prestar compromisso para que exerça as suas funções) ou não oficial (ou louvado, que é aquele nomeado pelo juiz, normalmente em locais onde não há perito oficial, devendo prestar compromisso para que incide o exercício de suas funções, conforme o art. 159, §2º, do CPP).

Não cabe à parte realizar intervenção na nomeação do perito. Estará sujeito ao pagamento de multa, o perito nomeado pelo juiz que, sem justa causa, provada imediatamente: a) deixar de acudir à intimação ou ao chamado da autoridade; b) não comparecer no dia e local designados para o exame; c) não der o laudo, ou concorrer para que a perícia não seja feita, nos prazos estabelecidos.

Vale dizer que, no caso de não comparecimento do perito, sem justa causa, a autoridade poderá determinar a sua condução.

Consoante preceitua o art. 279 do CPP, não poderão ser peritos: I – os que estiverem sujeitos à interdição de direito mencionada nos ns. I e IV do art. 69 do Código Penal; II – os que tiverem prestado depoimento no processo ou opinado anteriormente sobre o objeto da perícia; III – os analfabetos e os menores de 21 anos.

---

4. ALVES, Leonardo Barreto Moreira, Manual de Processo Penal, coleção manuais Dizer o Direito, coord. Márcio Cavalcante, Editora Juspodivm, 4ª edição, 2024, p. 1047.

29. DA PRISÃO, DAS MEDIDAS CAUTELARES E DA LIBERDADE PROVISÓRIA

29.1. Da Prisão em Flagrante Delito

A prisão é a maior restrição ao direito de liberdade legalizada por imposição pelos agentes e nas hipóteses autorizadas pelo Estado conforme texto escrito em lei.

A obrigatoriedade de relaxar a prisão ilegal já estava prevista no artigo 5º, inciso LXV da Constituição Federal, e a imposição de se conceder liberdade provisória, com ou sem fiança, no artigo 5º, inciso LXVI também da lei maior.

"A prisão em flagrante é modalidade de prisão cautelar, e a palavra "flagrante" procede do latim – *flagrans*, flagrantes – e significa aquilo que está queimando; que está em chamas; que se faz evidente naquele momento, em situação de atualidade"[5].

A lavratura do auto de prisão em flagrante tem por requisito formal a existência de um condutor e testemunhas, de forma a evidenciar a necessidade de certeza visual a respeito do delito ou de seu autor, ou de ambos, conforme uma das modalidades do artigo 302 do Código de Processo Penal.

Desta feita, flagrante é o delito que está sendo ou que acabou de ser cometido. Ocorre que o artigo 302 do Código de Processo Penal também prevê hipóteses em que se considera o indivíduo como se estivesse cometendo o crime ou acabado de cometê-lo, atribuindo o mesmo tratamento, ou seja, a possibilidade de sua prisão.

É cláusula pétrea aventada pelo artigo 5º, inciso LXI, da CF, que ninguém será preso senão em flagrante delito ou por ordem escrita e fundamentada de autoridade judiciária competente.

É possível a prisão em flagrante no interior da residência, mesmo à noite. Também se permite a prisão em flagrante pela prática de crime, doloso ou culposo, ou contravenção penal. Contudo, não se imporá prisão em flagrante em relação à prática de infração penal a que não for isolada cumulativa ou alternativamente cominada pena privativa de liberdade, conforme determina o §1º do artigo 283 do Código de Processo Penal.

---

5. MARCÃO, Renato. Prisões Cautelares, Liberdade Provisória e Medidas Cautelares Restritivas. 2ª ed. São Paulo: Saraiva, 2012. p. 56.

Renato Marcão e Aury Lopes Júnior divergem quanto à natureza jurídica da prisão em flagrante. Para o primeiro ela é medida cautelar que visa garantir o resultado final do processo ou ao menos influenciá-lo. Já para Aury Lopes, ela se constitui em medida pré-cautelar, já que apenas colocará o indiciado à disposição do Juiz, no prazo de 24 horas; oportunidade em que o julgador apreciará se é o caso de converter o flagrante em preventiva, aplicar outra medida cautelar ou devolver-lhe, sem restrições, a liberdade.

No flagrante facultativo (art. 301 do CPP), a lei autoriza que qualquer do povo prenda em flagrante aquele que se encontrar em uma das situações a que se refere o artigo 302 do CPP. O particular não está obrigado a efetuar a prisão em flagrante, mas apenas autorizado a assim proceder quando identificada a situação legitimada em lei, sem que possa ser responsabilizado pela prática de atos que impliquem restrição à liberdade de outrem; função esta precipuamente a ser empreendida pelo Estado, mas que, por exceção, pode um particular praticar. Diversamente, no flagrante obrigatório, a realização da prisão em flagrante é medida-dever para a Autoridade Policial e seus agentes, quando se deparem com qualquer das situações descritas no aludido dispositivo legal. É dever inerente ao cargo; que decorre do exercício das funções. Se não se efetivar a prisão em flagrante e for o caso de uma das hipóteses previstas no referido dispositivo processual, os agentes estatais poderão responder pela omissão administrativamente, por falta funcional ou até mesmo no âmbito criminal, se houver desídia ou finalidade de satisfação de interesse ou sentimento pessoal, nos termos do que dispõe o art. 319 do CP.

Quanto à classificação dos flagrantes, temos: – flagrante em sentido próprio (flagrante propriamente dito; real; verdadeiro ou perfeito) – flagrante impróprio (quase flagrante, irreal ou imperfeito) e – flagrante presumido (flagrante ficto, fictício ou assimilado).

O flagrante real ou em sentido próprio está previsto nos incisos I e II do art. 302 do CPP e se dá quando o agente é surpreendido no momento em que está cometendo a infração penal ou acabou de cometê-la. No primeiro caso, o infrator é surpreendido no decorrer do *iter criminis*, podendo, muitas vezes, o delito permanecer na forma tentada. No segundo, o agente acaba de cometer a infração penal e é surpreendido em flagrante.

No "flagrante impróprio", quase flagrante ou imperfeito, o infrator é perseguido, pela Autoridade, pelo ofendido ou por qualquer pessoa, *logo após*, em situação que faça presumir ser ele autor da infração. É a situação prevista no art. 302, III, do CPP.

A perseguição pode durar mais de um dia e mesmo assim a prisão poderá ser levada a efeito, ainda mais quando a perseguição foi ininterrupta, sequencial e incessante. O que se deve ter como norte é que, em ocorrendo a perseguição do agente infrator pelos policiais, a sua prisão em flagrante será legítima.

No que tange à expressão "logo após", ainda que se exija a perseguição, não estará vedada a prisão em flagrante no caso em que os agentes policiais iniciaram a perseguição, perderam de vista o autor do crime, ainda que por algumas horas, e continuando as diligências, conseguiram retomar seu paradeiro, iniciando novo percurso para segui-lo, mesmo ele ainda tentando empreender fuga, e, finalmente culminando com a sua captura.

Nos termos do art. 302, IV, do CPP, também pode ocorrer a prisão em flagrante daquele que é encontrado, *logo depois*, com instrumentos, armas, objetos ou papéis que façam presumir ser ele autor da infração. É o denominado flagrante ficto, fictício ou assimilado. Não há necessidade de perseguição para que se configure o flagrante presumido.

Questão diversa é o "flagrante preparado ou provocado". Segundo a Súmula 145 do Supremo Tribunal Federal: "Não há crime quando a preparação do flagrante pela polícia torna impossível a sua consumação". O flagrante preparado é conhecido como crime de experiência, delito putativo por obra do agente provocador ou delito de ensaio, justamente porque o crime que parte do "suspeito" não existe.

O flagrante preparado ocorre em crime de tráfico de drogas quando os policiais simulam a condição de usuários de entorpecente a fim de identificar o vendedor da droga e efetuar a prisão em flagrante deste quando ele a detém em seu poder para a comercialização. Contudo, o flagrante somente não se dará se o suposto traficante for buscar as porções de droga para o policial que se passa por usuário. Ao revés, se ele já armazena significativa quantidade de drogas para distribuição a terceiros e se dirige a este local para "servir" o policial que pensa ser usuário, será possível o flagrante por se tratar o artigo 33 da Lei de Tóxicos de crime múltiplo ou de conteúdo variado.

Situação, contudo, que não se traduz propriamente em flagrante, mas sim em ato ilícito do agente do Estado que cria a hipótese de crime para incriminar o indiciado/acusado é o flagrante forjado, arquitetado, planejado ou montado. Ocorre quando, *v.g.*, os policiais fabricam as provas de um crime inexistente, com o intuito de responsabilizar o indivíduo por um delito que ele não cometeu. Neste caso, não há crime praticado por este último, mas sim crime praticado por aquele que forjar a existência de prova contra o terceiro prejudicado, dentre eles, abuso de autoridade. Trata-se de hipótese em que o policial "planta" (coloca) a droga no veículo conduzido pelo indivíduo que se torna suspeito da prática do crime de tráfico de drogas.

Já o flagrante esperado é lícito. Neste caso, os policiais, em razão de investigações em curso ou informações anônimas têm ciência de que o delito está na iminência de acontecer em um determinado local, e, em decorrência disso, adotam providências visando à constatação dos fatos e prisão em flagrante do seu autor. Na modalidade de flagrante esperado, o condutor da voz de prisão apenas espera o momento oportuno para efetuar a captura, sem interferir no desenrolar do ilícito ou na conduta do infrator.

No caso de organizações criminosas, temos a ação controlada ou também flagrante prorrogado, protelado, retardado ou diferido, por meio do qual a atuação policial poderá ser postergada estrategicamente, visando melhor êxito na elucidação dos fatos e prisão de demais indivíduos envolvidos. Retarda-se a intervenção policial a fim de se efetivar, desde logo, a prisão visando maior sucesso na diligência e apuração da verdade real e detenção do maior número possível de envolvidos.

Outra questão importante é a comunicação da prisão em flagrante à Autoridade Judiciária no prazo de 24 horas. É o denominado controle jurisdicional imediato da legalidade da prisão em flagrante, previsto no artigo 5º, inciso LXII, da CF e artigo 306, *caput,* do CPP. Em síntese: a prisão de qualquer pessoa e o local onde se encontre serão comunicados, imediatamente, ao juiz competente. Além disto, conforme art. 3º-B, §1º, do CPP, o preso em flagrante ou por força de mandado de prisão provisória será encaminhado à presença do juiz de garantias no prazo de 24 horas, momento em que se realizará audiência com a presença do Ministério Público e da Defensoria Pública ou de advogado constituído. Embora a lei fale que, nesta audiência de custódia, é vedado o emprego de videoconferência, o STF conferiu interpretação conforme para admiti-la em casos excepcionais, desde que justificada pelo juiz das garantias.

A audiência de custódia encontra arrimo no artigo 7, item 5 da Convenção Americana de Direitos Humanos e citada audiência vem a dar efetividade aos direitos humanos, especialmente, o direito à informação, ao silêncio, à ampla defesa, ao contraditório, à publicidade dos atos judiciais e à vedação a prisões ilegais.

No direito italiano está prevista a *audienza di convalida*; na hipótese de prisão em flagrante, a polícia coloca o preso à disposição do Ministério Público, em até 24 horas. Este, por sua vez, caso entenda que a prisão é devida, pede ao juiz a sua convalidação. Tal pedido deve ser feito no prazo de 48 horas a partir do momento da efetiva privação de liberdade da pessoa. Segue-se o dever de o juiz realizar a audiência de convalidação em até 48 horas, tendo por fins verificar: (a) a "legitimidade" da prisão em flagrante; e (b) a possibilidade de aplicação de medidas cautelares diversas da prisão. Na Alemanha, todo aquele que for detido por inciativa da polícia deve ser levado à presença do juiz no máximo um dia após o encarceramento[6].

No auto de prisão em flagrante delito, além do condutor, o Delegado ouvirá as testemunhas, ou, como sói acontecer, a segunda testemunha, já que o condutor funciona também como primeira testemunha. No entanto, em caso de inexistência de testemunha da infração, o auto de prisão em flagrante será lavrado e duas pessoas que tenham presenciado a apresentação do preso à Autoridade deverão assinar o auto, conforme preceitua o §2º do art. 304 do CPP. A seguir, o indiciado será interrogado.

A nota de culpa será entregue ao preso em até 24 horas após a realização da prisão, mediante recibo. Deverá ser assinada pela autoridade, conter o motivo da prisão, o nome do condutor e os das testemunhas (art. 306, § 2º, do CPP).

Consoante o art. 310 do CPP, alterado pelo Pacote Anticrime (Lei 13.964/19), após receber o auto de prisão em flagrante, no prazo máximo de até 24 horas após a realização da prisão, o juiz deverá promover audiência de custódia com a presença do acusado, seu advogado constituído ou membro da Defensoria Pública e o membro do Ministério Público, e, nessa audiência, o juiz deverá, fundamentadamente: I – relaxar a prisão ilegal; ou II – converter a prisão em flagrante em preventiva, quando presentes os requisitos constantes do art. 312 deste Código, e se revelarem inadequadas ou insuficientes as medidas cautelares diversas da prisão; ou III – conceder liberdade provisória, com ou sem fiança.

Segundo o §1º do art. 310 do CPP, se o juiz verificar, pelo auto de prisão em flagrante, que o agente praticou o fato sob o manto de uma excludente de ilicitude, poderá, motivadamente, conceder ao indiciado a liberdade provisória, mediante termo de comparecimento a todos os atos processuais, sob pena de revogação.

---

6. AMARAL, Cláudio do Prado. *Da audiência de custódia em São Paulo*. São Paulo: Boletim IBCCRIM, ano 23, n. 269, ISSN 1676-3661, abr. 2015. p. 04-06.

Parte da doutrina assinala que não poderá o juiz converter a prisão em flagrante em preventiva *ex officio*. Invoca-se o § 2º do art. 282 e o art. 311, ambos do CPP. Contudo, quando já existe prisão provisória (no caso a prisão decorrente do flagrante), a cautelaridade da prisão é contínua. O que se altera é o seu fundamento, ou seja, deixa de ser uma das hipóteses de flagrante e se transmuda nas circunstâncias do artigo 312 do CPP. Passa a ser prisão cautelar preventiva decorrente da conversão da prisão em flagrante.

O STJ, em fevereiro de 2021, no RHC 131263/GO, adotou entendimento no sentido da impossibilidade de conversão *ex officio* da prisão em flagrante em prisão preventiva.

De forma diversa, a Sexta Turma do STJ entendeu que não é considerada atuação de ofício o ato do magistrado de determinar medida cautelar mais grave do que a solicitada pelo Ministério Público (MP). O entendimento foi adotado em um RHC interposto contra acórdão do TJ/RO, em que a defesa de um homem acusado de lesão corporal e ameaça no âmbito da Lei Maria da Penha alegou que a sua prisão preventiva havia sido decreta de ofício pelo juiz, tendo em vista que não havia sido requerida essa medida pelo MP, querelante, assistente de acusação ou havido representação do delegado de polícia, conforme prevê o artigo 282, §2º, do CPP. Na ocasião, o acusado passou pela audiência de custódia, e o membro do MP se manifestou pela aplicação de medidas cautelares diversas da prisão, incluindo o monitoramento eletrônico. No entanto, o magistrado decretou a prisão preventiva, fundamentada na garantia da ordem pública, por entender preenchidos os requisitos dos artigos 312 e 313, III, do CPP.

O Ministro relator, Rogerio Schietti Cruz, entendeu que no caso em análise não houve decretação da prisão preventiva de ofício, tendo em vista que houve pedido do MP de decretação de medida cautelar. O Ministro destacou que: Uma vez provocado pelo órgão ministerial a determinar uma medida que restrinja a liberdade do acusado em alguma medida, deve o juiz poder agir de acordo com o seu convencimento motivado e analisar qual medida cautelar pessoal melhor se adequa ao caso. No entendimento do Ministro, o juiz não está vinculado a conceder a mesma medida cautelar pedida pelo membro do MP, devendo a decisão ter motivação concreta para a adoção de medida mais grave, o que ocorreu no caso concreto[7].

7. https://canalcienciascriminais.com.br/juiz-pode-decretar-prisao-preventiva-ainda-que-mp-nao-a-requeira/, acesso em 31/03/2024 às 04h13.

Outra questão que deve ser abordada é o fato de ser plenamente possível o uso de algemas no suspeito, desde a prisão captura, até a prisão em flagrante e colocação do indiciado na cela própria na unidade policial. Tal procedimento é de segurança e não implica em irregularidade no auto de prisão ou em violação a direitos fundamentais.

É certo que a súmula vinculante nº 11 do STF tem a seguinte redação: Só é lícito o uso de algemas em caso de resistência e de fundado receio de fuga ou de perigo à integridade física própria ou alheia, por parte do preso ou de terceiros, justificada a excepcionalidade por escrito, sob pena de responsabilidade disciplinar, civil e penal do agente ou da autoridade e de nulidade da prisão ou do ato processual a que se refere, sem prejuízo da responsabilidade civil do Estado.

No entanto, se a Autoridade Policial não constar expressamente no auto de prisão a justificativa do uso das algemas ela poderá decorrer, implicitamente, da leitura dos depoimentos e demais peças que o instruem. Até porque não se pode exigir de ninguém que acaba de ser capturado que permaneça em estágio de calmaria e não tente empreender fuga.

29.2. Da Prisão Preventiva

A prisão preventiva pode ser classificada como medida preparatória ou cautelar porque previne a satisfação do resultado do processo. É provisória porque nunca pode ter o alcance de uma pena.

"Prisão preventiva é uma medida cautelar de constrição à liberdade do indiciado ou réu, por razões de necessidade, respeitados os requisitos estabelecidos em lei"[8].

A prisão preventiva é medida excepcional de privação de liberdade e sua decretação pode ocorrer quando preenchidos os seguintes requisitos: *fumus boni iuris* ou *fumus comissi delicti* (prova da existência do ilícito penal e de indícios suficientes da autoria) e o *periculum libertatis* ou *periculum in mora* (perigo da demora) (garantia da ordem pública ou econômica, na conveniência da instrução criminal, na segurança de aplicação da lei penal ou perigo gerado pelo estado de liberdade do imputado) (vide art. 312 do CPP).

8. NUCCI, Guilherme de Souza. *Código de Processo Penal Comentado*. 12ª ed. 2ª tir. São Paulo: Thomson Reuters – Revista dos Tribunais, 2013.

A quantidade de pena cominada, abstratamente, também repercute na possibilidade de decretação da prisão preventiva. A título de comparativo, pode-se citar a previsão do Código vigente em Mendonza que somente admite a prisão preventiva quando aos delitos imputados lhes correspondam a pena máxima superior a dois anos. Já os Códigos de Buenos Aires e San Luis impedem a prisão preventiva para as infrações leves[9]. (tradução livre)

Segundo disposto no 311 do CPP, em qualquer fase da investigação policial ou do processo penal, caberá a prisão preventiva decretada pelo juiz, a requerimento do Ministério Público, do querelante ou do assistente, ou por representação da autoridade policial. O Pacote Anticrime vedou a possibilidade do juiz decretar, de ofício, a prisão preventiva e, assim, prestigiou o sistema eminentemente acusatório.

Veja-se, ainda, que o Pacote Anticrime (Lei nº 13.964, de 2019) não estabeleceu um prazo de duração para a prisão preventiva, mas sim impôs a reanálise da cautelar em comento no prazo nonagesimal. Neste sentido, dispõe o parágrafo único do art. 316 do CPP: "O juiz poderá, de ofício ou a pedido das partes, revogar a prisão preventiva se, no correr da investigação ou do processo, verificar a falta de motivo para que ela subsista, bem como novamente decretá-la, se sobrevierem razões que a justifiquem. Parágrafo único. Decretada a prisão preventiva, deverá o órgão emissor da decisão revisar a necessidade de sua manutenção a cada 90 (noventa) dias, mediante decisão fundamentada, de ofício, sob pena de tornar a prisão ilegal".

Tem-se entendido que o simples atraso na revisão judicial da prisão não implica, automaticamente, a revogação da cautela máxima. Em casos tais, não demonstrada, na impetração de Habeas Corpus, ter havido expressa provocação da parte interessada, para o reexame judicial da prisão, os Tribunais Superiores têm concedido a ordem tão somente para determinar ao juiz que supra tal omissão.

A decisão do Supremo Tribunal Federal (STF) na ADI 6581 esclareceu a interpretação do parágrafo único do artigo 316 do Código de Processo Penal, que exige a revisão da prisão preventiva a cada 90 dias. O STF determinou que a falta dessa reavaliação não implica na revogação automática da prisão, mas o juiz deve ser instado a revisar a legalidade e atualidade dos fundamentos

9. CLARIÁ OLMEDO, Jorge A. *Derecho Procesal Penal*. Tomo II (atualizado por Montero, Jorge Raúl). Buenos Aires: Rubinzal – Culzoni, 2008. p. 355-356.

da prisão. Essa regra aplica-se até o final dos processos de conhecimento e também nos casos de prerrogativa de foro, mas não às prisões decorrentes de condenações em segunda instância ainda não transitadas em julgado.

Essa decisão busca equilibrar a proteção dos direitos fundamentais dos acusados com a necessidade de segurança pública, garantindo que prisões preventivas não sejam mantidas sem fundamento atual e legítimo, enquanto evita a liberação automática de indivíduos potencialmente perigosos apenas por questões processuais.

Vale, ainda, mencionar que, em reforço ao propósito de que as decisões impositivas de cautelas pessoais sejam reexaminadas *ex officio* pelo juiz da causa, dispõe o novo art. 3º-C, em seu §2º, que "As decisões proferidas pelo juiz das garantias não vinculam o juiz da instrução e julgamento, que, após o recebimento da denúncia ou queixa, deverá reexaminar a necessidade das medidas cautelares em curso, no prazo máximo de 10 (dez) dias. É dizer, a reforma acabou por impor ao juiz da instrução e julgamento o reexame das cautelas anteriormente impostas pelo juiz das garantias, logo após o recebimento da denúncia ou queixa (no prazo máximo de 10 dias), e também a cada 90 dias, não sendo despiciendo lembrar que permanece a obrigação – já existente no CPP antes da reforma – de novamente analisar a prisão ou medida cautelar imposta ao réu, quando condenado ou pronunciado, por força, respectivamente, dos artigos 387, §1º e 413, §3º, do CPP"[10].

De outra banda, deve-se deixar consignado que são legitimados para requerer a prisão preventiva: o Ministério Público, o querelante e o assistente de acusação, além da Autoridade Policial que pode representar pela decretação. A possibilidade do assistente requerer esta modalidade de prisão provisória aumenta a participação da vítima no processo penal. Se a Autoridade Policial que representar pela prisão preventiva tiver seu pleito indeferido pelo juízo, não terá possibilidade de recorrer.

Se houver indeferimento do pedido, a decisão poderá ser atacada por meio da interposição de recurso em sentido estrito, nos termos do artigo 581, inciso V, do CPP.

Os requisitos essenciais para a decretação da prisão preventiva encontram-se previstos no artigo 312 do CPP, que preceitua que a prisão preventiva

10. CRUZ, Rogério Schietti, *Prisão Cautelar Dramas, Princípios e Alternativas*, Editora Juspodivm, 6ª ed., 2021, p. 353/357.

poderá ser decretada como garantia da ordem pública, da ordem econômica, por conveniência da instrução criminal, ou para assegurar a aplicação da lei penal, quando houver prova da existência de crime e indício suficiente de autoria e de perigo gerado pelo estado de liberdade do imputado.

Com o advento do Pacote Anticrime restou explicitado no § 1º do referido dispositivo legal que a prisão preventiva também poderá ser decretada em caso de descumprimento de qualquer das obrigações impostas por força de outras medidas cautelares (art. 282, § 4º) e conforme o § 2º que a decisão que decretar a prisão preventiva deve ser motivada e fundamentada em receio de perigo e existência concreta de fatos novos ou contemporâneos que justifiquem a aplicação da medida adotada.

A lei prevê a observância do contraditório na decretação da prisão preventiva. Isto porque o §3º do art. 282 do CPP revela que, ressalvados os casos de urgência ou de perigo de ineficácia da medida, o juiz, ao receber o pedido de medida cautelar (e a prisão preventiva é uma cautelar), determinará a intimação da parte contrária, acompanhada de cópia do requerimento e das peças necessárias, permanecendo os autos em juízo. Ocorre que o contraditório, neste caso, deverá ser diferido, uma vez que certamente se o suspeito/indiciado/acusado/réu for cientificado previamente da possibilidade de decretação de sua prisão preventiva, a medida será inócua, pois propiciará sua fuga.

Cumpre salientar que, mesmo nos casos de relaxamento da prisão em flagrante, a decretação da custódia preventiva poderá ocorrer, até porque os motivos de uma situação não têm relação com a outra.

A decretação da prisão preventiva também pode acontecer no momento da prolação da sentença condenatória ou na decisão de pronúncia. O §1º do art. 387 do CPP assegura que o juiz, ao proferir sentença condenatória, decidirá, fundamentadamente, sobre a manutenção ou, se for o caso, imposição de prisão preventiva ou de outra medida cautelar, sem prejuízo do conhecimento da apelação que vier a ser interposta.

O art. 315 do CPP trata do dever de motivação e dispõe que a decisão que decretar, substituir ou denegar a prisão preventiva será sempre motivada e fundamentada. Conforme § 1º, na motivação da decretação da prisão preventiva ou de qualquer outra cautelar, o juiz deverá indicar concretamente a existência de fatos novos ou contemporâneos que justifiquem a aplicação da medida adotada.

Não se considera fundamentada qualquer decisão judicial, seja ela interlocutória, sentença ou acórdão, que: limitar-se à indicação, à reprodução ou à paráfrase de ato normativo, sem explicar sua relação com a causa ou a questão decidida; empregar conceitos jurídicos indeterminados, sem explicar o motivo concreto de sua incidência no caso; invocar motivos que se prestariam a justificar qualquer outra decisão; não enfrentar todos os argumentos deduzidos no processo capazes de, em tese, infirmar a conclusão adotada pelo julgador; limitar-se a invocar precedente ou enunciado de súmula, sem identificar seus fundamentos determinantes nem demonstrar que o caso sob julgamento se ajusta àqueles fundamentos; deixar de seguir enunciado de súmula, jurisprudência ou precedente invocado pela parte, sem demonstrar a existência de distinção no caso em julgamento ou a superação do entendimento.

É indispensável que o magistrado aponte, de maneira concreta, as circunstâncias fáticas que apontam no sentido de adoção da medida cautelar, sob pena de manifesta ilegalidade do decreto prisional. (...) O § 2º do art. 315 do CPP, introduzido pela Lei n. 13.964/19, prevê um rol exemplificativo de decisões que devem ser consideradas não fundamentadas[11].

O Desembargador Professor Doutor Marco Antonio Marques da Silva especifica como deve ser a atividade do juiz ao indicar, na decisão que decreta a prisão preventiva, os motivos de sua convicção. Segundo o renomado autor, o *decisum* há de conter os dados concretos sobre o fato, não bastando meras referências o texto legal, quando do decreto prisional[12].

Paulo Rangel ensina que o juiz não pode "copiar a lei", mas deve, ao contrário, se pautar nos depoimentos das testemunhas, elucidando os pressupostos da preventiva no caso concreto[13].

Por outro lado, se, no decorrer do processo, o julgador verificar a falta de motivo para a subsistência da prisão preventiva, conforme dispõe o artigo 316 do CPP, poderá revogá-la. Ao contrário, poderá também decretá-la novamente, se forem apresentadas razões novas, justificadoras da medida. Tanto o juiz, quanto o órgão colegiado podem revogar a prisão preventiva, quando entenderem insubsistentes os fundamentos da decisão. Se a prisão foi decretada exclusivamente por conveniência da instrução criminal, quando encerrada esta, deverá

11. LIMA, Renato Brasileiro de. *Pacote Anticrime.* Comentários à Lei 13.964/2019 artigo por artigo. 2ª ed. Salvador: Editora Juspodivm. 2021, p. 338-341.

12. SILVA, Marco Antonio Marques da; FREITAS, Jayme Walmer de. *Código de Processo Penal Comentado.* 1ª ed. São Paulo: Saraiva, 2012. p. 505.

13. RANGEL, Paulo. *Direito Processual Penal.* 22ª ed. São Paulo: Atlas, 2014. p. 826-827.

ser revogada. Contudo, se após a revogação ficar provada que nova custódia se faz imprescindível, por exemplo, desta vez para assegurar a aplicação da lei penal, nada impede seja ela decretada novamente sob justificativa diversa.

Como já dito alhures, o parágrafo único do artigo 316 do CPP determina a reanálise da prisão preventiva no prazo nonagesimal. Contudo, a jurisprudência firmou entendimento no sentido de que a inobservância do prazo de 90 dias não implica em revogação automática da prisão preventiva, apenas deve o juiz ser instado a se manifestar. Cumpre assentar que o Supremo Tribunal Federal fixou tese a respeito quando do julgamento da Suspensão de Liminar nº 1.395, ou seja: "a inobservância do prazo nonagesimal previsto no parágrafo único do art. 316 do Código de Processo Penal não implica automática revogação da prisão preventiva, devendo o juiz competente ser instado a reavaliar a legalidade e a atualidade de seus fundamentos" (Min. Luiz Fux, Tribunal Pleno, 04.02.2021).

Nos termos do artigo 5º, inciso LXVIII da Constituição Federal e artigo 647 do CPP, dar-se-á *habeas corpus* sempre que alguém sofrer ou se achar ameaçado de sofrer violência ou coação em sua liberdade de locomoção, por ilegalidade ou abuso de poder. Assim, contra a decisão que decretar prisão preventiva caberá a impetração de *habeas corpus*.

De grande discussão, mas, ao mesmo tempo, de magna importância, é a prisão preventiva decretada para garantia da ordem pública.

Pode-se dizer que existe uma plurissignificação do termo "ordem pública" e, por isso, a impossibilidade de se estatuir um conceito suficientemente abrangente.

Ordem pública é a normalidade para uma determinada sociedade existente. É a ausência de elementos perturbadores. É conceito que envolve a permanência do estado das coisas e a realidade. Por ser um conceito indeterminado em um sistema aberto impõe-se ao juiz sempre fazer um contraponto entre o que a sociedade espera e aquela situação classificada, em um primeiro momento, como de risco à ordem preestabelecida. Ordem pública é a tranquilidade assegurada os membros da sociedade histórica.

Sobre a multiplicidade do conceito de ordem pública e as designações que podem estar contidas no substantivo "ordem", vale a pena conferir os apontamentos de Fábio Ramazzini Bechara:

> O substantivo "ordem" designa a necessidade de presença de certas condições, sem as quais aquele estado de coisas, que caracteriza a

> ordem, não se sustentaria, mas modificaria até acarretar a desordem. (...) A noção de ordem pública por sua vez, constitui o estado de coisas que representa a normalidade da vida coletiva de uma determinada sociedade. A ideia de normalidade é eminentemente relativa, e pode se caracterizar como ausência de anomalias, de condições perturbadoras, ou ainda como a presença de condições positivas bem determinadas. A ordem pública é em substância o conjunto de condições, que na visão de uma determinada sociedade de um dado momento histórico, ou da classe das classes prevalentes, representam a ordem normal da mesma sociedade. (...) A ordem pública enquanto conceito indeterminado, caracterizado pela falta de precisão e ausência de determinismo em seu conteúdo, mas que apresenta ampla generalidade e abstração, põe-se no sistema como inequívoco princípio geral, cuja aplicabilidade manifesta-se nas mais variadas ramificações das ciências em geral, notadamente no direito, preservado, todavia, o sentido genuinamente concebido. A indeterminação do conteúdo da expressão faz com que a função do intérprete assuma um papel significativo no ajuste do termo. (...) Prosseguindo na definição de ordem pública, tem-se que ora é tratada como sinônimo de convivência ordenada, segura, pacífica e equilibrada, a dizer normal e próprio dos princípios gerais de ordem expressados pelas eleições de base que disciplinam a dinâmica de um objeto de regulamentação pública e, sobretudo, de tutela preventiva, contextual e sucessiva ou repressiva. A ordem pública representa um anseio social de justiça, assim caracterizado por conta da preservação de valores fundamentais, proporcionando a construção de um ambiente e contexto absolutamente favoráveis ao pleno desenvolvimento humano. (...) É ainda ordem pública, expressão da situação de tranquilidade e normalidade que o Estado assegura – ou deve assegurar – às instituições e a todos os membros da sociedade, consoante às normas jurídicas legalmente estabelecidas[14].

Existe divergência em se inserir ou não o clamor público como consectário da ordem pública, uma vez violada. A divergência também persiste no sentido de ser suficiente o "clamor do povo" como fundamento para decretação da prisão preventiva.

O clamor público é o estado de comoção social e indignação popular com a ocorrência da infração penal. A jurisprudência diverge a respeito de o clamor

---

14. BECHARA, Fábio Ramazzini. *Processo Penal e o Conceito Jurídico de Ordem Pública Direito Processual Penal*. 2003. p. 93-99. Dissertação de Mestrado – Orientador: Professor Doutor Marco Antonio Marques da Silva, Pontifícia Universidade Católica de São Paulo, São Paulo.

público ser fundamento suficiente para a decretação da prisão preventiva, formando dois posicionamentos: a) clamor é fundamento suficiente (RT 656/374, RT 691/314); b) o clamor público não é fundamento suficiente para a decretação da prisão preventiva, já que: gera insegurança jurídica, viola o princípio da legalidade processual da repressão, pois o clamor público não está previsto no Código de Processo Penal como fundamento da prisão preventiva, descaracteriza a prisão preventiva, pois sua finalidade não é a de antecipar a pena, e viola o princípio constitucional da presunção de inocência comprometendo o postulado fundamental da liberdade[15].

Entendemos que o clamor público pode ser fundamento para decretação da prisão preventiva, pois, por causar a comoção social, inegavelmente que, com as demais circunstâncias do crime, pode contribuir para colocar em desassossego a ordem pública. Entendemos que ordem pública e clamor público não são sinônimos. O clamor público pode ter origem no abalo significativo à ordem pública, causado pela prática de um delito. Dizemos "significativo" porque qualquer crime cometido abala a ordem vigente. Então podemos afirmar que o clamor público é fruto, na maioria das vezes, da sensação de intenso abalo das estruturas da ordem pública; sensação esta que pode ter sido propagada pela mídia.

O Supremo Tribunal Federal admitiu a decretação da prisão preventiva na sentença sob o argumento da gravidade dos crimes (consistentes em homicídios triplamente qualificados), mesmos os réus tendo permanecidos soltos por treze anos e respondido ao processo em liberdade. Considerou que a prisão cautelar era necessária para garantia da ordem pública, tamanha a violência dos crimes e sua repercussão social. Logo, se o juiz considerar, na fase de dosimetria da pena fatos que demonstrem a periculosidade exacerbada dos acusados, p. ex., o desprezo da vida humana nos crimes dolosos contra a vida e a gravidade em concreta do crime revelada pelo *modus operandi* mesmo que primários e tendo respondido ao processo em liberdade, os réus poderão ter a prisão preventiva decretada na sentença condenatória ainda pendente de trânsito em julgado[16].

É sabido que a gravidade por si só (em abstrato) da conduta não é fundamento para decretação da prisão preventiva. Contudo, quanto à fundamentação

15. MESSA, Ana Flávia. Aspectos Constitucionais do Crime Organizado. In: MESSA, Ana Flávia; CARNEIRO, José Reinaldo Guimarães. *Crime Organizado*. São Paulo: Saraiva, 2012. p. 106.
16. STF – 1ª Turma – HC nº 119.630/AL – Relator: Ministro Luiz Fux – j. 08 abr. 2014.

da decisão que decreta a prisão preventiva em processo no qual ao réu se imputa a prática do crime tráfico de drogas, a gravidade do tráfico de drogas pode ser notória, reconhecida não só pela equiparação à hediondez na Constituição Federal, como pela repulsa determinada em diversos diplomas, inclusive os internacionais. Veja-se, por exemplo, que o Brasil se obrigou a reprimir o tráfico de drogas pela adesão à Convenção de Viena das Nações Unidas contra o Tráfico Ilícito de Entorpecentes e Substâncias Psicotrópicas, promulgada pelo Decreto nº 154/1991, assumindo o compromisso de velar para que os seus tribunais levem em conta a gravidade dos delitos e as circunstâncias "ao considerar a possibilidade de conceder liberdade antecipada ou liberdade condicional a pessoas que tenham sido condenadas por alguns desses delitos", nos termos do art. 3º, 7, da Convenção de Viena.

A garantia da ordem econômica, por sua vez, é espécie do gênero ordem pública. A decretação da prisão preventiva, nesta hipótese, busca impedir o agente de causador de seríssimo abalo à situação econômico-financeira de uma instituição financeira ou mesmo de órgão do Estado.

Já a necessidade de decretação da prisão cautelar para a conveniência da instrução criminal decorre da garantia de existência do devido processo legal, no seu aspecto procedimental.

A conveniência de todo processo é realização da instrução criminal de maneira imparcial, na busca da verdade real. Nesta toada, o desvirtuamento causado pela atuação do réu, visando à perturbação do transcorrer da instrução criminal, que compreende a produção de provas de um modo geral, se constitui em fundamento para fazer surgir a prisão preventiva. São ações do acusado que, na prática, tumultuam a instrução criminal: a ameaça a testemunhas, procedimento por ele adotado para fazer desaparecerem os vestígios do crime, ameaças ao órgão acusatório, à vítima ou ao juiz do feito, a fuga do local do crime, a mudança de domicílio etc.

A prisão preventiva também é cabível em caso de perigo gerado pelo estado de liberdade do imputado. O Superior Tribunal de Justiça já se manifestou no sentido de que 'embora a nova redação do referido dispositivo legal tenha acrescentado o novo pressuposto – demonstração do perigo gerado pelo estado de liberdade do imputado –, apenas explicitou entendimento já adotado pela jurisprudência pátria ao abordar a necessidade de existência de *periculum libertatis*. Portanto, caso a liberdade do acusado não represente perigo à ordem pública, econômica, à instrução criminal ou à aplicação da lei penal, não se justifica a prisão. (STJ, AgRg no RHC 157254/MS, 2021/0371157-5, Relator:

Ministro REYNALDO SOARES DA FONSECA (1170), Órgão Julgador: T5 – QUINTA TURMA, Data do Julgamento: 13/12/2021)

Além disto, a circunstância de ser o infrator primário, não ostentar antecedentes, ter residência fixa e declarar atividade laborativa não levam à impunidade pela frustração do andamento do processo, ou seja, não vedam a prisão cautelar na modalidade preventiva.

Na sequência, é mister mencionar que o art. 313 do CPP contém as hipóteses de cabimento da prisão preventiva, quais sejam: nos crimes dolosos punidos com pena privativa de liberdade máxima superior a 4 (quatro) anos; se tiver sido condenado por outro crime doloso, com sentença transitada em julgado, ressalvado o disposto no inciso I do caput do art. 64 do Decreto-Lei n. 2.848, de 7 de dezembro de 1940 – Código Penal; se o crime envolver violência doméstica e familiar contra a mulher, criança, adolescente, idoso, enfermo ou pessoa com deficiência, para garantir a execução das medidas protetivas de urgência.

Também será admitida a prisão preventiva quando houver dúvida sobre a identidade civil da pessoa ou quando esta não fornecer elementos suficientes para esclarecê-la, devendo o preso ser colocado imediatamente em liberdade após a identificação, salvo se outra hipótese recomendar a manutenção da medida.

Não será admitida a decretação da prisão preventiva com a finalidade de antecipação de cumprimento de pena ou como decorrência imediata de investigação criminal ou da apresentação ou recebimento de denúncia.

A prisão preventiva também poderá ser decretada em caso de descumprimento injustificado de qualquer das obrigações impostas por força de outras medidas cautelares.

Não há possibilidade de decretação da prisão preventiva no caso de infração a que não for isolada, cumulativa ou alternativamente cominada pena privativa de liberdade (§ 1º do art. 282 do CPP), em se tratando de contravenção penal; nos crimes culposos e nos preterdolosos.

Nas hipóteses de concurso de crimes dolosos – arts. 69, 70 e 71 do CP, será cabível a prisão, quando, em concurso material, (art. 69 do CP), a soma das penas mínimas cominadas for superior a quatro anos. Ocorrendo concurso formal, a pena máxima cominada ao crime mais grave deve ser aumentada de metade (art. 70 do CP). Se o total superar o limite de 4 (quatro) anos caberá a preventiva. Se a hipótese evidenciar o crime continuado, a pena máxima cominada ao crime mais grave – se diversos – deve ser aumentada de 2/3 (art. 71, *caput*, do CP). Se ultrapassados os 04 anos, caberá preventiva. Na hipótese de crime tentado, observada a pena máxima cominada, aplica-se a menor redução permitida no art. 14, II, do CP: 1/3 (um terço).

O descumprimento das obrigações impostas a título por força de outras medidas cautelares (arroladas nos arts. 319 e 320 do CPP) não depende da concorrência de qualquer as hipóteses do art. 313 do CPP para autorizar o decreto da preventiva. Logo, neste caso, a cautelar poderá ocorrer em relação a crimes culposos e em qualquer fase da investigação policial ou do processo penal.

29.3. Prisão Temporária

A prisão temporária é modalidade de prisão cautelar e tem por escopo assegurar a investigação policial em casos de apuração de crime grave. Está regulada pela Lei 7.960/89 e foi pensada para substituir a antiga "prisão para averiguação"; vedada no atual Estado Democrático de Direito.

A prisão temporária será decretada pelo juiz, após representação da autoridade policial ou requerimento do Ministério Público, com o prazo de cinco dias, prorrogáveis por outros cinco, em caso de extrema e comprovada necessidade (art. 2º, *caput*, da Lei 7.960/89). Quando se tratar de crimes hediondos e equiparados, o prazo será de 30 dias, prorrogáveis por outros 30 (art. 2º, §4º, da Lei 8.072/90). Não há decretação de ofício pela autoridade judiciária. Se o juiz indeferir o pedido de prisão temporária, poderá o Ministério Público interpor recurso em sentido estrito, por interpretação analógica do art. 581, VI, do CPP.

Uma vez expirado o prazo de prisão temporária, com ou sem prorrogação, o encarcerado será colocado, desde logo, em liberdade, independentemente de ordem judicial ou alvará de soltura. É medida a ser implementada pela Autoridade Policial, se não houver decretação da preventiva no período.

Contudo, a dúvida surge nos casos em que, durante o período de decretação da temporária, o Delegado de Polícia constata que a prisão não é mais necessária para as investigações ou que prendera pessoa sobre a qual não recaem mais nem sequer indícios de autoria. Nestes casos, Guilherme de Souza Nucci aponta que não é possível ao Delegado determinar a soltura do indivíduo, mas somente a Autoridade Judiciária que decretou a prisão temporária teria legitimidade para fazê-lo.

Cumpre consignar que a apresentação espontânea do suspeito perante a Autoridade Policial não impede a decretação da prisão temporária.

No julgamento das ADIs 3360 e 4109, o STF concluiu que é cabível a prisão temporária no âmbito do inquérito policial.

Para decretação da prisão temporária, exige-se a combinação dos incisos I e III ou I, II e III do art. 1º da Lei 7.960/89.

O rol dos crimes que permitem a decretação da prisão temporária é taxativo (art. 1º, inciso III, da Lei 7.960/89 e art. 2º, § 4º, da Lei 8.072/90).

Conforme aponta Leonardo Barreto Moreira Alves:

> "O STF, no julgamento das ADIs nºs 3.360 e 4.109, reconheceu expressamente que a prisão temporária é cabível quando 'for imprescindível para as investigações do inquérito policial (art. 1º, I, da Lei 7.960/89) (*periculum libertatis)*, constatada a partir de elementos concretos, e não meras conjecturas, vedada a sua utilização como prisão para averiguações, em violação ao direito à não autoincriminação, ou quando fundada no mero fato de o representado não possuir residência fixa (inciso II)'. E, no que diz respeito ao inciso III desse dispositivo legal, asseverou que a prisão temporária restará autorizada quando 'houver fundadas razoes de autoria ou participação do indiciado nos crimes previstos no ar.t 1º, III da Lei 7.960/89 (*fumus comissi delicti),*vedada a analogia ou a interpretação extensiva do rol previsto no dispositivo', no que decorre dos princípios da legalidade estrita (art. 5º inciso XXXIX da CF) e do devido processo legal substantivo (ar.t 5º inciso LXV da CF)"[17].

Conforme disposto no art. 2º, § 2º, da Lei 7.960/89, a decisão que decretar a prisão temporária deverá ser fundamentada e prolatada dentro do prazo de 24 horas, contadas a partir do recebimento da representação ou do requerimento. Além disto, o § 3º revela que o Juiz poderá, de ofício, ou a requerimento do Ministério Público e do Advogado, determinar que o preso lhe seja apresentado, solicitar informações e esclarecimentos da autoridade policial e submetê-lo a exame de corpo de delito. Uma vez decretada a prisão temporária, expedir-se-á mandado de prisão, em duas vias, uma das quais será entregue ao indiciado e servirá como nota de culpa.

Além disto, conforme art. 3º da citada lei, os presos temporários deverão permanecer, obrigatoriamente, separados dos demais detentos.

17. ALVES, Leonardo Barreto Moreira, Manual de Processo Penal, coleção manuais Dizer o Direito, coord. Márcio Cavalcante, Editora Juspodivm, 4ª edição, 2024, p. 1195.

De outro lado, cumpre recordar o disposto no art. 12 da Lei de Abuso de Autoridade (Lei 13.869/2019), *in verbis*: Deixar injustificadamente de comunicar prisão em flagrante à autoridade judiciária no prazo legal: Pena – detenção, de 6 (seis) meses a 2 (dois) anos, e multa. Parágrafo único. Incorre na mesma pena quem: I – deixa de comunicar, imediatamente, a execução de prisão temporária ou preventiva à autoridade judiciária que a decretou; II – deixa de comunicar, imediatamente, a prisão de qualquer pessoa e o local onde se encontra à sua família ou à pessoa por ela indicada; III – deixa de entregar ao preso, no prazo de 24 (vinte e quatro) horas, a nota de culpa, assinada pela autoridade, com o motivo da prisão e os nomes do condutor e das testemunhas; IV – prolonga a execução de pena privativa de liberdade, de prisão temporária, de prisão preventiva, de medida de segurança ou de internação, deixando, sem motivo justo e excepcionalíssimo, de executar o alvará de soltura imediatamente após recebido ou de promover a soltura do preso quando esgotado o prazo judicial ou legal.

No final do prazo da prisão temporária ou ocorrendo modificação do fundamento da prisão cautelar, poderá o juiz converter a prisão temporária em prisão preventiva. Desta feita, se houver alguma ilegalidade na prisão temporária, estará superada com o decreto da prisão preventiva.

29.4. Das Medidas Cautelares Diversas da Prisão

Nos termos do art. 319 do CPP, a primeira medida cautelar diversa da prisão é o comparecimento periódico em juízo, no prazo e nas condições fixadas pelo juiz, para informar e justificar suas atividades.

Esta medida já é conhecida na área penal, a teor do que dispõe o artigo 89, §1º, inciso IV, da Lei 9.099/95. A diferença está no comparecimento mensal em juízo da lei dos juizados para informar e justificar suas atividades. De acordo com o citado inciso I do art. 319 do CPP, o juiz pode, por exemplo, determinar o comparecimento bimestral ao acusado. Esta condição também é conhecida de outros institutos penais, como a suspensão condicional da pena, o regime aberto e o livramento condicional.

Tem-se, ainda, como alternativa à prisão, uma segunda medida cautelar prevista em lei que é a de proibição de acesso ou frequência a determinados lugares quando, por circunstâncias relacionadas ao fato, deva o indiciado ou acusado permanecer distante desses locais para evitar o risco de novas infrações.

> Essa inovação tem como origem os crimes cometidos em estádios de futebol, por integrantes de torcidas organizadas. São tantos cri-

> mes graves cometidos por essas verdadeiras gangues que, no caso concreto, a cautelar servirá para inibir o comparecimento do cidadão aos jogos de futebol, local que seria para seu divertimento. A grande dificuldade na materialização da cautelar reside na inviável ou quase nenhuma fiscalização que existe em nosso país. Interessante lembrar que, para a imposição dessa medida cautelar, a conjugação com a monitoração eletrônica se revela plausível, justamente para que exista alguma fiscalização. (...) Não se pode olvidar que esse inciso tem inteira aplicabilidade, igualmente, nos casos de violência doméstica [18].

Já a cautelar de proibição de manter contato com pessoa determinada quando, por circunstâncias relacionadas ao fato, deva o indiciado ou acusado permanecer distante desses locais para evitar o risco de novas infrações tem especial aplicação nos casos de violência doméstica, pois o artigo 22, inciso III, alínea "a", da Lei 11.340/06, assegura como medida protetiva, a proibição do indiciado e/ou acusado de se aproximar da ofendida, de seus familiares e das testemunhas, fixando o limite mínimo de distância (geralmente de 100 a 200 metros fixados pelo juiz) entre o agressor e aqueles. A alínea "b" do citado dispositivo legal prevê a proibição do indiciado e/ou réu de ter contato com a vítima, seus familiares e testemunhas, por qualquer meio de comunicação.

No caso em que o réu foi acusado de tentativa de homicídio qualificado (violência doméstica contra a mulher), por ter, dentre outras condutas, a jogado contra a parede, a lesionado com um canivete e ter tentado enforcá-la, considerando outros fatores, dentre eles a sua primariedade, entendeu-se por bem conceder a ordem e revogar a prisão cautelar, impondo-se a medida cautelar em exame[19].

Contudo, a prisão preventiva encontra guarida para ser decretada em caso de descumprimento de medida protetiva anteriormente concedida a favor da vítima, ainda que o acusado responda por crime de menor gravidade, como por exemplo, ameaça. É que, nesta hipótese, a prisão cautelar em análise encontra dois fundamentos para se sustentar: 1) a necessidade efetiva de se proteger a vítima da violência física e moral (violência de gênero); 2) a necessidade de se fazer valer a determinação estatal anterior.

---

18. SILVA, Marco Antonio Marques da; FREITAS, Jayme Walmer de. Código de Processo Penal Comentado. 1ª ed. São Paulo: Saraiva, 2012. p. 513-514.
19. TJ/SP, Habeas Corpus nº 0053629-35.2013.8.26.0000 – 12ª Câmara de Direito Criminal. j. 22 maio 2013. Relator: Desembargador Paulo Rossi. Publicação em: 23 maio 2013.

Assim, se o acusado é proibido de se aproximar da vítima e descumpre a medida protetiva imposta, a sua prisão cautelar poderá ser decretada. Até porque, se assim não fosse, de nenhuma eficácia seria a decisão interlocutória do Estado-juiz que lhe impôs, anteriormente, a restrição do direito de se aproximar da ofendida. É por isso que o descumprimento exige uma resposta estatal apta a cessar as condutas que nada mais são do que extensão da prática delitiva anterior e até mesmo preparação para a incidência em novos delitos, se considerarmos o ânimo acirrado das partes envolvidas por relações domésticas de afeto.

Tem-se, ainda, como alternativa à medida extrema de prisão cautelar, a medida de proibição do acusado de se ausentar da comarca quando a permanência seja conveniente ou necessária para a investigação ou instrução. Esta se constitui em medida que, se for aplicada isoladamente, será de pouca eficácia. Interessante é vedar a ausência de mais de 08 dias sem comunicação ao juízo (artigo 328 do Código de Processo Penal).

Crê-se que esta medida não é eficaz ao agente que está sendo processado pelo crime de tráfico de drogas. Sua imposição a réus acusados da prática de tal delito, em regra, seria como "premiar o traficante" ao proibi-lo de se ausentar da comarca, já que, justamente, o que ele pretende é permanecer no local em que já estabeleceu a mercancia da droga e tem uma "clientela e mercado assíduos de usuários".

Situação diversa é a prevista no artigo 320 do Código de Processo Penal, que preceitua que a proibição de se ausentar do país será comunicada pelo juiz às autoridades encarregadas de fiscalizar as saídas do território nacional, intimando-se o indiciado ou acusado para entregar o passaporte, no prazo de 24 (vinte e quatro) horas.

Já a cautelar de recolhimento domiciliar é diferente da prisão domiciliar prevista no artigo 317 até o artigo 318-B todos do Código de Processo Penal. A prisão domiciliar substitui a prisão preventiva.

Assim, a prisão domiciliar do art. 318 do CPP é fruto do cumprimento da preventiva, destinando-se a réus em situações excepcionais. Ademais, a prisão domiciliar abrange as 24 horas do dia, somente podendo o sujeito deixar a casa com autorização expressa e prévia do magistrado. O recolhimento domiciliar envolve apenas o período noturno e os dias de folga, voltando-se ao acusado que tenha residência e trabalho fixos. Quem é inserido em prisão domiciliar tem a preventiva decretada; quem se encontra em recolhimento domiciliar tem medida cautelar diversa da prisão imposta. O não cumprimento da prisão domiciliar importa em mera transferência do réu para o cárcere fechado; o não seguimento do recolhimento domiciliar implica, como última solução, a decretação da preventiva[20].

Cumpre recordar que o artigo 7º, inciso V, do Estatuto da Advocacia e da OAB (Lei nº 8.906/94), prevê que advogado preso provisoriamente tem direito a ser recolhido em sala de Estado Maior, com instalações e comodidades condignas. "Somente na falta desta sala é que se pode cogitar de prisão domiciliar"[21].

Tem-se, ainda, a cautelar de suspensão do exercício de função pública ou de atividade de natureza econômica ou financeira, quando houver justo receio de sua utilização para a prática de infrações penais. Ela tem por escopo evitar que o agente persista na prática de novas infrações penais.

É o caso do servidor que, acusado de peculato-apropriação (CP, art. 312, *caput*), trabalha como caixa do setor de recolhimento de tributos; do fiscal de tributos que responde por concussão (CP, art. 316). A manutenção da função é altamente arriscada. Basta que exerça outra atividade, desde que possível, na qual não tenha a posse de valores ou não possa exigir vantagem indevida. (...) É curial que somente terá cabimento a medida cautelar em questão, quando houver fundada suspeita de que a continuidade no exercício da função pode gerar novas práticas delituosas. O nexo causal função-infração deve ser impedido pelos atores do processo[22].

A internação provisória do acusado, por sua vez, é cautelar a ser imposta nas hipóteses de crimes praticados com violência ou grave ameaça, quando os peritos concluírem ser inimputável ou semi-imputável (artigo 26 do Código Penal) e houver risco de reiteração. O procedimento da internação provisória é o mesmo do artigo 149 e seguintes do Código de Processo Penal, logo, o juiz deverá suspender o processo e determinar a instauração de incidente de sanidade mental.

---

20. NUCCI, Guilherme de Souza. Código de Processo Penal Comentado. 12ª ed. São Paulo: Thomson Reuters – Revista dos Tribunais, 2012. p. 691.
21. Recurso em sentido estrito nº 0833337-34.2013.8.26.0052, Tribunal de Justiça de São Paulo, 6ª Câmara de Direito Criminal, Relator: Ricardo Tucunduva. (A votação se deu por maioria e contou com a participação dos Desembargadores Marco Antonio Marques da Silva e Ericson Maranho).
22. SILVA, Marco Antônio Marques da; FREITAS, Jayme Walmer de. Código de Processo Penal Comentado. 1ª ed. São Paulo: Saraiva, 2012. p. 515.

Outra medida cautelar prevista no art. 319 do CPP é a monitoração eletrônica ou monitoramento eletrônico. Ela tem especial aplicação na execução penal, de acordo com a alteração promovida pela Lei 12.258/10 (artigos 122 a 125 e artigo 117, todos da Lei de Execução Penal) aos presos beneficiados com saída temporária em cumprimento de pena em regime semiaberto e nos casos de prisão domiciliar. Frise-se, após inserção promovida pela Lei 14.994/2024, que a monitoração eletrônica, ainda que se trate de medida cautelar, deverá ser utilizada nos casos em que os presos em razão da prática de crimes contra a mulher por razões de sexo feminino usufruam de quaisquer benefícios que permitam a sua saída do estabelecimento prisional.

A ideia sobre a cautelar de monitoração eletrônica tende a se intensificar a ponto de ser concretizada, em virtude da evolução da sociedade e dos meios tecnológicos.

Em matéria jornalística veiculada em periódicos diversos, dentre eles a Revista Veja, sob o título: "Detento coloca tornozeleira eletrônica em galo para escapar de vigilância" tem-se que mesmo com a fiscalização, por vezes o criminoso encontra brechas para praticar novo delito. Segundo noticiado, a Brigada Militar de Canoas, na Região Metropolitana de Porto Alegre, foi surpreendida em uma operação contra o tráfico de drogas. Ao vasculhar a casa de um detento que cumpria pena em regime semiaberto e era investigado por suspeita de tráfico de drogas, encontrou um galo usando a tornozeleira eletrônica destinada ao monitoramento de presos pela Justiça.

> O dono do imóvel deveria estar usando o equipamento. O flagrante ocorreu e não se soube precisar como o detento conseguiu remover o equipamento e colocá-lo no pescoço do animal. A tornozeleira deveria transmitir um alerta caso fosse rompida. De acordo com a Superintendência dos Serviços Penitenciários do Rio Grande do Sul (Susepe), a intenção do homem era enganar o monitoramento e vender drogas na região. Na casa dele ainda foram localizadas 35g de cocaína, 55g de maconha, um revólver calibre 38 e munição. O homem foi preso em flagrante e encaminhado para uma Delegacia[23].

Tem-se, também, como medida cautelar diversa da prisão, a fiança, a qual se constitui em garantia real do cumprimento das obrigações pelo preso. É uma das espécies de liberdade provisória (a outra é a sem fiança). Ela garante

23. Disponível em: http://veja.abril.com.br/noticia/brasil/detento-coloca-tornozeleira-eletronica-em-galo-para-escapar-da-vigilancia.

o pagamento das custas processuais, do dano patrimonial e de multa imposta na sentença.

A fiança, nas infrações que a admitem, serve para assegurar o comparecimento a atos de processo, evitar a obstrução do seu andamento ou em casos de resistência injustificada à ordem judicial. A fiança havia perdido a sua utilidade desde a chamada Lei Fleury (Lei 6.416/77) que ao alterar a redação do parágrafo único do artigo 310 do Código de Processo Penal permitiu a liberdade sem fiança. Contudo, a lei 12.403/11 fez ressurgir o instituto.

A fiança tem por serventia garantir o comparecimento do réu aos atos do processo, evitando-se a sua fuga.

O art. 325 do CPP apresenta o limite da fiança que poderá ser arbitrada. Se a pena máxima cominada ao crime imputado for de até quatro anos, a fiança pode variar de um a cem salários mínimos. Se a pena for superior a quatro anos, o valor da fiança poderá alcançar quantia fixada entre dez a duzentos salários mínimos. Permite-se a graduação a depender da situação econômica do preso.

Tratando-se de réu com condições financeiras desfavoráveis, o art. 350 do CPP, a ele não se imporá prisão preventiva por descumprimento da fiança fixada, já que a situação versa sobre impossibilidade física do cumprimento da cautelar. Poder-se-ia cogitar da concessão da liberdade provisória sem fiança, diante do dispositivo acima citado que proíbe o arbitramento da fiança ao réu pobre.

Como todas as outras medidas cautelares, a fiança também pode ser cumulada. A fiança implica no recolhimento de certo valor ao Estado, contudo, nada impede que seja imposta outra medida juntamente com ela.

Segundo dispõe o art. 321 do CPP, estando ausentes os requisitos que autorizam a decretação da prisão preventiva, o juiz deverá conceder liberdade provisória, impondo, se for o caso, as medidas cautelares previstas no art. 319 deste Código e observados os critérios constantes do artigo 282 deste Código.

Portanto, se ocorrer a prisão em flagrante do infrator e for constatada a sua legalidade, o magistrado possuirá duas opções: 1) constatando os requisitos do artigo 312 do CPP, converterá o flagrante em preventiva, mantendo o indiciado preso (ou fixará medida cautelar alternativa, se cabível); 2) concluindo pela inexistência dos mesmos requisitos, deferirá a liberdade provisória, com ou sem a imposição de fiança. Com a Lei 12.403/2011, a ideia é a de que a prisão provisória é a *ultima ratio*, isto é, a derradeira opção do julgador.

Segundo o art. 322 do CPP, a Autoridade Policial somente poderá conceder a fiança nos casos de infração, cuja pena privativa de liberdade máxima não seja superior a 04 anos. Nos demais casos, a fiança será requerida ao juiz, que decidirá em 48 horas.

No caso de concurso de crimes, os máximos das penas privativas de liberdade, previstos no tipo penal incriminador, devem ser somados. Se houver causas de aumento e diminuição de pena, idêntico procedimento deve ser adotado, sendo que o percentual a ser utilizado é, nas causas de aumento, o maior e, nas de diminuição, o menor. Na tentativa, deve ser levado em conta o redutor mínimo.

No caso de arbitramento da fiança pelo juiz, uma vez requerida sua fixação, por pleito do indiciado/réu ou do Ministério Público, ele terá o prazo de 48 horas para decidir. Ultrapassado tal período, configura-se constrangimento ilegal, passível de impetração de *habeas corpus*. Se o magistrado indeferir a fiança, igualmente, cabe o questionamento pela via do *habeas corpus*.

O art. 323 do CPP impede a concessão da fiança nos crimes de racismo; nos crimes de tortura, tráfico ilícito de entorpecentes e drogas afins, terrorismo e nos definidos como crimes hediondos; nos crimes cometidos por grupos armados, civis ou militares, contra a ordem constitucional e o Estado Democrático. (art. 5º, incisos XLII, XLIII e XLIV, da CF).

O art. 324 do CPP impede a concessão da fiança aos que, no mesmo processo, tiverem quebrado fiança anteriormente concedida ou infringido, sem motivo justo, qualquer das obrigações a que se referem os artigos 327 e 328 deste Código; em caso de prisão civil ou militar; ou quando presentes os motivos que autorizam a decretação da prisão preventiva (art. 312). São, na verdade, situações incompatíveis com a fiança.

Uma vez tomada por termo a fiança, conforme dispõe o artigo 327 do Código de Processo Penal, o afiançado deverá comparecer perante a autoridade, todas as vezes que for intimado para atos do inquérito, da instrução criminal e para o julgamento. Se não comparecer, a fiança será tida por quebrada.

Conforme estatui o artigo 328 do Código de Processo Penal, o réu afiançado não poderá, sob pena de quebramento da fiança, mudar de residência, sem prévia permissão da autoridade processante, ou ausentar-se por mais de 08 dias de sua residência, sem comunicar àquela autoridade o lugar onde será encontrado.

REFERÊNCIAS BIBLIOGRÁFICAS

ALVES, Leonardo Barreto Moreira, Manual de Processo Penal, coleção manuais Dizer o Direito, coord. Márcio Cavalcante, Editora Juspodivm, 4ª edição, 2024.

AMARAL, Cláudio do Prado. Da audiência de custódia em São Paulo. São Paulo: Boletim IBCCRIM, ano 23, n. 269, ISSN 1676-3661, abr. 2015.

BECHARA, Fábio Ramazzini. Processo Penal e o Conceito Jurídico de Ordem Pública Direito Processual Penal. 2003. p. 93-99. Dissertação de Mestrado - Orientador: Professor Doutor Marco Antonio Marques da Silva, Pontifícia Universidade Católica de São Paulo, São Paulo.

CLARIÁ OLMEDO, Jorge A. Derecho Procesal Penal. Tomo II (atualizado por Montero, Jorge Raúl). Buenos Aires: Rubinzal - Culzoni, 2008.

CRUZ, Rogério Schietti, Prisão Cautelar Dramas, Princípios e Alternativas, Editora Juspodivm, 6ª ed., 2021.

DEZEM, Guilherme Madeira, Curso de Processo Penal, 5ª edição, Thomson Reuters Revista dos Tribunais, 2019.

LIMA, Renato Brasileiro de, Manual de Processo Penal, volume único, Editora Juspodivm, 11ª edição, 2022.

LIMA, Renato Brasileiro de. Pacote Anticrime. Comentários à Lei 13.964/2019 artigo por artigo. 2ª ed. Salvador: Editora Juspodivm. 2021.

MARCÃO, Renato. Prisões Cautelares, Liberdade Provisória e Medidas Cautelares Restritivas. 2ª ed. São Paulo: Saraiva, 2012.

MESSA, Ana Flávia. Aspectos Constitucionais do Crime Organizado. In: MESSA, Ana Flávia; CARNEIRO, José Reinaldo Guimarães. Crime Organizado. São Paulo: Saraiva, 2012.

NUCCI, Guilherme de Souza. Código de Processo Penal Comentado. 12ª ed. 2ª tir. São Paulo: Thomson Reuters - Revista dos Tribunais, 2013.

RANGEL, Paulo. Direito Processual Penal. 22ª ed. São Paulo: Atlas, 2014.

SILVA, Marco Antonio Marques da; FREITAS, Jayme Walmer de. Código de Processo Penal Comentado. 1ª ed. São Paulo: Saraiva, 2012.

http://veja.abril.com.br/noticia/brasil/detento-coloca-tornozeleira-eletronica-em-galo-para-escapar-da-vigilancia.

www.tj.jus.br

www.stj.jus.br

www.stf.jus.br

EIXO 8

Denize dos Santos Ortiz
Elisangela Ferreira Cristaldo

30. DAS CITAÇÕES E INTIMAÇÕES

O andamento processual se dá validamente com a observância do contraditório e da ampla defesa. O contraditório é o binômio de conhecimento e reação, sendo que o conhecimento ocorre mediante a citação das partes, instante que irão tomar conhecimento do processo e, assim, reagirão para se defender conforme a legislação.

A citação do acusado é a forma que se completa a formação processual, dando conhecimento à outra parte da acusação, e chamando-o para se defender no bojo processual.

De mais a mais, a citação é um dos atos mais importantes do processo, e se ela não ocorrer haverá nulidade absoluta no processo (art. 564, III, "e"). Diante disso, se a citação não existir, ou se existiu possuir algum vício, a decisão de julgamento dessa nulidade da citação é denominada *circundução.*

A citação deve ser realizada ainda que o acusado tenha constituído advogado antes do início do processo, conforme julgamento abaixo:

> "Ainda que o réu tenha constituído advogado antes do oferecimento da denúncia – na data da prisão em flagrante – e o patrono tenha atuado, por determinação do Juiz, durante toda a instrução criminal, é nula a ação penal que tenha condenado o réu sem a sua presença, o qual não foi citado nem compareceu pessoalmente a qualquer ato do processo, inexistindo prova inequívoca de que tomou conhecimento da denúncia."[1]

1. REsp 1.580.435-GO, Rel. Min. Rogerio Schietti Cruz, julgado em 17/3/2016, DJe 31/3/2016.

30.1. Espécie de Citação

a) Real ou pessoal: é a regra no direito processual penal. A citação deve ser sempre realizada na pessoa do acusado, mesmo se a pessoa estiver presa. Pode ser concretizada por mandado (art. 351, CPP), por carta precatória (art. 353, CPP), carta de ordem, ou por carta rogatória (arts. 368 e 369 do CPP).

Exceção: no caso de militar, a citação é feita por intermédio do chefe do respectivo serviço.

b) Ficta ou presumida: é medida excepcional, que só ocorre se o réu não for encontrado para ser citado pessoalmente, ou se comprovar que se esconde do oficial de justiça.

30.1.1. Citação pessoal

a) Por mandado:

A citação inicial se dará por mandado, quando o réu estiver no território sujeito à jurisdição do juiz que a houver ordenado.

O artigo 352 do CPP dispõe dos **requisitos intrínsecos da citação**, deverão conter: o nome do juiz; o nome do querelante nas ações iniciadas por queixa; o nome do réu, ou, se for desconhecido, os seus sinais característicos; a residência do réu, se for conhecida; o fim para que é feita a citação; o juízo e o lugar, o dia e a hora em que o réu deverá comparecer; a subscrição do escrivão e a rubrica do juiz.

Já o artigo 357 do CPP constam os **requisitos extrínsecos da citação**, informando que o oficial de justiça deverá ler o mandado ao citando e entregar a contrafé, na qual se mencionarão dia e hora da citação; e deverá conter a declaração do oficial, na certidão, da entrega da contrafé, e sua aceitação ou recusa.

Por fim, a citação poderá ser realizada em qualquer lugar e em qualquer hora, respeitado, apenas, a inviolabilidade domiciliar.

b) Citação por carta precatória:

Quando o acusado estiver fora do território de competência do juiz processual, a citação será feita mediante precatória (art. 353). A precatória indicará: o juiz deprecado e o juiz deprecante; a sede da jurisdição de um e de outro;

o fim para que é feita a citação, com todas as especificações; o juízo do lugar, o dia e a hora em que o réu deverá comparecer.

Carta precatória itinerante, prevista no artigo 355, §1º, do CPP, ocorre quando verificado que o réu se encontra em território sujeito à jurisdição de outro juiz, o juiz deprecado remeterá os autos para efetivação da diligência nessa outra jurisdição, desde que haja tempo para fazer-se a citação.

c) Citação do militar:

O artigo 358 do CPP dispõe que a citação do militar far-se-á por intermédio do chefe do respectivo serviço.

d) Citação do funcionário Público:

A citação do funcionário público é feita pessoalmente por mandado ou carta precatória, mas o dia designado para funcionário público comparecer em juízo, como acusado, será notificado a ele, bem como ao chefe de sua repartição (Art. 359 do CPP).

e) Citação do Preso:

Se o réu estiver preso, será pessoalmente citado (art. 360 do CPP). A pessoa presa deverá ser citada através do oficial de justiça por mandado ou carta precatória.

Cuidado: Súmula 351 do Supremo Tribunal Federal afirma: É nula a citação por edital de réu preso na mesma unidade da federação em que o juiz exerce a sua jurisdição. Há diversas críticas quanto a essa súmula, pois o artigo 360 é claro ao dizer que a pessoa presa deve ser citada pessoalmente, não importa o local de sua prisão. Mas, apesar das críticas, os tribunais superiores ainda aplicam, em alguns casos.

f) Citação por carta rogatória:

Estando o acusado no estrangeiro, **em lugar sabido**, será citado mediante **carta rogatória**, <u>suspendendo-se o curso do prazo de prescrição</u> até o seu cumprimento (art. 368, CPP). Se o acusado estiver no estrangeiro **em lugar desconhecido**, deverá ser citado por **edital.**

g) Citação por carta de ordem:

A carta de ordem se assemelha a carta precatória, diferenciando quanto ao órgão jurisdicional que a solicita. No caso da carta de ordem, o órgão jurisdicional que solicita é um órgão superior ao que irá cumprir a carta. Exemplo: O tribunal de Justiça de determinado Estado emite uma carta de ordem para o Juiz da Comarca cumpra determinada diligência.

30.1.2 Citação presumida

A citação presumida se dá de duas formas: por edital ou por hora certa.

a) Citação por Edital:

O artigo 361 do Código de Processo Penal dispõe que se o réu não for encontrado, será citado por edital, com o prazo de 15 (quinze) dias.

A citação por edital deverá indicar (Art. 365 do CPP): o nome do juiz que a determinar; o nome do réu, ou, se não for conhecido, os seus sinais característicos, bem como sua residência e profissão, se constarem do processo; o fim para que é feita a citação; o juízo e o dia, a hora e o lugar em que o réu deverá comparecer; o prazo, que será contado do dia da publicação do edital na imprensa, se houver, ou da sua afixação.

A súmula 366 do STF afirma que *não é nula a citação por edital que indica o dispositivo da lei penal, embora não transcreva a denúncia ou queixa, ou não resuma os fatos em que baseia.*

Ademais, o edital deverá ser afixado à porta do edifício onde funcionar o juízo e será publicado pela imprensa, onde houver, devendo a afixação ser certificada pelo oficial que a tiver feito e a publicação provada por exemplar do jornal ou certidão do escrivão, da qual conste a página do jornal com a data da publicação.

Quando o réu citado por edital não comparecer, nem constituir advogado, **o prazo prescricional e o processo ficarão suspensos**, podendo o juiz determinar a produção antecipada das provas consideradas urgentes e, se for o caso, decretar prisão preventiva (Art. 366 do CPP).

Existe uma exceção ao artigo 366 do CPP, onde o prazo prescricional e nem o processo ficam suspensos, que é o caso dos processos por crime de Lavagem de Capitais, devendo nesse caso, se o acusado não comparecer e nem constituir advogado, o processo seguir normal até o julgamento, devendo, apenas, nomear um defensor dativo (Art. 2º, §2º, da Lei 9.613/98)

b) Citação por Hora certa:

Verificando que o réu se oculta para não ser citado, o oficial de justiça certificará a ocorrência e procederá à citação com hora certa, na forma estabelecida no Código de Processo Civil.

As regras da citação por Hora Certa devem ser aplicadas conforme os artigos 252 a 254 do CPC[2], isso é, o acusado deve ser procurado por duas vezes em seu endereço e não ser encontrado, bem como deve haver suspeita de ocultação. Nesse caso o oficial de justiça deverá intimar qualquer pessoa da família ou, em sua falta, qualquer vizinho de que, no dia útil imediato, voltará a fim de efetuar a citação, na hora que designar.

Completada a citação com hora certa, se o acusado não comparecer em juízo, o processo correrá normalmente, devendo providenciar-se um defensor dativo.

31. DAS INTIMAÇÕES

A intimação é o ato pelo qual se dá ciência a alguém dos atos e dos termos do processo[3].

---

2. Art. 252, do CPC: Quando, por 2 (duas) vezes, o oficial de justiça houver procurado o citando em seu domicílio ou residência sem o encontrar, deverá, havendo suspeita de ocultação, intimar qualquer pessoa da família ou, em sua falta, qualquer vizinho de que, no dia útil imediato, voltará a fim de efetuar a citação, na hora que designar.

   Parágrafo único. Nos condomínios edilícios ou nos loteamentos com controle de acesso, será válida a intimação a que se refere o caput feita a funcionário da portaria responsável pelo recebimento de correspondência.

   Art. 253, do CPC: No dia e na hora designados, o oficial de justiça, independentemente de novo despacho, comparecerá ao domicílio ou à residência do citando a fim de realizar a diligência.

   Art. 254, do CPC: Feita a citação com hora certa, o escrivão ou chefe de secretaria enviará ao réu, executado ou interessado, no prazo de 10 (dez) dias, contado da data da juntada do mandado aos autos, carta, telegrama ou correspondência eletrônica, dando-lhe de tudo ciência.

3. Art. 370, do CPP: Nas intimações dos acusados, das testemunhas e demais pessoas que devam tomar conhecimento de qualquer ato, será observado, no que for aplicável, o disposto no Capítulo anterior.

   § 1º A intimação do defensor constituído, do advogado do querelante e do assistente far-se-á por publicação no órgão incumbido da publicidade dos atos judiciais da comarca, incluindo, sob pena de nulidade, o nome do acusado.

   § 2º Caso não haja órgão de publicação dos atos judiciais na comarca, a intimação far-se-á diretamente pelo escrivão, por mandado, ou via postal com comprovante de recebimento, ou por qualquer outro meio idôneo.

   § 3º A intimação pessoal, feita pelo escrivão, dispensará a aplicação a que alude o § 1º.

A intimação do acusado, deve ser, em regra, pessoal, conforme as regras da citação, sendo que também será pessoal a intimação do Ministério Público, do Defensor Público e do Defensor Dativo.

A intimação do defensor constituído, do advogado do querelante e do assistente far-se-á por publicação no órgão incumbido da publicidade dos atos judiciais da comarca, incluindo, sob pena de nulidade, o nome do acusado.

Súmulas e julgados referentes ao tema:

> "Súmula 710 do STF – No processo penal, contam-se os prazos da data da intimação, e não da juntada aos autos do mandado ou da carta precatória ou de ordem.
>
> Súmula 707 do STF – Constitui nulidade a falta de intimação do denunciado para oferecer contrarrazões ao recurso interposto da rejeição da denúncia, não a suprindo a nomeação de defensor dativo
>
> Súmula 431 do STF – É nulo o julgamento de recurso criminal, na segunda instância, sem prévia intimação, ou publicação da pauta, salvo em *habeas corpus*.
>
> Súmula 155 do STF – É relativa à nulidade do processo criminal por falta de intimação da expedição de precatória para inquirição de testemunha.
>
> Súmula 273 do STJ – Intimada a defesa da expedição da carta precatória, torna-se desnecessária intimação da data da audiência no juízo deprecado.
>
> Informativo 688 do STJ sobre citação via WhatsApp: É possível a utilização de WhatsApp para a citação de acusado, desde que sejam adotadas medidas suficientes para atestar a autenticidade do número telefônico, bem como a identidade do indivíduo destinatário do ato processual. STJ. 5ª Turma. HC 641.877/DF, Rel. Min. Ribeiro Dantas, julgado em 09/03/2021."

32. DA SENTENÇA

32.1. Atos Jurisdicionais

Primeiramente, devemos entender que o juiz pode praticar quatro espécies de atos durante o transcorrer do processo penal. Esses atos podem ser

---

§ 4º A intimação do Ministério Público e do defensor nomeado será pessoal.

Art. 371. Será admissível a intimação por despacho na petição em que for requerida, observado o disposto no art. 357.

Art. 372. Adiada, por qualquer motivo, a instrução criminal, o juiz marcará desde logo, na presença das partes e testemunhas, dia e hora para seu prosseguimento, do que se lavrará termo nos autos.

classificados da seguinte forma: Despachos, Decisões Interlocutórias, Decisões Definitivas e Sentença.

32.2. Despachos de Mero Expediente

Despachos de mero expediente constituem aquelas determinações judiciais cuja essência se despoja de qualquer teor decisório, sendo exclusivamente vocacionados a catalisar o trâmite processual, conduzindo-o com diligência rumo ao seu desfecho preeminente, a saber, a emissão da sentença.

32.3. Decisões Interlocutórias

O doutrinador Renato Brasileiro conceitua a decisão interlocutória como "aquela dotada de carga decisória, podendo acarretar (ou não) a extinção do processo, porém sem enfrentamento do mérito principal, ou seja, sem se pronunciar quanto à culpabilidade ou inocência do acusado".[4]

Existem duas espécies de decisões interlocutórias no processo penal: decisões interlocutórias simples e decisões interlocutórias mista ou decisões com força definitiva ou sentenças formais. As decisões interlocutórias simples são decisões que resolvem uma controvérsia, sem finalizar o processo, como por exemplo a conversão da prisão em flagrante em prisão preventiva, recebimento da denúncia, decisão que concede liberdade provisória, entre outros.

Por outro lado, as decisões interlocutórias mistas são aquelas decisões que extingue o processo, sem julgamento de mérito. Essas decisões finalizam uma fase do processo, mas não aprecia a pretensão punitiva estatal. São exemplos das decisões interlocutórias mistas as decisões de pronúncia, as decisões que julgam as exceções de litispendência, de coisa julgada etc.

32.4. Decisões Definitivas

No caso das decisões definitivas o juiz decide o mérito e extingue o processo, mas não avalia se o acusado é culpado ou inocente. O juiz julga o mérito em sentido lato, pois afastam a pretensão punitiva do Estado, sem avaliar a procedência ou não da imputação.

4. LIMA, Renato Brasileiro, *Manual de processo Penal* – Volume Único. 6ª ed. Editora Juspodivm, p. 1604.

Para ficar mais claro, essa decisão reconhece alguma causa extintiva da punibilidade, como por exemplo a prescrição, dando fim ao processo, sem avaliar se o acusado cometeu ou não o crime.

32.5. Sentença

A sentença é uma decisão formal proferida em um juízo de 1º grau, em regra por um juiz singular, a qual extingue o processo em 1º grau, condenando ou absolvendo o acusado. A sentença, também, pode ser proferida por um juízo colegiado de 1º grau, como por exemplo as decisões no Tribunal do Júri.

Ademais, também há diferença entre sentença definitiva e sentença transitada em julgado, como descrito pelo doutrinador Renato Brasileiro logo abaixo.

> "A expressão "sentença definitiva" a que se refere, por exemplo, o art. 82 do CPP, não se confunde com "sentença transitada em julgado" (v.g., art. 282 do CPP). Sentença definitiva é aquela que põe fim ao processo com julgamento de mérito. Sentença transitada em julgado é aquela contra a qual não cabe mais recurso, seja em virtude da preclusão das impugnações cabíveis, seja em virtude do esgotamento da via recursal disponível."[5]

Concluindo, as decisões judiciais penais enfrentam o mérito principal do processo, resultando na absolvição ou condenação do acusado.

As principais finalidades da sentença é solucionar o caso penal, fazer atuar concretamente a vontade da lei, garantir a pacificação social e restabelecer a ordem jurídica violada.

32.5.1. Estrutura da sentença

A sentença é constituída de quatro partes: relatório, fundamentação, parte dispositiva e parte autenticativa. O artigo 381 do Código de Processo Penal dispõe que a sentença conterá: os nomes das partes ou, quando não possível, as indicações necessárias para identificá-las; a exposição sucinta da acusação e da defesa; a indicação dos motivos de fato e de direito em que se fundar a decisão; a indicação dos artigos de lei aplicados; o dispositivo; a data e a assinatura do juiz.

5. LIMA, Renato Brasileiro, *Manual de processo Penal* – Volume Único. 6ª Edição. Editora Juspodivm. p. 1605.

Relatório: Nesta seção inicial, o juiz descreve os principais elementos do processo. Isso inclui a identificação das partes envolvidas (réu, Ministério Público, assistente de acusação etc.), uma síntese da acusação e da defesa, e um resumo dos fatos relevantes tratados durante o processo. Essa parte tem como objetivo contextualizar a decisão, facilitando o entendimento das razões que levaram à análise subsequente. A sentença sem relatório é nula, salvo em caso de sentença prolatada no juizado especial.

Fundamentação ou motivação: Esta é a parte mais extensa e importante da sentença, onde o juiz deve expor, de forma clara e precisa, todos os fundamentos de fato e de direito que embasaram seu julgamento. Aqui, são analisadas as provas, são discutidos os argumentos da acusação e da defesa, e são aplicadas as normas jurídicas pertinentes ao caso. O juiz deve demonstrar como chegou à sua conclusão, abordando todas as questões de direito relevantes e justificando a aplicação da lei ao caso concreto. Essa fundamentação deve ser suficientemente detalhada para permitir a compreensão das razões que sustentam a decisão e, consequentemente, possibilitar a interposição de recursos, se necessário. Ademais, a falta de fundamentação torna a sentença nula.

O Supremo Tribunal Federal decidiu que "a falta de fundamentação da sentença representa ofensa aos princípios constitucionais do devido processo legal e da motivação dos atos decisórios" (HC 162.524, Rel. Min. Gilmar Mendes, 2ª Turma, julgado em 04/08/2020).

Parte dispositiva ou conclusiva: Na conclusão da sentença, o juiz apresenta o seu veredicto, isto é, a decisão final sobre o caso. Aqui, é indicado se o réu é considerado culpado ou inocente das acusações que lhe foram imputadas. Em caso de condenação, esta parte também deve especificar a pena imposta, considerando a natureza e a gravidade do delito, as circunstâncias do caso, e os antecedentes do réu. Em contrapartida, no caso de absolvição, o juiz deve declarar que o réu está isento de responsabilidade criminal pelas acusações em questão. Esta parte da sentença é crucial, pois determina os efeitos práticos do julgamento para o réu e para a sociedade.

Parte autenticativa: é a finalização da peça, onde o colocado o local e data da decisão, bem como o nome e a assinatura do juiz.

A clareza, a precisão e a adequada fundamentação são essenciais em todas as partes da sentença penal, assegurando que a decisão judicial seja justa, compreensível e passível de revisão, se necessário. Nos casos que a decisão for obscura, ambígua, omissa ou contraditória, a parte pode propor embargos de declaração ao juiz que proferiu a sentença no prazo de dois dias (art. 382 do CPP).

32.5.2. Classificação quanto aos efeitos das sentenças

No processo civil os doutrinadores classificam as sentenças pelos efeitos preponderantes que cada decisão possui, e podem ser:

a) Declaratórias: é a sentença que simplesmente declara determinada situação jurídica, como por exemplo a sentença absolutória e a sentença concessiva do perdão judicial. O Superior Tribunal de Justiça editou a súmula de nº 18 sobre o tema: *A sentença concessiva do perdão judicial é declaratória da extinção da punibilidade, não subsistindo qualquer efeito condenatório.*

b) Condenatórias: é a sentença, como o próprio nome diz, que condena o acusado, julgado a pretensão punitiva do Estado. Exemplo é a sentença condenatória que impõe determinada pena.

c) Constitutivas: a sentença constitutiva modifica uma situação jurídica, podendo ter natureza positiva ou negativa. No caso de decisão de reabilitação criminal, podemos dizer que há uma decisão constitutiva positiva, e já no caso de revisão criminal, existe uma decisão constitutiva negativa, pois visa desconstituir uma sentença condenatória ou absolutória valida e eficaz.

d) Mandamentais: a sentença mandamental possui um mandamento, uma ordem, a ser cumprido. Por exemplo o mandado de segurança na esfera penal ou um *habeas corpus.*

e) Executiva: é a sentença que tem eficácia executiva na sua decisão, como por exemplo as medidas assecuratórias de sequestro (Art. 125, do CPP). A eficácia executiva fica evidenciada a partir da autorização de venda dos bens inscritos no registro de imóveis após a sentença condenatória transitada em julgado (CPP, art. 133)[6].

32.5.3. Classificação da sentença

A doutrina e jurisprudência trazem algumas classificações da sentença. Quanto a sentença penal absolutória e condenatória estudaremos detalhadamente, e conceituaremos algumas classificações que já foram questionadas em provas.

6. LIMA, Renato Brasileiro, *Manual de processo Penal* – Volume Único. 6ª ed. Editora Juspodivm. p. 1610.

Sentença Material: decide sobre a condenação ou absolvição do acusado, isso é, decide o mérito da causa.

Sentença formal: são sentenças que finalizam o processo, mas não decide o mérito da causa, como por exemplo rejeição da denúncia por inépcia[7].

Sentença suicida: refere-se a uma decisão judicial que contém uma discrepância entre os seus argumentos fundamentais e a conclusão final. Isso ocorre quando, por exemplo, o magistrado articula um argumento lógico que aponta para a culpabilidade do acusado – baseando-se em provas como a confissão do réu, reconhecimento por parte da vítima e testemunhas, e a posse do objeto do delito – mas, contraditoriamente, decide pela absolvição.

Sentença vazia: É a sentença que não foi fundamentada ou motivada. Se o juiz não fundamentar sua decisão, essa decisão será nula. O artigo 93, inciso IX, da Constituição Brasileira, dispõe *que todos os julgamentos dos órgãos do Poder Judiciário serão públicos, e fundamentadas todas as decisões, sob pena de nulidade.*

Sentença autofágica: A palavra autofágica tem origem grega e significa "comer a sim mesmo". A sentença autofágica reconhece o crime e a culpabilidade do acusado, mas julga extinta a punibilidade concreta. Sentença autofágica reconhece a ocorrência do crime, mas decide pela absolvição, por isso se diz que a sentença se auto anula, "come a si própria", pois não gera efeitos penais ao condenado (não gera reincidência, maus antecedentes etc.). Exemplo desse tipo de sentença é a decisão que concede o perdão judicial.

> "Súmula 18 do STJ: *A sentença concessiva do perdão judicial é declaratória da extinção da punibilidade, não subsistindo qualquer efeito condenatório."*

Sentença subjetivamente simples: sentença proferida por um juiz singular.

Sentença subjetivamente plúrima: é aquela proferida por um órgão colegiado homogêneo. Exemplo são os acórdãos dos tribunais ou decisões proferidas pelo conselho de Justiça Militar.

---

7. Art. 395. A denúncia ou queixa será rejeitada quando:
I – for manifestamente inepta;
II – faltar pressuposto processual ou condição para o exercício da ação penal; ou
III – faltar justa causa para o exercício da ação penal.

Sentença subjetivamente complexa: é proferida por um órgão colegiado heterogêneo, como ocorre no Tribunal do Júri, onde a composição é de um Juiz de Direito e por Juízes Leigos.

32.6. Sentença Penal Absolutória

32.6.1. Classificação das sentenças absolutórias: própria, imprópria e sumária

PRÓPRIA	IMPRÓPRIA	SUMÁRIA
Absolve o acusado de todas acusações deduzidas na queixa e/ou denúncia.	A decisão reconhece o fato típico e antijurídico, bem como sua autoria, mas não condena o réu por considerá-lo inimputável. Apesar de absolver o acusado, aplica-se medida de segurança.	A absolvição sumária é o julgamento antecipado da lide. O juiz, ao receber a resposta da acusação, verificar que há uma das hipóteses do artigo 397 do CPP (existe causa manifesta que exclui a ilicitude do fato, que excluía a culpabilidade do agente, salvo inimputabilidade, o fato narrado não constitui crime ou que houve a extinção da punibilidade) deverá absolver sumariamente o acusado.

A sentença penal absolutória própria e imprópria são as que ocorrem ao final do processo, após o juiz verificar todas as provas produzidas no contraditório[8]. Já a absolvição sumária ocorre no início do processo, onde há o oferecimento da denúncia e queixa, e após a resposta da acusação, o juiz entendendo que há hipóteses do artigo 397 do CPP (existência manifesta de causa excludente da ilicitude do fato; existência manifesta de causa excludente da culpabilidade do agente, salvo inimputabilidade; que o fato narrado evidentemente

---

8. Art. 386. O juiz absolverá o réu, mencionando a causa na parte dispositiva, desde que reconheça:
   I – estar provada a inexistência do fato;
   II – não haver prova da existência do fato;
   III – não constituir o fato infração penal;
   IV – estar provado que o réu não concorreu para a infração penal;
   V – não existir prova de ter o réu concorrido para a infração penal;
   VI – existirem circunstâncias que excluam o crime ou isentem o réu de pena (arts. 20, 21, 22, 23, 26 e § 1º do art. 28, todos do Código Penal), ou mesmo se houver fundada dúvida sobre sua existência;
   VII – não existir prova suficiente para a condenação.

não constitui crime; extinta a punibilidade do agente), absolve o réu antecipadamente, sem o transcorrer de toda a ação penal.

32.6.2. Causas de absolvição

Nos casos da sentença absolutória própria e imprópria, as causas da absolvição estão previstas no artigo 386 do Código de Processo Penal, devendo ser mencionadas na parte dispositiva da sentença. As causas de absolvição são:

- Estar provada a inexistência do fato: nesse caso o juiz, após verificar todas as provas produzidas no processo, se convence que o fato não ocorreu.
- Não haver prova da existência do fato: é uma decisão baseada no *in dubio pro reo*, pois o juiz não afirma que o fato não ocorreu, mas pelas provas produzidas em juízo, há dúvidas quanto a certeza ou não do crime, e nesse caso absolve-se o réu.
- Não constituir o fato infração penal: analisa-se à atipicidade material e formal da conduta imputada ao agente. A atipicidade formal é a adequação do fato a norma, exemplo o furto de uso, que não é considerado crime porque não existe a subsunção perfeita do fato ao tipo penal do artigo 155 do CP.
- Estar provado que o réu não concorreu para a infração penal: é uma decisão baseada em certeza, onde verifica-se que a pessoa acusada não participou de nenhuma forma na empreitada criminosa, seja como autor, coautor ou partícipe. Exemplo prático é quando a pessoa que está sendo acusada de determinado crime, exemplo um homicídio, comprova que no momento do fato delituoso estava fazendo compra em uma loja em outra cidade, portanto não teria como ter concorrido como autor.
- Não existir prova de ter o réu concorrido para a infração penal: nesse caso, ao confrontar as provas, o juiz tem dúvidas da participação do acusado no crime em que está sendo denunciado, pois a promotoria não conseguiu, de fato, provar a participação do acusado no fato criminoso.
- Existirem circunstâncias que excluam o crime ou isentem o réu de pena (arts. 20, 21, 22, 23, 26 e § 1º do art. 28, todos do Código Penal), ou mesmo se houver fundada dúvida sobre sua existência: o conceito

de crime pode ser analisado de diversas formas, sendo que um dos critérios de conceituação é o analítico, onde o crime é dividido em fato típico e antijurídico, sendo a culpabilidade pressuposto para aplicação da pena.

O fato típico é dividido em conduta, resultado, nexo causal e tipicidade (formal e material), se não ocorrer algumas dessas fases do fato típico, não existe crime, e diante disso, o acusado não pode ser condenado.

A exclusão da antijuridicidade ou ilicitude encontram-se no artigo 23 do Código Penal: exclui a ilicitude o acusado que cometer o crime em estado de necessidade; em legitima defesa; em estrito cumprimento de dever legal ou no exercício regular de direito.

Ademais, os artigos 26 e 28, §1º, do Código Penal, dispõe de exclusão de culpabilidade, isso é, o fato cometido é típico e antijurídico, mas o acusado será isento de pena.

> "Art. 26 do CP – É isento de pena o agente que, por doença mental ou desenvolvimento mental incompleto ou retardado, era, ao tempo da ação ou da omissão, inteiramente incapaz de entender o caráter ilícito do fato ou de determinar-se de acordo com esse entendimento;
>
> Art. 28, §1º do CP – É isento de pena o agente que, por embriaguez completa, proveniente de caso fortuito ou força maior, era, ao tempo da ação ou da omissão, inteiramente incapaz de entender o caráter ilícito do fato ou de determinar-se de acordo com esse entendimento."

De mais a mais, também o acusado não será condenado se houver fundadas dúvidas sobre a existência do crime.

- Não existir prova suficiente para a condenação: a condenação deve ser um ato de certeza, se ocorrer dúvidas de que o acusado é culpado ou não, pois não foi angariado provas suficientes durante a persecução penal, o acusado deverá ser absolvido.

Importante: a sentença penal absolutória na esfera penal **produz coisa julgada na esfera cível** nos seguintes casos: estar provada a inexistência do fato; estar provado que o réu não concorreu para a infração penal; que reconheça que o ato foi praticado em estado de necessidade, legítima defesa, estrito cumprimento do dever legal ou no exercício regular de um direito, por força do art. 65 do CPP.

32.6.3. *Efeitos da sentença absolutória*

Os efeitos da sentença absolutória estão previstos no parágrafo único do artigo 386 do CPP - Na sentença absolutória, o juiz:

- Mandará, se for o caso, pôr o réu em liberdade: é o efeito principal da sentença absolutória própria, se o acusado for absolvido, deve-se colocar o acusado em liberdade, caso esteja preso.
- Aplicará medida de segurança, se cabível: no caso de sentença absolutória imprópria, a decisão indicará que o crime existiu (fato típico e antijurídico), mas, devido a inimputabilidade do acusado, aplicar-se-á medida de segurança.
- Ordenará a cessação das medidas cautelares e provisoriamente aplicadas: a cessação das medidas cautelares são efeitos secundários da sentença absolutória. Quando o acusado for absolvido será restituído o valor da fiança; não poderá ser processado novamente pela mesma imputação, por força do princípio do *ne bis in idem* processual; levantamento do sequestro, do arresto ou cancelamento da hipoteca; e retirada da identificação fotográfica dos autos do processo.

O artigo 385 do Código de Processo Penal assevera que nos crimes de ação pública, o juiz poderá proferir sentença condenatória, ainda que o Ministério Público tenha opinado pela absolvição, bem como reconhecer agravantes, embora nenhuma tenha sido alegada.

32.7. Sentença Penal Condenatória

A sentença condenatória é aquela que julga procedente a pretensão punitiva deduzida da denúncia ou queixa. Nela, reconhece-se a existência da materialidade e autoria, com a consequente condenação a uma sanção penal.[9]

O doutrinador Renato Brasileiro conceitua sentença condenatória como:

> "Sentença penal condenatória é a decisão judicial que atesta a responsabilidade criminal do acusado em virtude do reconhecimento categórico da prática da conduta típica, ilícita e culpável a ele imputada na peça acusatória (ou aditamento), impondo-lhe, em con-

9. TÁVORA, Nestor. Fábio Roque Araújo. *Código de Processo Penal*. Editora Juspodivm. 9ª ed. p. 381.

> sequência, uma pena privativa de liberdade, restritiva de direitos ou multa. Para tanto, há necessidade de um juízo de certeza acerca da existência da infração penal e da respectiva autoria e/ou participação, sendo inviável a prolação de um decreto condenatório com base em um mero juízo de possibilidade e/ou probabilidade, sob pena de violação à regra probatória que deriva do princípio da presunção de inocência."[10]

O artigo 387 do Código de Processo Penal detalha o conteúdo da sentença condenatória, que deverá ser realizado de forma cuidadosa, pois tratará da individualização da pena.

O juiz, ao proferir a sentença condenatória, deverá:

a) Mencionará as circunstâncias agravantes ou atenuantes definidas no Código Penal, e cuja existência reconhecer. As agravantes estão dispostas nos artigos 61 e 62 do Código Penal, e as atenuantes estão nos artigos 65, 66 e 67 do Código Penal.

> "Art. 61 – São circunstâncias que sempre agravam a pena, quando não constituem ou qualificam o crime:
> I – a reincidência;
> II – ter o agente cometido o crime:
>
> a) por motivo fútil ou torpe;
>
> b) para facilitar ou assegurar a execução, a ocultação, a impunidade ou vantagem de outro crime;
>
> c) à traição, de emboscada, ou mediante dissimulação, ou outro recurso que dificultou ou tornou impossível a defesa do ofendido;
>
> d) com emprego de veneno, fogo, explosivo, tortura ou outro meio insidioso ou cruel, ou de que podia resultar perigo comum;
>
> e) contra ascendente, descendente, irmão ou cônjuge;
>
> f) com abuso de autoridade ou prevalecendo-se de relações domésticas, de coabitação ou de hospitalidade, ou com violência contra a mulher na forma da lei específica;
>
> g) com abuso de poder ou violação de dever inerente a cargo, ofício, ministério ou profissão;
>
> h) contra criança, maior de 60 (sessenta) anos, enfermo ou mulher grávida;
>
> i) quando o ofendido estava sob a imediata proteção da autoridade;

---

10. LIMA, Renato Brasileiro, *Manual de processo Penal* – Volume Único. 6ª ed. Editora Juspodivm. p. 1.529.

j) em ocasião de incêndio, naufrágio, inundação ou qualquer calamidade pública, ou de desgraça particular do ofendido;

l) em estado de embriaguez preordenada.

Agravantes no caso de concurso de pessoas

Art. 62 – A pena será ainda agravada em relação ao agente que:

I – promove, ou organiza a cooperação no crime ou dirige a atividade dos demais agentes;

II – coage ou induz outrem à execução material do crime;

III – instiga ou determina a cometer o crime alguém sujeito à sua autoridade ou não-punível em virtude de condição ou qualidade pessoal;

IV – executa o crime, ou nele participa, mediante paga ou promessa de recompensa.

Circunstâncias atenuantes

Art. 65 – São circunstâncias que sempre atenuam a pena:

I – ser o agente menor de 21 (vinte e um), na data do fato, ou maior de 70 (setenta) anos, na data da sentença;

II – o desconhecimento da lei;

III – ter o agente:

a) cometido o crime por motivo de relevante valor social ou moral;

b) procurado, por sua espontânea vontade e com eficiência, logo após o crime, evitar-lhe ou minorar-lhe as consequências, ou ter, antes do julgamento, reparado o dano;

c) cometido o crime sob coação a que podia resistir, ou em cumprimento de ordem de autoridade superior, ou sob a influência de violenta emoção, provocada por ato injusto da vítima;

d) confessado espontaneamente, perante a autoridade, a autoria do crime;

e) cometido o crime sob a influência de multidão em tumulto, se não o provocou.

Art. 66 – A pena poderá ser ainda atenuada em razão de circunstância relevante, anterior ou posterior ao crime, embora não prevista expressamente em lei."

b) Mencionará as outras circunstâncias apuradas e tudo o mais que deva ser levado em conta na aplicação da pena, de acordo com o disposto nos artigos 59 e 60 do Código Penal.

O artigo 59 do Código Penal faz menção a fixação da pena, já o artigo 60 do referido diploma legal afirma que a pena de multa deverá ser fixada, principalmente, verificando à situação econômica do réu.

> "Art. 59 – O juiz, atendendo à culpabilidade, aos antecedentes, à conduta social, à personalidade do agente, aos motivos, às circunstâncias e consequências do crime, bem como ao comportamento da vítima, estabelecerá, conforme seja necessário e suficiente para reprovação e prevenção do crime:
>
> I – as penas aplicáveis dentre as cominadas;
>
> II – a quantidade de pena aplicável, dentro dos limites previstos;
>
> III – o regime inicial de cumprimento da pena privativa de liberdade;
>
> IV – a substituição da pena privativa da liberdade aplicada, por outra espécie de pena, se cabível."

c) Aplicará as penas de acordo com essas conclusões;

d) Fixará valor mínimo para reparação dos danos causados pela infração, considerando os prejuízos sofridos pelo ofendido. O juiz ao proferir a sentença fixará o valor mínimo para reparar os danos causados a vítima. Se a vítima entender que esse valor fixado não condiz com os danos sofridos, poderá ajuizar uma ação de liquidação para pleitear o restante devido.

Outrossim, para haver a fixação de indenização pelos danos sofridos, deve haver pedido expresso e formal, feito pelo Ministério Público ou pelo ofendido, para oportunizar o contraditório ao acusado, sob pena de violação da ampla defesa.

O informativo nº 588 do STJ trouxe a seguinte informação:

> "O juiz, ao proferir sentença penal condenatória, no momento de fixar o valor mínimo para a reparação dos danos causados pela infração (art. 387, IV, do CPP), pode, sentindo-se apto diante de um caso concreto, quantificar, ao menos o mínimo, o valor do dano moral sofrido pela vítima, desde que fundamente essa opção".

Avançando, ocorrendo a condenação do acusado, o juiz decidirá, fundamentadamente, sobre a manutenção ou, se for o caso, a imposição de prisão preventiva ou de outra medida cautelar, sem prejuízo do conhecimento de apelação que vier a ser interposta[11].

11. Artigo 387, § 1º, do CPP: O juiz decidirá, fundamentadamente, sobre a manutenção ou, se for o caso, a imposição de prisão preventiva ou de outra medida cautelar, sem prejuízo do conhecimento de apelação que vier a ser interposta.

A condenação não leva de imediato o acusado a prisão, o juiz deve analisar, no caso concreto, pela manutenção da prisão preventiva ou outra medida cautelar.

O juiz, ao prolatar a sentença condenatória, deverá analisar a detração da pena, bem como o seu regime inicial de cumprimento. Nesse caso, o tempo de prisão provisória, de prisão administrativa ou de internação, no Brasil ou no estrangeiro, será computado para fins de determinação do regime inicial de pena privativa de liberdade[12].

Para finalizar a sentença, o juiz deve rubricar todas as folhas, como forma de autenticar o que foi escrito. A publicação da sentença se dará em mão do escrivão, que lavrará nos autos o respectivo termo, registrando-a em livro especialmente destinado a esse fim. Se a sentença for proferida em audiência, a publicação e intimação ocorrerão no referido ato, exceto no caso do Ministério Público e da defensoria Pública, que deve ser pessoal.

O escrivão, dentro de três dias após a publicação, e sob pena de suspensão de cinco dias, dará conhecimento da sentença ao órgão do Ministério Público.

32.7.1. Efeitos decorrentes da sentença penal condenatória

Os efeitos da sentença penal condenatória dividem-se em penais e extrapenais.

32.7.2. Efeitos penais

Os efeitos penais classificam-se em primários ou principais e reflexos ou secundários.

A) Os efeitos principais da sentença penal condenatória são:

1. Cumprimento da pena: O Supremo Tribunal Federal, no ano de 2019, ao julgar as Ações Declaratórias de Constitucionalidades 43, 44 e 54 (Rel. Min Marco Aurélio) afirmou que o cumprimento da pena somente pode ter início com o esgotamento de todos os recursos. Nesse sentindo, é proibido a execução provisória da pena.

12. Artigo 387, § 2º, do CPP: O tempo de prisão provisória, de prisão administrativa ou de internação, no Brasil ou no estrangeiro, será computado para fins de determinação do regime inicial de pena privativa de liberdade.

Contudo, o acusado pode ser preso antes do esgotamento dos recursos, devendo cada caso ser analisado individualmente e, além disso, deve-se demonstrar a existência dos requisitos da prisão preventiva (Art. 312 do CPP), ou seja, a prisão deve-se pautar para garantir a ordem pública ou econômica, conveniência da instrução criminal ou para assegurar a aplicação da lei penal. Caso não vislumbre os requisitos da prisão preventiva, o réu permanecerá em liberdade até o trânsito em julgado da condenação (Art. 283 do CPP).

A fundamentação da manutenção ou imposição de prisão ou outra medida cautelar quando proferida a sentença condenatória está no artigo 387, §1º, do CPP[13].

2. Ser o nome do réu lançado no rol dos culpados: apesar do artigo 393 do CPP ter sido revogado, o efeito do lançamento ainda persiste quando da condenação transitada em julgada. A necessidade do controle estatal de ter conhecimento das pessoas condenadas, visa, inclusive, para o registro de antecedentes criminais.

B) Efeitos secundários da sentença condenatória:

1. Reincidência (previsto no artigo 63 do Código Penal – CP): uma condenação definitiva pode levar à qualificação como reincidente no caso de cometimento de um novo crime. Nesse sentido, após o trânsito em julgado de sentença penal condenatória, o indivíduo que cometer novo crime, dentro do prazo de 05 (cinco) anos, será considerado reincidente.

2. Possível regressão de regime carcerário (artigo 118, inciso II, da LEP): ocorre quando o indivíduo, já cumprindo pena, comete um novo delito e a soma das penas (o que resta cumprir da primeira condenação mais a pena pelo segundo crime) ultrapassa o limite estabelecido para o regime prisional atual.

3. Revogação do *sursis* (artigo 81, I, §1º, do CP): O *sursis* será obrigatoriamente revogado se o beneficiário for condenado, em sentença irrecorrível, por crime doloso. Caso o agente seja condenado por crime

13. Artigo 387, § 1º, do CPP: O juiz decidirá, fundamentadamente, sobre a manutenção ou, se for o caso, a imposição de prisão preventiva ou de outra medida cautelar, sem prejuízo do conhecimento de apelação que vier a ser interposta.

culposo ou por contravenção penal, o *sursis* pode ser revogado, nesse caso a revogação é facultativa.

4. Revogação do livramento condicional (art. 86 do CP): Revoga-se o livramento, se o liberado vem a ser condenado a pena privativa de liberdade, em sentença irrecorrível por crime cometido durante a vigência do benefício e por crime anterior, observado o disposto no artigo 84 do CP (as penas que correspondem a infrações diversas devem somar-se para efeito do livramento). A revogação do livramento condicional será facultativa se o beneficiário for condenado irrecorrivelmente, por crime ou contravenção, a pena que não seja privativa de liberdade.

32.7.3. *Efeitos extrapenais*

Os efeitos extrapenais da sentença condenatória subdividem-se em obrigatórios ou genéricos e específicos.

a) Efeitos extrapenais obrigatórios: estão previstos no artigo 91 do Código Penal.

a.1) Obrigação de reparar o dano: a condenação do réu tornar certa a obrigação de indenizar o dano causado pelo crime. A sentença condenatória constitui título executivo judicial, que se não for pago pelo autor, pode ser imediatamente executada na vara cível.

Além do Código Penal e o Código de Processo Penal, as legislações extravagantes, também, possuem redação bastante semelhantes. O artigo 20 da Lei nº 9.605/98 (Lei de Crimes Ambientais) trata do assunto da seguinte forma:

> "Art. 20 – A sentença penal condenatória, sempre que possível, fixará o valor mínimo para reparação dos danos causados pela infração, considerando os prejuízos sofridos pelo ofendido ou pelo meio ambiente.
>
> Parágrafo único. Transitada em julgado a sentença condenatória, a execução poderá efetuar-se pelo valor fixado nos termos do *caput*, sem prejuízo da liquidação para apuração do dano efetivamente sofrido".[14]

14. https://www.planalto.gov.br/ccivil_03/LEIS/L9605.htm

A lei de Abuso de Autoridade e a Lei Maria da Penha também trouxeram em suas normas disposições quanto a obrigação de reparar o dano fixado na sentença condenatória.

> "Lei 11.343/2.006, art. 9º, §4º – Aquele que, por ação ou omissão, causar lesão, violência física, sexual ou psicológica e dano moral ou patrimonial a mulher fica obrigado a ressarcir todos os danos causados, inclusive ressarcir ao Sistema Único de Saúde (SUS), de acordo com a tabela SUS, os custos relativos aos serviços de saúde prestados para o total tratamento das vítimas em situação de violência doméstica e familiar, recolhidos os recursos assim arrecadados ao Fundo de Saúde do ente federado responsável pelas unidades de saúde que prestarem os serviços".[15]

A Lei de Abuso de Autoridade (Lei nº 13.869/19) dispõe da seguinte forma quanto ao dever de indenizar:

> "Art. 4º – São efeitos da condenação:
> I – tornar certa a obrigação de indenizar o dano causado pelo crime, devendo o juiz, a requerimento do ofendido, fixar na sentença o valor mínimo para reparação dos danos causados pela infração, considerando os prejuízos por ele sofridos."[16]

a.2) A perda em favor da União dos instrumentos do crime, desde que consistam em coisas cujo fabrico, alienação, uso, porte ou detenção constitua fato ilícito, ressalvado o direito do lesado ou de terceiro de boa-fé: os objetos utilizados pelo agente para cometimento do crime e que constituam ilícito, como por exemplo uma arma de fogo utilizada em um latrocínio, será perdida ao final do processo. Já se o objeto for lícito e não interessar mais ao processo, poderá ser devolvido ao agente.

a.3) A perda em favor da União do produto do crime ou de qualquer bem ou valor que constitua proveito auferido pelo agente com a prática do fato criminoso, ressalvado o direito do lesado ou de terceiro de boa-fé: o efeito da condenação relativo ao confisco incide sobre o produto direto e indireto do crime. O produto direto é aquele proveniente diretamente da ação criminosa, como o dinheiro da venda da droga. Já o produto indireto é aquele bem proveniente do dinheiro

15. https://www.planalto.gov.br/ccivil_03/_Ato2004-2006/2006/Lei/L11340.htm
16. https://www.planalto.gov.br/ccivil_03/_Ato2019-2022/2019/Lei/L13869.htm

conseguido da ação delituosa, como a compra de um veículo com o dinheiro da venda de drogas.

Há vários dispositivos que dispõe sobre a perda de bens como efeito da condenação, como por exemplo o artigo 243, caput, da Constituição Federal, que diz que as propriedades urbanas e rurais de qualquer região do país onde forem localizadas culturas ilegais de plantas psicotrópicas ou exploração de trabalho escravo da forma da lei serão expropriadas e destinadas à reforma agrária e a programas de habitação popular, sem qualquer indenização ao proprietário e sem prejuízo de outras sanções previstas em lei.

b) Efeitos extrapenais específicos: esses efeitos repercutem em outros ramos do direito, não sendo automáticos e nem obrigatórios, e necessitam estar fundamentada na sentença condenatória.

b.1) Confisco alargado de bens (Artigo 91-A do CP): é um efeito não automático e incide apenas em determinados crimes, a pedido do Ministério Público. O referido artigo dispõe que "na hipótese de condenação por infrações às quais a lei comine pena máxima superior a 6 (seis) anos de reclusão, poderá ser decretada a perda, como produto ou proveito do crime, dos bens correspondentes à diferença entre o valor do patrimônio do condenado e aquele que seja compatível com o seu rendimento lícito". A lei entende como patrimônio do condenado todos os bens de sua titularidade, ou em relação aos quais ele tenha o domínio e o benefício direto ou indireto, na data da infração penal ou recebidos posteriormente e os que forem transferidos a terceiros a título gratuito ou mediante contraprestação irrisória, a partir do início da atividade criminal.

b.2) Perda do Cargo, função pública ou mandato eletivo:

I. Quando aplicada pena privativa de liberdade por tempo igual ou superior a um ano, nos crimes praticados com abuso de poder ou violação de dever para com a Administração Pública: esse efeito demanda a presença de dois elementos, primeiramente o elemento objetivo que é aplicação da pena privativa de liberdade por tempo igual ou superior a um ano, e um elemento subjetivo que é ter cometido o crime abusando do poder ou violando dever com a administração pública. Nesse sentido, entende-se que se a pena privativa de liberdade for substituída por restritiva de direito, esse efeito já não poderia ser aplicado.

II. Quando for aplicada pena privativa de liberdade por tempo superior a 4 (quatro) anos nos demais casos: já esse efeito pode ser aplicado a qualquer crime cometido pelo servidor público, desde que a pena seja superior a quatro anos, devendo a sentença motivar as razões que levaram a referida decisão.

Diferente do Direito Administrativo, no Direito Penal o conceito de funcionário público é tratado da seguinte forma: considera-se funcionário público quem, embora transitoriamente ou sem remuneração, exerce cargo, emprego ou função pública (Art. 327 do CP). Além disso, para considerar funcionário público, é desnecessária a permanência ou remuneração pelo Estado, bastando o simples exercício de uma função pública.

Outrossim, a perda do cargo ou função pública deve ser motivada na sentença condenatória, e diante disso, a autoridade administrativa tem o dever de proceder à demissão do servidor ou à cassação da aposentadoria, não necessitando de instauração de processo administrativo disciplinar. Contudo, tais efeitos extrapenais não se aplica a juízes e membros do Ministério Público, que têm assegurada a garantia da vitaliciedade e só podem ser demitidos mediante ação judicial própria.

Ademais, outras leis extravagantes tratam do assunto, onde o acusado pode perder função, cargo ou emprego público, quais sejam:

- Hipótese do art. 16 da Lei 7.716/1989 (crimes resultantes de preconceito de raça e cor): expõe como efeito da condenação, a perda de cargo ou função pública. Esse efeito não é automático, devendo o juiz criminal fundamentar, na sentença, a pertinência de sua aplicação e a incompatibilidade entre a prática delituosa pela qual operada a condenação e o exercício da atividade pública pelo servidor condenado.
- Hipótese do artigo 1º, § 5º, da Lei 9.455/1997 (Lei de Tortura): a condenação "acarretará a perda do cargo, função ou emprego público e a interdição para o seu exercício pelo dobro do prazo da pena aplicada". Se o acusado foi condenado pelo crime de tortura, a perda do cargo é automática e obrigatória.
- Hipótese do art. 7º, II, da Lei 9.613/1998 (Lavagem de Dinheiro): é efeito da condenação "a interdição do exercício de cargo ou função pública de qualquer natureza e de diretor, de membro de conselho de administração ou de gerência das pessoas jurídicas referidas no art. 9º, pelo dobro do tempo da pena privativa de liberdade aplicada". O

Superior Tribunal de Justiça entende "(...) art. 7º da Lei n. 9.613/98 são automáticos e decorrem da própria condenação, independentemente da indicação de motivos para a incidência dessa consequência específica (...)" (AgRg no REsp 1.840.416/PR, j. 06/10/2020).

b.3) A incapacidade para o exercício do poder familiar, da tutela ou da curatela nos crimes dolosos sujeitos à pena de reclusão cometidos contra outrem igualmente titular do mesmo poder familiar, contra filho, filha ou outro descendente ou contra tutelado ou curatelado: esse efeito extrapenal não é automático, dependendo de motivação na sentença condenatória, e o crime cometido deve ser doloso, sujeito a pena de reclusão.

b.4) A inabilitação para dirigir veículo, quando utilizado como meio para a prática de crime doloso: Esse efeito não é automático, necessita de decisão motivada do juiz.

32.8. Intimação da Sentença

É com a intimação da sentença que as partes tomam conhecimento da decisão jurisdicional e, poderão, eventualmente interpor determinado recurso.

No caso do querelante ou do assistente, ambos serão intimados da sentença pessoalmente ou na pessoa de seu advogado. Se nenhum deles for encontrado no lugar da sede do juízo, a intimação será feita mediante edital com o prazo de 10 dias, afixado no lugar de costume (Art. 391 do CPP).

Quanto a intimação do Ministério Público, do Defensor Público e do Advogado dativo/nomeado, a intimação será pessoal.

No que tange a intimação do réu, o artigo 392, do CPP, dispõe que será realizada da seguinte forma:

> "I - ao réu, pessoalmente, se estiver preso;
>
> II - ao réu, pessoalmente, ou ao defensor por ele constituído, quando se livrar solto, ou, sendo afiançável a infração, tiver prestado fiança;
>
> III - ao defensor constituído pelo réu, se este, afiançável, ou não, a infração, expedido o mandado de prisão, não tiver sido encontrado, e assim o certificar o oficial de justiça;
>
> IV - mediante edital, nos casos do no II, se o réu e o defensor que houver constituído não forem encontrados, e assim o certificar o oficial de justiça;

> V – mediante edital, nos casos do no III, se o defensor que o réu houver constituído também não for encontrado, e assim o certificar o oficial de justiça;
>
> VI – mediante edital, se o réu, não tendo constituído defensor, não for encontrado, e assim o certificar o oficial de justiça.
>
> § 1º O prazo do edital será de 90 dias, se tiver sido imposta pena privativa de liberdade por tempo igual ou superior a um ano, e de 60 dias, nos outros casos.
>
> § 2º O prazo para apelação correrá após o término do fixado no edital, salvo se, no curso deste, for feita a intimação por qualquer das outras formas estabelecidas neste artigo."

O doutrinador Renato Brasileiro afirma:

> "Em regra, o acusado deve ser intimado pessoalmente. Se o acusado estiver preso em outra unidade da federação, caberá ao juiz fazer expedir carta precatória, sendo inadmissível a intimação por edital. Portanto, a intimação por edital do acusado somente poderá ser feita na hipótese de não ter sido possível sua localização. O prazo desse edital, segundo o art. 392, § 1º, do CPP, será de 90 (noventa) dias, se tiver sido imposta pena privativa de liberdade por tempo igual ou superior a 1 (um) ano, e de 60 (sessenta) dias, nos outros casos. Havendo a necessidade de intimação do acusado por edital, o prazo para apelação correrá apenas após o término do fixado no edital, salvo se, no curso deste, for feita a intimação pessoal (CPP, art. 392, § 2º). Logicamente, se o acusado for preso durante o curso do prazo da intimação por edital da sentença condenatória, o edital fica prejudicado e a intimação deverá ser efetuada pessoalmente, nos termos do art. 392, I, do CPP."[17]

Destarte, se não houver a intimação do acusado e de seu defensor, a consequência será a nulidade absoluta do feito, mostrando a importância desse ato processual.

Diferente do processo civil, onde conta-se o prazo com a juntada aos autos da intimação, no processo penal o prazo é contado a partir da intimação realizada. A súmula 710 do STF, dispõe da seguinte forma:

> "Súmula 710, STF: No processo penal, contam-se os prazos da data da intimação, e não da juntada aos autos do mandado ou da carta precatória ou de ordem."

---

17. LIMA, Renato Brasileiro, *Manual de processo Penal*. Volume Único, Editora Juspodivm. 6ª ed. p. 1.654.

32.9. Princípio da Correlação entre o Pedido e o Objeto da Decisão no Processo Penal: *Emendatio Libelli* e a *Mutatio Libelli*

No Processo Penal a decisão judicial precisa estar em estrita conformidade com o crime especificado na acusação formal ou na denúncia, sem desviar-se dele. É proibido ao magistrado emitir um julgamento que extrapole o que foi solicitado, isto é, julgar sobre algo que não foi pedido - como, por exemplo, atribuir a prática de um crime não descrito na acusação - ou julgar além do que foi pedido - por exemplo, atribuir uma circunstância agravante que não foi alegada contra o réu. Fazer isso constitui uma violação direta aos princípios fundamentais do direito de defesa, do contraditório e até do sistema acusatório em si.

32.9.1. Emendatio Libelli

Como já dito, no Direito Processual Penal o réu se defende dos fatos narrados na denúncia e não da capitulação legal nela contida, podendo o julgador atribuir definição jurídica diversa, ainda que tenha que aplicar pena mais grave (Art. 383 do CPP[18]).

Podemos exemplificar da seguinte forma: O Ministério Pública ao denunciar narra na peça acusatória um crime de roubo de um aparelho celular, mas no momento da tipificação o órgão ministerial define o tipo penal como furto. A defesa deve contestar os fatos narrados na denúncia, afirmando que não houve violência ou grave ameaça, pois a tipificação dada pelo Ministério Público pode ser modificada. Diante disso, entendo o juiz, quando da leitura dos fatos expostos na denúncia, que houve realmente um roubo e não um furto, quando sentenciar a decisão tipificará corretamente os fatos como roubo, aplicando uma pena mais grave ao acusado.

De mais a mais, nas situações em que ocorre a *emendatio libelli*, não se configura uma ofensa ao princípio da congruência entre a acusação e a sentença. Isso se deve à base de que, no âmbito do processo penal, a defesa do acusado é voltada para os fatos que lhe são atribuídos, não configurando, portanto,

---

18. Art. 383, do CPP: O juiz, sem modificar a descrição do fato contida na denúncia ou queixa, poderá atribuir-lhe definição jurídica diversa, ainda que, em conseqüência, tenha de aplicar pena mais grave.

    § 1º Se, em consequência de definição jurídica diversa, houver possibilidade de proposta de suspensão condicional do processo, o juiz procederá de acordo com o disposto na lei.

    § 2º Tratando-se de infração da competência de outro juízo, a este serão encaminhados os autos.

qualquer prejuízo ao direito de ampla defesa ou ao princípio do contraditório. O motivo é que o delito pelo qual o réu acabou sendo condenado já havia sido mencionado na acusação inicial. Diante disso, a doutrina majoritária e a jurisprudência entendem que as partes não precisam se manifestar sobre a nova classificação do fato delituoso, pois o acusado já se defendeu dos fatos.

Ademais, o momento adequado para o juiz tipificar corretamente o fato narrado pela acusação é na fase da sentença. Nesse momento, em consequência de definição jurídica diversa, houver possibilidade de proposta de suspensão condicional do processo, o juiz procederá de acordo com o disposto na lei. Se a infração for de competência de outro juízo, a este serão encaminhados os autos.

32.9.2. Mutatio Libelli

No que tange a *mutatio libelli*, podemos afirmar que se refere à situação em que, no decorrer da fase instrutória do processo, emergem evidências de um elemento ou circunstância não previstos inicialmente na denúncia ou queixa. Diante dessa mudança na descrição dos fatos acusatórios, torna-se imperativo o aditamento da acusação, seguido pela nova oportunidade de defesa e a possível reabertura da fase instrutória, incluindo a realização de um novo interrogatório do réu. Isso é necessário para evitar a condenação por um ato criminoso que não foi formalmente atribuído ao acusado, o que constituiria uma clara violação dos princípios de contraditório e da ampla defesa, além da exigência de que a sentença tenha correspondência com a peça acusatória.

O artigo 384 do Código de Processo Penal dispõe da seguinte forma:

> "Encerrada a instrução probatória, se entender cabível nova definição jurídica do fato, em consequência de prova existente nos autos de elemento ou circunstância da infração penal não contida na acusação, o Ministério Público deverá aditar a denúncia ou queixa, no prazo de 5 (cinco) dias, se em virtude desta houver sido instaurado o processo em crime de ação pública, reduzindo-se a termo o aditamento, quando feito oralmente."

Utilizando do mesmo exemplo dado acima, quando descrevemos a *emendatio libelli*, o órgão ministerial tipifica um crime de furto qualificado pela destreza, e narra na denúncia a subtração de um aparelho celular, onde o denunciado teria passado ao lado da vítima e retirado de sua mochila a "*res furtiva*". Durante a instrução probatória, a vítima afirma que o acusado teria usado da violência para subtrair o aparelho celular, tendo lhe empurrado e puxado sua mochila a força, de onde retirou o objeto subtraído. Vislumbra, nesse caso, um crime de roubo e não de furto, como foi narrado na denúncia.

Diante disso, o órgão do Ministério Público deve aditar a denúncia no prazo de cinco dias, podendo arrolar até três testemunhas. Apresentando o aditamento, a defesa terá o prazo de cinco dias para se manifestar e, também, poderá arrolar até três testemunhas.

Sendo admitido o aditamento, o juiz, a requerimento de qualquer das partes, designará dia e hora para continuação da audiência, com inquirição de testemunhas, novo interrogatório do acusado, realização de debates e julgamento (art. 384, §2º, do CPP). Por outro lado, se o aditamento não for aceito, o processo prosseguirá (art. 384, §5º, do CPP).

Se o órgão do Ministério Público não proceder ao aditamento, aplica-se o art. 28 do Código de Processo Penal, remetendo-se ao Procurador Geral de Justiça.

Outrossim, havendo a aceitação do aditamento da denúncia, o juiz, na sentença, fica subordinado aos termos do aditamento (art. 384, §4º, do CPP), aplicando-se o princípio da correlação entre acusação e sentença.

O Informativo 895 do STF afirmou que é possível a *ementatio libelli* em segunda instância, desde que o recurso seja exclusivo da defesa. Quanto a *mutatio libelli*, o entendimento que não é possível em grau de recurso.

> "É possível a realização da *ementatio libelli* em segunda instância no julgamento de recurso exclusivo da defesa, desde que não gere *reformatio in pejus*, nos termos do art. 617 do CPP (STF. 2ª Turma. HC 134.872/PR, rel. min. Dias Toffoli, j. 27.03.2018)".

Além disso, o Supremo Tribunal Federal expediu a súmula 453, onde diz que não *se aplicam à segunda instância o artigo 384 e o parágrafo único do Código de Processo Penal, que possibilitam dar nova definição jurídica ao fato delituoso, em virtude de circunstância elementar não contida, explícita ou implicitamente, na denúncia ou queixa (mutatio libelli).* O descumprimento da súmula 453 viola os princípios do contraditório e da ampla defesa.

Podemos concluir que, não é possível *mutatio libelli* em segunda instância pois, se admitíssemos nesse caso, ocorreria supressão de instância.

Há, ainda, o julgado do Superior Tribunal de Justiça que expõe que se "reconhecido, em recurso exclusivo da defesa, que a sentença condenou o réu por fatos que não estavam descritos na denúncia, cabe ao Tribunal somente anular a sentença e absolver o réu, mas não determinar o retorno dos autos ao primeiro grau". STJ. 5ª Turma. AgRg no AREsp 2.324.920/SC, Rel. Min. Ribeiro Dantas, julgado em 5/9/2023 (Info 789).

Como é um assunto muito cobrado em prova de concurso, colocamos lado a lado as principais característica e diferenças da *emendatio libelli e mutatio libelli.*

EMENDATIO LIBELLI	***MUTATIO LIBELLI***
O Ministério Público ou o autor da ação privada narram corretamente dos fatos, mas tipificam de forma equivocada, podendo o juiz, quando proferir a sentença, tipificar de forma correta, diferente da peça acusatória.	A peça acusatória está narrada e tipificada corretamente, mas durante a instrução processual penal, surge prova nova a respeito de elementar ou circunstância que não havia sido narrada expressamente na denúncia ou queixa.
Requisitos e procedimento: a) Não acrescenta nenhuma circunstância ou elementar ao fato, pois já está descrito na denúncia. b) É modificada a tipificação penal. c) O juiz pode na sentença realizar a definição jurídica correta, sem precisar aditar a denúncia. No processo penal o acusado se defende dos fatos, não importando a tipificação penal trazida pela acusação.	Requisitos e procedimento: a) acrescenta algumas circunstância ou elementar que não havia sido descrita na petição inicial e cuja prova surgiu durante a instrução processual. b) É modificada a tipificação penal. c) O juiz não pode reparar a tipificação jurídica de ofício, devendo-se a denúncia ser aditada: 1) Se o Ministério Público entender que é caso de *mutatio libelli*, ele deverá aditar a denúncia ou queixa no prazo máximo de 5 dias após o encerramento da instrução; Caso o órgão ministerial entender que não é caso de aditamento, aplica-se o art. 28 do CPP. 2) esse aditamento pode ser apresentado oralmente na audiência ou por escrito. 3) será ouvido o defensor do acusado no prazo de 5 dias. 4) acusação e defesa podem arrolar até três testemunhas. 5) o juiz decidirá se recebe ou rejeita o aditamento. 6) se o aditamento for aceito, o juiz designará dia e hora para continuação da audiência, com inquirição de testemunhas, novo interrogatório do acusado e realização de debates e julgamento.

EMENDATIO LIBELLI	*MUTATIO LIBELLI*
Espécies de ação penal em que é cabível: • ação penal pública incondicionada; • ação penal pública condicionada; • ação penal privada.	Espécies de ação penal em que é cabível: • ação penal pública incondicionada; • ação penal pública condicionada; • ação penal privada subsidiária da pública. Obs: apenas o Ministério Público pode oferecer *mutatio libelli*.
É possível a *emendatio libelli* em 2º grau de jurisdição? Sim. É possível a realização da *ementatio libelli* em segunda instância no julgamento de recurso exclusivo da defesa, desde que não gere *reformatio in pejus*.	É possível a *mutatio libelli* em 2º grau de jurisdição? Não. A *mutatio libelli* em grau de recurso é incabível, pois, se o Tribunal, em grau de recurso, apreciasse um fato não valorado pelo juiz, haveria supressão de instância.

33. PROCESSO E PROCEDIMENTOS

33.1. Conceito

Primeiramente devemos diferenciar processo de procedimento. O processo é um conjunto de atos concatenados entre sim, com o objetivo de obter uma decisão jurisdicional, que pode ser uma condenação ou uma absolvição. Já o procedimento é a forma como o processo se desenvolve, e o procedimento é o caminhar do processo. O doutrinador Renato Brasileiro diferencia da seguinte forma:

> "(...) enquanto o processo penal é formado por um conjunto de atos processuais que o levam da formulação da peça acusatória ao provimento final, geralmente uma sentença absolutória ou condenatória, o procedimento é o modo como esse processo se desenvolve, a forma como tramita, enfim, a sequência dos atos que se realizam no exercício da jurisdição, bem como a relação que se estabelece entre eles na série, que pode ser, no âmbito criminal, comum ordinário, comum sumário, comum sumaríssimo ou especial; escrito ou oral; sumário ou dilatado; com uma ou várias instâncias. Por isso, costuma-se dizer que o procedimento funciona como a medida do processo."[19]

19. LIMA, Renato Brasileiro, *Manual de processo Penal*. Volume Único, Editora Juspodivm. 6ª ed. p. 1.389.

33.2. Classificação do Procedimento

Os procedimentos são classificados em procedimentos comuns e procedimentos especiais. O procedimento comum é a regra e, além disso, é dividido em procedimento comum ordinário, sumário e sumaríssimo. Ademais, os procedimentos especiais encontram-se em partes no Código de Processo Penal e em leis extravagantes, como, por exemplo, o procedimento do júri e o procedimento da Lei de Drogas.

Para se saber qual procedimento comum a ser aplicado em determinada situação, leva-se em consideração a quantidade da pena privativa de liberdade em abstrato aplicada ao delito. Para se chegar à pena abstratamente aplicada deve-se levar em consideração a soma das penas no concurso material de crimes, e se houver concurso formal ou crime continuado, deve incidir o a causa de aumento no máximo legal e a diminuição no mínimo. Ademais, aplica-se as qualificadoras e as causas de aumentos, todas na fração máxima.

Outrossim, nos casos das circunstâncias agravantes e circunstâncias atenuantes, não se aplicada para a escolha do procedimento, pois, mesmo aplicando essas circunstâncias, a pena não pode ultrapassar o limite legal.

O artigo 394, § 1º, do CPP, traz a diferença dos procedimentos comuns[20]:

a) Procedimento ordinário: crime cuja sanção máxima for igual ou superior a 04 (quatro) anos de pena privativa de liberdade.
b) Procedimento sumário: crime cuja sanção máxima for inferior a 04 (quatro) anos de pena privativa de liberdade.
c) Procedimento sumaríssimo: para infrações penais de menor potencial ofensivo (contravenções penais e crime com pena privativa de liberdade igual ou inferior a 02 (dois) anos.

20. Art. 394, do CPP: O procedimento será comum ou especial.
§ 1º O procedimento comum será ordinário, sumário ou sumaríssimo:
I – ordinário, quando tiver por objeto crime cuja sanção máxima cominada for igual ou superior a 4 (quatro) anos de pena privativa de liberdade
II – sumário, quando tiver por objeto crime cuja sanção máxima cominada seja inferior a 4 (quatro) anos de pena privativa de liberdade;
III – sumaríssimo, para as infrações penais de menor potencial ofensivo, na forma da lei.

Para facilitar os estudos: pena menor e igual a 02 anos (sumaríssimo), pena acima de 02 (dois) anos e inferior a 04 (quatro) anos (sumário) e pena igual e maior que 04 (quatro) anos (ordinário).

33.3. Procedimento Comum Ordinário (Arts. 395 a 405 do CPP)

Como vimos, o procedimento comum ordinário ocorrerá quando o crime cometido pelo acusado tiver pena cominada igual ou superior a 04 (quatro) anos.

Algumas situações, apesar da infração penal cominar pena menor que 04 (quatro) anos, o procedimento adotado será o ordinário, como nos casos das infrações penais praticadas com violência doméstica e familiar contra a mulher (Lei 11.340/2006) e os crimes previstos na Lei de Organização Criminosa (Lei 12.850/2013).

O procedimento comum ordinário possui a seguinte sequência de atos processuais:

a) Oferecimento da denúncia (MP) ou queixa crime (ofendido/ou quem suceda): O oferecimento da peça acusatória provoca o início da ação penal. O juiz, antes de receber a denúncia e antes de citar o réu, deve verificar se não é caso de rejeição da denúncia ou da queixa crime, conforme artigo 395 do Código de Processo Penal.

As causas de rejeição ocorrem quando a peça for manifestamente inepta, faltar pressuposto processual ou condição para o exercício da ação penal, ou faltar justa causa para o exercício da ação penal. Se houver rejeição da peça acusatória, cabe recurso em sentido estrito (Art. 581, inciso I, do CPP). Já se a rejeição ocorrer no processo sumaríssimo do Juizado Especial Criminal, o recurso é de apelação, no prazo de 10 (dez) dias.

No caso do recebimento da denúncia por parte do juiz, não há recurso cabível para o ato receber a peça acusatória. Além disso, o ato de recebimento interrompe o lapso prescricional.

a) Citação do acusado e resposta à acusação: a citação é o chamamento pessoal do réu para que tenha conhecimento da ação penal proposta, seus termos e limites, facultando-lhe a defesa. O réu terá o prazo de 10 (dez) dias para oferecer a resposta à acusação, sendo que, se o réu for citado por edital, o prazo de 10 (dez) dias começará a fluir a partir do comparecimento pessoal do acusado ou do defensor constituído.

O prazo de 10 (dez) dias é impróprio, não preclui, sendo que a resposta à acusação é absolutamente imprescindível.

O acusado, quando for oferecer resposta a acusação, poderá arguir preliminares e alegar tudo o que interesse à sua defesa, oferecer documentos e justificações, especificar as provas pretendidas e arrolar testemunhas, qualificando-as e requerendo sua intimação, quando necessário.

Caso o acusado citado não apresentar a resposta no prazo legal, ou se não constituir defensor, o juiz nomeará defensor para oferecer a resposta à acusação, concedendo-lhe vista dos autos por 10 (dez) dias.

Se o acusado propuser alguma exceção (suspeição, incompetência do juízo, litispendência, ilegitimidade de parte e coisa julgada) será processado em autos apartados (Art. 396-4, § 1º, do CPP).

c) Absolvição sumária (art. 397 do CPP): após receber a resposta escrita do acusado e antes da audiência de instrução e julgamento, o juiz deverá absolver sumariamente o acusado quando verificar manifesta causa de excludente de ilicitude, manifesta causa de excludente de culpabilidade (exceto se for causa de inimputabilidade), verificar que o fato não constitui crime e quando estiver extinta a punibilidade[21].

d) Instrução Criminal: se o juiz não absolver sumariamente o acusado, receberá a denúncia ou a queixa e designará dia e hora para a audiência, ordenando a intimação do acusado, de seu defensor, do Ministério Público e, se for o caso, do querelante e do assistente. Caso o acusado esteja preso, será requisitado para comparecer na audiência para ser interrogado.

Na audiência de instrução e julgamento, a ser realizada no prazo máximo de 60 (sessenta) dias, os atos seguirão da seguinte forma: ouve a vítima, as testemunhas de acusação e depois as testemunhas de defesa, bem como aos esclarecimentos dos peritos, às acareações e ao reconhecimento de pessoas

---

21. Art. 397, do CPP: Após o cumprimento do disposto no art. 396-A, e parágrafos, deste Código, o juiz deverá absolver sumariamente o acusado quando verificar:
I – a existência manifesta de causa excludente da ilicitude do fato;
II – a existência manifesta de causa excludente da culpabilidade do agente, salvo inimputabilidade;
III – que o fato narrado evidentemente não constitui crime; ou
IV – extinta a punibilidade do agente.

e coisas, e por fim interroga-se o acusado. Se não for realizada as oitivas na ordem, pode ocorrer nulidade relativa, pois se as partes concordarem em inverter a ordem, não será reconhecida a nulidade, conforme entendimento dos tribunais superiores.

Durante a instrução poderão ser arguidas até 08 (oito) testemunhas pela acusação e pela defesa, sendo que nesse número não se compreende as testemunhas que não prestem compromisso e as referidas (que são as testemunhas cuja existência foi conhecida por meio do depoimento de outra testemunha). Muito importante lembrar que serão arroladas oito testemunhas por fato, isso quer dizer, se o acusado estiver sendo acusado de dois crimes, poderá arrolar até dezesseis testemunhas, oito testemunhas por fato.

A parte poderá desistir da inquirição de qualquer das testemunhas arroladas, salvo o disposto no artigo 209 do CPP. Esse artigo dispõe que o juiz, entendendo necessário, poderá ouvir quaisquer testemunhas, mesmo não tendo sido arroladas pelas partes. Nesse ínterim, o juiz pode ouvir a testemunha que a parte dispensou.

A audiência de instrução e julgamento é una, rege-se pelo princípio da concentração dos atos processuais. Diante disso, as provas serão produzidas numa só audiência, podendo o juiz indeferir as consideradas irrelevantes, impertinentes ou protelatórias.

Quanto aos esclarecimentos por parte dos peritos, as partes deverão requisitar previamente o comparecimento deles para serem ouvidos em juízo.

Ademais, a Lei nº 14.245/2021 acrescentou o artigo 400-A, com intuito de proteger a integridade física e psicológica da vítima, combatendo a revitimização, de forma a não permitir o constrangimento ilegal da vítima ou da testemunha, conforme descrito abaixo:

> "Art. 400-A. Na audiência de instrução e julgamento, e, **em especial, nas que apurem crimes contra a dignidade sexual**, todas as partes e demais sujeitos processuais presentes no ato **deverão zelar pela integridade física e psicológica da vítima**, sob pena de responsabilização civil, penal e administrativa, cabendo ao juiz garantir o cumprimento do disposto neste artigo, vedadas:
> I – a manifestação sobre circunstâncias ou elementos alheios aos fatos objeto de apuração nos autos;
> II – a utilização de linguagem, de informações ou de material que ofendam a dignidade da vítima ou de testemunhas."

> A decisão do Supremo Tribunal Federal (STF) na ADPF 1107[22] complementa o artigo 400-A do Código de Processo Penal, reforçando a proteção da dignidade das vítimas em processos de crimes sexuais e violência contra a mulher. O STF determinou que é inconstitucional desqualificar a vítima mencionando sua vida sexual pregressa ou modo de vida durante audiências e julgamentos. Essa prática é vedada por violar princípios fundamentais da Constituição, e a decisão estabelece que qualquer tentativa de usar essas informações pode resultar na nulidade do ato ou julgamento, além de responsabilização civil, penal e administrativa dos envolvidos.
>
> A decisão também impõe que magistrados têm o dever de impedir essas práticas inconstitucionais, assegurando que a dignidade da vítima seja respeitada durante todo o processo judicial. Essa medida visa evitar a revitimização e garantir que o foco permaneça nos fatos relevantes ao caso, promovendo um ambiente mais justo e respeitoso para as vítimas de crimes contra a dignidade sexual e violência.

Após a produção de provas, ao final da audiência, o Ministério Público, o querelante e o assistente e, a seguir, o acusado poderão requerer diligências cuja necessidade se origine de circunstâncias ou fatos apurados na instrução.

---

22. Decisão: O Tribunal, por unanimidade, conheceu da arguição de descumprimento de preceito fundamental e julgou procedentes os pedidos formulados pela arguente para i) conferir interpretação conforme à Constituição à expressão elementos alheios aos fatos objeto de apuração posta no art. 400-A do Código de Processo Penal, para excluir a possibilidade de invocação, pelas partes ou procuradores, de elementos referentes à vivência sexual pregressa da vítima ou ao seu modo de vida em audiência de instrução e julgamento de crimes contra a dignidade sexual e de violência contra a mulher, sob pena de nulidade do ato ou do julgamento, nos termos dos arts. 563 a 573 do Código de Processo Penal; ii) vedar o reconhecimento da nulidade referida no item anterior na hipótese de a defesa invocar o modo de vida da vítima ou a questionar quanto a vivência sexual pregressa com essa finalidade, considerando a impossibilidade do acusado se beneficiar da própria torpeza; ii) conferir interpretação conforme ao art. 59 do Código Penal, para assentar ser vedado ao magistrado, na fixação da pena em crimes sexuais, valorar a vida sexual pregressa da vítima ou seu modo de vida; e iv) assentar ser dever do magistrado julgador atuar no sentido de impedir essa prática inconstitucional, sob pena de responsabilização civil, administrativa e penal. Por fim, determinou o encaminhamento do acórdão deste julgamento a todos os Tribunais de Justiça e Tribunais Regionais Federais do país, para que sejam adotadas as diretrizes determinadas nesta arguição. Tudo nos termos do voto da Relatora. Presidência do Ministro Luís Roberto Barroso. Plenário, 23.5.2024. Tese de julgamento: **"É inconstitucional a prática de desqualificar a mulher vítima de violência durante a instrução e o julgamento de crimes contra a dignidade sexual e todos os crimes de violência contra a mulher, de modo que é vedada eventual menção, inquirição ou fundamentação sobre a vida sexual pregressa ou ao modo de vida da vítima em audiências e decisões judiciais (CF, arts. 1º, III; 3º, I e IV; 5º, caput e I; 226, § 5º)".**

Se não houver requerimento de diligências, ou sendo indeferido, serão oferecidas alegações finais orais por 20 (vinte) minutos, respectivamente, pela acusação e pela defesa, prorrogáveis por mais 10 (dez), proferindo o juiz, a seguir, sentença.

Outrossim, as alegações orais poderão ser substituídas por memoriais em três situações: a) complexidade do caso; b) número de acusados; c) ordenada a realização de diligência considerada imprescindível ao julgamento da causa.

e) Sentença (art. 399, §2º): O juiz que presidir a instrução deverá proferir a sentença (princípio do juiz natural). A sentença será dada oralmente, e deverá ser degravada em sua totalidade, podendo ser causa de nulidade se for degravada parcialmente sem o registro das razões de decidir, conforme entendimento do STJ.

As partes entendendo que houve obscuridade, ambiguidade, contradição ou omissão na sentença, podem propor embargados de declaração, no prazo de 02 (dois). No caso se a parte discordar da decisão do juiz de primeiro grau poderá interpor apelação para o órgão jurisdicional superior em um prazo de 05 (cinco) dias e apresentar as razões no prazo de 08 (oito) dias.

33.4. Procedimento Comum Sumário (Arts. 531 a 538 do CPP)

O procedimento comum sumário é empregado quando tiver por objeto um crime com pena privativa de liberdade superior a 02 (dois) anos e inferior a 04 (quatro) anos.

Outrossim, o referido procedimento será aplicável às infrações de menor potencial ofensivo, quando o Juizado Especial Criminal encaminhar ao juízo comum as peças existentes (Art. 538 do CPP). O juizado encaminhará as peças para o juízo comum quando não for possível realizar a citação do acusado pessoalmente, já que a Lei 9099/90 não permite a citação por edital, e quando a complexidade ou circunstâncias do caso concreto não permitir a formulação de denúncia (Lei nº 9.099/95, art. 77, § 2º). Nesses casos, o procedimento aplicado será o sumário, mas nada impede de se aplicar os institutos despenalizadores da lei nº 9.099/95.

O procedimento comum sumário é idêntico ao procedimento ordinário, salvo quanto:

a) Prazo para a realização de audiência de instrução e julgamento: prazo máximo de 30 dias;

b) Quantidade de testemunhas: 05 (cinco) testemunhas para a acusação e 05 (cinco) testemunhas para a defesa. Além disso, as testemunhas que comparecerem serão arguidas, independentemente da suspensão da audiência, observado a ordem do artigo 531 do CPP, primeiro as testemunhas de acusação e depois as de defesa;

c) Alegações finais: serão orais, concedendo-se a palavra, respectivamente, à acusação e à defesa, pelo prazo de 20 (vinte) minutos, prorrogáveis por mais 10 (dez), proferindo o juiz, a seguir, sentença. Se houver mais de um acusado, o tempo previsto para a defesa de cada um será individual. Ao assistente do Ministério Público, após a manifestação deste, serão concedidos 10 (dez) minutos, prorrogando-se por igual período o tempo de manifestação da defesa;

d) Sentença: a sentença será oral.

33.5. Procedimento Comum Sumaríssimo (Lei Nº 9.099/95)

O procedimento comum sumaríssimo é aplicado no âmbito do juizado especial criminal e possui como princípios a oralidade, informalidade, economia processual e celeridade. Ademais, a intenção é estimular a solução consensual e priorizar a vítima, já que tem como escopo reparar os danos sofridos pela vítima.

Existem quatro medidas despenalizadoras que evitam a instauração do processo ou impedem seu prosseguimento, quais sejam:

a) Composição civis dos danos: A composição dos danos civis será reduzida a escrito e, homologada pelo Juiz mediante sentença irrecorrível, terá eficácia de título a ser executado no juízo civil competente.

Se a ação penal for de iniciativa privada ou de ação penal pública condicionada à representação, a composição civil homologada acarreta a renúncia ao direito de queixa ou representação (Art. 74, Parágrafo único, da Lei 9.099/95).

b) Transação Penal: havendo representação ou tratando-se de crime de ação penal pública incondicionada, não sendo caso de arquivamento, o Ministério Público poderá propor a aplicação imediata de pena restritiva de direitos ou multas, a ser especificada na proposta. Se o autor e seu defensor aceitar a proposta do Ministério Público, essa proposta será submetida à apreciação judiciário, e se o Juiz acolher a proposta aplicará pena restritiva de direitos ou multa, que não importará em reincidência. A transação penal poderá ser oferecida uma única vez em um período de cinco anos.

c) Representação penal nos crimes de lesões corporais leves e lesões culposas: o artigo 88 da Lei 9.099/95 dispõe que nos casos de lesões corporal leves e culposas deverá a vítima representar em um prazo de até 06 (seis) meses a contar do conhecimento da autoria, sob pena de acarretar a decadência. Se a vítima não representar nesse período, ocorrerá a extinção da punibilidade.

d) Suspensão condicional do processo: nos crimes em que a **pena mínima** cominada for **igual ou inferior a um ano**, abrangidas ou não por esta Lei, o Ministério Público, ao oferecer a denúncia, poderá propor a suspensão do processo, por dois a quatro anos, desde que o acusado não esteja sendo processado ou não tenha sido condenado por outro crime (Art. 89 da Lei 9.099/95)[23].

Durante o prazo da suspensão condicional do processo não correrá a prescrição, e finalizado o prazo sem revogação, o Juiz declarará extinta a punibilidade.

A Súmula 667 do Superior Tribunal de Justiça (STJ) esclarece que a aceitação da proposta de suspensão condicional do processo não impede a análise de um pedido de trancamento da ação penal. Isso significa que, mesmo que o acusado aceite a suspensão condicional, ele ainda pode buscar o trancamento da ação por meio de habeas corpus, caso existam fundamentos legais para

---

23. Art. 89, § 1º: Aceita a proposta pelo acusado e seu defensor, na presença do Juiz, este, recebendo a denúncia, poderá suspender o processo, submetendo o acusado a período de prova, sob as seguintes condições:

I – reparação do dano, salvo impossibilidade de fazê-lo;

II – proibição de frequentar determinados lugares;

III – proibição de ausentar-se da comarca onde reside, sem autorização do Juiz;

IV – comparecimento pessoal e obrigatório a juízo, mensalmente, para informar e justificar suas atividades.

§ 2º O Juiz poderá especificar outras condições a que fica subordinada a suspensão, desde que adequadas ao fato e à situação pessoal do acusado;

§ 3º A suspensão será revogada se, no curso do prazo, o beneficiário vier a ser processado por outro crime ou não efetuar, sem motivo justificado, a reparação do dano;

§ 4º A suspensão poderá ser revogada se o acusado vier a ser processado, no curso do prazo, por contravenção, ou descumprir qualquer outra condição imposta;

§ 5º Expirado o prazo sem revogação, o Juiz declarará extinta a punibilidade;

§ 6º Não correrá a prescrição durante o prazo de suspensão do processo.

tal, como a ausência de justa causa ou ilegalidade manifesta no processo. Essa possibilidade assegura ao acusado o direito de questionar a legitimidade da ação penal, garantindo que a suspensão condicional não seja vista como uma admissão de culpa ou uma renúncia ao direito de defesa.

33.5.1. Competência do juizado especial criminal

A competência do juizado é para julgar e executar as infrações de menor potencial ofensivo (art. 60, *caput*, da Lei 9.099/95), que são conceituados como sendo: "Consideram-se infrações penais de menor potencial ofensivo, para os efeitos desta Lei, as contravenções penais e os crimes a que a lei comine pena máxima não superior a 2 (dois) anos, cumulada ou não com multa" (Art. 61).

A competência territorial rege-se pela teoria da atividade, onde o juiz competente é o local onde for praticada a infração penal.

Além disso, o artigo 60, paragrafo único, da Lei 9.099/95, dispõe que a infração de menor potencial ofensivo for praticada em conexão ou continência com crime de competência do juízo comum ou do tribunal do júri, esses últimos irão julgar todas as infrações.

Nos casos das infrações julgadas pelo Juizado Especial Criminal, a investigação será realizada por termo circunstanciado de ocorrência, e não por inquérito policial.

33.5.2. Fases do procedimento sumaríssimo

a) **Fase Preliminar**: Na audiência preliminar, presente o representante do Ministério Público, o autor do fato e a vítima e, se possível, o responsável civil, acompanhados por seus advogados, o Juiz ou o conciliador esclarecerá sobre a possibilidade da composição dos danos e da aceitação da proposta de aplicação imediata de pena não privativa de liberdade.

A composição dos danos civis será reduzida a escrito e, homologada pelo Juiz mediante sentença irrecorrível, terá eficácia de título a ser executado no juízo civil competente. Tratando-se de ação penal de iniciativa privada ou de ação penal pública condicionada à representação, o acordo homologado acarreta a renúncia ao direito de queixa ou representação.

Não ocorrendo a composição dos danos civis, será dada imediatamente ao ofendido a oportunidade de exercer o direito de representação verbal, que será reduzida a termo.

Em caso de ação penal pública incondicionada, o Ministério Público, se não for caso de arquivamento, poderá propor a aplicação imediata de pena restritiva de direitos ou multas, a ser especificada na proposta.

b) **Fase Processual Propriamente dita**: quando for caso de ação penal de iniciativa pública, não havendo aplicação de pena, pela ausência do autor do fato, ou pela não ocorrência da hipótese prevista no art. 76 da lei 9.099/95, o Ministério Público oferecerá ao Juiz, de imediato, denúncia oral, se não houver necessidade de diligências imprescindíveis.

O Ministério Público para oferecer denúncia, terá como base o termo circunstanciado de ocorrência, que deverá ter o exame do corpo de delito quando a materialidade do crime estiver aferida por boletim médico ou prova equivalente. Se a complexidade ou circunstâncias do caso não permitirem a formulação da denúncia, pelo Ministério Público, ou queixa, pelo ofendido, as partes poderão requerer ao Juiz o encaminhamento das peças existentes para o juízo comum, que julgará utilizando o procedimento sumário.

Oferecida a denúncia ou queixa, será reduzida a termo, entregando-se cópia ao acusado, que com ela ficará citado e imediatamente cientificado da designação de dia e hora para a audiência de instrução e julgamento, da qual também tomarão ciência o Ministério Público, o ofendido, o responsável civil e seus advogados. Se o acusado não estiver presente, será citado pessoalmente.

Na audiência de instrução e julgamento, se na fase preliminar não tiver havido possibilidade de tentativa de conciliação e de oferecimento de proposta pelo Ministério Público, o juiz esclarecerá sobr a possibilidade da composição dos danos e da aceitação da proposta de aplicação imediata de pena não privativa de liberdade.

Aberta a audiência, será dada a palavra ao defensor para responder à acusação, após o que o Juiz receberá, ou não, a denúncia ou queixa; havendo recebimento, serão ouvidas a vítima e as testemunhas de acusação e defesa, interrogando-se a seguir o acusado, se presente, passando-se imediatamente aos debates orais e à prolação da sentença. Todas as provas serão produzidas na audiência de instrução e julgamento.

Outrossim, tudo o que acontecer em audiência será lavrado termo, assinado pelo Juiz e pelas partes, contendo breve resumo dos fatos relevantes ocorridos em audiência e a sentença.

A sentença, dispensado o relatório, mencionará os elementos de convicção do Juiz.

Da decisão de rejeição da denúncia ou queixa e da sentença caberá apelação, em um prazo de 10 (dez) dias, que poderá ser julgada por turma composta de três Juízes em exercício no primeiro grau de jurisdição, reunidos na sede do Juizado. Também é possível embargos de declaração por escrito ou oral, no prazo de cinco dias quando, em sentença ou acórdão, houver obscuridade, contradição ou omissão.

34. PROCEDIMENTOS ESPECIAIS

O procedimento especial é aquele que está previsto no Código de Processo Penal com rito próprio e àqueles previstos em leis extravagantes, com regramento específico, haja vista sua natureza ou gravidade, exigem tramitação processual diversa, e neste caso, não importa a quantidade de sanção aplicada ao delito.

Exemplos de alguns crimes nos quais o CPP e leis extravagantes referem procedimento especial:

Crimes de competência do Tribunal do Júri	(arts. 406/497 do CPP)
Crimes de responsabilidade dos funcionários públicos	(arts. 513/518 do CPP)
Crimes contra a honra	(arts. 519/523 CPP)
Crimes contra a propriedade imaterial	(arts. 524/530-I do CPP)
Crime militar	(Decreto-lei nº 1.002/69)
Crimes eleitorais	(Lei nº 4.737/65)
Competência originária dos tribunais	(Lei nº 8.038/90)
Crimes falimentares	(Lei nº11.101/05)
Lei de drogas	(Lei nº 11.343/06)
Informatização do processo judicial	(Lei nº 11.419/06)

Portanto, cada tipificação possui um regramento específico, e por assim dizer, deve respeitar e seguir sua previsão, e onde ocorrer omissão ou lacuna, o procedimento comum pode ser utilizado, de igual forma, por expressa previsão legal, conforme art. 394, §4º, do CPP.

Ademais, na eventualidade de existir conexão entre as infrações com procedimentos distintos do rito comum e outra do rito especial, não sendo hipótese de crime de competência do tribunal do júri, prevalecerá a do julgamento da infração mais grave, conforme estabelece o artigo 78 do CPP[24].

34.1. Procedimento do Júri

Os crimes de competência do tribunal do júri estão elencados na Constituição Federal no art. 5º, inciso XXXVIII[25], sendo que, ocorrendo a prática ou tentativa de crime doloso contra a vida, ou a ele conexos, o juízo do júri será competente para julgar a matéria. Assim, o requisito é cumulativo, ou seja, crime doloso e contra a vida (homicídio art. 121 CP, feminicídio art. 121-A, induzimento, instigação ou auxílio ao suicídio art. 122 CP, infanticídio art. 123 CP e aborto arts. 124/127 do CP).

Ademais, ocorrendo a prática de um crime doloso contra a vida juntamente com a prática de um crime comum e outro de menor potencial ofensivo prevalece a competência do juízo do tribunal do júri, que poderá ofertar, se for o caso, a transação penal ou a composição civil relativamente a infração de menor potencial ofensivo.

Se o crime for de competência da justiça federal, o júri ocorrerá no juízo federal.

---

24. Art. 78. Na determinação da competência por conexão ou continência, serão observadas as seguintes regras:
I - no concurso entre a competência do júri e a de outro órgão da jurisdição comum, prevalecerá a competência do júri;
II - no concurso de jurisdições da mesma categoria:
a) preponderará a do lugar da infração, à qual for cominada a pena mais grave;
b) prevalecerá a do lugar em que houver ocorrido o maior número de infrações, se as respectivas penas forem de igual gravidade;
c) firmar-se-á a competência pela prevenção, nos outros casos;
III - no concurso de jurisdições de diversas categorias, predominará a de maior graduação;
IV - no concurso entre a jurisdição comum e a especial, prevalecerá esta.

25. XXXVIII - é reconhecida a instituição do júri, com a organização que lhe der a lei, assegurados:
a) a plenitude de defesa;
b) o sigilo das votações;
c) a soberania dos veredictos;
d) a competência para o julgamento dos crimes dolosos contra a vida.

Ainda, se o crime for de competência de justiça especial e o agente tiver prerrogativa de função precisa ser analisado se a previsão do foro está na Constituição Federal, hipótese em que prevalece a competência constitucional, não ocorrendo a separação dos processos[26].

O rito no procedimento do júri é bifásico:

- **1ª fase**: oferecida a denúncia ou queixa (ação penal subsidiária da pública), o juiz singular verificará se recebe ou rejeita a peça acusatória, sendo recebida determinará a citação do acusado para responder à acusação em 10 dias, podendo arrolar 8 testemunhas, após o órgão acusador pode se manifestar se forem aduzidas preliminares ou juntados documentos no prazo de 5 dias, (art. 409 CPP[27]), seguida da audiência de instrução, alegações finais orais e sentença na própria audiência ou em 10 dias.

A sentença poderá ser:

- **Absolvição sumária** art. 415 do CPP[28], fazendo coisa julgada material, o recuso neste caso será apelação art. 416, CPP. (Atenção: nos termos do parágrafo único do art. 415 do CPP, na hipótese de alegação de inimputabilidade, ela só resultará em absolvição com aplicação de medida de segurança, se for a única tese defensiva);

- **Impronúncia** art. 414 do CPP ocorre quando o juiz não se convence da materialidade do fato, ou da existência de indícios de autoria ou participação, caracterizando-se como uma decisão interlocutória, faz coisa julgada formal, pois enquanto não estiver extinta a punibilidade, surgindo prova nova poderá ser apresentada nova denúncia ou queixa, é impugnada por meio de apelação art. 416 do CPP;

26. Súmula Vinculante 45. A competência constitucional do Tribunal do Júri prevalece sobre o foro por prerrogativa de função estabelecido exclusivamente pela constituição estadual.
27. Art. 409. Apresentada a defesa, o juiz ouvirá o Ministério Público ou o querelante sobre preliminares e documentos, em 5 (cinco) dias.
28. Art. 415. O juiz, fundamentadamente, absolverá desde logo o acusado, quando:
I – provada a inexistência do fato;
II – provado não ser ele autor ou partícipe do fato;
III – o fato não constituir infração penal;
IV – demonstrada causa de isenção de pena ou de exclusão do crime.

- **Desclassificação** pode ser reconhecida quando o juiz conclui que não se trata de crime de competência do Tribunal do Júri, situação em que os autos serão encaminhados ao juízo competente. Neste caso cabe recurso em sentido estrito art. 581, II, CPP;
- **Pronúncia** decorre do convencimento do juiz da materialidade do fato e da existência de indícios suficientes de autoria ou de participação, nos termos do art. 413 do CPP. É decisão terminativa e com ela inicia a segunda fase. Nesta hipótese o juiz mencionará os dispositivos em que o réu estará incurso, esclarecendo as circunstâncias qualificadoras e causas de aumento, as quais serão limitadoras das discussões em plenário. Pode ser combatida por meio de recurso em sentido estrito art. 581, IV, do CPP, e na eventualidade de negativa de seguimento, caberá carta testemunhável.
- **2ª fase julgamento em plenário** nesta situação as partes serão intimadas, para em 5 dias apresentarem rol de testemunhas que irão depor em plenário, limite de 5 testemunhas, podendo ser juntado documentos e requerer diligências conforme art. 422, CPP, sendo que o juiz decidirá sobre os requerimentos de provas, podendo determinar diligências e após fará um breve relatório do feito para que seja incluído em pauta, art. 432 do CPP.

O Tribunal do Júri é formado por 1 juiz togado e 25 jurados, que serão sorteados, sendo que para ocorrer a sessão de julgamento é obrigatória a presença de pelo menos 15 jurados, doa quais serão escolhidos 7 para compor o Conselho de Sentença.

O procedimento iniciará com a prestação de compromisso dos jurados, seguida da instrução em plenário da seguinte forma:

- o Juiz Presidente, o Ministério Público, o assistente, o querelante e o defensor do acusado tomarão diretamente, as declarações do ofendido, se possível, e após procederão na inquirição das testemunhas arroladas pela acusação e, depois, pela defesa;
- as partes e os jurados poderão requerer acareações, reconhecimento de pessoas e coisas e esclarecimento dos peritos, bem como a leitura de peças que se refiram, exclusivamente, às provas colhidas por carta precatória e às provas cautelares, antecipadas e não repetíveis;
- o acusado, se estiver presente será interrogado, sendo importante mencionar que segundo entendimento jurisprudencial o acusado

deve estar com roupas civis[29], e não será permitido, em regra, o uso de algemas durante o julgamento[30];

- os debates orais serão iniciados pelo Ministério Público e seguido pela defesa, sendo que em sequência os jurados serão questionados se estão em condições de julgar o processo, e em caso positivo, serão deslocados para uma sala secreta onde responderão os quesitos elaborados pelo juiz presidente, que em sequência a proferirá sentença conforme decidido pelos jurados, fixando a pena, em caso de condenação.

Cabe registrar que o desaforamento na segunda fase do tribunal do júri, é possível nos casos previstos nos artigos 427 e 428 do CPP.

Ademais, com a entrada em vigor da Lei nº 13.964/19, houve alteração no art. 492 do CPP, visto que alterou a alínea "e" do inciso I, a qual passou a admitir a possibilidade da execução provisória da pena na hipótese de condenação pelo Tribunal do Júri em pena igual ou superior a 15 anos, acrescentando também os parágrafos 3º, 4º, 5º e 6º. Assim, no §3º do referido artigo está expresso que o juiz poderá, excepcionalmente, deixar de autorizar a execução provisória da pena, se houver questão substancial, cuja resolução pelo tribunal ao qual competir o julgamento possa levar a revisão da condenação.

Já no §4º consta que a apelação interposta contra a decisão condenatória do Tribunal do Júri no caso de pena igual ou superior a 15 anos de reclusão não terá efeito suspensivo, vez que é possível a execução provisória. Contudo, é possível o reconhecimento do efeito suspensivo quando o recurso não for meramente protelatório, quando levantada a questão substancial que pode resultar em absolvição, anulação da sentença, novo julgamento ou redução da pena em patamar inferior a 15 anos de reclusão, conforme §5º.

---

29. STJ. RMS 60.575/MG, rel. min. RIBEIRO DANTAS, 5ª Turma, j. 13/8/2019.

30. CPP art. 474, § 3º Não se permitirá o uso de algemas no acusado durante o período em que permanecer no plenário do júri, salvo se absolutamente necessário à ordem dos trabalhos, à segurança das testemunhas ou à garantia da integridade física dos presentes. Súmula vinculante 11: Só é lícito o uso de algemas em casos de resistência e de fundado receio de fuga ou de perigo à integridade física própria ou alheia, por parte do preso ou de terceiros, justificada a excepcionalidade por escrito, sob pena de responsabilidade disciplinar, civil e penal do agente ou da autoridade e de nulidade da prisão ou do ato processual a que se refere, sem prejuízo da responsabilidade civil do Estado.

Por fim o §6º do artigo mencionado, permite o oferecimento do pedido de concessão de efeito suspensivo feito incidentalmente na apelação ou por meio de petição separada, dirigida ao relator, acompanhada com as cópias da sentença condenatória, das razões da apelação, da prova da tempestividade, das contrarrazões e demais peças necessárias à compreensão da causa.

34.2. Crimes Praticados por Servidores Públicos Contra a Administração em Geral

O Código de Processo Penal em seus artigos 513 a 518 dispõe sobre o processamento dos crimes de responsabilidade dos funcionários públicos em face da Administração Pública, sendo considerados crimes funcionais, sujeitos ao rito especial, os previstos nos arts. 312 a 326 do Código Penal e o 3º da Lei n.º 8.137/1990, os quais podem ser inafiançáveis ou afiançáveis.

Na hipótese de crime inafiançável o procedimento se assemelha ao rito comum, com a mudança de que a denúncia ou queixa devem ser acompanhadas com documento ou justificação que façam presumir a existência do delito ou com declaração fundamentada da impossibilidade de apresentação de qualquer dessas provas[31].

Por outro lado, no caso de crimes afiançáveis, deve ser conciliado o procedimento constante nos arts. 513 a 518 com os estabelecidos no art. 394, § 4º, do CPP, que prevê que "as disposições do 395 ao 398 do CPP, que se aplicam a todos os procedimentos de primeiro grau", sendo permitida defesa antes do recebimento da denúncia e outra no prazo ao art. 396 e 396-A, ambos do CPP.

Teremos, portanto, a seguinte ordem de atos:

a) o oferecimento da denúncia e da queixa-crime – com observância dos requisitos do art. 41 do CPP e arroladas até 8 testemunhas (não contabilizadas as descompromissadas), em aplicação do art. 394, § 5º, do CPP;

b) autuação e notificação para resposta preliminar em 15 (quinze) dias (art. 514) – não sendo caso de rejeição liminar, o juiz determinará a notificação pessoal do acusado para ofertar resposta à acusação;

31. CPP: Art. 513. Os crimes de responsabilidade dos funcionários públicos, cujo processo e julgamento competirão aos juízes de direito, a queixa ou a denúncia será instruída com documentos ou justificação que façam presumir a existência do delito ou com declaração fundamentada da impossibilidade de apresentação de qualquer dessas provas.

c) deliberação quanto ao recebimento ou rejeição da inicial – apresentada a defesa preliminar, os autos serão conclusos e o juiz terá duas opções: 1ª. rejeitar a denúncia ou a queixa por verificar ocorrência de alguma hipótese do art. 395 do CPP, ou se o magistrado concluir pela inexistência de crime ou improcedência da ação, nos termos do art. 516 do CPP; ou 2ª. Receber a exordial acusatória, ordenando, a citação do acusado, para em dez dias, responder à acusação com base nos arts. 396 e 396-A do CPP;

d) dar prosseguimento segundo os termos do rito ordinário (art. 518 do CPP) – no qual será verificada a possibilidade de absolvição sumária (art. 397 CPP) e esta análise em conjunto com o art. 516 do CPP pode levar o magistrado, dentre outras possibilidades, à rejeição da inicial ou a absolvição sumária do réu, tudo dependendo do momento processual em que forem detectadas.

Em sequência, se não for, hipótese de reconhecimento da absolvição sumária, será designada audiência de instrução e julgamento no prazo de 60 dias, que seguirá o rito do art. 400 do CPP, com posterior alegações finais e sentença (AVENA, 2009, p. 687 - 689).[32]

34.3. Crimes Contra a Honra

O procedimento previsto nos arts. 519 a 523 do CPP, é aplicado aos crimes contra hora, cuja ação penal seja privada, assim sendo, não abrange crimes contra a honra do Presidente da República, de funcionário público no exercício da função e a injúria real, conforme art. 145, *caput* e parágrafo único, do CP.

O seguimento processual é similar ao rito ordinário, com as seguintes peculiaridades: é prevista audiência de conciliação e admitida a exceção da verdade.

Portanto, temos os seguintes atos:

a) ajuizamento da ação penal, realização de audiência de reconciliação segundo art. 520 do CPP[33] e no caso de acordo entre as partes será fir-

32. AVENA, Norberto Cláudio Pâncaro. *Processo penal*: esquematizado. Rio de Janeiro: Editora Método.

33. Art. 520. Antes de receber a queixa, o juiz oferecerá às partes oportunidade para se reconciliarem, fazendo-as comparecer em juízo e ouvindo-as, separadamente, sem a presença dos seus advogados, não se lavrando termo.

mado termo de desistência e determinação de arquivamento[34]. Após será realizada análise do recebimento da queixa-crime, que pode ser rejeitada por inépcia. Assim, se não houver entendimento e não for caso de rejeição, a ação penal terá seguimento;

b) recebimento da queixa-crime, citação e resposta à acusação;

c) exceção da verdade (art. 523 CPP), o querelado poderá em petição distinta, apresentar exceção da verdade, em relação ao crime de calúnia, ou, exceção de notoriedade do fato, em se tratando de difamação praticada contra funcionário público, no exercício da função, no prazo de 10 dias, conforme autoriza o art. 108 do CPP. Com o oferecimento da exceção, o magistrado deverá suspender o curso do processo principal, intimando o autor da ação penal para apresentar contestação no prazo de dois dias, conforme ao art. 523 do CPP;

d) prosseguimento segundo o rito ordinário, após a resposta do acusado, tenha ou não sido apresentada exceção da verdade, o magistrado verificará se é cabível alguma das espécies previstas no 397 do CPP e não sendo caso de absolvição sumária, segue o rito com designação de audiência de instrução e julgamento nos mesmos moldes do rito ordinário (art. 400 e seguintes do CPP).

34.4. Crimes Falimentares

A Lei n.º 11.101/2005 em seus arts. 183 a 188 dispõe sobre o rito processual para os crimes falimentares, optando pelo rito sumário, ou seja, para os crimes cuja pena máxima privativa de liberdade é inferior a quatro anos, conforme o art. 394, II, do CPP. Destaca-se que todas as condutas criminosas da Lei n.º 11.101/2005 são dolosas, punidas em sua maioria com reclusão e são processadas mediante ação penal pública incondicionada.

Nos termos do art. 185, da Lei de Falências, o rito a ser adotado é o sumário (art. 531 e seguintes do Código de Processo Penal).

Por assim dizer, teremos as seguintes etapas:

34. Art. 522. No caso de reconciliação, depois de assinado pelo querelante o termo da desistência, a queixa será arquivada.

a) análise do recebimento ou não da inicial acusatória, nos termos do artigo 395 do CPP;

b) caso não seja rejeitada, a denúncia ou queixa será recebida e o acusado citado para resposta escrita no prazo de 10 dias;

c) não sendo hipótese de absolvição sumária, o juiz realizará audiência de instrução e julgamento, conforme o rito sumário.

34.5. Crimes Contra a Propriedade Imaterial

O procedimento no caso de crimes contra a propriedade imaterial vai depender do tipo da ação penal. Assim, se a ação penal for privada, os procedimentos a serem adotados são os dispostos nos arts. 524 a 530 do CPP. Por outro lado, em se tratando de ação penal pública condicionada ou incondicionada, o rito será o estabelecido nos arts. 530-B ao 530-H do diploma mesmo processual penal.

A peculiaridade neste tipo de procedimento está relacionada a fase pré-processual, tanto na ação pública, quanto na ação privada, especificamente no que se refere a à materialização do vestígio deixado com a produção ou reprodução ilícita, (AVENA, 2009, p. 693)[35], sendo que após o oferecimento da denúncia ou queixa, o procedimento adotado será igual ao rito comum ordinário, conforme o art. 524 do CPP.

Em relação aos crimes de ação penal privada, Norberto Avena (2009, p. 694) destaca os seguintes aspectos:

a) obrigatoriedade da perícia: pois a infração deixa vestígios, e neste caso a perícia obrigatória como condição de procedibilidade para a ação penal;

b) providências preliminares à ação penal: nos termos da Lei n.º 9.279/96, é condição para início da ação a colheita preliminar provas, como apreensão do material, devendo ser formulado requerimento das diligências ao juiz, acompanhado da prova do direito de ação;

c) busca e apreensão: após provada a legitimidade ativa mencionada no item anterior, deve ser realizada a busca e apreensão nos termos do art. 527 do CPP, que deve ser cumprida por dois peritos;

35. AVENA, Norberto Cláudio Pâncaro. *Processo penal:* esquematizado. Rio de Janeiro: Editora Método.

d) homologação pelo juiz: após a realização das diligências e apresentado o laudo, os autos serão conclusos para homologação judicial;

e) prazo decadencial (art. 529 do CPP);

f) ajuizamento da ação penal: havendo materialidade da produção ou reprodução ilícita, que, após o recebimento da queixa, seguirá o rito comum ordinário.

Por outro lado, no que se refere a crimes de ação penal pública, Norberto Avena (2009, p. 696) evidencia algumas diferenças na fase pré-processual em relação às ações de iniciativa privada:

a) por ser ação penal pública, e infração que deixa vestígio, a autoridade policial poderá realizar de ofício a apreensão dos bens produzidos ou reproduzidos ilicitamente;

b) os bens apreendidos serão examinados por perito oficial, ou na falta deste, por pessoa tecnicamente habilitada;

c) não sendo necessário preservação de corpo de delito, poderá o juiz determinar, a requerimento da vítima, a destruição da reprodução e da produção apreendida;

d) sendo constatada a materialidade e ajuizada ação penal pública, após o recebimento da denúncia o processo seguirá o rito ordinário.

Destaca-se, por fim, a possibilidade da figura do assistente de acusação. (AVENA, 2009, p. 697)[36].

34.6. Crimes Praticados no Âmbito da Lei Maria da Penha - Lei Nº. 11.340/06

Diferentemente do que ocorre com muitos outros crimes, a Lei Maria da Penha não prevê um procedimento específico para os crimes praticados contra mulheres no âmbito da violência doméstica e familiar. No caso desses crimes, aplica-se os termos do procedimento comum do Código de Processo Penal ou aquele previsto no Estatuto da Criança e do Adolescente ou no Estatuto da Pessoa Idosa.

36. AVENA, Norberto Cláudio Pâncaro. ***Processo penal:*** esquematizado. Rio de Janeiro: Editora Método.

Ocorre, porém, que algumas regras devem ser obedecidas em razão da existência desse especial arcabouço de proteção, o que provoca diversas consequências no processamento desses crimes durante toda a persecução penal.

A inaplicabilidade do procedimento sumaríssimo, com fincas no art. 41 da Lei n. 9.099/95 e da aplicação dos benefícios da suspensão condicional do processo, da transação penal[37] e do acordo de não persecução penal, são exemplos de efeitos positivos no âmbito dos crimes envolvendo mulheres vítimas de violência doméstica e familiar.

No mesmo sentido, no caso de crimes de lesão corporal leve ou culposas, estipula o art. 88 da Lei n. 9.099/95 que a natureza da ação penal será incondicionada[38], o que também fora objeto da Súmula n. 542 do STJ: *"A ação penal relativa ao crime de lesão corporal resultante de violência doméstica contra a mulher é pública incondicionada"*.

Ademais, importa destacar que nos crimes em que há necessidade de representação da ofendida, como é o caso do delito de ameaça (art. 149 do CP), a sua retratação dependerá de audiência especial, com a presença do juiz e do Ministério Público, o que pode ser feito até o recebimento da denúncia (art. 16 da Lei n. 11.340/06).

Merece destaque a prioridade de tramitação e julgamento dessas demandas (art. 33, parágrafo único e 394-A do CPP), assim como, o tratamento diferenciado das medidas cautelares, especialmente às medidas protetivas de urgência que obrigam o agressor, previstas no art. 22 e protetivas de urgência à ofendida, dos arts. 23 e 24, todos da Lei n. 11.340/06. Isto porque sofreram importante alteração advinda da Lei n. 13.827/19, que possibilitou, nos casos da existência de risco atual ou iminente à vida ou à integridade física da mulher em situação de violência doméstica e familiar, ou de seus dependentes, o agressor será imediatamente afastado do lar, domicílio ou local de convivência com a ofendida: I – pela autoridade judicial; II – pelo delegado de polícia, quando o Município não for sede de comarca; ou III – pelo policial, quando

37. Conforme Súmula n. 536 do STJ: "A suspensão condicional do processo e a transação penal não se aplicam na hipótese de delitos sujeitos ao rito da Lei Maria da Penha".

38. Nesse sentido: O Tribunal Pleno do STF, no julgamento da ADI 4424, em 09/02/2012, por maioria, deu interpretação conforme aos artigos 12, inciso I, e 16, ambos da Lei no 11.340/2006, a respeito da natureza incondicionada da ação penal em caso de crime de lesão, pouco importando a extensão desta, praticado contra a mulher no ambiente doméstico.

o Município não for sede de comarca e não houver delegado disponível no momento da denúncia.

A Lei 14.550/2023 trouxe significativas alterações à Lei Maria da Penha, especialmente ao art. 19, reforçando a proteção às mulheres em situação de violência doméstica e familiar. As medidas protetivas de urgência agora podem ser concedidas em juízo de cognição sumária, baseando-se no depoimento da ofendida ou em suas alegações escritas, e podem ser negadas apenas se a autoridade avaliar que não há risco à integridade da ofendida ou de seus dependentes. Essas medidas são aplicáveis independentemente da tipificação penal, do ajuizamento de ações ou da existência de inquérito ou boletim de ocorrência, e permanecerão em vigor enquanto persistir o risco.

Além disso, a inclusão do art. 40-A estabelece que a Lei Maria da Penha se aplica a todas as situações de violência previstas no art. 5º, sem considerar a causa ou motivação dos atos de violência, nem a condição do ofensor ou da ofendida. Isso amplia a abrangência da lei, assegurando que a proteção seja garantida de forma mais ampla e eficaz, independentemente das circunstâncias específicas de cada caso. Essas mudanças reforçam o compromisso do legislador em proporcionar um amparo mais robusto e célere às vítimas de violência doméstica.

Por fim, a lei prevê também diferente tratamento ao arbitramento de fiança quando da prática do crime de descumprimento de medida protetiva (art. 24-A). Estabelece que, não obstante a pena máxima abstratamente cominada a este delito seja inferior a 4 (quatro) anos de pena privativa de liberdade, o que, em tese, permitiria a concessão de fiança pela autoridade policial, conforme art. 322, *caput*, do CPP, o art. 24-A, § 2º, da Lei Maria da Penha acaba afirmando que "Na hipótese de prisão em flagrante, apenas a autoridade judicial poderá conceder fiança."

Nos últimos anos, diversas leis foram promulgadas para fortalecer a proteção das mulheres vítimas de violência doméstica e familiar no Brasil. A Lei nº 14.899/2024 estabelece um plano de metas e uma rede integrada para enfrentar a violência contra a mulher, além de incluir dados no Sinesp para auxiliar políticas públicas. A Lei nº 14.887/2024 prioriza a assistência a mulheres em situação de violência, incluindo atendimento prioritário para cirurgia plástica reparadora. Já a Lei nº 14.857/2024 garante o sigilo do nome da ofendida em processos judiciais, enquanto a Lei nº 14.847/2024 determina que o atendimento às vítimas nos serviços de saúde do SUS seja realizado em ambiente privativo e individualizado.

Outras legislações recentes incluem a Lei nº 14.786/2023, que cria o protocolo "Não é Não" para prevenir violência e constrangimento, e a Lei nº 14.674/2023, que prevê auxílio-aluguel para vítimas em situação de vulnerabilidade. A Lei nº 14.541/2023 exige o funcionamento contínuo de Delegacias Especializadas de Atendimento à Mulher. Complementando essas medidas, a ADPF 1107 do STF reforça a inconstitucionalidade de desqualificar vítimas de violência durante processos judiciais, proibindo menções à vida sexual pregressa ou ao modo de vida da vítima, protegendo sua dignidade e assegurando um julgamento justo.

34.7. Crimes Praticados por Organizações Criminosas

Os crimes previstos na lei de combate às organizações criminosas e as infrações penais conexas seguirão o procedimento ordinário previsto no Código de Processo Penal, com a obediência ao que dispõe o parágrafo único do art. 22, da Lei nº 12.850/13, que determina o encerramento da instrução em prazo razoável, o qual não poderá exceder a 120 (cento e vinte) dias quando o réu estiver preso, prorrogáveis em até igual período, por decisão fundamentada, devidamente motivada pela complexidade da causa ou por fato procrastinatório atribuível ao réu.

Outra particularidade é a possibilidade da autoridade judicial competente poder decretar o sigilo da investigação, para garantia da celeridade e da eficácia das diligências investigatórias, assegurando-se ao defensor, no interesse do representado, amplo acesso aos elementos de prova que digam respeito ao exercício do direito de defesa, devidamente precedido de autorização judicial, ressalvados os referentes às diligências em andamento. Determinado o depoimento do investigado, seu defensor terá assegurada a prévia vista dos autos, ainda que classificados como sigilosos, no prazo mínimo de 3 (três) dias que antecedem ao ato, podendo ser ampliado, a critério da autoridade responsável pela investigação.

Ainda, em qualquer fase da persecução penal, são permitidos, sem prejuízo de outros já previstos em lei, os seguintes meios de obtenção da prova: a) colaboração premiada; b) captação ambiental de sinais eletromagnéticos, ópticos ou acústicos; c) ação controlada; d) acesso a registros de ligações telefônicas e telemáticas, a dados cadastrais constantes de bancos de dados públicos ou privados e a informações eleitorais ou comerciais; e) interceptação de comunicações telefônicas e telemáticas, nos termos da legislação específica; f) afastamento dos sigilos financeiro, bancário e fiscal, nos termos da legislação específica; g) infiltração, por policiais, em atividade de investigação; h) cooperação entre instituições e órgãos federais, distritais, estaduais e municipais na busca de provas e informações de interesse da investigação ou da instrução criminal.

O juiz poderá, a requerimento das partes, conceder o perdão judicial, reduzir em até 2/3 (dois terços) a pena privativa de liberdade ou substituí-la por restritiva de direitos daquele que tenha colaborado efetiva e voluntariamente com a investigação e com o processo criminal, desde que dessa colaboração advenha um ou algum dos resultados práticos previstos em lei. O prazo para oferecimento de denúncia ou o processo, relativos ao colaborador, poderá ser suspenso por até 6 (seis) meses, prorrogáveis por igual período, até que sejam cumpridas as medidas de colaboração, suspendendo-se o respectivo prazo prescricional.

34.8. Crimes da Lei de Drogas

O processamento dos crimes previstos na Lei de Drogas (Lei n.º 11.343/2006) no capítulo III, a partir do art. 48, registrando-se que o Código de Processo Penal será aplicado subsidiariamente.

Em relação ao inquérito policial será concluído no prazo de 30 (trinta) dias, se o indiciado estiver preso, e de 90 (noventa) dias, quando solto.

Na fase da persecução criminal, são permitidos, além dos previstos em lei, mediante autorização judicial e ouvido o Ministério Público, como procedimentos investigatórios: a) a infiltração por agentes de polícia, em tarefas de investigação, constituída pelos órgãos especializados pertinentes; b) a não atuação policial sobre os portadores de drogas, seus precursores químicos ou outros produtos utilizados em sua produção, que se encontrem no território brasileiro, com a finalidade de identificar e responsabilizar maior número de integrantes de operações de tráfico e distribuição, sem prejuízo da ação penal cabível.

Recebidos em Juízo os autos do inquérito policial, de Comissão Parlamentar de Inquérito ou peças de informação, dar-se-á vista ao Ministério Público para, no prazo de 10 (dez) dias, adotar uma das seguintes providências: a) requerer o arquivamento; b) requisitar as diligências que entender necessárias; c) oferecer denúncia, arrolar até 5 (cinco) testemunhas e requerer as demais provas que entender pertinentes.

Na hipótese de oferecimento de denúncia, o juiz ordenará a notificação do acusado para oferecer defesa prévia, por escrito, no prazo de 10 (dez) dias, podendo arguir preliminares e invocar todas as razões de defesa, oferecer documentos e justificações, especificar as provas que pretende produzir e arrolar até 5 (cinco) testemunhas. As exceções serão processadas em apartado. Caso não seja apresentada defesa no prazo, o juiz nomeará defensor para oferecê-la em 10 (dez) dias. Apresentada a defesa, o juiz decidirá em 5 (cinco) dias, se recebe ou rejeita a denúncia. Havendo necessidade imprescindível, o juiz, no prazo máximo de 10 (dez) dias, determinará a apresentação do preso, realização de diligências, exames e perícias.

Proferida decisão de recebimento da denúncia, o juiz designará dia e hora para a audiência de instrução e julgamento, ordenará a citação pessoal do acusado, a intimação do Ministério Público, do assistente, se for o caso, e requisitará os laudos periciais.

Por outro lado, tratando-se de condutas tipificadas como infração do disposto nos arts. 33, *caput* e § 1º, e 34 a 37 da Lei de Drogas, o juiz, ao receber a denúncia, poderá decretar o afastamento cautelar do denunciado de suas atividades, se for funcionário público, comunicando ao órgão respectivo.

Destaca-se ainda, que o crime previsto no art. 28 da Lei n.º 11.343/2006 (posse de entorpecente para uso pessoal), será processado e julgado na forma dos arts. 60 e seguintes da Lei nº 9.099/95, que dispõe sobre os Juizados Especiais Criminais, salvo se em concurso com os crimes previstos nos arts. 33 a 37 da Lei de Drogas.

O julgamento do Recurso Extraordinário (RE) 635.659 pelo Supremo Tribunal Federal (STF) trouxe uma importante mudança no tratamento jurídico do porte de maconha para uso pessoal. Segundo a tese firmada, a posse de pequena quantidade de cannabis sativa para consumo próprio não constitui infração penal, mas sim uma infração administrativa. Assim, a conduta não gera repercussões criminais, mas pode resultar em sanções como advertência sobre os efeitos da droga e medidas educativas, conforme os incisos I e III do art. 28 da Lei 11.343/06.

O STF estabeleceu que, até que o Conselho Nacional de Justiça (CNJ) regulamente o procedimento, os Juizados Especiais Criminais continuarão a ser competentes para julgar essas condutas, sem atribuir efeitos penais à sentença. Além disso, presume-se usuário quem portar até 40 gramas de cannabis ou seis plantas-fêmeas, salvo se houver indícios de tráfico, como a forma de acondicionamento ou a presença de instrumentos de mercancia. Nesses casos, a autoridade policial deve justificar detalhadamente a prisão em flagrante, e o juiz, na audiência de custódia, avaliará a presunção de uso pessoal.

34.9. Crimes de Competência Originária dos Tribunais Superiores

Em razão do foro por prerrogativa de função, existem ação penais que serão processadas originariamente no Supremo Tribunal Federal e no Superior Tribunal de Justiça, segundo menciona a Lei nº 8.038/90.

Nestas hipóteses o Ministério Público terá o prazo de 15 (quinze) dias para oferecer denúncia ou pedir arquivamento do inquérito ou das peças informativas, salvo no caso de o indiciado estar preso, pois nessa circunstância o prazo para oferecimento da denúncia será de 5 (cinco) dias, sendo que eventuais diligências complementares não interromperão o prazo, salvo se o relator, ao deferi-las, determinar o relaxamento da prisão.

O regimento interno de cada tribunal determinará como será realizada a escolha do relator, o qual será o juiz da instrução, sendo dotado das atribuições que a legislação processual confere aos juízes singulares.

Sendo apresentada a denúncia ou a queixa ao Tribunal, o acuado será notificado para oferecer resposta no prazo de quinze dias. Em sequência, o relator pedirá dia para que o Tribunal delibere sobre o recebimento, a rejeição da denúncia ou da queixa, ou a improcedência da acusação, se a decisão não depender de outras provas.

Com o recebimento da denúncia ou queixa, o relator designará dia e hora para o interrogatório, mandando citar o acusado ou querelado e intimar o órgão do Ministério Público, bem como o querelante ou o assistente, se for o caso. O prazo para defesa prévia será de 5 (cinco) dias, contado do interrogatório ou da intimação do defensor dativo. A instrução obedecerá, no que couber, ao procedimento comum do Código de Processo Penal. Realizadas as diligências, ou não sendo estas requeridas nem determinadas pelo relator, serão intimadas a acusação e a defesa para, sucessivamente, apresentarem, no prazo de 15 (quinze) dias, alegações escritas. Finda a instrução, o Tribunal procederá ao julgamento, na forma determinada pelo regimento interno e encerrados os debates, o Tribunal passará a proferir o julgamento, podendo o Presidente limitar a presença no recinto às partes e seus advogados, ou somente a estes, se o interesse público exigir.

34.10. Crimes Contra a Economia Popular

A Lei nº 1.521/51 é que regulamenta o procedimento referente aos crimes contra a economia popular, e de acordo com o art. 10, o processo das contravenções e dos crimes contra a economia popular, não submetidos ao julgamento pelo júri, seguirão o procedimento sumário, desde que observadas as seguintes particularidades: a) em todos os delitos previstos na lei, haverá suspensão condicional da pena e livramento condicional, atendidos os requisitos da legislação comum; b) há previsão expressa da possibilidade de fiança; c) deverão os juízes recorrer de ofício (reexame obrigatório) sempre que absolverem os acusados em processo por crime contra a economia popular ou contra a saúde pública, ou quando determinarem o arquivamento dos autos do respectivo inquérito policial; d) os atos policiais (inquérito ou processo iniciado por portaria) deverão terminar no prazo de 10 (dez) dias; e) o prazo para oferecimento da denúncia será de 2 (dois) dias, esteja ou não o réu preso; f) a sentença do juiz será proferida dentro do prazo de 30 (trinta) dias contados do recebimento dos autos da autoridade policial.

34.11. Procedimento para Restauração de Autos Extraviados – Arts. 541/ 548 CPP

O artigo 541 e seguintes do Código de Processo Penal preveem o procedimento para restauração de autos extraviados, em primeira e em segunda instância. É evidente que o referido procedimento tem entrado em desuso em virtude do avanço do processo eletrônico nos Tribunais de Justiça em todo o país.

Essa restauração ocorrerá, necessariamente, na primeira instância, independentemente do estágio de tramitação do processo, sendo que, após a conclusão do procedimento, os autos reconstruídos valerão pelos originais.

Segundo o art. 547, do CPP, o juiz determinará providências para instrução dos autos de restauração, os quais serão julgados por sentença, que valerá pelos originais. Na impossibilidade de autos suplementares ou de se obter cópia autenticada ou certidão do processo para substituir o feito original, o juiz deverá ordenar de ofício, a requerimento das partes ou do assistente de acusação as providências indicadas no art. 541, § 2º, do CPP.

Durante o procedimento de restauração, o juiz designará data para oitiva das partes, oportunidade em que serão mencionados, em termo circunstanciado, os pontos em que estiverem acordes e a exibição e a conferência das certidões e mais reproduções do processo apresentadas e conferidas (art. 542 do CPP), podendo, inclusive, dentro do prazo de 05 (cinco) dias, requisitar de autoridades ou de repartições esclarecimentos para a restauração (art. 544, parágrafo único, do CPP).

Estipula-se que os causadores de extravio de autos responderão pelas custas, em dobro, sem prejuízo de eventual responsabilidade criminal (art. 546 do CPP), sendo, que o recurso cabível da sentença no processo de restauração é o recurso de apelação (art. 593, II, do CPP).

REFERÊNCIAS BIBLIOGRÁFICAS

AVENA, Norberto Cláudio Pâncaro. **Processo penal**: esquematizado. Rio de Janeiro: Forense; São Paulo: Método, 2009.

BARRETO, Leonardo. Moreira Alves. **Processo Penal-Parte Especial**. 10ª edição. Ed. Juspodivm. 2020.

BRASIL. CONSTITUIÇÃO DA REPÚBLICA FEDERATIVA DO BRASIL. Disponível em: https://www.planalto.gov.br/ccivil_03/constituicao/constituicao.htm.Acesso em: 15/03/2024.

BRASIL. **Decreto Lei nº 3.689 de 03 de outubro de 1941.** Código de Processo Penal.

______. **Lei n.º 1.521, de 26 de dezembro de 1951**.

______. **Lei n.º 8.038, de 28 de maio de 1990**.

______. **Lei nº 11.101 de 09 de fevereiro de 2005.** Regula a recuperação judicial, a extrajudicial e a falência do empresário e da sociedade empresária.

______. **Lei n.º 11.343, de 23 de agosto de 2006**

______. **Lei n.º 12.850, de 12 de agosto de 2013**.

______Lei 9.099/1995. Disponível em: https://www.planalto.gov.br/ccivil_03/LEIS/L9099.htm. Acesso em: 15/03/2024.

______Decreto-Lei nº 2.848/40. Disponível em: https://www.planalto.gov.br/ccivil_03/decreto-lei/del2848compilado.htm. Acesso em: 15/03/2024.

______Decreto-Lei nº 3.689/1941.Disponível em:https://www.planalto.gov.br/ccivil_03/decreto-lei/Del3689Compilado.htm. Acesso em: 15/03/2024.

BRASIL. Supremo Tribunal Federal.

BRASIL. Superior Tribunal de Justiça.

LIMA, Renato Brasileiro. **Manuel de Processo Penal**. Volume único. 8ª edição. Ed. Juspodivm. 2020.

LIMA, Renato Brasileiro, **Manual de processo Penal** – Volume Único. 6ª Edição. Editora Juspodivm.

OLIVEIRA, Eugênio Pacelli de. **Curso de processo penal**. 16. ed. São Paulo: Atlas, 2012.

OLIVEIRA, Eugênio Pacelli. **Curso de Processo Penal**. 22ª edição. Editora Atlas. 2017.

SUPERIOR TRIBUNAL DE JUSTIÇA – REsp 1.580.435-GO, Rel. Min. Rogerio Schietti Cruz, julgado em 17/3/2016, DJe 31/3/2016.

______. https://conteudojuridico.com.br/consulta/Artigos/52670/breve-analise-dos-principais-procedimentos-especiais-criminais

TÁVORA, Nestor. Rosmar Rodrigues Alencar. **Curso de Direito Processual Penal**. 13ª edição. Ed. Juspodivm. 2018.

TAVORÁ, Nestor. **Código de Processo Penal**. 9ª edição. Ed. Juspodivm. 2018.

TÁVORA, Nestor. Fábio Roque Araújo. **Código de Processo Penal**. Editora Juspodivm. 9ª edição. Página 381.

EIXO 9

Denize dos Santos Ortiz
Rodrigo Lustosa Victor

35. DAS NULIDADES

O ordenamento jurídico pátrio, por força no disposto no art. 5º, incisos LV e LVI, da Constituição Federal,[1] assegura e exige que seja respeitado o devido processo legal e neste sentido, o andamento processual somente será validamente reconhecido, se houver a observância das regras processuais dispostas na lei de regência, no texto constitucional, na Convenção Americana de Direitos Humanos e demais diplomas que estabeleçam um procedimento para busca da correta aplicação da lei, sob pena de mácula ao processo e violação do direito processual constitucional.

O processo é composto de atos instrumentais que possibilitam a segurança da adequada aplicação da lei penal, seja para punir o culpado, seja para absolver o inocente. Assim sendo, é fundamental que as regras sejam observadas e que os direitos fundamentais sejam preservados.

Por outro lado, caso não haja o respeito às normas procedimentais, o próprio sistema processual reconhece uma consequência, que pode resultar em convalidação do ato, em razão da ausência de prejuízo ou em sua nulidade, conforme menciona o Código de Processo Penal no art. 564[2].

1. LV – aos litigantes, em processo judicial ou administrativo, e aos acusados em geral são assegurados o contraditório e ampla defesa, com os meios e recursos a ela inerentes; LVI – são inadmissíveis, no processo, as provas obtidas por meios ilícitos.
2. Art. 564. A nulidade ocorrerá nos seguintes casos:
   I – por incompetência, suspeição ou suborno do juiz;
   II – por ilegitimidade de parte;
   III – por falta das fórmulas ou dos termos seguintes:
   a) a denúncia ou a queixa e a representação e, nos processos de contravenções penais, a portaria ou o auto de prisão em flagrante;

Importante destacar, que a nulidade pode abranger todo o processo, parte dele ou apenas determinado ato, mas sempre será resultado da inobservância das regras procedimentais, após a instauração da ação penal, visto que eventuais irregularidades ocorridas na fase da investigação não atingem o processo, podendo resultar em desentranhamento da prova obtida naquela fase.

Assim, conforme o grau de violação procedimental do ato com a norma legal e com o resultado do defeito para o processo, a nulidade pode ser classificada como relativa, absoluta ou resultar em mera irregularidade.

35.1. Nulidade Relativa

Corresponde a uma violação procedimental que exige a comprovação do prejuízo, devendo ser alegada no momento de sua ocorrência ou na primeira

---

b) o exame do corpo de delito nos crimes que deixam vestígios, ressalvado o disposto no Art. 167;

c) a nomeação de defensor ao réu presente, que o não tiver, ou ao ausente, e de curador ao menor de 21 anos;

d) a intervenção do Ministério Público em todos os termos da ação por ele intentada e nos da intentada pela parte ofendida, quando se tratar de crime de ação pública;

e) a citação do réu para ver-se processar, o seu interrogatório, quando presente, e os prazos concedidos à acusação e à defesa;

f) a sentença de pronúncia, o libelo e a entrega da respectiva cópia, com o rol de testemunhas, nos processos perante o Tribunal do Júri;

g) a intimação do réu para a sessão de julgamento, pelo Tribunal do Júri, quando a lei não permitir o julgamento à revelia;

h) a intimação das testemunhas arroladas no libelo e na contrariedade, nos termos estabelecidos pela lei;

i) a presença pelo menos de 15 jurados para a constituição do júri;

j) o sorteio dos jurados do conselho de sentença em número legal e sua incomunicabilidade;

k) os quesitos e as respectivas respostas;

l) a acusação e a defesa, na sessão de julgamento;

m) a sentença;

n) o recurso de ofício, nos casos em que a lei o tenha estabelecido;

o) a intimação, nas condições estabelecidas pela lei, para ciência de sentenças e despachos de que caiba recurso;

p) no Supremo Tribunal Federal e nos Tribunais de Apelação, o *quórum* legal para o julgamento;

IV – por omissão de formalidade que constitua elemento essencial do ato.

V – em decorrência de decisão carente de fundamentação.

Parágrafo único. Ocorrerá ainda a nulidade, por deficiência dos quesitos ou das suas respostas, e contradição entre estas.

oportunidade que a parte for se manifestar nos autos[3], a fim de evitar a preclusão e consequente convalidação do ato[4], afastando a possibilidade de reconhecimento da nulidade.

35.2. Nulidade Absoluta

Trata-se de uma violação onde o prejuízo é presumido, portanto admite prova em contrário. A nulidade absoluta é insanável, pode ser alegada a qualquer momento, e não se sujeita à preclusão.

Importante ressaltar, que na hipótese de recurso exclusivo da defesa, não será possível reconhecer nulidade em favor da acusação, sob pena de violação do princípio da *non reformatio in pejus*. Contudo, o inverso pode ocorrer, ou seja, no recurso exclusivo da acusação, por obediência ao princípio do *favor rei*, poderemos ter reconhecimento de nulidade em favou do réu, sob o fundamento do princípio da presunção de inocência.

Segundo a doutrina existem alguns princípios que se relacionam com as nulidades, dentre os quais destacamos:

---

3. Art. 571 CPP: Art. 571. As nulidades deverão ser arguidas:

   I – as da instrução criminal dos processos da competência do júri, nos prazos a que se refere o art. 406;

   II – as da instrução criminal dos processos de competência do juiz singular e dos processos especiais, salvo os dos Capítulos V e VII do Título II do Livro II, nos prazos a que se refere o art. 500;

   III – as do processo sumário, no prazo a que se refere o art. 537, ou, se verificadas depois desse prazo, logo depois de aberta a audiência e apregoadas as partes;

   IV – as do processo regulado no Capítulo VII do Título II do Livro II, logo depois de aberta a audiência;

   V – as ocorridas posteriormente à pronúncia, logo depois de anunciado o julgamento e apregoadas as partes (art. 447);

   VI – as de instrução criminal dos processos de competência do Supremo Tribunal Federal e dos Tribunais de Apelação, nos prazos a que se refere o art. 500;

   VII – se verificadas após a decisão da primeira instância, nas razões de recurso ou logo depois de anunciado o julgamento do recurso e apregoadas as partes;

   VIII – as do julgamento em plenário, em audiência ou em sessão do tribunal, logo depois de ocorrerem.

4. Art. 572. As nulidades previstas no art. 564, III, "d" e "e", segunda parte, *"g"* e *"h"*, e IV, considerar-se-ão sanadas:

   I – se não forem arguidas, em tempo oportuno, de acordo com o disposto no artigo anterior;

   II – se, praticado por outra forma, o ato tiver atingido o seu fim;

   III – se a parte, ainda que tacitamente, tiver aceito os seus efeitos.

- Princípio da tipicidade das formas: estabelece que ato processual tem sua forma prevista em lei, cuja inobservância pode gerar uma nulidade, sendo mitigado pelo princípio da instrumentalidade;
- Princípio da instrumentalidade: evidencia que o processo é um instrumento de realização do direito material, e em vista disso, se o ato ou processo defeituoso atingiu sua finalidade, não deve ser declarada sua nulidade;
- Princípio do prejuízo "pas de nullité sans grief": refere que não deverá ser declarada nulidade sem que haja prejuízo para a parte, seja nulidade absoluta ou relativa (CPP, arts. 563 e 566[5]);
- Princípio da eficácia dos atos processuais: enquanto não for reconhecida a nulidade por decisão judicial, o ato continuará produzindo efeitos;
- Princípio da restrição processual à decretação da ineficácia: o reconhecimento de invalidade de um ato processual somente será decretado, se houver meio processual e momento adequado para sua alegação;
- Princípio da causalidade ou da consequencialidade: refere que uma vez declarada a nulidade do ato, todos os atos processuais que dele sejam dependentes ou consequentes também deverão ser anulados (CPP, art. 573, §§1º e 2º[6]), possuindo um efeito expansivo. Porém, se não houver relação de dependência dos atos subsequentes com o ato nulo anterior, não há que se falar em nulidade dos atos posteriores (princípio da conservação dos atos processuais);

---

5. Art. 563. Nenhum ato será declarado nulo, se da nulidade não resultar prejuízo para a acusação ou para a defesa.

   Art. 566. Não será declarada a nulidade de ato processual que não houver influído na apuração da verdade substancial ou na decisão da causa.

6. Art. 573. Os atos, cuja nulidade não tiver sido sanada, na forma dos artigos anteriores, serão renovados ou retificados.

   § 1º A nulidade de um ato, uma vez declarada, causará a dos atos que dele diretamente dependam ou sejam consequência.

   § 2º O juiz que pronunciar a nulidade declarará os atos a que ela se estende.

- Princípio da conservação dos atos processuais: o ato processual que não dependa do ato anterior declarado inválido deve ser preservado, segundo se extrai do art. 281, CPC[7], utilizado subsidiariamente;
- Princípio do interesse: a alegação de nulidade exige interesse da parte[8] que a alega, salvo na hipótese de nulidade absoluta, pois são de ordem pública, e podem ser aduzidas por qualquer parte e de ofício pelo julgador;
- Princípio da lealdade: veda a alegação de nulidade por quem tenha dado causa ou concorrido para sua ocorrência;
- Princípio da convalidação: é próprio das nulidades relativas e significa a remoção do defeito, para que o ato processual possa ser considerado válido e eficaz, ressalvados os casos de trânsito em julgado de sentença absolutória própria contaminada por nulidade absoluta, porquanto não se admite revisão criminal *pro societate.*

35.3. Irregularidades

Corresponde ao ato processual que atenta contra o interesse público ou contra o interesse preponderante das partes, em vista disso, pode ser invalidado, como é o caso por exemplo de sentença sem fundamentação e demais hipótese do artigo 564 do CPP. Destaca-se que enquanto não reconhecida a irregularidade e efetivamente declarada, o ato processual nulo continua produzindo seus efeitos regulares.

36. DOS RECURSOS EM GERAL

A apresentação de recurso se constitui direito da parte em questionar a decisão proferida no processo, desde que a conclusão lhe tenha sido desfavorável. Deste modo, a irresignação pode ter a finalidade de esclarecer algum ponto, buscar a nulidade por vício procedimental, reformar a decisão de forma total ou parcial, haja vista que é possível ocorrer equívoco ou erro do julgador.

---

7. Art. 281. Anulado o ato, consideram-se de nenhum efeito todos os subsequentes que dele dependam, todavia, a nulidade de uma parte do ato não prejudicará as outras que dela sejam independentes.
8. Art. 565. Nenhuma das partes poderá arguir nulidade a que haja dado causa, ou para que tenha concorrido, ou referente a formalidade cuja observância só à parte contrária interesse.

Assim sendo, extraímos da sistemática recursal prevista nos artigos 574 a 580 do CPP[9] a possibilidade e o caminho, para que a parte inconformada apresente suas razões de inconformismo em face da decisão proferida, desde que respeitados os requisitos e princípios recursais.

36.1. Dos Princípios Recursais

Abordaremos individualmente princípios recursais, que devem ser observados ao interpor o respectivo recurso, pois cada decisão enseja um tipo específico e requisitos próprios.

36.1.1. Princípio do duplo grau de jurisdição

Consiste na possibilidade de reexame integral ou parcial da matéria de fato e de direito constante na decisão do juízo de primeiro grau, a ser reapreciada

---

9. Art. 574. Os recursos serão voluntários, excetuando-se os seguintes casos, em que deverão ser interpostos, de ofício, pelo juiz:
I – da sentença que conceder **habeas corpus**;
II – da que absolver desde logo o réu com fundamento na existência de circunstância que exclua o crime ou isente o réu de pena, nos termos do art. 411.
Art. 575. Não serão prejudicados os recursos que, por erro, falta ou omissão dos funcionários, não tiverem seguimento ou não forem apresentados dentro do prazo.
Art. 576. O Ministério Público não poderá desistir de recurso que haja interposto.
Art. 577. O recurso poderá ser interposto pelo Ministério Público, ou pelo querelante, ou pelo réu, seu procurador ou seu defensor.
Parágrafo único. Não se admitirá, entretanto, recurso da parte que não tiver interesse na reforma ou modificação da decisão.
Art. 578. O recurso será interposto por petição ou por termo nos autos, assinado pelo recorrente ou por seu representante.
§ 1º Não sabendo ou não podendo o réu assinar o nome, o termo será assinado por alguém, a seu rogo, na presença de duas testemunhas.
§ 2º A petição de interposição de recurso, com o despacho do juiz, será, até o dia seguinte ao último do prazo, entregue ao escrivão, que certificará no termo da juntada a data da entrega.
§ 3º Interposto por termo o recurso, o escrivão, sob pena de suspensão por dez a trinta dias, fará conclusos os autos ao juiz, até o dia seguinte ao último do prazo.
Art. 579. Salvo a hipótese de má-fé, a parte não será prejudicada pela interposição de um recurso por outro.
Parágrafo único. Se o juiz, desde logo, reconhecer a impropriedade do recurso interposto pela parte, mandará processá-lo de acordo com o rito do recurso cabível.
Art. 580. No caso de concurso de agentes (Código Penal, art. 25), a decisão do recurso interposto por um dos réus, se fundado em motivos que não sejam de caráter exclusivamente pessoal, aproveitará aos outros.

pelo órgão jurisdicional diverso e, em regra, de hierarquia superior e fundamenta-se na circunstância de erro que pode ser cometida pelo julgador, bem como no inconformismo com a decisão proferida.

O princípio do duplo grau de jurisdição não está previsto expressamente na Constituição Federal, porém é extraído dos princípios constitucionais do devido processo legal e da ampla defesa. Cabe esclarecer por outro lado, que a Convenção Americana de Direitos Humanos – CADH, que possui status de norma supralegal, prevê expressamente o duplo grau de jurisdição[10].

Noutro sentido, não há que se confundir a situação dos acusados com foro por prerrogativa de função, os quais não possuem direito ao duplo grau, mas têm assegurado o direito recursal.

36.1.2. Princípio da "reformatio in mellius"

Assegura que a situação do acusado pode ser melhorada, seja para aplicar causas de diminuição de pena ou atenuantes não reconhecidas pelo juízo *a quo*, seja para excluir qualificadoras constantes da decisão impugnada, podendo inclusive absolver o acusado.

36.1.3. Princípio da voluntariedade

Não é obrigatório recorrer, ou seja, é decisão da parte que tenha sucumbido. Entretanto, existem exceções conforme refere o Art. 746, CPP[11], recurso de ofício e remessa necessária, embora tecnicamente, não seja recurso é condição de eficácia da decisão, a fim de permitir o trânsito em julgado. Ex.: concessão de HC pelo juiz de primeiro grau; concessão de reabilitação criminal; nos crimes contra a economia popular, a Lei nº 1.521/51 prevê hipótese de recurso de ofício[12].

10. Art. 8º, 2., "h" da CADH: direito de recorrer da sentença para juiz ou tribunal superior.
11. Art. 746. Da decisão que conceder a reabilitação haverá recurso de ofício.
12. Art. 7º. Os juízes recorrerão de ofício sempre que absolverem os acusados em processo por crime contra a economia popular ou contra a saúde pública, ou quando determinarem o arquivamento dos autos do respectivo inquérito policial.

36.1.4. Princípio da disponibilidade

Decorre da voluntariedade, ou seja, a parte pode desistir do recurso interposto, o que não se aplica ao órgão do Ministério Público, o qual obedece a regra da indisponibilidade, conforme dispõe o art. 576, CPP[13].

36.1.5. Princípio da taxatividade

O citado princípio traz tranquilidade e segurança, visto que os recursos estão previstos no ordenamento jurídico, ou seja, se não houver previsão de recurso, a decisão é irrecorrível e no mesmo sentido, havendo previsão e presentes os requisitos, o recurso é cabível.

36.1.6. Princípio da unirecorribilidade

Em regra, existe uma ferramenta impugnativa recursal. Destaca-se a exceção quando a decisão viola a Constituição Federal e a Lei Federal, visto que na hipótese serão manejados simultaneamente o recurso extraordinário e o recurso especial.

36.1.7. Princípio da fungibilidade ou recurso indiferente

Corresponde ao aproveitamento de um recurso interposto no lugar de outro, desde que não haja má-fé (recurso interposto dentro do prazo do recurso certo), e não haja erro grosseiro, (precisa haver dúvida substancial sobre o recurso correto).

36.1.8. Princípio da non reformatio in pejus *direta ou indireta*

Na hipótese de recurso exclusivamente do réu, não poderá haver reforma para pior, sendo reconhecido o efeito prodrômico que corresponde ao efeito limitador, ou seja, se a primeira decisão foi anulada por um recurso da defesa, essa decisão, mesmo anulada continua sendo parâmetro para a nova decisão a ser proferida, porque a nova decisão não pode impor uma pena superior a pena anterior.

13. Art. 576. O Ministério Público não poderá desistir de recurso que haja interposto.

Acerca deste princípio, o Supremo Tribunal Federal já se manifestou no sentido de que, a vedação da reforma prejudicial ao réu também é aplicada na hipótese de júri. Ademais, é possível a "reformatio in mellius", para preservar o "status libertatis" e a presunção de inocência.

36.1.9. Princípio da complementariedade

Trata-se da possibilidade de haver a complementação do recurso interposto e ocorre na hipótese de interposição de recurso imediato, sendo que em sequência, a parte adversa opõe embargos de declaração, os quais podem ser acolhidos pelo magistrado, que modificando a decisão deverá permitir complementação das razões recursais apresentadas anteriormente.

36.1.10. Princípio da suplementariedade

Possibilidade de suplementar recurso interposto aos tribunais superiores e ocorre na circunstância de apresentar recurso extraordinário após ter manejado recurso especial, desde que não tenha transcorrido o prazo recursal. Assim, os recursos podem ser interpostos simultaneamente ou depois, mas dentro do prazo estipulado.

36.2. Pressupostos de Admissibilidade

O chamado juízo de prelibação, é o juízo de admissibilidade dos recursos criminais, sendo que conhecer neste caso corresponde a admitir. O juízo "a quo" faz o juízo de admissibilidade recursal, geralmente são duas verificações independentes que contemplam:

36.2.1. Pressupostos Objetivos

- Cabimento: recorribilidade, previsão legal do recurso. Ex.: Art. 273, CPP[14], hipótese em que não cabe recurso.
- Adequação: via impugnativa adequada, relativizada pelo princípio da fungibilidade recursal, Art. 579, CPP[15].

14. Art. 273. Do despacho que admitir, ou não, o assistente, não caberá recurso, devendo, entretanto, constar dos autos o pedido e a decisão.
15. Art. 579. Salvo a hipótese de má-fé, a parte não será prejudicada pela interposição de um recurso por outro.

- Tempestividade: dentro do prazo de interposição.
- Inexistência de fato impeditivo: (renúncia e preclusão).
- Inexistência de fato extintivo: deserção (não pagar as custas, ação penal privada).
- Regularidade formal: petição ou termo nos autos.

36.2.2. *Pressupostos Subjetivos*

- Legitimidade recursal: Art. 577, CPP[16].
- Interesse recursal: que corresponde ao prejuízo com a decisão.

36.3. Dos Efeitos Recursais

Obstativo: obsta a formação da coisa julgada.

Devolutivo: devolve o conteúdo da matéria impugnada. O recorrente pode recorrer de tudo ou de parte. Se limitar, essa limitação será feita no momento da interposição, não será nas razões, sendo que se não fizer essa limitação na petição de interposição haverá presunção de que recorreu de tudo.

Suspensivo: entrou em vigor com o pacote anticrime. A decisão não será implementada enquanto o recurso não for julgado, ou seja, suspende a execução da decisão atacada. Obs.: sentença absolutória não tem efeito suspensivo.

Neste sentido a súmula 604 do STJ: "Mandado de segurança não se presta para atribuir efeito suspensivo a recurso criminal interposto pelo Ministério Público."

Ademais, na apelação da sentença condenatória está presente o efeito suspensivo, pois o apelo suspende a execução. Em sentido oposto a regra trazida pelo pacote anticrime, contida no art. 492, I, "e", CPP, que permite a execução provisória, se houver condenação em 15 ou mais anos, o condenado já começa cumprir a pena, visto que essa apelação no júri não tem efeito suspensivo. No

---

Parágrafo único. Se o juiz, desde logo, reconhecer a impropriedade do recurso interposto pela parte, mandará processá-lo de acordo com o rito do recurso cabível.

16. Art. 577. O recurso poderá ser interposto pelo Ministério Público, ou pelo querelante, ou pelo réu, seu procurador ou seu defensor.
Parágrafo único. Não se admitirá, entretanto, recurso da parte que não tiver interesse na reforma ou modificação da decisão.

caso específico da normativa supra, temos julgados sobrestando a execução provisória com fundamento no princípio da presunção de inocência, o tema é controvertido.

Extensivo: o réu que não recorre, pode ser beneficiado com o recurso interposto por outra parte, em razão do efeito extensivo, segundo refere o art. 580 CPP[17], desde que o fundamento recursal seja comum, com base no princípio da isonomia ou da igualdade.

Iterativo, regressivo ou diferido: efeito que permite a retratação da decisão. É devolução da matéria impugnada ao próprio juiz que prolatou a decisão, para possibilidade do juízo de retratação. Ex.: RESE, Agravo em Execução e Carta Testemunhável, conforme art. 589, CPP.

37. DOS RECURSOS EM ESPÉCIE

Inicialmente é importante setorizar as decisões judiciais fazendo a distinção entre o processo civil onde as decisões interlocutórias são impugnadas por meio de agravo, já as sentenças através de apelação. No processo penal a sistemática recursal é diversa e possui peculiaridades próprias, pois quando as decisões interlocutórias comportam recurso, estas são impugnadas por meio de Recurso em Sentido Estrito – RESE.

No que se refere as sentenças condenatórias ou absolutórias, cabe em regra apelação. Contudo, há hipótese de decisão interlocutória que poderá ser impugnada com o manejo de apelação, sendo que também, excepcionalmente, uma sentença será desafiada por recurso em sentido estrito, pois não será nem condenatória, nem absolutória.

37.1. Recurso em Sentido Estrito

O recurso em sentido estrito é considerado um recurso taxativo, uma vez que somente será cabível nas hipóteses, expressas no rol do art. 581 do Código

17. Art. 580. No caso de concurso de agentes (Código Penal, art. 25), a decisão do recurso interposto por um dos réus, se fundado em motivos que não sejam de caráter exclusivamente pessoal, aproveitará aos outros.

de Processo Penal[18], excluídas as hipóteses referentes à fase de execução penal e no parágrafo único do art. 294 do Código de Trânsito Brasileiro[19].

18. Art. 581. Caberá recurso, no sentido estrito, da decisão, despacho ou sentença:
I – que não receber a denúncia ou a queixa;
II – que concluir pela incompetência do juízo;
III – que julgar procedentes as exceções, salvo a de suspeição;
IV – que pronunciar o réu;
V – que conceder, negar, arbitrar, cassar ou julgar inidônea a fiança, indeferir requerimento de prisão preventiva ou revogá-la, conceder liberdade provisória ou relaxar a prisão em flagrante;
VII – que julgar quebrada a fiança ou perdido o seu valor;
VIII – que decretar a prescrição ou julgar, por outro modo, extinta a punibilidade;
IX – que indeferir o pedido de reconhecimento da prescrição ou de outra causa extintiva da punibilidade;
X – que conceder ou negar a ordem de **habeas corpus**;
XI – que conceder, negar ou revogar a suspensão condicional da pena;
XII – que conceder, negar ou revogar livramento condicional;
XIII – que anular o processo da instrução criminal, no todo ou em parte;
XIV – que incluir jurado na lista geral ou desta o excluir;
XV – que denegar a apelação ou a julgar deserta;
XVI – que ordenar a suspensão do processo, em virtude de questão prejudicial;
XVII – que decidir sobre a unificação de penas;
XVIII – que decidir o incidente de falsidade;
XIX – que decretar medida de segurança, depois de transitar a sentença em julgado;
XX – que impuser medida de segurança por transgressão de outra;
XXI – que mantiver ou substituir a medida de segurança, nos casos do art. 774;
XXII – que revogar a medida de segurança;
XXIII – que deixar de revogar a medida de segurança, nos casos em que a lei admita a revogação;
XXIV – que converter a multa em detenção ou em prisão simples;
XXV – que recusar homologação à proposta de acordo de não persecução penal, previsto no art. 28-A desta Lei.
Parágrafo único. Se o recorrido for o réu, será intimado do prazo na pessoa do defensor.

19. Art. 294. Em qualquer fase da investigação ou da ação penal, havendo necessidade para a garantia da ordem pública, poderá o juiz, como medida cautelar, de ofício, ou a requerimento do Ministério Público ou ainda mediante representação da autoridade policial, decretar, em decisão motivada, a suspensão da permissão ou da habilitação para dirigir veículo automotor, ou a proibição de sua obtenção.
Parágrafo único. Da decisão que decretar a suspensão ou a medida cautelar, ou da que indeferir o requerimento do Ministério Público, caberá recurso em sentido estrito, sem efeito suspensivo.

São legitimados para interpor o RESE o Ministério Público, o querelante, o acusado e seu defensor, o ofendido somente nos casos de extinção de punibilidade (art. 271, *caput*[20], c/c o art. 584, § 1º[21], ambos do CPP).

A interposição do recurso deverá ser endereçada ao juiz que proferiu a decisão, (juízo *a quo*), e as razões deverão ser endereçadas ao Tribunal de Justiça ou Tribunal Regional Federal (juízo *ad quem*)[22].

O prazo para apresentação é de 5 (cinco) dias e após a interposição, a parte deverá apresentar as razões no prazo de 2 (dois) dias[23], salvo no caso do recurso da decisão que incluir ou excluir jurado da lista geral, (art. 586, parágrafo único, do CPP)[24],em que o prazo é de 20 (vinte) dias.

Em razão do princípio da dialética a parte contrária é intimada para contrarrazoar, e na sequência pode ser exercido o juízo de retratação ou para ratificar a decisão e remeter o recurso ao Tribunal de Justiça.

---

20. Art. 271. Ao assistente será permitido propor meios de prova, requerer perguntas às testemunhas, aditar o libelo e os articulados, participar do debate oral e arrazoar os recursos interpostos pelo Ministério Público, ou por ele próprio, nos casos dos arts. 584, § 1º, e 598.

21. Art. 584. Os recursos terão efeito suspensivo nos casos de perda da fiança, de concessão de livramento condicional e dos ns. XV, XVII e XXIV do art. 581.

    § 1º Ao recurso interposto de sentença de impronúncia ou no caso do no VIII do art. 581, aplicar-se-á o disposto nos arts. 596 e 598.

22. Art. 588. Dentro de dois dias, contados da interposição do recurso, ou do dia em que o escrivão, extraído o traslado, o fizer com vista ao recorrente, este oferecerá as razões e, em seguida, será aberta vista ao recorrido por igual prazo.

23. Art. 589. Com a resposta do recorrido ou sem ela, será o recurso concluso ao juiz, que, dentro de dois dias, reformará ou sustentará o seu despacho, mandando instruir o recurso com os traslados que lhe parecerem necessários.

    Parágrafo único. Se o juiz reformar o despacho recorrido, a parte contrária, por simples petição, poderá recorrer da nova decisão, se couber recurso, não sendo mais lícito ao juiz modificá-la. Neste caso, independentemente de novos arrazoados, subirá o recurso nos próprios autos ou em traslado.

24. Art. 586. O recurso voluntário poderá ser interposto no prazo de cinco dias.

    Parágrafo único. No caso do art. 581, XIV, o prazo será de vinte dias, contado da data da publicação definitiva da lista de jurados.

37.2. Apelação

O recurso de apelação está previsto nos arts. 416, 593 a 603 do Código de Processo Penal[25], e pretende a reapreciação da matéria de fato e de direito, ou

---

25. Art. 416. Contra a sentença de impronúncia ou de absolvição sumária caberá apelação.
Art. 593. Caberá apelação no prazo de 5 (cinco) dias:
I – das sentenças definitivas de condenação ou absolvição proferidas por juiz singular;
II – das decisões definitivas, ou com força de definitivas, proferidas por juiz singular nos casos não previstos no Capítulo anterior;
III – das decisões do Tribunal do Júri, quando:
a) ocorrer nulidade posterior à pronúncia;
b) for a sentença do juiz-presidente contrária à lei expressa ou à decisão dos jurados;
c) houver erro ou injustiça no tocante à aplicação da pena ou da medida de segurança;
d) for a decisão dos jurados manifestamente contrária à prova dos autos.
§ 1º Se a sentença do juiz-presidente for contrária à lei expressa ou divergir das respostas dos jurados aos quesitos, o tribunal *ad quem* fará a devida retificação.
§ 2º Interposta a apelação com fundamento no nº III, *c*, deste artigo, o tribunal *ad quem*, se lhe der provimento, retificará a aplicação da pena ou da medida de segurança.
§ 3º Se a apelação se fundar no nº III, *d*, deste artigo, e o tribunal *ad quem* se convencer de que a decisão dos jurados é manifestamente contrária à prova dos autos, dar-lhe-á provimento para sujeitar o réu a novo julgamento; não se admite, porém, pelo mesmo motivo, segunda apelação.
§ 4º Quando cabível a apelação, não poderá ser usado o recurso em sentido estrito, ainda que somente de parte da decisão se recorra.
Art. 596. A apelação da sentença absolutória não impedirá que o réu seja posto imediatamente em liberdade.
Parágrafo único. A apelação não suspenderá a execução da medida de segurança aplicada provisoriamente.
Art. 597. A apelação de sentença condenatória terá efeito suspensivo, salvo o disposto no art. 393, a aplicação provisória de interdições de direitos e de medidas de segurança (arts. 374 e 378), e o caso de suspensão condicional de pena.
Art. 598. Nos crimes de competência do Tribunal do Júri, ou do juiz singular, se da sentença não for interposta apelação pelo Ministério Público no prazo legal, o ofendido ou qualquer das pessoas enumeradas no art. 31, ainda que não se tenha habilitado como assistente, poderá interpor apelação, que não terá, porém, efeito suspensivo.
Parágrafo único. O prazo para interposição desse recurso será de quinze dias e correrá do dia em que terminar o do Ministério Público.
Art. 599. As apelações poderão ser interpostas quer em relação a todo o julgado, quer em relação a parte dele.
Art. 600. Assinado o termo de apelação, o apelante e, depois dele, o apelado terão o prazo de oito dias cada um para oferecer razões, salvo nos processos de contravenção, em que o prazo será de três dias.
§ 1º Se houver assistente, este arrazoará, no prazo de três dias, após o Ministério Público.
§ 2º Se a ação penal for movida pela parte ofendida, o Ministério Público terá vista dos autos, no prazo do parágrafo anterior.

seja, provocar o tribunal a reexaminar uma decisão definitiva ou com força de definitiva proferida por juiz singular ou pelo tribunal do júri.

A apelação terá cabimento contra sentenças:

a) Definitivas de condenação ou absolvição: caberá apelação da absolvição sumária, prevista no art. 397 do Código de Processo Penal, somente nos incisos I (excludente de ilicitude), II (excludente de culpabilidade) e III (atipicidade), pois contra a decisão de absolvição sumária com fundamento na extinção da punibilidade caberá o recurso em sentido estrito (art. 581, IV, do CPP).

b) Com força de definitivas: são aquelas que finalizam solucionando processos incidentais, mas não analisam o mérito, ou seja, não condenam nem absolvem o acusado. Neste caso, como a apelação é um recurso residual, desde que não esteja previsto o recurso em sentido estrito, a apelação será utilizada.

No que se refere a competência, a interposição deverá ser endereçada ao juiz que proferiu a decisão (juízo *a quo*) e as razões deverão ser endereçadas ao Tribunal de Justiça ou Tribunal Regional Federal (juízo *ad quem*).

---

§ 3º Quando forem dois ou mais os apelantes ou apelados, os prazos serão comuns.

§ 4º Se o apelante declarar, na petição ou no termo, ao interpor a apelação, que deseja arrazoar na superior instância serão os autos remetidos ao tribunal ad quem onde será aberta vista às partes, observados os prazos legais, notificadas as partes pela publicação oficial.

Art. 601. Findos os prazos para razões, os autos serão remetidos à instância superior, com as razões ou sem elas, no prazo de 5 (cinco) dias, salvo no caso do art. 603, segunda parte, em que o prazo será de trinta dias.

§ 1º Se houver mais de um réu, e não houverem todos sido julgados, ou não tiverem todos apelado, caberá ao apelante promover extração do traslado dos autos, o qual deverá ser remetido à instância superior no prazo de trinta dias, contado da data da entrega das últimas razões de apelação, ou do vencimento do prazo para a apresentação das do apelado.

§ 2º As despesas do traslado correrão por conta de quem o solicitar, salvo se o pedido for de réu pobre ou do Ministério Público.

Art. 602. Os autos serão, dentro dos prazos do artigo anterior, apresentados ao tribunal *ad quem* ou entregues ao Correio, sob registro.

Art. 603. A apelação subirá nos autos originais e, a não ser no Distrito Federal e nas comarcas que forem sede de Tribunal de Apelação, ficará em cartório traslado dos termos essenciais do processo referidos no art. 564, n. III.

Quanto a legitimidade recursal temos o Ministério Público, a Defesa e o Assistente de acusação, no prazo de 5 (cinco) dias, sendo que na sequência, a parte será intimada para apresentar as razões no prazo de 8 (oito) dias.

Importante salientar que a apelação no procedimento do júri tem regramento próprio, sendo que ao final da 1ª fase do júri será cabível a apelação contra decisão de impronúncia e absolvição sumária. Por outro lado, contra decisões do tribunal do júri na 2ª fase, possui natureza restrita para garantir o princípio constitucional da soberania dos veredictos, não devolvendo à superior instância o conhecimento integral, limitando seu conhecimento aos elementos trazidos no recurso.

Neste sentido, somente será cabível a apelação contra decisão dos jurados se:

a) ocorrer nulidade posterior à pronúncia;
b) a sentença do juiz presidente for contrária à lei ou à decisão do conselho de sentença;
c) houver erro ou injustiça na aplicação da pena ou medida de segurança;
d) quando a decisão dos jurados for manifestamente contrária à prova dos autos.

Uma novidade trazida pela Lei nº. 13.964/2019 foi a possibilidade da execução provisória da pena, sem prejuízo do conhecimento dos recursos, quando a condenação resultar em pena igual ou superior a 15 anos, sendo que nesta situação a regra é que a apelação não terá efeito suspensivo. O tribunal poderá, excepcionalmente, atribuir efeito suspensivo à apelação, quando verificado que o recurso não tem propósito meramente protelatório e que a inconformidade suscita questão substancial, que pode resultar em absolvição, anulação da sentença, novo julgamento ou redução da pena para patamar inferior a 15 (quinze) anos.

A resposta ao recurso é possível com o oferecimento de contrarrazões de apelação no prazo de 8 (oito) dias, conforme menciona o art. 600, *caput*, do Código de Processo Penal.

37.3. Embargos de Declaração

Os embargos de declaração servem para aclarar, esclarecer ou acrescentar determinada omissão, são opostos em petição única, endereçadas ao juízo que proferiu a decisão embargada. Serão cabíveis caso exista algum dos seguintes vícios:

a) Obscuridade: falta de clareza na decisão que permita a compreensão de seu verdadeiro sentido.

b) Omissão: a decisão não trata de questão de fato ou de direito alegada por uma das partes.

c) Contradição: a decisão apresenta afirmações que conflitam entre si.

d) Ambiguidade: a decisão apresenta sentidos diversos.

Os embargos declaratórios podem ser ajuizados pela acusação, assistente de acusação e defesa. Ademais, nos termos dos arts. 382 e 619 do Código de Processo Penal[26], os embargos de declaração devem ser opostos nas 1ª e 2ª instâncias no prazo de 2 (dois) dias. No que se refere ao prazo, em sede de Juizados Especiais Criminais, o prazo será de 5 (cinco) dias (Lei nº. 9.099/1995, art. 83, §1º[27]), mesmo prazo a que estão submetidos os embargos de declaração no Supremo Tribunal Federal (Regimento Interno do STF, art. 337, §1º).

37.4. Embargos Infringentes e de Nulidade

Os embargos infringentes e embargos de nulidade são dois recursos diversos, sendo que ambos devem ser utilizados em favor do acusado e somente serão cabíveis contra acórdão não unânime desde que proferido em recurso, não sendo admissíveis contra acórdãos de habeas corpus e de revisão criminal. A opção decorre da matéria objeto de recurso, ou seja, embargos infringentes versa sobre direito material e embargos de nulidade versa sobre direito processual. Não são cabíveis das decisões das turmas recursais da Lei nº. 9.099/95, pois o *caput* do art. 609[28] dispõe que os "embargos serão julgados pelo Tribunal

26. Art. 382. Qualquer das partes poderá, no prazo de 2 (dois) dias, pedir ao juiz que declare a sentença, sempre que nela houver obscuridade, ambigüidade, contradição ou omissão.
Art. 619. Aos acórdãos proferidos pelos Tribunais de Apelação, câmaras ou turmas, poderão ser opostos embargos de declaração, no prazo de dois dias contados da sua publicação, quando houver na sentença ambiguidade, obscuridade, contradição ou omissão.

27. Art. 83. Cabem embargos de declaração quando, em sentença ou acórdão, houver obscuridade, contradição ou omissão.
§ 1º Os embargos de declaração serão opostos por escrito ou oralmente, no prazo de cinco dias, contados da ciência da decisão.

28. Art. 609. Os recursos, apelações e embargos serão julgados pelos Tribunais de Justiça, câmaras ou turmas criminais, de acordo com a competência estabelecida nas leis de organização judiciária.

de Justiça", sendo que as turmas recursais são formadas por juízes de primeira instância.

A interposição deverá ser endereçada ao relator do acórdão embargado e as razões deverão ser endereçadas ao Tribunal de Justiça ou Tribunal Regional Federal, tendo um prazo único de 10 (dez) dias, a contar da publicação do acórdão.

37.5. Agravo em Execução

O agravo em execução será cabível contra toda e qualquer decisão proferida no processo pelo juízo das execuções criminais, que causem prejuízo ao direito da parte na fase da execução penal, conforme refere o art. 197 da Lei de Execução Penal[29].

A legitimidade para interpor o agravo em execução é do Ministério Público e da Defesa, sendo que a interposição deverá ser endereçada ao juiz que proferiu a decisão (juízo a quo), ou seja, o juiz das execuções. No que se refere as razões deverão ser endereçadas ao Tribunal de Justiça ou Tribunal Regional Federal (juízo ad quem), no prazo de 5 (cinco) dias para interposição e após, a parte será intimada para apresentar as razões no prazo de 2 (dois) dias, exatamente como no recurso em sentido estrito, conforme Súmula 700 do STF[30], sendo que também permite o juízo de retratação, conforme menciona o art. 589 do CPP.

Assim, cabe agravo em execução se a decisão: conceder, negar ou revogar a suspensão condicional da pena; conceder, negar ou revogar o livramento condicional; decidir sobre unificação de penas; decretar medida de segurança, depois de transitar a sentença em julgado; impuser medida de segurança por transgressão de outra; revogar a medida de segurança; deixar de revogar a medida de segurança, nos casos em que a lei admita a revogação.

Parágrafo único. Quando não for unânime a decisão de segunda instância, desfavorável ao réu, admitem-se embargos infringentes e de nulidade, que poderão ser opostos dentro de 10 (dez) dias, a contar da publicação de acórdão, na forma do art. 613. Se o desacordo for parcial, os embargos serão restritos à matéria objeto de divergência.

29. Art. 197. Das decisões proferidas pelo Juiz caberá recurso de agravo, sem efeito suspensivo.
30. É de cinco dias o prazo para interposição de agravo contra decisão do juiz da execução penal.

37.6. Revisão Criminal

Trata-se de uma ação autônoma de impugnação (de natureza desconstitutiva), de competência originária dos tribunais (ou turmas recursais), que tem como objetivo a revisão de sentença condenatória ou absolutória imprópria com trânsito em julgado, nas hipóteses de erro judiciário.

A doutrina entende que a Revisão Criminal encontra fundamento no art. 5º, LXXV, da CF/88[31].

As hipóteses de cabimento estão elencadas de forma taxativa nos incisos do art. 621 do CPP[32], sendo o trânsito em julgado requisito para possibilidade da revisão criminal.

Será de competência originária dos Tribunais a análise e julgamento da revisão criminal, ou seja, não compete em hipótese alguma o julgamento de revisão criminal por parte do juízo de 1ª instância[33].

---

31. LXXV – o Estado indenizará o condenado por erro judiciário, assim como o que ficar preso além do tempo fixado na sentença.
32. Art. 621. A revisão dos processos findos será admitida:
    I – quando a sentença condenatória for contrária ao texto expresso da lei penal ou à evidência dos autos;
    II – quando a sentença condenatória se fundar em depoimentos, exames ou documentos comprovadamente falsos;
    III – quando, após a sentença, se descobrirem novas provas de inocência do condenado ou de circunstância que determine ou autorize diminuição especial da pena.
33. Art. 624. As revisões criminais serão processadas e julgadas:
    I – pelo Supremo Tribunal Federal, quanto às condenações por ele proferidas;
    II – pelo Tribunal Federal de Recursos, Tribunais de Justiça ou de Alçada, nos demais casos.
    § 1º No Supremo Tribunal Federal e no Tribunal Federal de Recursos o processo e julgamento obedecerão ao que for estabelecido no respectivo regimento interno.
    § 2º Nos Tribunais de Justiça ou de Alçada, o julgamento será efetuado pelas câmaras ou turmas criminais, reunidas em sessão conjunta, quando houver mais de uma, e, no caso contrário, pelo tribunal pleno.
    § 3º Nos tribunais onde houver quatro ou mais câmaras ou turmas criminais, poderão ser constituídos dois ou mais grupos de câmaras ou turmas para o julgamento de revisão, obedecido o que for estabelecido no respectivo regimento interno.

A legitimidade para revisão criminal está descrita no art. 623 do CPP[34], sem prazo determinado para sua propositura, exceto a necessidade de comprovação do trânsito em julgado.

Nos termos da Súmula 611 do Supremo Tribunal Federal, não cabe revisão criminal em caso de extinção da punibilidade por força de *abolitio criminis*, cabendo nesse caso a aplicação da lei mais benigna, aplicada pelo próprio juízo da execução. Ademais, resta evidente a impossibilidade de piora, ou seja, o princípio da vedação da *reformatio in pejus* também vigora em sede de revisão criminal.

37.7. Mandado de Segurança Criminal

O mandado de segurança está previsto no art. 5º, LXIX, da Constituição Federal, bem como na Lei nº 12.016/2009 e não se trata de recurso, mas sim de remédio constitucional, que possui natureza civil e fundamento constitucional.

O mandado de segurança tem cabimento quando for necessária a tutela de direito líquido e certo, desde que não caiba a impetração de habeas corpus ou habeas data, ou seja, é um remédio constitucional residual.

Situações em que será possível a utilização de Mandado de Segurança:

A) indeferimento do pedido de habilitação do ofendido como assistente de acusação;

B) indeferimento de requerimento de imposição de sigilo das informações em processo criminal quando da absolvição do acusado;

C) indeferimento de decisão ilegal de restituição de coisas apreendidas;

D) indeferimento de juntada de documentos no processo;

E) indeferimento de efeito suspensivo nos recursos em que couber;

F) indeferimento de requerimento de expedição de certidões;

G) negativa de entrevista com cliente;

H) negativa de acesso aos autos de inquérito.

34. Art. 623. A revisão poderá ser pedida pelo próprio réu ou por procurador legalmente habilitado ou, no caso de morte do réu, pelo cônjuge, ascendente, descendente ou irmão.

No que tange a negativa de acesso aos autos de inquérito, mister a observância da Súmula Vinculante 14: "É direito do defensor, no interesse do representado, ter acesso amplo aos elementos de prova que, já documentados em procedimento investigatório realizado por órgão com competência de polícia judiciária, digam respeito ao exercício do direito de defesa". Assim, havendo desobediência ao preceito sumular é cabível Reclamação Constitucional para o Supremo Tribunal Federal.

A competência para análise e decisão do Mandado de Segurança, segue a mesma lógica do Habeas Corpus, no entanto, há peculiaridade quando se tratar de abuso de tribunal. Neste caso, o MS deverá ser impetrado para o plenário ou órgão especial do próprio tribunal. A Súmula 624 do STF indica que" não é de competência do Supremo Tribunal Federal o conhecimento originário de mandado de segurança contra ato de outros Tribunais".

Em relação ao prazo, este é decadencial, contado da data de ciência do ato ilegal, conforme estabelecido no art. 23 da Lei nº. 12.016/2009 em 120 (cento e vinte) dias.

37.8. *Habeas Corpus*

É uma ação autônoma de impugnação, de natureza constitucional no art. 5º, LXVIII, da CF/88, que tem como objetivo restabelecer ou preservar a liberdade de locomoção ilegalmente ameaçada ou violada.

Além da previsão constitucional, está disciplinado nos arts. 647[35] a 667 do Código de Processo Penal.

Verifica-se que o art. 648 do CPP elenca as hipóteses para impetração do habeas corpus, ou seja, quando não houver justa causa para a privação da liberdade de uma pessoa ou deflagração da persecução penal; quando alguém estiver preso por mais tempo do que determina a lei: pode ser excesso de prazo na prisão penal, decorrente de cumprimento de pena privativa de liberdade, excesso de prazo na prisão temporária, ou até mesmo em prisão preventiva; quando quem ordenar a coação não tiver competência para fazê-lo; quando houver cessado o motivo que autorizou a coação; quando não for alguém admitido a prestar fiança, nos casos em que a lei a autoriza; quando o processo

35. Art. 647. Dar-se-á **habeas corpus** sempre que alguém sofrer ou se achar na iminência de sofrer violência ou coação ilegal na sua liberdade de ir e vir, salvo nos casos de punição disciplinar.

for manifestamente nulo; quando extinta a punibilidade rol do art. 107 do CP, no entanto, não é um rol taxativo, existe outras situações que podem ensejar a extinção da punibilidade.

O *habeas corpus* deve ser impetrado perante a autoridade superior àquela que está sendo responsável pela prática da coação e pode ser apresentado por qualquer pessoa, ou seja, não há necessidade de possuir capacidade postulatória[36].

Habeas Corpus não possui um prazo determinado para sua impetração, por assim dizer, sempre que houver ameaça ou lesão ilegal na liberdade de locomoção, poderá ser impetrado *Habeas Corpus*.

A inclusão do artigo 647-A no Código de Processo Penal pela Lei 14.836/2024 introduz uma importante inovação ao permitir que qualquer autoridade judicial, no âmbito de sua competência, possa expedir de ofício uma ordem de habeas corpus, seja individual ou coletivo. Essa medida pode ser adotada quando, durante o curso de qualquer processo judicial, a autoridade verificar que alguém está sofrendo ou corre o risco de sofrer violência ou coação em sua liberdade de locomoção devido a uma violação do ordenamento jurídico.

O parágrafo único do novo artigo reforça que a concessão do habeas corpus de ofício pode ser feita pelo juiz ou pelo tribunal, tanto em processos de competência originária quanto recursal, mesmo que a ação ou recurso em questão não seja conhecido. Essa alteração amplia a proteção aos direitos fundamentais, permitindo uma atuação proativa do Judiciário na garantia da liberdade de locomoção, sem a necessidade de provocação pelas partes, o que pode agilizar a correção de ilegalidades processuais.

37.9. Carta Testemunhável

É modalidade recursal residual prevista nos arts. 639 a 646 do CPP, cabível em duas hipóteses taxativas, dirigida ao Escrivão Diretor da Secretaria, nos termos do art. 640 do CPP[37], sendo que o prazo será de 48h para interposição, 2 (dois) dias para razões e 2 (dois) dias para contrarrazões, para testemunhar

36. Art. 654. O **habeas corpus** poderá ser impetrado por qualquer pessoa, em seu favor ou de outrem, bem como pelo Ministério Público.
37. Art. 639. Dar-se-á carta testemunhável:
I – da decisão que denegar o recurso;

ao tribunal que o juiz não deu seguimento ao recurso. Não tem efeito suspensivo, mas tem efeito regressivo (permite retratação).

Hipóteses de cabimento:

- Da decisão que denegar o recurso, desde que não haja outro recurso em lei. (juízo de admissibilidade em primeiro grau não recebe o recurso RESE ou Agravo em Execução).
- Da decisão que, admitindo o recurso obsta seu seguimento.

Se a carta estiver suficientemente instruída, ao analisá-la o Tribunal poderá apreciar de pronto o recurso.

37.10. Apelação no Juizado Especial Criminal

A apelação é o recurso que pode ser utilizado no Juizado Especial, sendo que deve ser apresentada no prazo de 10 (dez) dias, juntamente com as razões recursais, em decorrência do princípio da celeridade.

II – da que, admitindo embora o recurso, obstar à sua expedição e seguimento para o juízo *ad quem*.

Art. 640. A carta testemunhável será requerida ao escrivão, ou ao secretário do tribunal, conforme o caso, nas quarenta e oito horas seguintes ao despacho que denegar o recurso, indicando o requerente as peças do processo que deverão ser trasladadas.

Art. 641. O escrivão, ou o secretário do tribunal, dará recibo da petição à parte e, no prazo máximo de cinco dias, no caso de recurso no sentido estrito, ou de sessenta dias, no caso de recurso extraordinário, fará entrega da carta, devidamente conferida e concertada.

Art. 642. O escrivão, ou o secretário do tribunal, que se negar a dar o recibo, ou deixar de entregar, sob qualquer pretexto, o instrumento, será suspenso por trinta dias. O juiz, ou o presidente do Tribunal de Apelação, em face de representação do testemunhante, imporá a pena e mandará que seja extraído o instrumento, sob a mesma sanção, pelo substituto do escrivão ou do secretário do tribunal. Se o testemunhante não for atendido, poderá reclamar ao presidente do tribunal *ad quem*, que avocará os autos, para o efeito do julgamento do recurso e imposição da pena.

Art. 643. Extraído e autuado o instrumento, observar-se-á o disposto nos arts. 588 a 592, no caso de recurso em sentido estrito, ou o processo estabelecido para o recurso extraordinário, se deste se tratar.

Art. 644. O tribunal, câmara ou turma a que competir o julgamento da carta, se desta tomar conhecimento, mandará processar o recurso, ou, se estiver suficientemente instruída, decidirá logo, *de meritis*.

Art. 645. O processo da carta testemunhável na instância superior seguirá o processo do recurso denegado.

Art. 646. A carta testemunhável não terá efeito suspensivo.

Ao verificar o procedimento comum, temos que na situação de rejeição da denúncia ou queixa cabe RESE, porém, em sede de juizado caberá apelação, conforme art. 82 da Lei nº. 9.099/95[38].

37.11. Recurso Extraordinário

Caberá recurso extraordinário contra decisão proferida em única ou última instância, ou seja, pelo Tribunal Superior Eleitoral ou Superior Tribunal Militar, bem como Tribunais Regionais Federais ou Tribunais de Justiça Estadual ou do Distrito Federal e territórios, e até mesmo Turmas Recursais, conforme autoriza o art. 102, III, da CF[39].

O recurso extraordinário possui alguns requisitos peculiares, dentre os quais o prequestionamento e a repercussão geral. Assim, somente será objeto de análise as matérias que foram discutidas ordinariamente e que foram mencionadas no acórdão recorrido. No que se refere a repercussão geral, está prevista no art. 102, § 3º, da Constituição Federal e exige que: "no Recurso Extraordinário o recorrente deverá demonstrar a repercussão geral das questões constitucionais discutidas no caso, nos termos da Lei, a fim de que o tribunal examine a admissão do recurso, somente podendo recusá-lo pela manifestação de 2/3 de seus membros".

Ainda, no mesmo sentido do que ocorre com o recurso especial, apenas caberá recurso extraordinário quando a decisão não comportar mais recurso, ou seja, as vias ordinárias recursais foram esgotadas.

38. Art. 82. Da decisão de rejeição da denúncia ou queixa e da sentença caberá apelação, que poderá ser julgada por turma composta de três Juízes em exercício no primeiro grau de jurisdição, reunidos na sede do Juizado.
§ 1º A apelação será interposta no prazo de dez dias, contados da ciência da sentença pelo Ministério Público, pelo réu e seu defensor, por petição escrita, da qual constarão as razões e o pedido do recorrente.
§ 2º O recorrido será intimado para oferecer resposta escrita no prazo de dez dias.

39. III – julgar, mediante recurso extraordinário, as causas decididas em única ou última instância, quando a decisão recorrida:
a) contrariar dispositivo desta Constituição;
b) declarar a inconstitucionalidade de tratado ou lei federal;
c) julgar válida lei ou ato de governo local contestado em face desta Constituição.
d) julgar válida lei local contestada em face de lei federal.

A peça de interposição será endereçada ao presidente do tribunal que proferiu a decisão recorrida e as razões recursais serão endereçadas ao Supremo Tribunal Federal, art. 1029, CPC.

O recurso poderá ser interposto por qualquer parte que tenha sido prejudicada no acórdão recorrido, ou seja, são legitimados a acusação, o assistente de acusação e a defesa, no prazo único de 15 (quinze) dias, do art. 1.003, §5º, do CPC.

37.12. Recurso Especial

Tem cabimento segundo menciona o art. 105, III, da CF, em face de decisão proferida em única ou última instância, ou seja, proferida pelos Tribunais Regionais Federais ou Tribunais de Justiça Estadual ou do Distrito Federal e territórios, nas hipóteses de contrariar tratado ou lei federal, ou negar-lhes vigência, julgar válido ato de governo local contestado em face de lei federal, der a lei federal interpretação divergente da que lhe haja atribuído outro tribunal.

No mesmo sentido do recurso extraordinário, deve conter somente temas já prequestionados e não ser possível a apresentação de outro recurso. A peça de interposição será endereçada ao presidente do tribunal que proferiu a decisão recorrida e as razões recursais serão endereçadas ao Superior Tribunal de Justiça.

Em relação a legitimidade, o recurso especial poderá ser interposto por qualquer parte que tenha sido prejudicada no acórdão recorrido, ou seja, acusação, assistente de acusação ou defesa, no prazo único de 15 (quinze) dias.

37.13. Recurso Ordinário Constitucional

Recurso utilizado para caso de crimes políticos, que será apreciado pelo STF, se constituindo em verdadeira apelação, pois se devolve toda matéria de fato e de direito ao tribunal e contra decisões denegatórias em ações de habeas corpus ou mandado de segurança.

A interposição deverá ser endereçada ao presidente do tribunal que denegou o habeas corpus ou o mandado de segurança (juízo *a quo*) e as razões deverão ser endereçadas ao STJ ou STF (juízo *ad quem*).

A legitimidade é do impetrante do Habeas Corpus ou do Mandado de Segurança, no prazo de 5 (cinco) dias no caso de denegação do habeas corpus (art. 30 da Lei nº. 8.038/1990) e de 15 (quinze) dias no caso do mandado de segurança (art. 33 da Lei nº. 8.038/1990).

37.14. Reclamação Constitucional

Trata-se de uma ação com o fim de preservar a competência de determinado tribunal e, ainda, garantir a autoridade de decisão proferida por tribunal, ou de Súmula Vinculante que tenha sido editada pelo Supremo Tribunal Federal, nos termos do Art. 102, I, CF[40].

37.15. Agravo Criminal

Consiste na possibilidade de impugnação das decisões monocráticas proferidas pelo relator em Tribunal que nega seguimento de REsp ou RE, devendo ser apresentado no prazo de 10 (dez) dias, nos termos da Lei nº 12.322/10, o endereçamento é para o Desembargador Presidente da Seção Criminal.

37.16. Embargos de Divergência

Recurso previsto no Código de Processo Civil, que dispõe sobre a uniformização da jurisprudência nos tribunais superiores, sendo apresentado no prazo de 15 (quinze) dias, segundo dispõe o art. 1.003, §5º, CPC.

37.17. Agravo Regimental

O prazo para interposição de agravo regimental, em processo penal é de 5 dias, de acordo com os arts. 39 da Lei nº. 8.038/1990 e art. 258 do RISTJ, os quais, mesmo após a entrada em vigor da Lei nº. 13.105/2015, continuam sendo contados em dias corridos, nos termos do art. 798 do Código de Processo Penal.

A inclusão do artigo 798-A no Código de Processo Penal pela Lei 14.365/2022 trouxe uma importante alteração no regime de contagem de prazos processuais. De acordo com o novo artigo, os prazos processuais ficam suspensos entre 20 de dezembro e 20 de janeiro, o que proporciona um período

40. Art. 102. Compete ao Supremo Tribunal Federal, precipuamente, a guarda da Constituição, cabendo-lhe:
I – processar e julgar, originariamente:
....
l) a reclamação para a preservação de sua competência e garantia da autoridade de suas decisões.

de recesso similar ao adotado em outros ramos do Direito. No entanto, essa suspensão não se aplica a todos os casos.

As exceções à suspensão dos prazos incluem processos que envolvem réus presos e aqueles regidos pela Lei nº 11.340/2006, conhecida como Lei Maria da Penha. Isso significa que, nesses casos, os prazos continuam a correr mesmo durante o período de recesso, garantindo a celeridade processual necessária em situações que exigem atenção urgente, como a proteção de vítimas de violência doméstica e a manutenção da legalidade das prisões. Essa mudança busca equilibrar a necessidade de um período de descanso no Judiciário com a garantia de que processos urgentes não sofram atrasos indevidos.

37.18. Correição Parcial

Está prevista na Lei nº 5.010/66 e nos regimentos internos dos tribunais. São admitidas quando a decisão interlocutória simples não for combatida por meio de RESE e referida decisão ofende preceitos que regem o regular procedimento processual, podendo ser oferecida no prazo de 5 (cinco) dias.

38. SÚMULAS DO SUPREMO TRIBUNAL FEDERAL

SÚMULA 155 – É relativa a nulidade do processo criminal por falta de intimação da expedição de precatória para inquirição de testemunha.

SÚMULA 156 – É absoluta a nulidade do julgamento, pelo júri, por falta de quesito obrigatório.

SÚMULA 160 – É nula a decisão do tribunal que acolhe, contra o réu, nulidade não arguida no recurso da acusação, ressalvados os casos de recurso de ofício.

SÚMULA 162 – É absoluta a nulidade do julgamento pelo júri, quando os quesitos da defesa não precedem aos das circunstâncias agravantes.

SÚMULA 206 – É nulo o julgamento ulterior pelo júri com a participação de jurado que funcionou em julgamento anterior do mesmo processo.

SÚMULA 208 – O assistente do Ministério Público não pode recorrer, extraordinariamente, de decisão concessiva de habeas corpus.

SÚMULA 210 – O assistente do Ministério Público pode recorrer, inclusive extraordinariamente, na ação penal, nos casos dos arts. 584, § 1º, e 598 do Código Penal.

SÚMULA 279 – Para simples reexame de prova não cabe recurso extraordinário.

SÚMULA 281 – É inadmissível o recurso extraordinário, quando couber na Justiça de origem, recurso ordinário da decisão impugnada.

SÚMULA 282 – É inadmissível o recurso extraordinário, quando não ventilada, na decisão recorrida, a questão federal suscitada.

SÚMULA 283 – É inadmissível o recurso extraordinário, quando a decisão recorrida assenta em mais de um fundamento suficiente e o recurso não abrange todos eles.

SÚMULA 284 – É inadmissível o recurso extraordinário, quando a deficiência na sua fundamentação não permitir a exata compreensão da controvérsia.

SÚMULA 344 – Sentença de primeira instância, concessiva de habeas corpus, em caso de crime praticado em detrimento de bens, serviços ou interesses da União, está sujeita a recurso ex officio.

SÚMULA 351 – É nula a citação por edital de réu preso na mesma unidade da Federação em que o juiz exerce a sua jurisdição.

SÚMULA 356 – O ponto omisso da decisão, sobre o qual não foram opostos embargos declaratórios, não pode ser objeto de recurso extraordinário, por faltar o requisito do prequestionamento.

SÚMULA 366 – Não é nula a citação por edital que indica o dispositivo da lei penal, embora não transcreva a denúncia ou queixa, ou não resuma os fatos em que se baseia.

SÚMULA 393 – Para requerer a revisão criminal o condenado não é obrigado a recolher-se à prisão.

SÚMULA 395 – Não se conhece do recurso de habeas corpus cujo objeto seja resolver sobre o ônus das custas, por não estar mais em causa a liberdade de locomoção.

SÚMULA 423 – Não transita em julgado a sentença por haver omitido o recurso ex officio, que se considera interposto ex lege.

SÚMULA 431 – É nulo o julgamento de recurso criminal, na segunda instância, sem prévia intimação, ou publicação da pauta, salvo em habeas corpus.

SÚMULA 448 – O prazo para o assistente recorrer, supletivamente, começa a correr imediatamente após o transcurso do prazo do Ministério Público.

SÚMULA 453 – Não se aplicam à segunda instância o art. 384 e parágrafo único do código de processo penal, que possibilitam dar nova definição jurídica ao fato delituoso, em virtude de circunstância elementar não contida, explícita ou implicitamente, na denúncia ou queixa.

SÚMULA 523 – No processo penal, a falta da defesa constitui nulidade absoluta, mas a sua deficiência só o anulará se houver prova de prejuízo para o réu.

SÚMULA 525 – A medida de segurança não será aplicada em segunda instância, quando só o réu tenha recorrido.

SÚMULA 564 – A ausência de fundamentação do despacho de recebimento de denúncia por crime falimentar enseja nulidade processual, salvo se já houver sentença condenatória.

SÚMULA 603 – A competência para o processo e julgamento de latrocínio é do juiz singular e não do Tribunal do Júri.

SÚMULA 606-Não cabe habeas corpus originário para o tribunal pleno de decisão de turma, ou do plenário, proferida em habeas corpus ou no respectivo recurso.

SÚMULA 691 – Não compete ao Supremo Tribunal Federal conhecer de habeas corpus impetrado contra decisão do relator que, em habeas corpus requerido a Tribunal Superior, indefere a liminar.

SÚMULA 692 – Não se conhece de habeas corpus contra omissão de relator de extradição, se fundado em fato ou direito estrangeiro cuja prova não constava dos autos, nem foi ele provocado a respeito.

SÚMULA 693 – Não cabe habeas corpus contra decisão condenatória a pena de multa, ou relativo a processo em curso por infração penal a que a pena pecuniária seja a única cominada.

SÚMULA 694 – Não cabe habeas corpus contra a imposição da pena de exclusão de militar ou de perda de patente ou de função pública.

SÚMULA 695 – Não cabe habeas corpus quando já extinta a pena privativa de liberdade.

SÚMULA 699 – O prazo para interposição de agravo, em processo penal, é cinco dias, de acordo com a Lei 8.038/90, não se aplicando o disposto a respeito nas alterações da Lei 8.950/94 ao Código de Processo Civil.

SÚMULA 700 – É de cinco dias o prazo para interposição de agravo contra decisão do Juiz da Execução Penal.

SÚMULA 701 – No mandado de segurança impetrado pelo Ministério Público contra decisão proferida em processo penal, é obrigatória a citação do réu como litisconsorte passivo.

SÚMULA 705 – A renúncia do réu ao direito de apelação, manifestada sem a assistência do defensor, não impede o conhecimento da apelação por este interposta.

SÚMULA 706 – É relativa a nulidade decorrente da inobservância da competência penal por prevenção.

SÚMULA 707 – Constitui nulidade a falta de intimação do denunciado para oferecer contrarrazões ao recurso interposto da rejeição da denúncia, não a suprindo a nomeação de defensor dativo.

SÚMULA 708 – É nulo o julgamento da apelação se, após a manifestação nos autos da renúncia do único defensor, o réu não foi previamente intimado para constituir outro.

SÚMULA 709 – Salvo quando nula a decisão de primeiro grau, o acórdão que provê o recurso contra a rejeição da denúncia vale, desde logo, pelo recebimento dela.

SÚMULA 710 – No processo penal, contam-se os prazos da data da intimação, e não da juntada aos autos do mandado ou da carta precatória ou de ordem.

SÚMULA 712 – É nula a decisão que determina o desaforamento de processo da competência do júri sem audiência da defesa.

SÚMULA 713 – O efeito devolutivo da apelação contra decisões do Júri é adstrito aos fundamentos da sua interposição.

SÚMULA 716 – Admite-se a progressão de regime de cumprimento da pena ou a aplicação imediata de regime menos severo nela determinada, antes do trânsito em julgado da sentença condenatória.

SÚMULA 721 – A competência constitucional do Tribunal do Júri prevalece sobre o foro por prerrogativa de função estabelecido exclusivamente pela Constituição Estadual.

39. SÚMULAS DO SUPERIOR TRIBUNAL DE JUSTIÇA

SÚMULA 21 – Pronunciado o réu, fica superada a alegação do constrangimento ilegal da prisão por excesso de prazo na instrução.

SÚMULA 33 - A incompetência relativa não pode ser declarada de ofício.

SÚMULA 267 - A interposição de recurso, sem efeito suspensivo, contra decisão condenatória não obsta a expedição de mandado de prisão.

SÚMULA 347 - O conhecimento de recurso de apelação do réu independe de sua prisão.

SÚMULA 604 - Mandado de segurança não se presta para atribuir efeito suspensivo a recurso criminal interposto pelo Ministério Público.

40. RESUMO DOS RECURSOS

Abaixo destacamos os recursos previstos no ordenamento, prazo e fundamento jurídico respectivos, a fim de auxiliar na compreensão e memorização do tema:

Recurso em sentido estrito	prazo: interposição 5 dias + 2 dias para razões art. 581, CPP
Apelação	prazo: interposição 5 dias + 8 dias para razões, art. 416 e 593 e seguintes, CPP
Embargos de declaração	prazo: 2 dias (rito ordinário e sumário) 5 dias no rito sumaríssimo, Arts. 382 ou 619, CPP e Art. 83 da Lei nº 9.099/95
Embargos infringentes ou de nulidade	prazo: 10 dias, a contar da publicação do acórdão, Art. 609, CPP
Agravo em execução	prazo: interposição em 5 dias + 2 dias para razões, Art. 197 da LEP nº 7.210/84
Revisão criminal	prazo: não há prazo, podendo ser requerida durante o cumprimento de sentença, bem como após a sua extinção, Art. 621, CPP
Mandado de segurança criminal	prazo: 120 dias contados da ciência do fato impugnado, Art. 5º, LXIX, CF e Lei nº 12.016/09
Habeas Corpus	prazo: não há, Art. 5º, LXVIII, CF e Art. 647 e seguintes do CPP
Carta testemunhável	prazo: 48 horas, contadas a partir da ciência do despacho que denegou o recurso Art. 639, CPP
Apelação no Juizado Especial Criminal	prazo: interposição em 5 dias + 8 dias para razões, Art. 82 da Lei nº 9.099/95

Recurso ordinário constitucional	prazo: denegação de HC: 5 dias denegação e de MS 15 dias, Arts. 102, II, "a", e 105, II, "a", CF
Agravo criminal	prazo de 10 dias, Lei nº12.322/10
Embargos de divergência	prazo de 15 dias, art. 1.003, §5º, CPC.
Correição parcial	prazo de 5 dias, Lei nº 5.010/66 e RI dos tribunais
Recurso extraordinário	prazo: 15 dias, contados a partir da data da publicação do acórdão, Art. 102, III, "a", "b", "c" e "d", CF
Recurso especial	prazo: 15 dias, contados a partir da data da publicação do acórdão, Art. 105, III, a, b e c, CF
Reclamação constitucional	não há prazo, podendo ser apresentada até que haja o trânsito em julgado, Art. 102, I, CF/88.
Agravo regimental	prazo de 5 dias Lei nº 8039/90, art. 39, RISTJ e RISTF

REFERÊNCIAS BIBLIOGRÁFICAS

AVENA, Norberto. **Processo penal**. 12. ed. rev., atual. e ampl. São Paulo: Método, 2020.

BADARÓ, Gustavo Henrique. **Processo penal**. 5. ed. rev., atual. e ampl. São Paulo: Revista dos Tribunais, 2017.

______. **Processo penal**. 6. ed. rev., atual. e ampl. São Paulo: Revista dos Tribunais, 2018.

______. **Recursos no processo penal**. 3. ed. São Paulo: Revista dos Tribunais, 2018.

BARRETO, Leonardo. Moreira Alves. **Processo Penal-Parte Especial**. 10ª edição. Ed. Juspodivm. 2020.

BITTENCOURT, Cezar Roberto. **Tratado de direito penal**. São Paulo: Saraiva, 2006. v. 1.

BRASIL. CONSTITUIÇÃO DA REPÚBLICA FEDERATIVA DO BRASIL.

________**Decreto Lei nº 3.689 de 03 de outubro de 1941.** Código de Processo Penal.

______. **Lei n.º 1.521, de 26 de dezembro de 1951**.

______. **Lei n.º 8.038, de 28 de maio de 1990.**

______. **Lei nº 9.099/1995, Lei Juizado Especial Cível e Criminal.**

______. Lei nº 7.210/84, **Lei de Execução Penal.**

______. Lei nº 9.503/97, **Código de Trânsito Brasileiro.**

______. **Decreto-Lei nº 2.848/40.**

BRASIL. Supremo Tribunal Federal.

BRASIL. Superior Tribunal de Justiça.

LIMA, Renato Brasileiro de. **Manual de processo penal**. 8. ed. rev., ampl., e atual. Salvador: Ed. Juspodivm, 2020.

LOPES JR., Aury. **Direito processual penal**. 17. ed. São Paulo: Saraiva, 2020.

OLIVEIRA, Eugenio Pacelli de. **Curso de processo penal**. 22. ed. São Paulo: Atlas, 2018.

TÁVORA, Nestor. Rosmar Rodrigues Alencar. **Curso de Direito Processual Penal**. 13ª edição. Ed. Juspodivm. 2018.

______. **Código de Processo Penal**. 9ª edição. Ed. Juspodivm. 2018.

________https://conteudojuridico.com.br/consulta/Artigos/52670/breve-analise-dos-principais-procedimentos-especiais-criminais.

ANOTAÇÕES

ANOTAÇÕES

ANOTAÇÕES

EDITORA
JusPODIVM
www.editorajuspodivm.com.br

JUS3689